孤独的真相

科学骗局揭秘

[法] 米歇尔·德·普拉孔塔 著
Michel de Pracontal
袁俊生 译

L'imposture scientifique en dix leçons

重庆大学出版社

前　言

对所有有强烈好奇心的读者来说，不论是不是科学家，都会发现本书是写给自己的。这是一本揭露科学骗局的书，是那些吹芦笛者[①]以及讲废话者的行骗指南，刚入此道的科学骗子阅读本书，可以学到所有行骗技巧；有经验的江湖骗子阅读本书，可以发现新的行骗手段，使其行骗技巧进一步提高。同时，他还将学会科学分析自己行骗手段的方法，也许这正是他最常用的方法，但自己却未意识到。许多骗子行骗时就像汝尔丹[②]写散文一样。我们甚至还能碰到一些真诚的骗子，他们坚信自己所讲的空话，他们同样可以在本书中找到许多基本概念，反思自己的行为，进而学会认识自身的问题。

问题马上就来了：写这样一本书是否道德呢？有人认为是道德的，也有人觉得不道德。宣传科学行骗秘诀无疑会让科学骗子更加精明。不过，这同时也会阻碍他们进一步施展拳脚。了解骗子的底细，公众将不会再轻易地上当受骗。不过，最终的结果尚难预料。我要补充说明的是，尽管科学骗局的内涵是贬义的，但它依然有很多优点，主要有以下几点：

1. 科学骗局要比真正的科学研究省钱省力。你有钱给自己买一架航天飞机吗？恐怕不能。然而，用一盘细铁丝，你完全有可能做出一顶高雅的金字塔形帽子，戴上这顶帽子，你的智力就能提高 10 倍；还能让你去遨游，当然是在内心世界里遨游，而这既不用花钱，也不会碰到任何危险，比如美国的航天飞机所遇到的那种危险（我不会谈论俄罗斯的火箭，这是一个在任何情况下都免谈的话题）。

① 这个词在法文里含小圈套、骗局之意。——译者注
② 莫里哀五幕散文体喜剧《贵人迷》中的主人公。——译者注

2. 科学骗局能解决能源危机。你不妨想象一下：一台永动马达能节省多少汽油（即使从未有过真正的能源危机，可对骗局也不会有什么影响）。
3. 科学骗局能解决失业问题。失业的直接诱因是计算机、机器人及自动化设备的发展，它们做得又快又好，替代了许多人的工作，而科学骗子所建造的机器则不能替代人，因为那些机器根本就运转不起来。
4. 科学骗局能解决人类的重大问题。它凭两碗草药汤能治愈癌症，按手礼就能治愈艾滋病，能通晓过去，预测未来，预测六合彩的中奖号码，为我们提供有关生命秘密的启示。

尽管这些论据很充分，但我担心注重理性的传统派对此依然疑虑重重。在这些固执己见的人看来，最理想的做法是把地球上所有科学骗子的脖子都拧断，至少也应该口诛笔伐，用唾沫淹死这些骗子。然而，我们不能轻易认可这种做法，只是在针对有可能损害他人利益的骗局时，我们才同意他们这样做。幸好那些有损他人的骗局只占极少数。比如，当一个不诚实的科学家剽窃他人的研究成果时，毫无疑问他损害了别人的利益。更严重的骗局还是有的，比如生物学家彼得·迪斯贝格（参见第六讲）一心想制造轰动效应，在艾滋病病因已大白于天下时，仍然声称艾滋病的病因并不是 HIV，他这么做就是在混淆视听、制造混乱。他鼓动那些容易上当的人别去相信媒体上宣传的预防措施，不要理睬那些防止病毒扩散的最有效的方法。显然这个骗局是有害的。

这种情况却极为罕见。大部分科学骗局都是不伤害人的，或者说只会造成很轻微的伤害。那么，和他们进行激烈对抗难道是明智的做法吗？经验表明这样常常会增强科学骗子及其追随者的信心。

几年前，我应邀参加了米歇尔·波拉克[①]主持的《抗辩的权利》，那一期节目的话题是超自然现象。我和同事让-米歇尔·巴德尔在节目中扮演“怀疑者”的角色，而应邀参与节目录制的观众都相信神秘力量和特异功能存在。那次节目的明星是滑稽可笑的“通灵人”尤里·盖勒[②]，他曾

① 米歇尔·波拉克，法国电视一台著名节目主持人，他主持的访谈节目《抗辩的权利》以邀请众多名人参与而闻名，辩论各方常常唇枪舌剑，争得不可开交，甚至闹出辱骂对方的丑闻。——译者注

② 尤里·盖勒，以色列魔术师，自称由外星人那里得来超凡的特异功能，他表演了心灵学家希望看到的种种表象，如遥感、意念致动、招魂等。——译者注

宣称自己可以凭意念扭弯小勺，或影响手表的转动，因此而成为名人。其实，任何一名优秀的魔术师都会轻而易举地弄出这个效果来，根本不需要什么新奇的手法，这也正是魔术师热拉尔·马雅克斯[①]所证明的。事实表明，在许多场合下，尤里·盖勒是在动用手腕之力，而非意念。

然而在介绍尤里·盖勒时，主持人米歇尔·波拉克却依然说他身怀绝技，具有特异功能，在整个节目过程中，盖勒表演了一系列小节目，和热拉尔·马雅克斯所表演的魔术极为相似。节目的高潮是盖勒的手轻轻地掠过一根高尔夫球杆，便将那根金属杆一折两段。作为特异功能的“怀疑者”，我和巴德尔试图阐明这是完全可以解释通的，根本用不着到超自然能力那里寻找原因。不过，无论我们怎样解释，都是白费力气，因为我们的语言肯定没有魔术表演的说服力强。假如，盖勒敢于接受毋庸置疑的挑战，比如敢保证能在 23 点 15 分将埃菲尔铁塔折成两截，那么所有的人都会相信他确实有超自然能力，但他绝不会让自己的“能力”去冒任何失败的风险，即使他有勇气冒这个险，也会轻而易举地找到借口，推说自己“身体不适”，以证明自己的失败是情有可原的，就像当他作弊被捉个正着时所做的那样。

总之，那天的访谈节目很快就演变成唇枪舌剑般的争吵，而且朝着有利于盖勒的方向发展，至少在马雅克斯未露面之前是这样。马雅克斯像白马王子一样冲向演播室的舞台，手里拿着一根高尔夫球杆，和被盖勒折断的那根一模一样。他面对摄像机，揭穿了这根高尔夫球杆的工作原理：球杆中间有一个接合点，可以通过机械方式将球杆折为两截，这没有任何神秘之处。接着，马雅克斯在镜头前展示了假球杆的发票以及一份文件，证明盖勒和他是在同一家商店里买的，那是一家魔术器材专卖店。我们本以为这件事澄清之后，他的行骗方式也就昭然若揭了。然而，这事还真不那么简单：节目照样在一片乱哄哄的喧闹声中结束了，就像历次《抗辩的权利》一样，而米歇尔·波拉克最后竟然又冒出一句：“可是，我那个勺子，他真的给我折弯了呀！”

① 热拉尔·马雅克斯，法国魔术师，致力于揭露所谓特异功能的假象。——译者注

在对峙之后，科学骗子与揭穿骗局的人往往会僵持不下，而这段逸闻所描绘的恰好是这种典型的对峙局面。大部分科学骗子都会表现出自信的样子，采取以守为攻的策略，不管他们是否真有自信，采用这样的防御策略，所有无懈可击的质疑都会被碰得粉碎。揭穿骗局的人的批评只会让骗子变得更加自信。尽管依照旧有的说法，科学家是最聪明的人，是严谨与求是的化身，在面对批评时，科学家也应该自信地坚持真理。激烈的争吵会让普通人失去理智，在激情之下，却偏要科学家保持理智，这是没有道理的，虽然许多人希望他们能保持理智。

面对这样的对峙，最明智的反击是采取严格的清教徒式态度，那是理性主义斗士的态度，让科学真相与伪科学自己交锋，但这一点似乎并不绝对奏效。在清教徒人群中，色情读物更让他们着迷，而“科学的清教徒主义”只会让科学骗局更加猖獗。相反，苏格拉底悖论之类的策略反倒显得更巧妙，比如著名的帕洛阿尔托心理研究院精简治疗中心创始人保罗·瓦茨拉维克就采用过“症状处方”的手法。在《变幻的语言》[1]那本书中，瓦茨拉维克列举了一位女患者的例子，她的症状是不能说“不”，帕洛阿尔托小组为此对她进行心理治疗。在描述过她的症状之后，心理治疗师要她对治疗小组的每位医生说一句拒绝他们的话。她的反应很强烈：“不！我根本不能对别人说‘不’。”这一治疗方法让患者意识到，她完全有能力做出拒绝的表示，这种悖论式方法有时会比其他手段更有效。

当然，对科学骗局采取欲擒故纵的手法，让它最终从我们的文化中消失是远远不够的。然而，不管信息传播手段多么巧妙，单凭这种手段是消灭不掉这类如此常见、流传如此之广的骗局的。况且，最有意思的是，与其同科学骗子做斗争，倒不如先去弄明白他们为什么会成功。我们原以为这是因为公众缺乏科学常识造成的。1982 年，法国曾经做过一次调查[2]，调查问卷中有这样一个问题：“太阳是围绕着地球转吗？”超过 1/3 的被调查者认为太阳是围绕地球转。难道这是因为被调查者受教育水平低而无知吗？在对调查结果进行详细分析时，我们发现他们当中许多人都接受过初中或高中教育。在接受过高中教育的人当中，一半以上的人曾接受过科技培训。科学骗子的受教育水平也是参差不齐的，他们当中既有自学成才者，也有享有国际声望的研究人员。不止一位诺贝尔奖获得者，曾被骗子的“芦笛乐声”迷惑。

科学文化水平与质疑超自然的能力并没有任何关联，这一点得到了法国社会学家达尼埃尔·布瓦和吉·米舍拉的确认。1982 年以来，两位学者分析了法国人对“超自然”的态度。1993 年 1 月，索福莱斯民意调查所①也曾做过一次调查，在对调查结果进行评论时，他们写道：“今天的调查结果表明有这么多人相信超自然现象，一半以上的被调查者相信‘心灵感应’，相信磁疗能治好病；46% 的被调查者相信星相学对人性格的解释；19% 的被调查者相信巫术。总之，1/4 ~ 1/3 的法国人认为占卜预测是可信的，不论预测是靠占星术、读手纹、预知力，还是其他方式实现的。需要补充说明的是，与 5 年前所做的调查结果相比，我们发现相信超自然现象的人数有所增加。”[3]

相信超自然现象的人在性别、年龄、职业方面有差异：与男人相比，女人更相信超自然现象；年轻人比上年纪者更相信超自然现象；大学生及高层干部更加关注超自然现象，而小商贩及手工业者则更关心占星术。关键一点是，科技并未让非理性的信仰衰退，反倒有利于它的发展。达尼埃尔・布瓦及吉・米舍拉在评论中接着写道：“假如人们承认科学技术的发展及传播会造成非理性信仰的衰退，那么科学普及与相信超自然之间就是不可调和的。然而，人们发现完全不是这么回事。恰恰相反，人们对科学越感兴趣，就越相信超自然，相信占星术。大家如此关注科学，就是想看看科学将会受到哪些阻碍。在这些‘信奉者’看来，超自然就代表着‘传统科学’之外的事物，今天被认为是超自然的东西，明天就会成为科学。因此，将近一半的法国人认为，将来有一天科学会接受心灵感应，接受星相学对人性格的解释，甚至认为世间确实有不明飞行物。”

我们还要补充说明一点，美国的科技实力要比法国强得多，但美国也是各种科学骗子及江湖骗子大显身手的地方。我们还应注意到越来越多的电影和电视作品正轻松地将科学幻想与天际之外的想象、将科学与混沌或魔术糅合在一起。系列影片《X 档案》及影片《厄夜丛林》《灵异第六感》《第五元素》《捉鬼敢死队》等都获得了极大的成功，这些影片不过是大趋势中的几个例子，证明靠特技镜头就可以抹杀“高科技”与超自然间的冲突，这在年轻的电影观众身上表现得尤甚。批判性思维能力与人的受教育程度并不成正比。对科学的盲从将使我们混淆真理和谬误、真相及假象，让我们很难区分真实与幻觉、理性与疯狂。科学骗子用其特有的方式诱导我们的思维方式、信仰、假设及我们对世界的看法。这是一个极有趣的话题，是一个涉及面比较广的研究课题。对我来说，我只不过是从那堆乱麻当中理出一丝

① 索福莱斯民意调查所是法国最大的民意调查所，现为世界第三大民意调查所。——译者注

头绪来。

本书是一个全新的版本，我不仅对第一版做了修改，而且还增添了许多新内容。读过前一个版本的读者除了能看到1986年版本中的大部分例子外，还将看到从那时起至今所发生的新事件，比如冷聚变、水的记忆或“同性恋基因”等。为了不使本书过于冗长，我把过于陈旧的案例都删掉了，对某些事件的描述做了压缩，对若干跌宕起伏的重大案件重新进行了编写，比如有关艾滋病病毒的争论。

早在20年前就已探讨过的主题，如今再用现实的眼光去“挖掘”它，似乎显得极为困难。怎样才能让读者觉得我不是在旧调重弹呢？怎样才能忠实地反映出此前那本书的主题精神呢？今天我们看待事物的方式无疑与那时的不尽相同。令我感到惊奇的是，当我再次收集这方面的素材时，一个个障碍很快便消失了，因为我意识到这个主题依然具有现实意义。在本书第一版出版时，我曾在封底写下这样一段话：“科学骗局远不是社会个别现象，如今它已趋于成为约定俗成的行事标准，真正的科学实践反倒成了有悖常理的举动。”当时，我觉得这话有点激进或有些夸大其词。现在，我不仅不会改变这一看法，而且觉得它比以往任何时候都更加准确，其中有两方面原因：一方面，正如我们所看到的那样，公众对伪科学及超自然的信奉一直在增加，特别是年轻人及有知识的人尤甚；另一方面，科学舞弊，研究人员“不良品行”及学术造假层出不穷，这种趋势源于科研媒体化及科学家之间的激烈竞争。

超媒体文化使人们对科学或所谓的“科学”抱着极大的信任感，但这一文化又受市场及公众的支配，在这样的文化氛围下，上述两种趋势融汇在一起，辨别真伪的任务也就变得更加艰难。当启示的影响力最终超过其本身研究的内容时，真相也就容易被忽略了。你得有坚韧不拔的毅力，或凭借自己的下意识，才能坚持认为煤是黑的、2加2等于4！

本书第一版出版之后，有人对我给科学骗局所下的定义提出批评：将江湖骗子的伪科学推论、自学成才者的胡言乱语、专职科学家的舞弊行为划为一类，这不等于混作一谈吗？对此人们众说纷纭，可又都说不到点子上。我并不这么认为。这个类别表面看起来似乎混乱不堪，但其实不过是由两种人组成的：一种是相信魔力或“新魔力”的人；另一种就是制造魔力的人。然而，这两种人十分相似。那些相信魔力的人还指望着通过魔力成全他本人的心愿；而制造魔力的人则采取造假或违法手段来达到同样的目的。

丽伽·扎拉伊①向大家提供了减肥偏方，称“女人臀部的脂肪团碰到柠檬就会化掉”；创造论者认为《创世记》的故事是对生命起源的解释，且与达尔文的进化论一样合情合理；罗伯特·加洛将发现艾滋病病毒的研究成果据为己有，故意“遗忘”自己曾用过巴斯德研究所分离出的菌种。这三者之间有什么共同点吗？这三个案例展现出这样一个事实：他们蔑视现实，或者更确切地说，对我们能够理解的事实的蔑视。让对事物的理解更客观，让思想更严谨一致，尽量减少对事实的扭曲，这是科学家应当做的艰苦工作。但是，当现实让丽伽·扎拉伊、造物论者及罗伯特·加洛感到很不自在时，他们会毫不犹豫地歪曲事实。我个人认为，这种歪曲现实的倾向是本书所研究的焦点。

对于将愿望变为现实的奢望，科学家并不比其他人具备更多的防御能力。严谨的科学是一项艰难的实践，对真正的科学家来说这再明显不过了！当代的科研工作如此复杂，以至于如果你不是科学家，就根本别指望去搞科学研究了。在数学、化学、生物学界里可没有汝尔丹先生，这并不意味着唯有学者才掌握事实的真相，而这种信念却流传甚广，有时科学家还为此添枝加叶，其实这是最大的骗局。它无疑将科学打造成一个新的宗教，科学家也就成了这个宗教的教士。美国科学哲学家保罗·费耶阿本德曾提出这样的非议，他直截了当地宣称，科研机构是“所有宗教机构中最晚问世、最专断、最具攻击性的”[4]。科研机构不但要保持严谨性，而且还会采取一定的限制措施，这是毋庸置疑的，但费耶阿本德的那段评论未免过于偏激了。请问世界上有哪种“专断”的宗教肯让其教义接受事实的检验呢？

科学研究的价值就在于，它所研究的是不确定的、局部的、零散的事实，但要用客观及令人信服的方式表述出来。况且，任何一项新的研究都可能会随时推翻这个研究成果。某些科学家违反了客观及实事求是的原则，这并不能证明科研活动是不客观、不实事求是的。相反，对科学骗局的批评并不意味着要依附于神圣的科学，其实这种科学不过是一种抽象的概念，它与学科的多样化及科学方法没有任何关联，然而，我认为对科学骗局的批评构成一种有益的，甚至是必要的先决条件，有利于科研活动向理性方向发展。换句话说，并非由于科学家犯了错，人们便可以想怎么说就怎么说。正如美国魔术师詹姆斯·兰迪所说的那样：“我非常想有开放精神，但还没有开放到非要在脑袋上凿个窟窿的地步。”他和热拉尔·马雅克斯一样，一

① 丽伽·扎拉伊，20 世纪 60 年代活跃在法国乐坛的女歌手，后致力于推广民间偏方。——译者注

直致力于揭穿超自然现象。

作为结束语，我想强调一下，我首先是一名记者，职业要求我有一定的谦虚精神。我既不追求绝对正确，也不企盼做到百分百的客观，因为在记者这个职业中，这不过是幻觉及美好的愿望罢了。然而，我一直竭尽全力坦率地陈述我个人认为极为重要的东西，而不是过多地去区分良莠。正如阿加莎·克里斯蒂小说中的那位富有洞察力的老太太马普尔所说：“人既不好也不坏，就是太狡猾了。”

目　录

第一讲　真正的问题，任由你提问

第 1 条启事：

科学家先生们，你们能否解释物质及能量是怎么产生的？

我们能。

第 2 条启事：

科学家先生们，你们能否解释万有引力是怎么产生的？

我们能。

第 3 条启事：

科学家先生们，你们能否解释思维是怎么产生的？

我们能。

第 4 条启事：

“大爆炸”理论是不可能的，因为分子间相互作用力既有吸引力又有排斥力，这样便不会出现超级引力。

你们知道如何核实这条消息吗？

第 5 条启事：

神学家先生们，上帝并不是宇宙的创造者，而是宇宙要达到的目标。

自从发现思维是如何产生的之后，我们便可以证实这一点。

第 6 条启事：

- 灵魂是不灭的（它的起源就是明证），
- 它可以孕育出生命有限的躯体（我们知道其中的奥妙），
- 它需要这副躯体以达到灵魂所设定的目的。

因此，灵魂的轮回转世是科学的、确实可靠的。

你们知道如何核实这条消息吗？

第 7 条启事：

新科学（自由派神学、人文科学）的诞生是一个伟大的事件。

如果你是一名伟大的记者，

请与我们联系。

起因是无法观测到的

上述启事写于 1985 年，摘自寄给《星期四事件》的一封信，我将其转载于此（当年我在该报任科技专栏编辑）。在整整一个星期内，每天早晨，一份复印的信函都会放在我的办公桌上。作为自封的知识代言人，我觉得这种言简意赅的询问就是在直接向我发难。即使我已跻身于大记者之列，可我还是困惑不已。尤其是当我得知这些启事源于何处时，就愈加感到茫然，因为这些启事就出自法国科学家莱昂·拉乌尔·阿坦和他儿子弗兰克之手，他们总是以法国科研工作者的身份出现在公众面前，向好奇者推荐一本书《当轮回转世成为科学事实时》。[1]

谁也不想稀里糊涂地死去，尤其是当自己轮回转世后可能会变成一棵洋姜时就更是如此。我最终还是下决心去拜读那部令人称奇的著作。该书的推论建立在不可更改的逻辑之上：“在宇宙产生之前，物理定律是不存在的，这是显而易见的。传统科学是完全以物质、以可观察的物体为中心发展起来的。它以现存的宇宙为基础演绎出各种定律。这种科学大概不会解释这些定律产生的原因，**因为起因是无法观测到的。**”

即使后一句话不加着重号，就算是最具笛卡尔哲学思想的人对此也挑不出任何毛病来。但这难以辩驳的前提却引出令人困惑的结论。死亡、物质甚至上帝本身只不过是一种迷信而已，是用来医治人类的一服良药。牛顿的万有引力定律是“屏蔽掉电磁力”的结果（“磁现象：当磁场内距离最远的异性极向其靠近时便会发生旋转”）。这个“二元对立能量，既负责推动地球旋转，又掌管着地球上人类的爱情”，这个能量会孕育出宇宙的所有物质。

其实这个能量不是别的，正是虚无。“世间万物皆相对而生，相对的两种能量之和为零。”因此，虚无既是存在的起源，又是存在的目的。换句话说，以虚无为起点不会产生什么结果。但要采取什么途径呢?

大爆炸之前究竟有什么？

以虚无为起点是切入真正问题的最可靠的手段。注意不要将“正确的问题”与“真正的问题”混淆在一起。1979 年 10 月 11 日，《法兰西晚报》在头版位置上报道：“英国女王每周见一次首相。这难道足够了吗？”这是正确问题的最典型例子。在日常生活中，像这样的问题我们每时每刻都能碰得到。政府是否胜任呢？神经丛放射状疼痛究竟是什么病因引起的呢？在打开的香槟酒瓶颈处放一把咖啡勺是否能让香槟酒较长时间保持气泡和口味呢？……

正确的问题所涵盖的都是日常生活中实实在在的事情。这类问题十分有益，但它们仍然是小问题。几乎所有这类问题都能找到答案。如果你不知道答案，请按下列顺序去咨询：你的配偶、你的监护人、你的汽车修理工、你的老板、你的朋友、百科全书、你的医生、神父（或牧师、犹太教教士）、丽伽·扎拉伊。

而真正的问题则完全不同，它涉及生命的真谛。它将我们脆弱的信心、少得可怜的信念统统剥去，让我们领悟到自己是多么无知，进而惭愧到无地自容。物质及能量是怎么产生的呢？记者对此也是一无所知，不论是大牌记者，还是初入此行的小记者，抑或是有一定经验的新闻工作者都回答不上来。于是，他便求教于科学家，将问题转达给他。科学家先生，你能给我解释宇宙是从哪儿来的吗？

科学家会回答说：能，但也不能（他就喜欢这样模棱两可地回答）。天体物理学告诉我们，世界起源于一次原始的巨大爆炸，称作“大爆炸”。那就是时间的起点，因为宇宙的所有物质和能量都聚集在一颗“宇宙蛋”里，它的密度极大，温度极高。瞬间，宇宙蛋爆裂开来，生成一团庞大的由基本粒子和辐射构成的羊水。银河系、星团、行星就是这团羊水经 137 亿年冷却之后所形成的凝块。

假如接受宇宙蛋的设想，接受这“初始的奇特之处”，那么，对此后 137 亿年间所发生的事情做出大致的解释还是有可能的。但这并不是十全十美的，依然存在许多模糊之处，但借助于十分复杂的理论，如“超弦理论”[2]，仍可对其做出解释。只不过问题是，宇宙蛋又是从哪儿来的呢？肯定不会是一只母鸡下的蛋。科学家说这是一个无缘由的问题。时间本身是随大爆炸产生的，不必去琢磨在大爆炸之前会有什么，因为在那之前什么都不存在。你觉得这个答复过于简洁了吧？它确实很简洁。况且，有些天体物理学家还提出许多不同的设想，一部分人认为宇宙羊水是经膨胀—收缩—爆炸无休止的循环反复才形成的。另一部分人则认为宇宙恰如漂浮于永恒大洋之中的冰山，只将其一部分暴露在外而已。

上述设想没有一个是令人信服的。它们不过是将问题拖延下去。假如宇宙羊水存在的话，那么羊水又是从哪儿来的呢？如果宇宙是一座冰山，那么是什么在阻止它融化呢？不管怎么样，在大爆炸之前“物质是否存在”的问题是摆在探索宇宙起源道路上的一个障碍。正如天体物理学家休伯特·里夫斯所指出的那样：“这个问题，科学是无法回答的，但与此同时，你们会注意到这又是科学所引发的问题。”[3]这真令人失望。假如迈出第一步就碰到这么大的困难，那么追溯到几十亿年以前又有什么用呢？

金字塔的伟大之处究竟何在？

大爆炸的例子证实了人们的预感：只要一涉及真正的问题，科学便会出错。总之，科学甚至回答不了正确的问题，不信你就试着去找一位科学家，让他给你解释为什么美国女演员微笑时总露出牙齿来，好像她们要咬你一口似的（乐观的假设）。诚然，科学家有更重要的事情要做，而不屑于关注我们所碰到的这些小问题。任何人也不会去怀疑相对论、量子物理、基因工程的价值。但这些了不起的成就与普通人所关心的事情并没有什么关联。

对于美国作家约翰·斯拉德克所提出的不恭判断，人们也只好点头称是。斯拉德克写道：“现代科学的问题是，它为所有不得体的问题提供了答案。激光到底是不是可见光谱范围内的相干能源束，对此谁也不会去追问；究竟什么是形态发生场，谁也不想得到准确的解释；$E=mc^2$ 这个公式是否成立，没有人想知道。科学家早就该从他们那象牙塔般的实验室中走出来了，别再捣鼓微处理器，或去搞什么交易机制分析了，还是实实在在地去研究我们这个时代几个真正的难解之谜吧。”[4]

这番言辞虽然十分严厉，但却非常正确。在科幻作品《七个伟大的未解之谜》里，斯拉德克琢磨起大金字塔来，它的伟大之处究竟在哪儿呢？他思索着诺查丹玛斯①的预言，思索着那不勒斯的耶稣裹尸布的真伪，它与都灵的那一件相同，但有三种颜色。所有这些未解之谜都没得到科学的解答。

莱尔·沃森所写的《超自然现象：一部新的自然史》[5]在 20 世纪 70 年代成为

① 诺查丹玛斯（1503—1555），法国医生和占星师，曾任查理九世的御医。——译者注

畅销书，可以同鲍威尔斯与贝尔吉耶合著的《魔术师的清晨》相媲美。沃森在书中描述了许多有趣的实验。他用纸板按比例复制了大金字塔的模型。他将一把用钝的剃须刀片放在模型下面，刻意将刀刃对着东西方向。不需借助任何其他手段，几个小时后，刀片又变得锋利起来。“到目前为止，我用斯沃德刀片的记录是，在每天使用的情况下，可以连续使用 4 个月不用更换。”沃森记述道，“刀片生产商肯定对我的这种做法深恶痛绝。”

这种现象对已知的或未知的物理定律是一种挑战。作者认为金字塔“建立”起一个磁场，因为其形状很像磁铁矿石的晶体。这个论点很吸引人，但却极不靠谱，因为用巧克力做的母鸡虽与真母鸡外观完全一样，但它却生不出鸡蛋来。

在沃森这部《超自然现象：一部新的自然史》中还记载着其他奇迹：“我注意到有机物脱水的速度在很大程度上取决于物质本身及气候条件，这个结果一点也不意外。然而，我曾试着将同样的东西（鸡蛋、牛臀肉、死老鼠）分别放在金字塔模型和普通的鞋盒子里。放在金字塔模型里的东西保存得非常好，而放在鞋盒子里的东西很快就变质了，得把它们扔掉。我由此得出结论：胡夫法老金字塔的复制品并不仅仅是用纸板做成的模型，它确实具有特殊的属性。”

要是试图以相反的理由说服沃森恐怕是徒劳无益的。我倒建议你不妨亲自动手试一试（参见本讲的练习 2 和练习 3）。对于我而言，我曾试图在头上戴一顶金字塔形的帽子，来提高我的写作技能。但我的文笔并未因此而变得犀利无比，这让我大失所望。我周围的人都不太愿意接受新事物，他们见我戴着这顶帽子突然笑起来，这大概对我的实验有所影响。

我们再来看一看被斯拉德克视为头号未解之谜的事物：到底有没有小绿人呢？自 1954 年以来，法国已记录了 1 000 多起外星人光顾地球的事件，7% 的法国人声称见到过不明飞行物。然而糟糕的是，大家对此始终不能确信，但斯拉德克却深信“外星文明试图与地球联系，大概是为了借钱吧”。

科学家又是怎么说的呢？美国天文学家弗兰克·德雷克于 1959 年首次做了实验，以探测人为发射的外星无线电信号。他使用一台接收机，这台接收机适于接收距我们最近的两颗恒星的无线电波，而选择这两颗恒星是因为它们最像太阳。依照天文学家吉恩·海德曼的说法[6]，第二颗恒星探出的“结果是如此惊人，以至于德雷克不敢相信”，这让他感到极为吃惊。“接着，在经过核实之后，他发现自己所探测到的信号源于 U2 型飞机，这是一种在同温层高空飞行的军用侦察机，当时军方正在秘密地试验该机，只是当其中一架在乌拉尔上空被击落之后，试验才披露出来，这种飞机的飞行高度可达两万米。”自首次实验之后，所有用于探测外星文明信号的尝试都以失败告终，尽管在美国科学家的推动下，美国政府启动了寻找外星文明的国际计划。

诚然，假如真有外星人的话，谁也不能保证他们最大的愿望是同我们建立联系。参与寻找外星文明计划的科学家将假设的外星文明按其发展程度分成I、II、III类，第I类文明的进化程度已经远远地超过了人类。第II类文明据信掌握着一项技术，使自身变得不可毁灭，因为它可以抵御各类自然灾害及天文灾害。由于这种文明是不可毁灭的，因此从逻辑上讲，它应当是流传最广的一种文明。我们也期待着它能发出几十亿个电磁信号。纽约城市大学研究生中心的物理学教授加来道雄[7]写道：“然而，具有讽刺意味的是，我们的银河系里可能充满了各种各样的文明，我们的射电望远镜探测不到它们，或许它们并不依靠频率来发射信号（因为频率的效率极低）而采用效率更高的手段，在整个无线电波带上对其信号进行干扰，然后在接收极对所接收的信号进行破译 。假设有可能分辨出这种被干扰过的信号，我们也仅能听到一些难懂的话，很难将其从杂音里辨别出来。”

那些正在嘲弄我们的未知的外星文明究竟有多少呢？ 1961 年，经过计算之后，弗兰克·德雷克得出一个公式：$N=E\times f_p\times f_B\times f_M\times f_d\times f_I\times f_C\times t_C$。$N$ 表示银河系中外星文明的数目，E 代表每年诞生的新恒星，t_C 表示某一文明的平均时限。所有的字母 f 表示某一恒星系中至少应有一颗星球，这颗星球的质量恰到好处，距离恒星不远不近，等等。德雷克的公式表明，不包括地球本身，在 0~100 亿个星球上应当居住着有智慧的生命。真的感谢这个精确的数据！最近，凭借积累了 40 多年的知识，德雷克又提出更大胆的假设，确信“在我们的银河系中有约 1 万种外星文明”[8]，同时他又承认，做出严谨的估算是极其困难的。事实上，德雷克公式中的每一个参数都包含着不确定性，用某个具体的数目来取代 N 似乎过于武断。仅就知道“地球”上是否居住着有智慧生命的问题而言，他的公式倒是完美无缺的。

所有这一切似乎令人相当扫兴。读者也许以为我故意挑选出最难的问题，就是要让科学家难堪。完全不是。坦率地说，科学只能提供在现实世界中能验证的答案。要想培育出不可能的花朵，我们幸好还有伪科学那取之不尽的资源。

科学骗子的五种套路

如同运气一样，真正的问题也是可以抓住的。提出这个问题犹如给出解答一样，既不需要特殊的方法，也不需要什么秘诀。灵活性、感受性和感觉都是不可或缺的。初入此道的骗子应当将思想从笛卡尔坐标系那粗糙的表面形貌里解放出来，竭力去唤醒那些已被遗忘的套路，从而让骗子的行骗技能增强，甚至超越这五种套路。

闪电类比法套路

将两个似乎并无关联的未解之谜放在一起，比如把恐龙的消亡与秘鲁依卡城的石刻画联系起来，假如把这两个谜分开来看，那根本得不到任何答案。但将这两个谜闪电般地做一番类比，不仅可以得出答案，还可以将其作为真正的问题提出来。事实上：

1. 依卡城的石刻画很古老，而且非常古老，肯定是先于人类出现在这个世界上的。那些神秘的图案是由其他外星人刻画的，就为了教诲我们这些可怜虫。
2. 在一幅石刻画上，能明显地看出外星宇航员正在为恐龙做外科手术，以缩小恐龙那庞大的身躯。一位名叫欧捷尼奥・希拉古萨的人在一份宣传小册子上写道："为了能将人的生活与那贪婪、可怕的庞然大物和谐地协调起来，这种手术是必不可少的。"他声称自己是"人类的朋友"。
3. 因此，恐龙并未消失，只不过是变小了。要是没有外星医师的关照，恐龙也许还是那么庞大，我们恐怕早就被它们活生生地吞到肚子里去了。

要是较真的话，就一定要搞清楚依卡城的石刻画是否真有那么古老，但物理学家亨利・布罗克却说，石刻画大概是"利马美术学院早年的毕业生创作的"[9]，这些作品肯定要晚于白垩纪。这个细节也许不会让我们偏离真正的问题：我们是否已准备好接受最高智慧的指示呢?

隐原因套路

我们为什么会害怕地震呢？绝不是因为担心对面的楼房倒塌后可能会砸到我们头上。尽管兔子很少住在高楼大厦里，可它们照样害怕地震。

无疑，这种莫名其妙的恐惧是由隐原因引起的。找到这个原因并非像人们所想象的那么难，因为有三种隐原因：电力、磁力和次声波。让我们想一想：地震会产生次声波，也就是说其声波的频率太低了，以至于人根本听不到它的声音。日本人之所以很久以前便把金鱼用作地震的报警系统，那是因为金鱼能听到次声波。当金鱼在鱼缸里狂乱地游动时，大家确信地震就要来了。

动物如此恐惧地震，次声波恐怕是隐原因的头号疑犯。次声波会对人的心理及生理产生神秘的作用。莱尔·沃森以此为依据，引述了马赛工程师加夫罗的例子：加夫罗每次走进办公室时都会感到恶心。沃森说加夫罗发现街对面的建筑物装上了空调，而他的办公室则与空调机发生共振，每秒循环振动 7 次。为了把这件事弄个水落石出，加夫罗安装了一只两米长的哨子，用压缩空气来驱动。据沃森讲，加夫罗在第一次做实验时便倒地死去了，“尸检显示他的内脏器官都被共振捣成无定形的凝固物”。

我未找到有关这段描述的佐证，但依照《不列颠百科全书》的解释：“一种高强度的超声波（160 分贝相当于 1 瓦 / 平方厘米，而 170 分贝相当于 10 瓦 / 平方厘米）以及接近超声波的声波可以产生足够多的能量，使人感到表皮发热，并会让暴露于该声波下的动物很快死亡。”我们注意到这里并未提及次声波，因为危险主要来自超声波，特别是高频声波。合理的解释是：频率越高，振动所产生的能量就越大。况且，常光顾夜总会或常去听摇滚音乐会的人都知道，对耳膜冲击最大的是高频声波。次声波可能会产生共振的奇怪感觉，但并不能致人失聪。次声波能将人的腑脏变成凝固物真是令人称奇。相反，从情理上看，我们难免做出这样的联想：地震时，兔子感受到了次声波，大概也意识到发生了异常情况，这足以让它们感到恐惧了。

但超自然却在公开嘲弄情理，嘲弄声学原理，沃森甚至得出这样的结论：“（地震波的）频率与让人心神不安、使人生病的频率吻合，伴随着地震同时袭来，这足以对莫名其妙的强烈恐惧做出解释。”沃森颠倒了因果关系，才得出这样的结论，其手法之随意令人吃惊！

难以捉摸的迹象套路

迄今为止，科学尚无法解决外星文明问题。科学最多只能做出某种推测，认定它们是存在的，除此之外，我们依然一无所获。但科学究竟能不能辨别出最难以捉摸的迹象呢？对此有人表示怀疑。诚然，难以捉摸的迹象不像鼻子长在脸上那么明显，或者，既然涉及星外来客，那么它也不会像一根手指短一截那么一目了然。要想识破这种迹象，就需要诀窍、手段及嗅觉。这是最优秀的不明飞行物研究人员应有的品质，其中一位学者名叫菲穆，真是名如其人呀①，他就靠着难以捉摸的迹象，发现了无可辩驳的证据：等腰三角形。这正是我们所缺乏的证据。

到底是怎么回事呢？菲穆巧妙的设想是这样的：将报称飞碟降落的所有地点标在一张地图上。他共收录了 76 处飞碟降落地点，是在 1954 年 9 月 26 日至 10 月 18 日间发现的。我们来看看他的推理：外星人十分聪明，他们并非随意地降落在什么地方，因此，他们的降落地点会在地图上勾勒出奇特的图案。那么究竟是什么图案呢？是等腰三角形，这是具有高等智慧的外星人之显而易见、毋庸置疑的表达方式。

菲穆先按时间顺序将这 76 处飞碟降落地点连起来，同时猜测这些地点是一项飞行计划的连续降落处。问题是这种处理方法并未勾勒出等腰三角形。难道应当放弃这种假设吗？绝对不，这恰好证明星外来客十分狡猾，他们试图掩盖其飞行计划。米歇尔·鲁泽在《科学与生活》[10] 杂志上撰文解释说：“我们只有想法找出等腰三角形以挫败他们的计谋，不考虑时间顺序，只取三处降落地点，以组合成等腰三角形。”

说干就干。菲穆开始动手计算，再到计算机上核算，最终获得决定性的成果：共发现 1 877 个等腰三角形。从偶然落点的分布看，大概只得出 1 625.5 个等腰三角形，那么两个数据之间的差为 251.5，这个数据绝不是某种巧合，而是难以捉摸的迹象，正统的科学是无法发现它的。外星人是存在的，他就诞生于菲穆的笔下！

依照米歇尔·鲁泽的说法，等腰三角形的证据并非如此无懈可击。那么多的等腰三角形可以表明是计算错误，但这并不会改变我对等腰三角形的看法：即使它的确不真实，但毕竟还是被发现了。

含混套路

菲利浦·塔凯是法国国立自然博物馆的古生物学教授，据他统计，有关恐龙灭绝的原因，共有 80 多种。[11] 除了过多地吞食英格兰牛之外，其他解释都是可以考虑的：对环境不适应；恐龙蛋的孵化温度影响了性别比例，造成雌雄比例失调；恐龙蛋壳变厚或变薄，使胚胎无法孵化；瘟疫；地球旋转轴线偏移；地球气候变暖，将

① 在法语中，他的名字发音与“模糊不清”一词很相似。——译者注

这可怜的动物活活渴死；地球遭遇冰河期；火山灰雨；一颗小行星撞击地球；超新星爆发；地磁场极性反转；痔疮发作……

诚然，我们今天还知道最恰当的解释，那就是依卡城石刻画。但请你想一想：要是没有恐龙灭绝之谜的话，我们也不会费劲去解读那些石刻画，更不会去揭示外星文明之谜了。

因此，恐龙灭绝之谜本身是已知的基本条件。然而，这个谜表述得极不确切，因此，它就显得更加扑朔迷离。这种庞然大物在统治地球1.55亿年之后，在距今6 500万年的白垩纪晚期突然从地球上消失了。这个古生物学上的灾难很难解释清楚。但仔细研究这个现象时，大家才发现许多有关恐龙灭绝的理论都是经不起推敲的。首先，恐龙并非唯一从地球上消失的物种，有些陆地及海洋生物也都同时消亡了，如厚壳蛤类等，而其他生物则生存下来了。正如菲利浦·塔凯所强调的那样，精确的科学理论应当既能解释为什么有些生物灭绝了，又能说明为什么有些生物依然存在，而不能只把目光盯在恐龙身上。

其次，所谓的恐龙灭绝的灾难并不是独一无二的，在生命存在的漫长历史过程中，曾发生过多起群体灭绝事件。最重大的灾难发生在二叠纪，大约在2.5亿年前，75%的两栖类动物及80%的爬虫类动物均遭灭顶之灾，而在白垩纪晚期只有30%的动物灭绝了。

英国历史学家爱德华·吉本曾说："与其琢磨罗马帝国为何消亡，倒不如研究它为什么能存在那么长时间。"在引用了吉本这句话之后，菲利浦·塔凯接着补充道："恐龙像古罗马人一样存在了很长时间，因为在我们这颗星球上，几百种不同类型的恐龙前后共存在了1.55亿年；到目前为止已发现260多种恐龙，其中自1969年以来发现的有100多种；我的同事多德森及陶逊甚至认为从三叠纪末到白垩纪末期间，地球上至少存在过1 200多种恐龙。"

恐龙群体物种繁多，甚至比当今哺乳动物的种类还要多。虽然梁龙身体总长有30米，鲲足龙体重可达100吨，但有些恐龙还没有一只火鸡大。有些食草类恐龙只吃蕨类植物，而食肉类恐龙则以食草类恐龙为食。一种旧观点认为恐龙是很愚蠢的动物，因为它们的大脑与其庞大的躯体相比实在是太小了，以至于梁龙在其尾巴被捕食它的动物吃掉一半时才感觉不妙……最近30年来，古生物学家经研究后修正了这种陈词滥调。生物学家斯蒂芬·杰·古尔德在其《熊猫的拇指》[12]一书中写道："我并不想把恐龙当作智慧动物的典范来加以宣扬，但不管怎么说，它们的大脑并非像人们所说的那么小，它们大脑的容积对于像恐龙这类爬行动物而言是正常的。”也许有些恐龙比它们的同类要机敏，但可以肯定的是，并不是所有的恐龙都十分愚蠢。另外一种截然相反的意见是，恐龙并不是当今我们所理解的那种爬行动物。有证据表明恐龙也是恒温动物，如同奶牛和母鸡一样。可问题依然没有解决，就算恐龙是恒温动物，我们星球上至今还有恐龙的后代，那就是飞鸟，其中最古老的鸟类大概就是从小禽龙演变过来的。

简言之，恐龙的种类是多种多样的，而各种恐龙的命运却各不相同。总之，“恐龙灭绝的灾难”倒更像个神话，而非属于动物学史的范畴，即使这个神话里包含着几分真实性，因为恐龙确实灭绝了，这样就让哺乳类动物“掌握了大权”，为人类的出现铺平了道路。唯有把握含混意识的人才能把所有这一切混为一谈，将群体性灭亡视为“无法理解的奥秘，神秘的大自然用不透明的裹尸布将其遮盖起来”，斯拉德克在谈到其他课题时曾这样写道。我敢肯定恐龙在地球上灭绝并无奇特的原因，它们是物种竞争的牺牲品，是白垩纪晚期生态意外事故的殉难者。但假如这是事实的话，谁又相信呢？

厚颜无耻套路

大概这是五种套路里最重要的一种。假如有人怀疑自己的才华，那么他敢研究物质及思维起源这种如此广博的问题吗？一名优秀的科学骗子清除起传统科学的狭隘障碍来简直易如反掌，只需扫一眼就能领会整个宇宙。他会毫不犹豫地探讨人类起源这种古老的课题，好像他是世界上提出此问题的第一人。什么也阻挡不住他，因为他发自内心地相信，自己比牛顿、爱因斯坦和达尔文三人合起来都强。

雷米・肖宛在《精神生物学》[13] 中写道：“还是让我们继续做精神上的苦行吧，我们要一边观察宇宙，一边撇开对宇宙的所有说法，这真是太难了。”肖宛不过是个不学无术的家伙，但他却成功地摆脱了自己所掌握的那些知识的束缚。他的这部大作有 220 页厚，依他所言，这是“苦思冥想”的结果，由于他对猴子的语言、对海豚的大脑、对植物的特异功能及信息传递的手段做过各种思考，因此，这本书已足以让达尔文主义者感到难堪。

至于弗兰克・阿坦，这位年轻的知识分子倒没费多大力气，他做起非学术性的工作来似乎游刃有余：“意识与爱情是不可分离的。这是太极的两种相反的状态（阴与阳），它足以对所有的物理现象做出解释。尤其是它包含着空间、时间以及万有引力的起因，它构成了原子、粒子及各种星体。”

虽然这些句子里的词汇没有任何科学意义，但一位有天赋的科学骗子对此不会感到难堪。科技专栏编辑部里堆满了各种信件和文档，里面有最新的理论报告，都是报告起草者大脑中的产物，其目的就是要在一刻钟之内，用他们的理论将相对论、量子物理或最新的科技发展否定掉。

在其《新的科学精神》[14]一书中，法国哲学家加斯东·巴什拉①是这样预测玄学与科学之间的关系的：“为什么总要提混沌之自然与粗糙之精神的冲突呢？为什么不经讨论便把启蒙教育与文化心理混淆在一起呢？在刚刚摆脱自我之后，人们出于何种胆识会在1个小时之内再造一个世界呢？”

亲爱的加斯东，这是最起码的常识呀：光脚的不怕穿鞋的，从零起步的人胆子最大。科学是无法在1个小时之内再造一个世界的，因为科学本身就不是在1个小时之内创造出来的。懦弱的学者怎敢去面对这样一个问题呢，科学骗子却总把这个问题挂在嘴边上：为什么全世界都不承认我的天赋呢？

科学为何不能回答真正的问题？

还是让我们做一番概述吧。科学家最多只采用科学骗子这5种套路中的两种。路易·德·布罗意②认为光波呈微粒状态，那么物质粒子就应呈波动状态，这是一种类比的方式。也许这种类比并非闪电般的，但至少极有意思。当然，我们可以授予科学家某种隐原因的意识，尽管他们并未完美地使用这种意识。他们整天同一大堆隐原因打交道，如物质基本成分的弱相互作用、万有引力或黑洞，而不愿意去对付老掉牙的磁学或低频。这样只会把事情搞得混乱不堪。但不管怎么说，大家总得承认科学家明白隐原因到底会是什么样子吧。

而其他意识呢，那不过是彻头彻尾的失败。难以捉摸的迹象？科学家对此颇为怀疑，至少在他们发现的极少几个事例中是如此。他们称数字重合纯属偶然，数字上的重合甚至可以掩盖某一现象的真实性。一位知识渊博且又严肃的科学家会认为大金字塔的比例绝非偶然，这样的科学家你绝对找不到。至于说不确切性，最好还

① 加斯东·巴什拉（1884—1962），法国哲学家、科学家。——译者注

② 路易·德·布罗意（1892—1987），法国物理学家，提出物质波理论。——译者注

是将它丢在脑后吧。物理学家让－马克·莱维－勒布隆曾把科学概念的精确性比作精致的解剖刀。在他的学科内，科学家采用误差计算法，要是不测出误差，他们绝不动手测量数据，这样就让那些可能会利用不确切性的人无机可乘。

1986 年险些出现一个反例，美国物理学家伊弗莱姆·菲施巴赫准备举证自然界中的“第五种力”，这是已知的四种基本力（万有引力、电磁力、影响基本粒子的强作用力和弱作用力）之外的一种力。他的项目是想证明惯性质量并不严格地等于引力质量，此观点与物理学的基本原理相悖，而这两种质量之间的差就是假定的第五种力。假如第五种力的要点你搞不明白，那么这两种质量之间的等值就是要向你印证，比如：1 公斤羽毛与 1 公斤铅块是等重的。用准确的词义来表述，即惯性质量用来衡量物体运动的阻力，而引力质量用来表示万有引力对物体的影响。当你拖着拉杆箱在飞机场候机厅行走时，你就得克服箱子的惯性质量。当你把箱子放在行李秤上，机场人员要你支付 111 欧元的超重费时，你的冤家就是引力质量。

这两种质量间的等价性是伽利略及牛顿物理学最坚实的概念之一。它表明在真空中，物体自由降落的速度仅取决于其降落的高度。传说，伽利略把东西从比萨斜塔上扔下来，证实物体下落的速度是一致的，他是做此类实验的第一人（不幸的是，他将一块小牛肝扔到了主教的教冠上，实验不得不中止，这是意大利科学家与教会发生争执的真正原因）。还有另外一种传说：伽利略只不过做了一项两个小球从斜面滚下的实验。不管怎么说，理想的实验应当在真空下观察物体自由下落的状态。在排除空气阻力的情况下，一片羽毛和一只铅球从比萨斜塔上自由下落时，应当同时落地。这种结果的确出人意料，但它却难以验证。1888 年，匈牙利物理学家厄缶①找到另一种方案：他做了一台扭秤，对两种质量加以比较。从此，他的实验结果被认定是惯性质量与引力质量相等的决定性证据，并在后来为爱因斯坦的广义相对论的提出奠定了基础。[15]

伊弗莱姆·菲施巴赫对这段光辉历史并不服气，他决意重新验证著名的等量原理。1986 年年初，他在极严肃的杂志《物理评论信笺》上发表文章，对厄缶的测量数据重新分析，声称得出与厄缶完全相反的结论。厄缶曾注意到极微小的误差，但他认为这种误差并无实际意义。菲施巴赫认为这些不同材料引力加速度的微小差别也许不是实验误差，有可能是真实效应，受一种新型力的影响，这种力的大小约为

① 厄缶（1848—1919），匈牙利物理学家。——译者注

万有引力的百分之一，它是一种排斥力。要不是因为《纽约时报》在头版转载菲施巴赫的文章，这件事有可能也就到此打住了。然而，这位美国物理学家被推到媒体的舞台上，很快（尽管只是昙花一现）就获得显赫的名声，而且引来众多的竞争者。在他的文章发表之后两年内，许多物理学家热衷于对万有引力进行细微的测量。

1988 年 2 月，借在法国阿尔卑斯山举办“莫里翁晤面会”之际，我见到了菲施巴赫及大部分从事“第五种力”研究的学者。所谓晤面会就是研讨会，每年举办一次，物理学家们聚集在阿尔卑斯山的某个滑雪站，利用两次下滑之间的空隙时间来交换各种最奇异的想法。当时，有 20 多种实验已告完成或正在实施中，所有实验的目的都是揭示“第五种力”的存在。各种实验竞相展开，而且颇具创造性。比如将铀团块或铜团块从 20 厘米的高处坠落到同样的真空“束流器”里；或在悬崖处放置一只小木桶，里面灌满水，然后将一只空心铜球放在水面上，以研究球体的运动形态；再不然就用类似于厄缶所发明的扭秤做测量，但他们所用的扭秤则要精确得多。

科学家迷恋于对“第五种力”的研究，难道他们是在追逐潮流吗？事情并非如此。从事实验的大部分科学家都是搞粒子物理学研究的，粒子物理学实验往往需要几十名，甚至上百名科学家的参与，但往往几年之内也弄不出什么名堂来。这个领域可不是那么容易出成果的，至少对于科学家是如此。他们热衷于实验，乐于观察各种现象的变化。在“莫里翁晤面会”上，物理学家们就某种装置的优点一直要讨论到深夜，他们那副样子活像对新玩具感到惊奇不已的顽童！作为研讨会的主持人，菲施巴赫以极大的激情鼓动大家参与辩论，他说起话来语速极快，可与美式足球解说员相媲美！

有意思的一点是，从我们所感兴趣的角度看，“第五种力”存在与否主要取决于测量数据的精确度。假如菲施巴赫及其同事将理论预测值中微小的偏差揭示出来，还能证明这些偏差并不是由测量本身的误差引起的，那么他们将会得到象征胜利的棕榈枝，说不定还会获得诺贝尔物理学奖呢！但是，诺贝尔物理学奖可不是唾手可得的……经过几年紧张的研究，物理学家不得不承认根本就没有“第五种力”，至少在这个新分类问世之前是如此。真是太遗憾了！他们本来可以好好地利用这个含混的概念，可他们却让这唯一的机会溜走了。

还是让我们来谈谈最重要的科研精神吧，那就是厚脸皮。做基础研究的科学家就缺少这方面的本事。值得注意的是，科学家根本无法彻底推翻旧理论，让一切都从零开始（况且这并不让人感到惊讶，因为单单为了发明“零”，人类竟然用了几千年时间）！我们还是来举“大爆炸”的例子，人类经过至少 4 000 年的努力才得到这么一项尚不成熟的结果。“大爆炸”理论远未完成。我们不妨追溯一下历史，早在公元前 20 世纪，古巴比伦人就设想大地是平坦的，四周被环型大洋包围着。当时有两个问题悬而未决，太阳及其他星星是什么类型的星球？大洋的边缘是什么？

泰勒斯（公元前 640—公元前 562）在回答第一个问题时曾设想所有的星星都呈球状，里面布满了火焰，它们挂在苍穹上，可随时打开和关闭。毕达哥拉斯①则在一个世纪后断言大地是球状体，因为唯有这种完美的状态适合我们的星球。托勒密（90—168）创立了地心体系，该体系在之后 500 年内一直拥有绝对的权威。根据这一体系，我们的星球位于宇宙的中心，太阳围着它转动。其他行星沿着被称为“本轮”的圆形轨道运转，而本轮的非物质中心又围着地球自转。

托勒密大体上意识到行星的视运动。但遗憾的是托勒密采取了作弊手段，由于观察结果与本轮理论并不十分吻合，他篡改了数据，强行将数据嵌入该体系之中。正如美国天文学家罗伯特・牛顿[16]所指出的那样，托勒密是科学史上最大的科学骗子之一。

至于本轮体系，它的演算就像缠人的幻象。单单为了论证地心说，就需要 40 多种演算形式。最后，托勒密的地心体系在第谷、伽利略、哥白尼和开普勒的联合攻击下终于土崩瓦解了。由阿利斯塔克②在公元前 250 年所创立的日心说模式又重新获得尊重。艾萨克・牛顿创立了万有引力定律，对行星的椭圆运动轨道做出了解释，但行星的这种运动形式还是开普勒阐明的。

18 世纪，赫舍尔③测定了银河系的形状和结构，但无法准确地标定其位置。20 世纪二三十年代，天文学家意识到我们的银河系只是宇宙中一粒微小的尘埃。哈勃指出，整个宇宙充满了银河系，它们之间相隔很远，而宇宙在不断地膨胀。这似乎意味着宇宙起初很小。假如我们追溯宇宙的起源，难道宇宙最初就是一个致密的物质核吗？这应该是一种“原始原子”形态，正如比利时鲁汶大学天文学家勒梅特④教士于 1927 年首次提出的那样。

---

① 毕达哥拉斯（约公元前 570—公元前 497），希腊哲学家。——译者注
② 阿利斯塔克（约公元前 310—公元前 230），希腊天文学家，最早提出日心地动学说。——译者注
③ 赫舍尔（1738—1822），出生于德国的天文学家，发现了天王星。——译者注
④ 勒梅特（1894—1966），比利时天文学家和宇宙学家，他提出宇宙大爆炸的理论。——译者注

1965 年之前，这种设想并未引起人们的重视。那一年，彭齐亚斯①和威尔逊探测到一种辐射源，它从四面八方等密度地将宇宙包裹起来。对于天体物理学家而言，这个发现是原始原子理论的决定性证据：彭齐亚斯和威尔逊探测到的微波背景辐射是宇宙大爆炸的残余物，是大爆炸的化石。

然而，并非所有问题都能因此迎刃而解。“大爆炸”现今已被称为“标准模式”，在其所面临的困难中，既有我们前面提到过的大爆炸之前的问题，又有各向异性问题。假如设想宇宙是各向同性的，即物理定律可在各个方向上以同等形式得以应用，那么为什么银河系最初是在同质的宇宙羊水中形成的呢？这似乎很难做出解释。假如宇宙是各向异性的，那么必然会产生其他的复杂问题。为了解决这类及其他类型的问题，物理学家创立了“超弦”理论。该理论的技术水平让本书望尘莫及，但我们可以明确指出，该理论可应用于十维，甚至十一维的空间之中。著名的五维空间完全可以改弦易辙了！

说归说，还是先别去憧憬吧，我们距能到十维空间去旅行的时代还很遥远呢，因为根据理论设想，在大爆炸之后，十维的宇宙分解成一个六维气泡和一个四维气泡，前一个突然爆裂开，于是将后一个也铺展开来，而我们地球就在这后一个气泡之中[17]。要是你没搞明白，也不用着急，因为它有可能还会变。最新的消息是，宇宙最终大概会变成“平坦的”，也许将来只有通常的四维空间了……但这种“平坦”只不过是受观察方式的制约而形成的，有点像地球，在我们所能观察到的范围内，它是平坦的，但从航天飞机上看，它的弧形就显露出来了。

种种新进展的结果迟早会问世，这是毫无疑问的。从以为地球是平的一直到现代宇宙学，科学走过了一条漫长的道路。泰勒斯的“料斗”可能会让我们感到好笑，但每一种描述在某一特定的时段内都有其合理性。在进步的道路上，科学的进展远不是一路凯歌式的，它倒更像行进在起伏不平的铁路上，而这条铁路尚在建设之中，途中要经过蜿蜒曲折的路段，挖隧道，架桥梁，而这条铁路又永无尽头。某个路障会随时让整条铁路暂时停下来：环形大洋、本轮体系、牛顿力学、大爆炸理论、超弦理论……

人们不时会把路障炸掉，但很快就又有人出面设置新的障碍。科学只能提供部

---

① 彭齐亚斯，美国物理学家，与威尔逊合作进行研究，1978 年获诺贝尔物理学奖。——译者注

分答案，提供有限的真理。要想为真正的问题给出绝对的、决定性的回答，那么除了将路障及相应的铁路炸掉之外，就再无其他方法了。但怎样做才能让一列脱轨的列车行进呢?

怎样让脱轨的列车行进?

法国国营铁路公司里任何一名火车司机办不到的事，科学骗子不费吹灰之力就能办得到。他那幽灵般的列车轻快地行驶在荒漠之中，那是一望无际的荒漠。“如果我们行不通了，唯一的出路就是再回到始发地。”罗伯特·谢尔德雷克[18]这样写道。他创立了一项十分有趣的理论，我们在后面还会专门讲解。提出真正的问题，这很好，但如果同时又能给出答案，那就更好了。由于缺少通用法则，初入此道的人将会从几条凭经验得出的规则中受到启发。

- 第一条规则：**单一原因，诸多结果**。又称“一切皆有可期”。这条规则可以包罗万象。莱尔·沃森就用某种物理现象，如共振现象，成功地创造出奇迹来。诚然，沃森为“共振”这个术语所做出的阐释与其他物理学家的不尽相同。在后者看来，当某种振动与振动系统本身的频率相一致时，振动系统才会产生共振。女高音歌手在唱高音符时将水晶杯震碎就是声波共振的例子。共振的另外一个例子是：一座小桥会在一队士兵整齐的步伐下坍塌，因为士兵们的步伐频率恰好与桥自身的振动频率重叠。光波或电磁波等都会产生共振现象。

  在日常生活中，只有当激励波与受激励体的振动属于同类型时，才会产生共振。比如，电磁波的传播规律与声波的传播规律截然不同。人们绝不会靠吹小号让电路产生振动！莱尔·沃森的超自然理论忘掉了这个制约条件，提出不论什么物质都会让其他物质产生共振。共振能力经过这番“释放”之后，就可以对一切都做出圆满的解释。例如，伽马射线对水熊虫的影响；动物对地震的恐惧；月圆之夜对一般的暴力事件或纵火案的影响；金字塔形物体对剃须刀刃的作用；通灵术，靠意念去影响客观事物的能力；等等。
- 第二条规则：**单一结果，诸多原因**。与前一条规则相对应，又有所补充。当你恰如其分地履行这条规则时，你就能在最平常的事件中找到某种联系。比如，1969 年莎朗·塔特遭到查里斯·曼森暗杀[①]时，“生命场”的种种征兆便按下列顺序纷纷显现出来：太阳强烈的黑子风暴，九大行星罕见地排成一排，望月负离子积聚，里氏 5 级地震，宇宙辐射所产生的低能信号，过量食用爆米花。

- 第三条规则：**外形影响功能**。莱尔·沃森为此列出显著的明证：“一家法国公司为一种酸奶机申报了专利，因为它那特殊的外形可增强微生物的发酵过程；捷克斯洛伐克[②]某啤酒厂的酿造师曾试图用带棱角的木桶来代替圆木筒，但结果发现，啤酒的品质降低了；一位德国研究人员证明，若干只老鼠躯体的同一部位受了伤，倘若在球形笼中喂养，它们的伤口会痊愈得更快；加拿大的建筑师指出，精神分裂症患者在梯形医院中接受治疗，病情能迅速好转。”

结论是：“空间形态对功能有影响，功能在某种空间形态里会发挥最大的效用。”

- 第四条规则：**跳背游戏**。以无可辩驳的论据为某一可疑的观点辩护。用纸板搭建的金字塔模型可使剃须刀变得锋利，乍一看，这无异于天方夜谭。但经过三次思维跳跃之后，沃森越过了障碍。第一跳：磁场对刀刃产生影响。他也不琢磨到底是怎么产生影响的，便马上起步进行第二跳：金字塔拥有磁场。

  那又怎么样呢？接下来就是第三跳：金字塔的形状将磁铁的特性赋予纸板。空间形态影响功能，这前一条规则我们不是已经知道了吗？循着这种体操式的跳跃，我们似乎别无选择地得出一个结论：单单“金字塔”的形状，就有着等同于金字塔本身的魔力。

- 第五条规则：**巧施烟雾**。它可以让人无节制地使用无迹可寻的意识。这样，神秘的欧捷尼奥·希拉古萨就在依卡城的石刻画中发现了外星人对恐龙施行手术的证据，但这并非那么显而易见。不明飞行物专家菲穆从某种微乎其微、脆弱的数据中得出坚实的结论，即从为数众多的等腰三角形中得出结论。在大多数人眼里，这些三角形无非是几何图案。然而，菲穆却在其中辨

---

① 莎朗·塔特是著名导演波兰斯基的妻子，1969 年遭杀手查里斯·曼森暗杀。——译者注

② 捷克斯洛伐克，是 1918 年 10 月 28 日至 1992 年 12 月 31 日存在的共和国，后解体，并于 1993 年 1 月 1 日起成为捷克和斯洛伐克两个独立的国家。——译者注

别出外星人到访过地球的证据。不能因为我在烟雾中看到兔子的形状，就断定必然真有一只兔子，这是世人皆知的常识。但那些善于解读难以捉摸迹象的人绝不会放过任何偶然的巧合。只要用心去想，那么最平常的逸事也会成为征象、形迹和征兆。

- 第六条规则：**利用磁场**。这可是名副其实的护身符，它能让你顺利摆脱尴尬的处境。每当你身处窘境时，只需反复念叨“磁场”一词，至少说三遍，而且切记吐字要清晰。还可以用“生命场”“声波”“共振”“震颤”“低频”“能量”等来代替“磁场”。至于说“形态发生场”一词呢，虽然听起来有点矫揉造作，但却十分奏效。你可别用陈旧过时的驱病咒符，不到万不得已，千万别用“痔疮”这个咒语，它会让人感觉太粗俗。

假科学和伪科学

目光敏锐的读者将会发现，所有这些规则都是语义性的，噢，可恶的近义词，我们因为你出了多少错呀！其实，与其说规则在操纵事实，不如说规则在操纵词语。本讲所介绍的科学骗局几乎都采用修辞手法。与实际相脱节的高谈阔论只有在相关的语境中才是严谨的。相反，科学的步骤要求各项理论时刻接受考验，始终与事实紧密相连。我们不妨看看哲学家巴什拉是怎么说的：“科学真理是一种预言，或者更确切地说，是一种说教……我们宣布科学新发现，并将某种思想及经验传达出去，在检验过程中将人的思想与经验结合在一起，此时，我们无非是在号召大家求同存异，因为科学的世界就是我们的检验手段。”[19]

哪种物理实验可以验证爱情是一种磁吸引力呢？唯有感觉才能将这些词汇糅合在一起。另外，还可以用实验的手段来对电磁学定律进行检验，但千万不能将其照搬到人的情感领域里。况且，爱情从未有什么定律。

将“转世”“可靠性”“科学”等词语拢在一起是不足以去研究科学的。在这种情况下，“科学”也并不意味着“真相”。弗兰克·阿坦所推崇的“理论”并未描述出物理现象，它所阐述的不过是感觉的效果。对这种理论，最好的定义是假科学、虚构的科学，甚至是伪科学。

还有另外一类科学骗子。托勒密作弊的手段是操纵事实，而非仅仅操纵语言。我们很快就能辨别出真伪，因为“本轮”的理论是可以检测的。实验最终还是出现了谬误，这个理论因此也就失败了。托勒密瞒天过海的手法就是在数据上作弊，结果理论上的谬误导致验证上的失败。我们将这类骗人的方式称为弄虚作假的科学、以假乱真的科学，甚至假科学。

乍一看，伪科学与假科学是无法相比的。前者不过是个空壳子，而后者则需要真的去做科学实验，即使这种实验有变味之嫌。假如我们把科学比作一场象棋比赛，假科学的作弊者就是一个不诚实的棋手，在对手无察觉的情况下，悄悄地移动棋子，以改善自己的处境。他完全了解下棋的规则，但故意违反。裁判、对手或旁观者都能发现他在作弊。

伪科学的骗子倒像个不知下棋规则的人，他按自己的规则随心所欲。他在棋盘上来回移动“马”，像个疯子似的，再不然就用高尔夫球替换“王”。在这类骗人的把戏中，毫无规则可言。裁判也无能为力，因为裁判的规则根本得不到承认。

这两种所谓的科学虽然看上去大相径庭，但却有着共同点：二者都拒绝接受事实真相，不论是凭嘴上功夫，还是靠弄虚作假掩盖事实，伪科学的骗局则与事实完全脱节。但所有的骗子或多或少都抱有幻想，企盼着现实能像尤里・盖勒的小勺那样扭曲变形。他们竭尽全力希望“这能行”，希望全世界都能败在他们的幻想、他们的意志之下。这种想法相当幼稚，但我们每个人不都是大小孩吗?

练　习

1. 请回答下列真正的问题：
   - 骆驼的重要标志是什么?
   - 马是什么颜色的?
   - 《七个伟大的未解之谜》是谁写的?
   - 什么?

   答案：见本讲。
2. 将4块硬纸板剪成等腰三角形，底线与边线的长度分别为15.7厘米和14.94厘米。用胶带将它们黏在一起，纸板金字塔模型的高度为10厘米。转动模型，让它的底线面对磁场的东西—南北向。再做一个3.33厘米高的支撑物，将其放在塔尖的下方，用于摆放你想要修复的物品（用钝的剃须刀片、被杀死的小鼠、恐龙蛋、英式牛扒等）。将这一切放在远离电器的地方（这是莱尔・沃森出的练习题）。

3. 与前一项练习相同，但将金字塔尖去掉（在明信片上看得很清楚，天长日久，大金字塔尖已磨去了）。你还能观察到同样的实验效果吗?
4. 用硬纸板做成大金字塔的模样，然后将大金字塔罩起来，但不要把纸板做的金字塔塔尖削去，大金字塔能恢复原样吗（各大旅行社均售卖飞往吉萨的飞机票）?

第二讲 尚待开发的领域，任由你精心挑选

> 摆脱引力，你就能飞翔。到处是宁静、黑暗、祥和。你的肌肉完全松弛下来，整个人置身于反物质的包围中，失重的状态将你的宇宙能量释放出来。你的大脑甩开幻觉的现实。你的阿尔法波得到增强。作为在五维空间中勇敢的旅行者，你在能置人于死地的区域内漂移，与人类居住的地区相距几十亿光年。你把目光转向“里面”，随手翻阅着《西藏度亡经》[①]。在那与外界相隔绝的密封舱里，温度适宜，有些潮湿、微咸的味道，你在其中回忆往日的生活。你和这一切融为一体。闪光，幻觉，磷石，金字塔的秘密，阴道的快感，阿尔法和欧米伽，永恒的 37.2 ℃。

如果有人对此一无所知，那我在此提醒大家，首个密封舱正是地球的鬼斧神工之作。地表的破裂创造出死海，这是一只神秘的坩埚，在那里，生命之源——水，与精神养料——盐，相互融合在一起。出于便利的考虑，人们用浴缸取代了死海，因为浴缸占地不大，更适合城市人的生活。公元前 250 年左右，阿基米德偶然发现了流体静力那神奇的效果，这位大学者兴奋得疯了似的，赤身露体跑到大街上，口中念念有词，手里举着一只用金色纸板做的皇冠。

结果呢，这是一庄丑闻，在锡拉库萨[②]的上流社会里，有人至今依然对此津津乐道。为了避免再次出现此类事件，美国动物学家、神经生理学兼精神病学家约翰 · 里利，这位以研究海豚智慧见长的专家曾在 20 世纪 50 年代推荐使用密封舱，其外形就像埃及的石棺。正是由于有了这个精巧的装置，今后每个人只要花很少的费用（起码比做心理咨询或到喜马拉雅山旅行一趟所花的费用要少得多）就能体验到萨马迪[③]

---

① 《西藏度亡经》又称《中阴得度法》，为莲花生大师所作。——译者注

② 意大利西西里岛东海岸港口城市，阿基米德的故乡。——译者注

③ 萨马迪是佛教用语，意为与神相合。在法语中，萨马迪的念法与周六极为相似，因此作者原注所说的同音异义文字游戏即隐喻这层意思，周日和周一打烊又是作者幽默口吻的具体体现。——译者注

的最佳享受（每周日和周一打烊）[1]。

带盖浴缸的秘密

有些读者或许对我的上述描述并不以为然，这只密封舱又无感觉功能，还吹得那么神乎，你对此颇为怀疑，我真诚建议你不妨亲身体验一番。你只要进入家中的浴缸并盖上盖子就行了，不管怎么说，不入虎穴焉得虎子嘛。要是真的相信里利的论述，那么他的发明对于人类意识而言就像车轮对人类的贡献一样。最好还是花上几分钟，到互联网上搜索一番，你会发现若干个网站，它们以合理的价格建议你作“舱疗”[2]。尽管该疗法的商业成就并不像商家所期待的那么大，况且正像它于1984年刚刚引入法国时那样，远未形成热潮，但密封舱之说依然引人注目。作曲家特意为密封舱谱了曲（1999年4月，在维也纳举办的音乐节上，大名鼎鼎的利兹乐队创作了一首《密封舱之曲》，听众坐在一只密封舱里，听着电脑合成的音乐漂荡，而那音乐又是依照人体的声响而合成的）。美国锡拉丘兹大学一位名叫约翰·沃伯斯的人描绘出“海豚疗法”，简而言之，就是将人关在密封舱里，在海豚的陪伴下沉到大海的深处，该疗法对失聪、唐氏综合征或肌营养不良症等疾病均有疗效。让我们换一个不太沉重的话题，最新一期的《互助会员报》载文，建议将密封舱用于“更深层次的科学放松疗法”中。

总之，约翰·里利的发明在新时代各类技术中占据着“提名”的地位，它可使人的健康总况，甚至“整体”健康恢复正常，可使身体与精神和谐统一，可让自我得到充分的发展，甚至让深层的自我、让遭受技术和物质文明阻碍的所有事物得到健康的发展。如果采用脑波合成器，密封舱的效果还能得到改善。尤其是所有熟识此项技术的人都曾提到过一个必不可少的细节：务必要用爱普松盐。这是为什么呢？我的一位喜好赛马的朋友一语道破天机：在德比赛马场上，总能见到马粪①吧[3]……其实爱普松盐就是硫酸镁，可以治疗便秘。诚然，你有可能患上了幽闭恐惧症，或者你不喜欢用盐水，尤其是不喜欢用轻泻剂。在这种情况下，有许多技术可供你挑选，比如指压按摩疗法、道家的运气法、家传秘方、仰卧放松法、驱鬼神的妖术、精神分析、洗肠疗法、风水、灵气、光神、电磁场和谐术、心灵沟

---

① 作者在此借用一个双关语词，此词既有“粪便”的意思，又包含“马鞍”之意。——译者注

通术、光晕图像、振荡式炼丹术、印度药油按摩法、精神控制论、能量中心和谐论，等等。

还是让我们回到密封舱的话题上吧。约翰·里利的发明竟然激发出如此高昂的热情、如此放纵的胡言乱语，这又如何解释呢？它们与这只密封舱并无太大的关联。其实那只密封舱无非一个“带盖的浴缸”——这是《科学与生活》杂志上所用的巧妙措辞。[4]除非丢掉全部常识，否则很难理解究竟是什么力量驱使大家去投资建造这么粗俗的装置，还把它奉若能载我们到五维空间中遨游的宇宙飞船。炼金术曾将一个腌肉盘变成一只精神上的挪亚方舟，这主要还是宣传的功效。密封舱倒像一个信使。信息传递出去了，也就好卖了。密封舱的功能被过分地夸大了，它简直就像名副其实的发明，这真是新颖的市场营销手段，正如这段广告词所表明的：“密封舱的发明者名叫约翰·里利，所有对海豚感兴趣的人都知道他的大名。他是医学－神经生物学领域的专家，主要研究人的‘大脑与智力’。”

里利不仅是一名发明家，而且还是一名真正的学者，因为这幅科学的幌子恰好是科学骗子的“烟幕弹”，这么简单的玩意儿凭着蛊惑人心的宣传竟然跻身于世纪发明之列。有了密封舱，或者在密封舱的基础上再加上某些附件，比如那神秘的“脑波合成器”，就能给自己罩上科学的光环。这套科学的外衣虽然让密封舱看起来真实可信，但并不足以解释其成就。由于公众对密封舱的臆想，大家也就相信那套宣传罢了。它的影响力取决于对四个主题的精心利用。

1. **海豚人**。约翰·里利是能听懂海豚语的人，他在海豚研究上倾注了 12 年的心血。1953—1958 年，他曾在全美精神健康研究所从事研究工作。用他自己的话说，正是在密封舱那孤独的环境中，他开始了对海豚的研究。[5]20 世纪五六十年代，在将鲸类动物所发出的信号录下来时，里利以为听懂了接受实验的动物之间的话语。当时，神经生理学者对此类研究非常感兴趣。而军方，则期待一只机灵的海豚可以成为不易被人发现的海中间谍，他们对此兴奋不已！在接下来的岁月里，里利经历过几轮盛衰，倒不是因为他那可爱的海豚，而是因为他和其他美国学者一样，以蒂莫西·利瑞为楷模，狂热地投身于致幻剂的研究。他给海豚注射了致幻剂，结果造成 5 只海豚自杀身亡。到了 20 世纪 60 年代末，美国立法加强了对精神药品的管制，因此改变了致幻剂研究的局面。里利在此领域里的研究经费锐减，于是便转向其他领域。

从此，这个事件就算平稳地结束了。尽管里利付出了极大的努力，但并没有证据表明海豚所发出的声音比蜜蜂的嗡嗡声更接近人的语言。尽管他的“发现”有自我陶醉之嫌，但这并不重要，因为海豚人这一主题本身的诱惑力丝毫没有减弱。里利将我们人类的起源（大海起源论）作为一个真正的问题提了出来，这个主题在影片《碧海情》[①]中可见一斑。在密封舱那温暖的盐水里，我们再次感受到大海的乳房，感受到宇宙的子宫，那儿比母腹还要柔和，所有生命都由此而生。

2. **惊人的发现**。这个主题又给科学的幌子增加了筹码。约翰·里利不仅是个严肃、可信的学者，而且还是发明家、创造者！我们前面提到的那篇广告词着重强调：“在科学界广泛接受的理论是，在没有外部刺激的情况下，大脑会处于‘休眠’状态。为了印证这种说法，约翰·里利把自己关在用于第二次世界大战的密封舱里进行测试。然而，他发现自己不但没有昏昏欲睡，反而感觉整个神经系统似乎完全清醒过来……”

其实，害怕黑夜的孩子都有这种感受，在黑暗中，有时根本就睡不着，甚至还会不由自主地变得很警觉。要是刚刚服用过致幻剂就更是如此。令人感到奇怪的是，里利在他的密封舱里苦思冥想，大脑里充满了致幻剂带来的幻觉，却对此没有察觉！把服用麦角酸之后所产生的幻觉视为里利的那种清醒状态，似乎并不那么容易让人信服。如果说那种状态并不是致幻剂所致，可里利又拿不出什么客观证据来。诚然，大脑在收不到任何外界信号时，并不一定处于休眠状态，这是完全正确的。在德国，剥夺人的感觉是用来打击“巴德尔帮”[②]的一种刑罚手段。假如剥夺人的感觉只会让人嗜睡，那就算不得一种刑罚手段！但我们还是别妄加揣测了吧。里利与世隔绝的实验完全是自愿的行为，他随时可以停下来。他的研究被吹捧成挖掘意识活动的新方式，可那项研究并未显露任何卓越的成果。如此说来，伟大的发明又体现在哪里呢？

3. **神奇的机器**。这是现代版的阿拉丁神灯。在科幻影片中，主人公坐在座位上，驾驶着以 20 倍光速飞行的飞船。密封舱所消耗的能量虽微乎其微，但却为你

---

① 影片由法国著名导演吕克·贝松导演。——译者注

② 又称红色旅，是 20 世纪六七十年代活跃在德国的恐怖组织。——译者注

打开通向未知宇宙维度的通道。所有一切都有可能发生：与体毛浓密、身披兽衣的祖先相会，追溯时间直至“大爆炸”之前，在宇宙的真空中漫游，造访未来，甚至造访未来前夜的景况。不过，你可千万要当心，别掉进黑洞里！

4. **内心的旅行**。与科幻中的机器恰好相反，密封舱并不需要人真的到时空里去遨游。正是仰仗自己的“神经空间”，你才当上了宇航员。听着来自你体内的刺激，“让灵魂都袒露出来”，你面对的是真正的自我。正如在服用致幻剂后，每个人只能感受他本身存在的感受。“没有你的允许，什么事也不会发生”，又是一句广告词。致幻剂的全部优点都体现在此，没有任何风险。

内心的旅行是一种社会游戏，它将一种幻想、一种规则、一种社会运动以游戏的形式反映出来。吸食致幻剂后的幻觉在古老的文明中也曾出现过，但在现代社会，它是诗人及艺术家的一项创造，是反文化的产物。在人类对地域的探险业已结束，而征服太空的行动刚刚兴起时，欧洲的超现实主义者和接下来出现在美国的“垮掉的一代”都颇引人注目，结果，唯一尚未开垦的处女地就是意识空间。皮埃尔－伊夫·佩蒂雍显然注意到这一点：“这有点像随着异国情调的结束及《忧郁的热带》的推出，人种志学不得不回过头来关注都市人的内心世界；在太空时代早期（美国航空航天局成立于1958年），当科学界开始大刀阔斧地对银河系进行探索时，对外太空的渴望迫使人关注精神上的‘内心世界’。”[6]

20世纪60年代，服用麦角酸以及蒂莫西·利瑞的实验掀起了一股幻觉潮。1969年在美国伍德斯托克①举办的音乐节上，肯·凯西的《飞越疯人院》②或甲壳虫乐队的《佩珀中士的孤独之心俱乐部乐队》达到该潮流的巅峰。在接下来的10年当中，致幻剂及可引起幻觉的毒品则衰落下去，至少迷幻感是如此象征性地表达的，海洛因则成为当红的毒品，巴贝特·施罗德在

① 伍德斯托克为美国纽约州的一座城市，1969年8月15—18日首次在此举办了流行音乐节，40个乐队参加了演出，到场的观众达40万人。——译者注

② 又译为《飞越杜鹃巢》《飞越杜鹃窝》，肯·凯西的这部小说发表于1962年，并于1975年被搬上银幕，表现了美国人的“社会反文化运动”。——译者注

《美国风情画》影片中将其展现得淋漓尽致，威廉·巴罗斯[1]笔下的主人公赋予海洛因新的象征，这就是全方位的《瘾君子》。文化模式渐渐将内心的旅行从诗人和“垮掉的一代人”手中夺了回来。内心旅行不再是首创的实验，而是更侧重于发挥人的个性。它已成为一系列社会游戏，不同的社会团体把玩其间；它还提供了不同的层面，科学骗子就在那里建起自己的影响力。

选择尚待开发领域的技巧

密封舱这一启事建立在四个主题之上：海豚人（人到底能不能和海豚自如地沟通）；惊人的发现（剥夺人的感觉反倒让人更清醒了）；神奇的机器（宇宙飞船）；内心的旅行（迷幻感）。这杯五味杂陈的鸡尾酒给平庸的话语注入了魔力，使它们犹如射向靶心的箭那么有效。

让我们试着分析一下它的结构。首先要确保能在常识中找到切入点：想不到还可以对海豚说话，抑或它们也能听懂我们的语言，这和我们每个人都有关，古老的梦想再次展现在眼前。弗朗索瓦·达西斯就曾同鸟类通过话。人一直梦想着能同其他生物进行沟通，同时又为自己优于其他生物而沾沾自喜。当然，如果里利真的能培育出一只出色的海豚，能将《天神之歌》[2]译成英语，或能把俄罗斯潜艇秘密调动的作战图带回来，那也就足够了。只不过应当承认，在现实中，人与海豚的沟通是十分有限的。要让这个启事变得更有趣，另一个因素也是不可或缺的，那就是惊人的发现，因为某种特殊的状态使人在多重自我之间游荡。其实，这并不是货真价实的新玩意儿——所有的神秘主义者在里利之前都曾这样说过，但在脑科学研究领域，这倒另有一番寓意。

这事儿还真有点抽象。要想让它看起来更现实一点儿，没有什么比具体事例更有说服力了，这具体的事例就是一只浴缸，但这可不是一只普普通通的浴缸，那样的话就太俗气了。这是一只密封舱，是一种颇为奇怪的东西。之所以说它奇怪，倒不是因为它奇特无比，而是因为它的用途：里利的密封舱原本是军用的，专门用来检测潜水

---

① 威廉·巴罗斯（1914—1997），美国作家，是“垮掉的一代”文学潮流的代表人物，《瘾君子》是他的代表作。——译者注

② 《天神之歌》是印度的一首诗歌。——译者注

服。这玩意儿在装满水密封之后，就同我们日常所用的、让人放心的浴缸一样了。

要想让这玩意儿真能获得成功，还缺少一个要素，那就是公众。密封舱只有与社会需求相适应并找到市场，才有望把公众吸引过来。它问世的时候，恰逢幻觉成为走红的文化模式，而服用无危险的麦角酸之后所产生的幻觉又是最理想的。密封舱为钟情于内心旅行的中产阶级提供了理想的手段，而中产阶级又有能力支付这类异想天开的嗜好。

若将这四个主题分开，它们没有任何意义。然而，它们结合在一起时，就成了里利名扬四海的保障。尽管在整个事件当中，他那玩意儿连一点货真价实的创新都没有。那只密封舱最初是专为军用设计的，只用于特定的条件下，转眼之间它却变成了探索人类意识的新装备，这着实令人感到惊讶。同样，蒂莫西·利瑞对整整一代人的迷惑实际上掩盖了致幻剂的军用目的，那一代人还以为可以改变整个世界呢："利瑞完全清楚，最早对致幻剂感兴趣的恰恰是中央情报局的人，他们在朝鲜战争期间总以为苏联或中国专家在对美国俘虏'洗脑'。"[7] 要不是因为美国将军有这种偏执的念头，恐怕谁也不会相信那些从事致幻剂实验的科学家，更不会向他们提供资金了。具有讽刺意味的是，与或多或少期待海豚能为己所用的美军相比，约翰·里利和蒂莫西·利瑞在此未知的领域里远称不上是开拓者。

在科学骗局方面，里利的发明可谓是精心选择待开发领域的典范，它能把堆在一起的普普通通的论据转变成战略要点。严格地说，要想达到这样的效果并没有特殊的方法。况且，断言里利故意要达到这种效果，是不公平的，也是错误的。然而，考虑周密的科学骗子应该牢牢掌握 7 条规则，这对他选择行骗领域颇有裨益。

- 第 1 条规则：**选题有方**。你可以从某一真正的问题起步，这类问题自从人类诞生后一直就没有得到解答，却与每个人都息息相关：我们到底是谁？为什么会存在物质？如此种种。要不然就对鸡生蛋还是蛋生鸡之类的课题做一些变动：磁力产生的原因、上帝与科学、先天与后天……再不然你就去探索那些一直未能解决的大课题：长生不老、癌症的治愈、复活节岛的雕像、痔疮……[8]
- 第 2 条规则：**标新立异**。你要把自己打扮成一个革新者、发明家、创意人，你要成为独一无二的天才，要高调地向世人展示你的独特之处。有些人讲述着同样的事情，而且比你说的还要好，还走在了你的前头，你可以对他们置之不理。要是你的价值得不到承认，那就把责任推出去，什么社会因循守旧呀、观念正统呀、“传统科学”百般阻挠呀，甚至——为什么不这么说——那是一场国际大阴谋，目的就是要让你保持缄默。

- 第 3 条规则：**人云亦云。**要经常去最平常的地方。你只能提出平庸的设想，即使圈外人很难理解你的解释，也绝不退缩。你要顺着那些最常见的偏见去说。要让大家都去迷信；外星人肯定在发布启事，宇宙的存在肯定有某种终极目的，智力肯定能遗传，人类的活动肯定会让地球陷于危险境地。你可以抨击核能，但千万别去抨击石油，因为依赖燃油汽车的人可太多了。
- 第 4 条规则：**无为而治。**假如你提出新的见解，一定要确保这番见解实际上无关痛痒，而不要去冒搅乱现有秩序的风险。千万别以推动科学进步为己任，有拿俸禄的人去干这种差事的。记住，一台神奇机器的首要秘密就是它根本就开动不起来，某种并无客观实效的神奇功能反而会更加令人信服。再有，千万别把下金蛋的鸡杀掉，要是你真的把起源类的问题都解答了，或者研究出根治癌症的秘方，那后来者还有什么法宝呢？
- 第 5 条规则：**秘不示人。**千万别把你的诀窍说出去，如果那诀窍十分高明就更不能说。这是掩盖你什么也没发明的最佳手段。要尽量让那诀窍不露任何蛛丝马迹，这样就可以防止别人看出疑点。尽量避开令人难堪的问题，必要时要毫不犹豫地指责那些质疑者，不惜给他们扣上阻碍科学进步的帽子，即使事实并非如此，该付出的代价总得付吧。
- 第 6 条规则：**招揽听众。**一个没有听众的科学骗局就像一只在无水花瓶里枯萎的花朵。如果你投身的待开发领域很有前景，那么，不论在哪儿，总会有人听你的召唤。你要做的就是让他们听到你的声音：你找一个讲台，创立自己的听众圈，去演讲，著书立说，再开设一个网站，利用新闻媒体，给报社投稿，还要在电视上露面，做一次被火星人掠走的直播新闻（不过你得事先谈妥释放你的条件）。
- 第 7 条规则：**永不放弃。**在科学骗子所有的优点当中，执着也许是最重要的品质。即使被打败了、被打得落花流水，直至被逼着承认自己在欺诈、撒谎、作弊，甚至承认杀了自己的岳母，把她喂了食人鱼[9]（是否真有食人鱼，不得而知），你也不能放弃。

倘若能在某一尚待开发的领域里同时遵守这 7 条规则，那是最理想的。当然，这种理想的局面几乎是不可能的，但合理应用其中的两三条，哪怕只应用其中的一条规则都可获得非凡的结果（总之，有一个手指头可以打字总比没有手指头强）。在本讲的后半部分，我们将详细分析几个例子，以便让大家熟悉尚待开发领域的战略。

西里尔·伯特爵士和智商

智力源于何处？智力可以遗传的吗？智力可以测量吗？这正是悬而未决的真正问题的典型例子。我们还得就何为智力达成共识。我敢保证，你绝对找不到能给出相同定义的人。至于说测量难以把握的变数，这不禁让人想起苏联人讲的一则笑话：“什么是社会学呢？就是到一个黑洞里去找一只黑猫，其实那儿根本就没有黑猫，可偏说在那洞里找到了它。”

正像所有的真正问题一样，智力的问题只能得到假想的答案，那就是智商，缩写为 IQ，那是由阿尔弗雷德·比奈①在 20 世纪初发明的。起初，比奈和泰奥多尔·西蒙一起编制了比奈－西蒙智力量表，目的是识别出发育迟缓或有认知缺陷的儿童，以建议家长让孩子接受适合其智力发展水平的教育。但这值得称颂的初衷很快就被弄得面目全非了。本来这是帮助学校因材施教的工具，但有人却把它当作测量各种人智力水平的手段。然而，大部分心理学家一致认为，IQ 只能测量人类智力中极有限的一面。更为严重的是，在英国，保守派彻底改变了 IQ 的功能，将其视为一种为统治阶层服务的社会遴选工具；在美国，它则成为针对黑人的种族歧视的手段。

理查德·列万廷、斯蒂芬·罗斯及列昂·卡民共同编写了一部十分出色的著作，可让你的智商提高 20 分[10]，在书中，他们描述了比奈的计划是如何遭到英国优生学家歪曲的。这一潮流是在 19 世纪末重现江湖的。弗朗西斯·高尔顿可以说是该潮流的鼻祖，他是最先认定智力和天赋可以遗传的人士之一。作为高尔顿的追随者，刘易斯·推孟和亨利·戈达德则把智力测验方法引入美国，但他们对智商的看法却违背了比奈的初衷。在他们看来，人出生后，其智力就不可改变了，设法帮助那些学业不佳的孩子也就毫无必要了。IQ 反倒成为将人按等级分类的工具。

---

① 阿尔弗雷德·比奈（1857—1911），法国生理学家兼心理学家。——译者注

列万廷、罗斯和卡民在著作中描述说，将比奈智力测验引入英国的“主要是西里尔·伯特爵士的功劳，作为一名心理学家，他与优生学的关系要比与美国同行的关系密切得多，伯特的父亲是医生，曾给高尔顿看过病，后者曾大力举荐伯特，为让伯特当上英语国家教育心理学首席专家而鼎力相助”。

伯特认为智力就像一只容器，其容量是早有定数的：“让一升的容器装超过一升的牛奶，那是不可能的；同样，让一个孩子受教育的水平超过其能力所能承受的范围也是不可能的。”[11]

为了印证智力的遗传性，伯特采用了一种巧妙的方法：他专门去研究一出生就被分开的同卵双胞胎。双胞胎的基因相同，从理论上讲，他们先天所获得的能力应当是相同的。一般情况下，他们一起长大，因此很难分辨出其能力到底是先天获得的，还是受环境影响的。然而，从小就分开的同卵双胞胎则给伯特提供了绝好的研究机会，他们分开时虽然是“一样的”，但却在不同的环境中成长，因此先天遗传性与后天获得性是截然分开的。伯特设想，假如在分开若干年后两人的 IQ 依然十分近似，那就证明他们所接受的教育对其智力并无影响。换句话说，在这种情况下，智力并不取决于他们所处的阶层，而仅取决于遗传基因。

1943—1966 年，在一系列长篇论文中，伯特拿出许多统计数据，即先后对 15 对、21 对和 30 对自小分离的双胞胎进行的研究，最后他将这类研究的数目增加到 53 对。每次，他都能在双胞胎的 IQ 中找到有关联的结果，以此证明不同的社会环境对个人成就并无影响。这个惊人的发现为他赢得了极大的声誉。他后来获得爵士的显赫称号，1971 年去世时，他被视为英国心理学大师。高尔顿潮流的另一位杰出代表是汉斯·艾森克，他对伯特的研究赞赏有加，一再强调“在研究设想及数据统计处理方面，他的研究是高质量的”。

任何一位有能力的统计师都可以导出与此相反的结果。伯特的计算结果颇为奇怪。在他的所有论文中，当研究对象增加之后，它们与 IQ 的相关系数几乎完全相同，差额只有小数点后三位的变化。然而，相关系数是以与研究对象相关的精确数据为基础计算的。研究对象如果发生了变化，不论这种变化多么细微，即使所观察对象的趋势并没有发生变化，其系数值也绝不相同。伯特却得出了几乎不变的相关系数（仅有小数点后三位数发生变化），这有点不太可能，不过也许只是数字上的巧合。

然而在 1976 年，一位好奇心较强的记者的发现却让人大跌眼镜，这位记者名叫奥利弗·吉里，是伦敦《星期日泰晤士报》科技版的通信员。众所周知，从小就分开的双胞胎少之又少，找到他们并为他们测量智力就更不是一件轻而易举的事。因此，伯特专门聘请了两名合作者来帮助他，一位是康维小姐，另一位是霍华德小姐。据说，她们俩曾在伯特发行的一份心理学杂志上发表过论文，曾为双胞胎做过智力测试，还对伯特爵士所发表的诸多数据进行过分析。然而，这么两位至关重要的合作者，吉里却根本找不到她们的踪影！“令人难以置信的是，与伯特关系最密切的合作者都从未见过她们，甚至连名字都未听说过”。[12]

列万廷及其合著者还讲述了一段轶事：“有一次，伯特的秘书曾问他这两位女子是谁，伯特答复说，她们可能已经搬到新西兰或澳大利亚去了；可依照伯特所发表论文的纪年顺序，那是她们在英国为双胞胎做智商测试之前的事了。伯特的秘书指出，有时他写完论文后，在发表之前却要签上康维或霍华德的名字。这些事不禁让吉里浮想联翩，1976 年，他在《星期日泰晤士报》的头版撰文称，也许根本就没有康维和霍华德这两个人。”如此说来，她们正是伯特捏造出来的人。

作弊的最终证据是由伯特的传记作家莱斯利·赫恩肖提供的。莱斯利非常崇拜伯特，于是伯特的妹妹要他为这个伟大的人物写传记。她把伯特的一本日记交给他，在日记里，伯特坦然承认了作弊的行为，他记录了在 1969 年 1 月，自己是如何用一周的时间“计算”53 对双胞胎的原始数据的，还记录了哈佛大学的心理学家克里斯托弗·詹克斯曾向他索要过这些数据。这些数据应当是伯特 3 年前所发表的那篇论文的依据，然而，这些数据竟然是伯特爵士自己编造出来的！事实上，数据中只有前 15 对双胞胎是真实存在的，其余的双胞胎都是他编造的。

西里尔·伯特为什么要作弊呢？这样做不仅违背科学精神，而且违背了做人最基本的诚信原则。马塞尔·勃朗、乔治·沙普蒂埃和安托万·当尚在《研究》杂志上撰文道破伯特造假的目的：“他之所以这么做，也许是因为他深信自己的假设是……正确的。然而，许多证人证实，伯特的个性有点狂妄。大概正是这种反常的性格促使他更看重自己的荣誉，其次才考虑科学的客观性……总之，伯特的作弊行为可以这样解释：也许他宁愿去作弊也不想看到对手超过自己。”[13]

这不仅因为伯特狂妄，而且还与他介入某种强大的思潮有关。在伯特去世后的几年当中，他的研究竟然没人敢碰，这恰好说明他与这种思潮有着千丝万缕的联系。伯特的同事兴许一眼便能看出相关数据的漏洞。马金托什为英国《临床心理学评论》杂志撰文，对赫恩肖的传记发表了述评：“将作弊的问题搁置一边，关键问题是，用不着查验伯特的书信或日记便能看出他的数据在科学上是站不住脚的。他的数据本身就漏洞百出。对于伯特在 1961 年所写的论文，明眼人一眼就能看出破绽。早在 1958 年，在细心人的眼里，他那一篇篇论文里的漏洞就已经显露端倪了。但谁也不敢指出这些漏洞，直到 1972 年，卡曼才首次发现，伯特引证数据的方法不正常，相关系数的不变性也令人难以置信。”[14] 马金托什接着总结道：“科学界竟然让这种‘与严谨的科学极不相称的数据’刊载在几乎所有的心理学基础教材里，结果整个科学界都不得不经受严重质疑，这真是令人痛心。”

就算所有数据都是准确的，但仅仅对 50 多对双胞胎进行测试之后，便得出智力的遗传性已经得到验证的结论，这是不是操之过急了呢？事实上，高尔顿派的优生学家根本就不重视证据。在其所开拓的领域里，伯特的地位之所以无人能动摇，是因为思想的偏见在支配着英国心理学界，它阻碍了真正的科学研究。有关智力先天性的课题，恰好是保守的自由哲学之虚伪性的拱顶石：①富豪的财富是凭他们的才能挣出来的；②富人家的孩子不仅继承了父辈的财富，而且还继承了他们的智力；③这些有天赋的孩子肯定会比贫苦的低能儿更容易成功。结论是：富人依然是富人，穷人依旧是穷人，一切都按部就班。正如美国人所说：年轻人、白人、阔佬要比老人、黑人、穷鬼强百倍[15]。

我们注意到伯特在开拓自己的领域时，实施起那几条规则来可谓技艺精湛：他从智力的起源这一取之不尽的源头起步（第 1 条规则），宣布自己有了标新立异的革命性发现（第 2 条规则），但这个发现只用来证明旧有的及普遍性的偏见，即智力能遗传（第 3 条规则），其实他并未拿出任何科学创新（第 4 条规则），却精心地将那些让人不敢恭维的研究方法掩盖起来，正是靠着这种方法他才取得了成功（第 5 条规则），他的听众是现成的，那就是英国心理学界的保守派（第 6 条规则），最后，凭着永不放弃的精神，他将自己那虚假的结果维持了 20 多年，且绝不轻易放弃自己的结论，至死都不承认作弊行为（第 7 条规则）。几乎是天衣无缝啊。唉！如果没有那本该死的日记，没有那些倒霉的数据，该多好呀……人无完人嘛。

默里和赫恩斯坦的钟形曲线

乐观的读者会以为，一旦伯特的作弊行为昭然于天下，英国整个心理学界就会不再理睬产生过这类丑闻的思想体系了。如果真能这样展现出人类的智慧就好了！

伯特爵士的学术地位非但从未被撼动，他的思想反而在美国大行其道，尽管有关他作弊的证据不胜枚举。我们在此暂且不去描述美国种族隔离政策下的优生学历史，而只想提醒大家，这个自称处于科学民主前沿的国家竟然强迫数以千计的人去做节育手术，仅仅因为这些人被认定不够聪明，就不允许他们生儿育女。被美国最高法院 1927 年裁定为具有法律效力的《节育法》直到 1972 年才被废止。那时，因发明晶体管而获得诺贝尔物理学奖的威廉・肖克利（与约翰・巴丁及沃尔特・布拉顿共享 1956 年的诺贝尔物理学奖）公开掀起一场优生学运动，建议政府为那些弱智的人出钱，要他们去做节育手术！大家也许会以为，肖克利是由于对这个领域不熟悉而犯错，毕竟他是物理学家，而不是研究智商的专家，但他的这场运动竟然得到著名心理学家亚瑟・詹森的鼎力支持，詹森和他一样都认为黑人的基因是劣等的，人的智力差异是先天的、无法补救的。这场运动的高潮是在加利福尼亚州设立一个诺贝尔奖获得者的精子库，以便让更多的小神童降生于世。当肖克利发现这种荒谬的举措并未造成恶果时，便慷慨地要把自己的精子献给聪明的白人女子。这段逸事并未说他为什么没有采取更传统的方式，也未指明他本人的智商究竟有多高。

即使智力确实能遗传，用诺贝尔奖获得者提供的精子来受孕，结果也未必能如愿，这和基因遗传法则有关：每个人所获得的基因一半来自父亲，另一半则源于母亲。假设肖克利身上确实具有高智商的基因，可他也绝无百分之百的把握将自己的高智商传给下一代，因为基因完全有可能会遗传出另外的结果，就像撞大运一样。据说有一天，伊莎多拉・邓肯曾向萧伯纳提议，想给他生个孩子：“你想想这孩子将会承继你的智力，还兼有我的美貌，该多么完美啊！”舞蹈家对萧伯纳耳语道，以说服他接受这个建议。没想到，萧伯纳却回复说：“夫人，你还是别做梦了！你去想象一下相反的结果吧！”这个答复虽然有些过火，但却十分中肯。不论这段逸事是否确有其事，都表明了人类对智力遗传论的认识。

但这并未阻止事物发展的脚步，尤其是未能阻止伪科学思想的进展。1994 年 10 月，美国出版了一部 845 页的巨著，书名为《钟形曲线》，该书图文并茂，内有许多曲线图、图表和说明。书名寓意着依照国民智商分布而画出的曲线图像一口大钟，作者是美国心理学家理查德・赫恩斯坦（已故）及政治学家查尔斯・默里[16]。这部预计会成为畅销书的巨著尚未出版就掀起了轩然大波。这也是事出有因的：在那个要求政治正确的年代，两位作者的论述无疑将美国种族歧视的老传统又推到了台前。即使默里竭力为自己辩护，公众还是很难相信他，因为那部著作中所有论据的核心是黑人降低了美国的国民智力水平！仰仗着各种统计结果，赫恩斯坦及默里收集到许多数据，显示出黑人与白人的平均智商要相差 15 分之多。

我们注意到，今天的美国与 1945 年的美国相比，国民的平均智商水平也高出 15 分。也就是说，在 20 世纪的后 50 年当中，美国人的平均智商增长了 15 分（其他国家也得出相同的观测结果）。我们不妨换一种说法，今天的美国白人与他们的祖父辈的智商差与 2000 年白人与黑人的智商差相同。这就是弗林效应，这是以从事此项研究的美国学者的名字命名的，但对此谁也解释不清。我们势必会注意到，我们的下一代将会比我们聪明，其中的原因至今不得而知。这样，我们所喜爱的魁北克天体物理学家休伯特・里夫斯的智商只达到 124 分（但已高出 100 分的平均值），而女演员莎朗・斯通却在四处炫耀她是好莱坞智商最高的人，竟高达 154 分，大概这是她所经历过的人体测量值里最卓越的数值。只有千分之一的人智商超过 145 分。莎朗・斯通是白人，甚至向千百万看过《本能》的观众提供了毋庸置疑的证据，她是纯正的金发女郎，这是不争的事实……[17]

天体物理学家休伯特・里夫斯，或者上溯到他父亲那一代，与莎朗・斯通这一代相比究竟发生了什么变化呢？还是别去相信各种草率的解释，合乎情理的解释是，在今天的文化背景下，类似检测智商水平的那类测验真是太平常了，而且太频繁了。而 IQ 并不是一种客观的测量工具，因为大家可以学会如何应付测试。我们不妨设想一下，年轻一代在文化上更能适应这类测验，成功的概率更高，而且这并不需要更高的智商——这种设想并不荒谬。

环境影响智商的另一个论据是由三个法国研究人员提供的，他们是克里斯蒂娜・凯普伦、米歇尔・杜伊姆及米歇尔・西夫。他们发表了一系列论文，提出与伯特相反的观点，认为被领养儿童的智商会受领养家庭文化水平的影响。1978 年《科学》杂志上发表了他们的首篇论文，这篇论文发布了西夫和杜伊姆跟踪调查许多儿童后得出的研究结果，这些儿童都出身于较低社会阶层的家庭，后来又都被家境优越的家庭领养。结果是："他们在学校的失败率降低了 75%，两次智力测验所得分数平均提高了 14 分。"[18] 在一项最新的研究中，凯普伦与杜伊姆在《自然》杂志上介绍了整个研究过程[19]，并得出 4 条结论：①养父母和亲生父母一样能影响孩子的智商；②出身于富裕家庭的孩子，其智商平均值要高于出身于清贫家庭的孩子的智商水平；③同样，被富裕家庭领养的孩子，其智商要高于被清贫家庭所领养孩子的智商；④两种影响是相互独立的，但对智商的影响却明显趋于一致。换句话说，环境与社会阶层对智商的影响几乎是相同的，因此二者的影响程度也能相互抵消。

得出这种结果固然有些偏颇，但我们不妨设想，在美国，白人与黑人间的所谓智商差别并没有反映出那是遗传上的差别，那只不过是社会阶层的差别及长达两个世纪以来的种族歧视的恶果。假如威廉・肖克利确实想推动科学进步，那么与其尝试靠试管侥幸生出个诺贝尔婴儿来，倒不如领养一个黑人小孩，让这孩子分享他的高智商……

迪安・哈默的“同性恋基因”

同性恋是天生的吗？偏爱同性伙伴到底是由意志无法左右的基因决定的，还是由个人的选择及经历驱使的呢？这个问题显得有些荒唐，尤其是在法国这种拉丁文化背景下，“性”属于个人隐私及个人自由权利的范畴。如果真有必要为同性恋做出解释，与其到DNA里找源头，倒不如去心理学及精神分析中去找答案。在法国读者的眼里，“同性恋基因”的提法十分荒谬，这与人类智力受遗传影响的观念相比真是小巫见大巫。但在道德观念严格的美国则是另一番情景，在那儿，“性”除了是个人隐私之外它还包罗万象，美国前总统克林顿曾因支持同性恋可以参军而招来抗议，而在美国的几个州，反鸡奸法不但一直有效，而且还时常引发诉讼。在美国，同性恋先天论得到许多同性恋的拥护，因为这个论点为他们提供了向严格的法律条款进行抗争的手段，因为如果同性恋是先天的，是“自然”的，那么同性恋行为就不能被认作犯罪。根据美国的现行制度，如果认定同性恋基因存在的话，便可把同性恋和黑人或印第安人划归于享有特殊权利的团体。

迪安・哈默是美国马里兰州贝斯达国家癌症研究所的分子生物学家，正是在这种特殊的背景下，他在1993年7月16日那一期的《科学》杂志上发表了一篇文章[20]，标题是“X染色体上DNA标记与男性性倾向之关联”。尽管这个标题有些难懂，但这篇文章所造成的影响还是宛如一枚重磅炸弹爆炸开来。所有的报刊，首先是从《科学》杂志开始，然后是各个媒体，都大张旗鼓地报道“同性恋基因”这一惊人的发现。各种评论铺天盖地而来，作者的立场也各不相同，既有表示赞许的，也有表示愤慨的；各种形形色色的杂志封面对哈默的研究做出诠释，既有带政治色彩的，也有突出社会伦理的；既有重文化传统的，也有含色情意味的。虽然这篇文章一时间闹得沸沸扬扬，但各个媒体唯一没有谈论的恰好是这篇文章的科学性。

然而，迪安・哈默并未鉴别出任何与此相关的基因，不论这所谓的基因应该是什么性质的，他最多只是进行了科学研究的第一步，即有可能发现所谓的“同性恋基因”，但并不一定真能发现它。事实上，他完成的仅仅是定位研究，这在分子遗传学上是人所共知的方法，这种方法主要用于鉴别造成遗传疾病的基因，当然，这并不意味着哈默将同性恋视为一种疾病。学界推测某种特征（我们暂且称它为 C）与某一基因有关联，但对这种基因却又一无所知，于是便着手进行定位研究，看这种基因会在染色体的哪个区域。为此，传统的方法是去研究那些经发现往往带有 C 特征成员的家庭，要在这些家庭成员的染色体上看是否有一个或几个典型的“印记”。一个印记其实并不是基因，它只是 DNA 的一个片段，是可以变化的。假如某种变异在人群中很罕见，而在拥有 C 特征的家庭成员中却十分普遍，研究人员便推测某个与 C 特征相关的基因位于这个印记所处染色体的区域。

迪安・哈默在研究男性同性恋时采用的正是这种方法。他找了 114 个男性同性恋的家庭进行采样，从中挑选出 40 个家庭作为研究对象，而每一家都有兄弟俩是同性恋。经测试发现，这 40 对兄弟中有 33 对的印记相同，这些印记位于 X 染色体上一个被称作 Xq28 基因的区域内。即使到了这一步，距离发现同性恋基因也还相差得很远呢，他甚至根本没有验证是否真有同性恋基因。那一结果至多只是他的推断。在 30 多对同性恋兄弟中发现相同的印记，完全有可能是其他原因造成的，与性倾向没有必然的联系。总之，作为兄弟，他们在许多方面都有相似之处，当然包括遗传基因！只要尚未鉴别出基因本身，尚未弄清楚其功能，尚未证明此基因确实会影响性取向，就不该轻易下结论。

因此，当哈默在 1993 年发表自己的论文时，他的结论既被视为引人注目的线索，又被看作一种茶余饭后的谈资。那么，这件事为什么会闹得如此沸沸扬扬呢？我们会怪罪媒体仓促地把他的论文发表出来，通常情况下，媒体不太注意作者使用的措辞是否严谨，或者研究方法是否科学。况且，跟“性”有关的东西总会走俏的，不管是同性的，还是异性的，这是人所共知的事实。但如果把迪安・哈默看成在狂热的媒体面前无所适从的幼稚学者，那也未免太天真了。实际上，他是绝对认同这场游戏的。

1994 年，我在乔治城哈默的寓所里见到了他，乔治城在华盛顿相当于巴黎的拉丁区。我和他谈了很长时间，而且讨论很激烈，我对当时的采访依然记忆犹新，我们谈了他的研究工作对社会及政治的影响，还谈了这项研究的科学内容。哈默完全沉浸在这个话题中，重点向我描述了他曾参加反鸡奸法引发的诉讼案，并且出庭作证，他的观念就是要人相信同性恋是天生的特性，而并非出自人自身意愿的选择，因此应当给予他们法律上的支持，不应当打压他们。他和西蒙·列维合作采取了这样的行动，列维是洛杉矶神经解剖学家，积极参与同性恋协会的活动，自认为是争取同性恋权利的积极分子。列维在 1991 年曾发表了一篇论文，称同性恋的大脑与异性恋的有所不同：同性恋下丘脑的结构仅相当于异性恋的 1/2 或 1/3[21]！这项研究并未得到证实，而且明显存在着方法上的漏洞，西蒙·列维对此心知肚明。在采访迪安·哈默几天之后，我也同样采访了列维，他向我吐露了隐情：关于同性恋大脑结构的假设，他自己也无法判定是否正确，但他真希望那假设是正确的，因为这对同性恋有好处。

我们注意到即使迪安·哈默明显地继承了英国的遗传决定论及“基因决定一切”的传统，也不应该把他同詹森、默里或赫恩斯坦混同在一起。恰恰相反，他是推崇性取向自由的积极分子。但他的研究又怎么样呢？从科学的视角来看，他的政治观点并不重要。无论他的意愿多么美好，最重要的是公众对他的研究工作是否信任。正如我们将会看到的，这正是他的弱点所在。

一位毛躁学者的捷径

有一个重要因素并未引起媒体的关注，那就是哈默既不是性学专家，也非基因定位领域的行家，这是他亲口承认的。在美国国家癌症研究所，他主要研究金属硫蛋白基因的调节功能，这种蛋白的作用是在人体内防止重金属如锌或铜对细胞的侵袭。金属硫蛋白的研究为他在科学界赢得了极高的声望。但是，对自己一无所知的基因进行定位，却是一项艰巨而又复杂的工作。要把引起某些疾病，如血友病或进行性肌萎缩的基因分辨出来，需要历时几十年的刻苦研究。然而，哈默只是在 1991 年年初才开始认真地考虑这个项目。他仅仅用了两年的时间便选好了课题，做好完整的调查表，收集资料，设定 DNA 的序列，分辨出印记，分析结果，并将结果做统计上的处理，然后发表在他的论文里！即使对一个超一流的研究人员而言，这也确实算得上了不起的壮举了。

迪安·哈默怎么会在如此短的时间内就取得如此显赫的成果呢？他在一本书《愿望的科学》[22] 中满怀激情地描述了他的方法，这本书的书名本身就很有启发意义：

他的方法深深地打着被英国人称为“一厢情愿”的烙印，那是一种把愿望当作现实的渴望。在投身于这场冒险之前，哈默就已铁了心地相信同性恋是先天性的论点，相信存在同性恋基因。但要在人类的全部 DNA 中找到这个基因将是一项庞大的工程。 哈默决定采取某种捷径。他设想同性恋基因是由母亲传给儿子的（令人回味的是，在他的书中，哈默自称与弗洛伊德的理论截然相反，弗洛伊德认为男子同性恋与恋母情结有关），而这一设想本身就是站不住脚的。

我们从母亲那里获得 23 条染色体（也从父亲身上获得 23 条染色体），因此这会有多种多样的可能性。哈默又做出第二种设想：同性恋基因就在 X 染色体内，因为决定男子性别的 X 染色体正是从母亲那里获得的。男性确实有一对性别染色体，即 XY，其中的 Y 染色体来自父亲；而女性则有两条 X 染色体，一条来自父亲，另一条来自母亲。另外 22 对分别来自父亲和母亲的染色体（或称常染色体）则在男性和女性中都一样。所有常染色体的基因都是成对的，一条是父亲的，另一条是母亲的。女性体内的 X 染色体基因也是成对的，而男性则没有第二条 X 染色体。

迪安·哈默将注意力集中在 X 染色体上，这样，他就极大地缩小了研究范围。然而又冒出一个新问题：这个基因到底是隐性的，还是显性的？隐性基因的性状是不会表现出来的，因为它的性状被与之对应的显性基因屏蔽掉了。相反，显性基因的性状则在任何情况下都会表现出来。假设掌管同性恋的基因是显性的，鉴于女性有两条 X 染色体，那么她们成为同性恋的概率大概会比男性的大两倍，可研究发现事实并非如此。于是，哈默猜想这个基因是隐性的。这样，假如某个女性有一条含同性恋基因的 X 染色体，而另一条染色体的基因是非同性恋的，她就是异性恋。相反，对于男性而言，那唯一的 X 染色体内若含有同性恋基因，则无法被与其对应的非同性恋基因屏蔽掉，这样一来，男性只要遗传了这个基因，同性恋的特征就会表现出来。实际上，仅有血友病或其他遗传类疾病才以这种方式遗传，这类疾病的基因就在 X 染色体内，女性是病毒的“携带者”，但却很少发病，因为两个 X 染色体内都有病理基因的可能性很小；相反，母亲却可以把血友病遗传给儿子（依照哈默的设想，母亲也可以把同性恋基因遗传给儿子）。我们注意到女同性恋也并不少见，假如这也是源于基因的话，那么肯定还有其他基因在起作用。

迪安·哈默绝不是因为歧视妇女才去研究男同性恋，而不研究女同性恋[23]，他只是想关注不太复杂的基因图，即母亲遗传给儿子的 X 染色体内的同性恋隐性基因。他一直没有解决这个难题，还差得远着呢。从遗传学上讲，X 染色体非常庞大。哈默再次选择了捷径，那就是 Xq28 基因，它位于 X 染色体的最里端，是人类了解得最多的一个染色体组。为什么不能到那儿去找呢？“我们总得从某一点入手吧，既然 Xq28 基因是人类最熟悉的区域……这似乎也是个很不错的选择。”运气总是向胆子大的人招手，他很快便发现了自己想找的印记，并掀起一场沸沸扬扬的喧闹声。

假如有人认真思考一下，那么依照哈默的做法，他成功的希望恐怕连百万分之一都到不了。你不妨设想自己喜欢钓鱼，一直想钓一条 60 千克重的鳟鱼，可却不知道到底有没有这么大的鱼，就算真有这么大的鱼，那在同一条河里得有十几条这样的鱼才行，你还得再设想地球上的任何地区都会有这么一条河，接着你再去想象自己就住在加龙河边①，决定就在那儿钓那条大鱼，确切地说，就在流经你家门口的那一河段内钓鱼；假设你刚把渔线甩出去，就钓到了那条大鳟鱼，难道你不觉得这是百年不遇的奇迹吗？

科学奇迹是少而又少的。其他科学家刚开始着手对迪安·哈默的研究结果进行认真分析，这一发现所激发的兴奋感很快便烟消云散了。显然，他的研究并不严谨，仔细一看，那真是漏洞百出了。贝特朗·若尔丹是法国国家科学研究中心的遗传学家，他强调指出，“男性性取向”的定义“特点并不十分清楚，况且其本身就不具备疾病的特性，研究对象的分类亦有许多不明确之处”[24]。这项研究的统计学意义也是微乎其微的。总之，若尔丹认为，假如迪安·哈默不是一名优秀学者，那么其研究成果就丝毫没有说服力，更不会得到《科学》杂志的青睐。紧接着，哈默又碰到了另外的麻烦，一位同事指控他剔除了与假设不相符的数据，进而“造出”了研究成果。言外之意是在指控他作弊啊！但美国诚信调查委员会经调查后，最终认定哈默是清白的，该委员会是专门负责调查科学界舞弊事件的机构。但此后再没有其他机构认可他的成果。

最后一幕是：1999 年 4 月，同样是在《科学》杂志上，又发表了一篇加拿大人的论文，论文所描述的研究方法要优于哈默的方法，但得出的结果却证明男同性恋与 Xq28 基因没有任何遗传关联。贝特朗·若尔丹评论说：“这再次证明单一定位数据的脆弱性，1993 年引起轰动的结果深受怀疑，就差宣布被废除了。‘同性恋基因’让人倾注了那么多的笔墨，但结果却是子虚乌有。”甚至就连它的“发现者”也抛弃了它。迪安·哈默从此又开始研究决定外向性格、忧郁及其他性格特征的基因，

① 加龙河，发源于西班牙北部山区，流经法国西南部，汇入大西洋。——译者注

1996 年年底，哈默在《遗传本性》上发表了一篇论文，详细地描述了幸福的基因，看来迪安一点也不为过去犯下的荒唐错误感到懊悔……[25]

安托万・普里奥尔的治癌机

你了解“anémélectroreculpédalicoupeventombrosoparacloucycle”吗？这种类似脚踏车的东西是学者科西尼斯发明的[26]，它采用“所有已知的或未知的动力”。你不妨把学者科西尼斯想象成一个实实在在的人，而不是克里斯托夫①杜撰出的人，他声称搭乘这台神奇的机器到月球上走了一遭。你相信这种奇谈怪论吗？当然不信。可你想想，这家伙竟然说服了政治家、教授、学院院士，甚至还说服了诺贝尔奖获得者！实现这一壮举的人名叫安托万・普里奥尔，他那曲折的冒险经历让人联想起电子医疗嗅探器。在 20 年当中，普里奥尔那盏神奇的灯所发出的暗淡之光迷倒了一大批才华横溢的人，然而他只显露出多疑的天性、自学成才的水平及不被人熟知的才华。最奇怪的是，发明家本人竟然不知他那台“治癌机”是如何工作的。我们还是不要操之过急吧。

有两本书描述了这个不可思议事件的曲折过程，一本是让 - 皮埃尔・巴达尔的专著[27]，另一本则出自让 - 米歇尔・格拉耶的手笔[28]。我在本书里引用的相关信息主要来自第三个渠道，我认为这是最可靠的信息来源，是法国科学院的专家小组在 1982 年应法国科技部要求而起草的调查报告。雷蒙・拉塔尔热教授是这份报告的主笔，他愿意将这份报告交我一阅。

第一篇：普里奥尔申请发明专利，发现了癌症的隐原因

1957 年，在法国波尔多一间简陋的研究室里，普里奥尔搞出了他的第一台机器。1962 年 6 月 1 日，他申请了发明专利，第二年，他拿到了专利证书，专利号码是 1.324.772。在专利申请书中，普里奥尔提出有关癌症的新理论：“在物理 - 电子正常平衡的状态下，细胞核带正电，但在类似于极化现象的作用下，它可能转成带负电……本发明主要为了让发生电位转化的器官，尤其是让那些转变成病理性负离子的癌细胞核，恢复到原始的平衡状态。”

---

① 乔治・克里斯托夫（1856—1945）法国作家兼画家，巴黎大学自然科学教授。——译者注

这样，过量的负离子就成了癌症的隐原因。那台机器就是要纠正这种不平衡，通过轰击正离子来达到目的，用回旋加速器系统制造高频波，在高频波的作用下，携带正离子的波促使正离子运动，由于有了调制手段，这一切就会与病人的心脏搏动协调一致，而调制手段可“调制辐射、磁电加速场以及旋转致偏器”。

你是不是没看懂？其实，连法国科学院都没弄明白。雷蒙·拉塔尔热在报告中写道：“明确而又无歧义地描述这台机器是不可能的……整篇文本只有 600 行字，里面描绘了许多细节，看上去似乎很精确，但要是没有作者的帮助，光凭那些文字，谁也造不出这台机器来。”

第二篇：为小鼠作磁化治疗

任何一位生物学家在读了普里奥尔的专利申请书后，大概都会认为这台机器不过是一个离子发生器。癌症的病因是细胞无序繁殖，细胞中的某些免疫基因发生了变异。设想电磁场可以治疗癌症，那似乎意味着看电视就会妨碍孩子们长身体了。

然而，从 1960 年起，比拉班教授和他的助理德尔蒙开始关注这台机器，他俩都在波尔多医学院授课。他们拿被注入试验性癌细胞（盖然的 T8 肿瘤）的小鼠做测试，取得的结果令人震惊，因为经神灯光照治疗之后，小鼠身上的肿瘤奇迹般地缩小并消失了，而未用普里奥尔灯治疗的小鼠在几周后由于癌细胞扩散而死去了。盖然（就是发现 T8 肿瘤的那一位）和里维尔教授也参与了这项实验，他们两位都是维勒瑞夫肿瘤研究所的研究员。实验进行了很多次，而每一次都获得了成功。

1965 年 5 月 1 日，法国科学院举办了一场研讨会，会上的气氛十分热烈。拉卡萨涅教授提出反对意见：经机器治疗的小鼠都不是“自然”地患上肿瘤的，它们身上的癌细胞都是人为植入的，小鼠也是经反复筛选而设的专系，能接受外来植入的癌细胞，如果随便拿一只小鼠，植入癌细胞，大概就会出现排异现象。因此，治疗这种“植入”的肿瘤，与根治动物身上自然生成的癌症截然不同。总之，他不相信机器的首批成果具有实际意义。况且，将这种成果推广到患者身上还为时尚早，拉卡萨涅教授做出这样的评价。需要说明的是，在这一点上，普里奥尔竟然置法国科学院的意见于不顾，从一开始便为患者作磁化治疗，直到他的职业生涯结束为止，但最终也没有一个成功治愈的病例。

我们不禁要问一个更严肃的问题：实验结果是真实的吗？经治疗的小鼠是否作了标记呢？是否做过对照实验呢？盖然并未亲自前往波尔多，他只派去一名技术人员，这不禁让人顿生疑窦。法国科学院常任秘书罗伯特·库里耶认为对实验进行核实是件很容易的事，但是实际上恐怕并不那么容易吧。这种机器只有一台，设在波尔多附近的弗卢瓦拉克，普里奥尔和他的助手们对其机密守口如瓶，对外来的研究人员也不热情。

第三篇：英国小鼠在琢磨自己的来历

1966 年，普里奥尔终于同意与英国切斯顿·比特研究所主任亚历山大·哈都教授的小组合作。哈都对普里奥尔的研究成果很感兴趣，提议把他的搭档安布鲁斯博士派到弗卢瓦拉克去。双方商定，安布鲁斯将从研究所带去患有癌症的小鼠，经神灯光照治疗后再带回英国。

对安布鲁斯返回英国后发生的事情，该研究所的柯勒博士是这样描述的："从波尔多带回来的所有小鼠身上的肿瘤都不见了，这让我们感到很奇怪。我们用采自同种小鼠的外皮为它们做了植皮手术，所有的植皮都被排异掉了，据此我们推断这些小鼠并不是我们送到波尔多的那一批……"

当然啦，治疗最快捷的手段就是用一只健康的小鼠换掉病鼠。在这些英国人眼里，不管是故意的，还是失误造成的，反正以好充次已是不争的事实。有人提出了另外一种解释：普里奥尔神灯的辐射大概彻底改变了小鼠的免疫系统，它们竟然已辨别不出本族系的植体了。总之，从免疫学上讲，它们已不完全是原先的小鼠了。拉塔尔热的报告称这种假设"完全出乎意料"，而这种解释并未让哈都教授心悦诚服，1966 年 12 月 22 日，在给普里奥尔的信中，他写道："我对波尔多的实验进展有些失望……现阶段本研究所不考虑长期参与这种实验了。"

第四篇：在放弃计划之前，专家曾试图为机器做鉴定

局势引发如此大的争议，法国科技研究总局决定出面干预。科技研究总局召开了一次专家委员会会议，主要参加者包括让·贝尔纳、罗伯特·库里耶、阿尔弗莱德·卡斯特勒[①]（著名的诺贝尔物理学奖获得者）以及雷蒙·拉塔尔热。根据这次会议上达成的共识，唯一的解决办法就是在确保实验结果有效、杜绝舞弊行为的条件

① 阿尔弗莱德·卡斯特勒（1902—1984），法国物理学家，1966 年因发现和开发了把光的共振和磁的共振相结合，使光束与射频电磁波发生双共振的双共振法而获得诺贝尔物理学奖。

下做实验。为此，专家委员会制订了一份精密的实验方案。两个预防措施总比一个要好。拉塔尔热建议在实验开始之前，先让普里奥尔签署一份证明书，证明机器可以正常使用。这是为了防止实验一旦失败，发明人以机器使用不当来搪塞。

普里奥尔拒绝签署这份证明书。1966 年 8 月 5 日，专家委员会成员塞利格曼会见了他。发明人宣称他的两台机器（一台新机器早已制作好了）坏了，可据知情人透露，这两台机器一直在使用。1967 年夏末，在等待了一年多之后，法国科技研究总局不得不放弃了这项实验计划。

第五篇：政界人物的介入

经历过与英国人合作那段遗憾的插曲之后，普里奥尔放弃了对小鼠的治疗，可他却继续对患者进行“治疗”，临床医学的严格程序在这里被打乱了，说来真是令人难以置信。他又开始一系列新的实验，为感染锥体虫的瑞士鼠进行治疗，锥体虫是一种能引起昏睡病的寄生虫。普里奥尔用他的神灯照这些小鼠，这次好运真的冲他招手了[29]，小鼠抵御了疾病，所有的寄生虫都从它们的血液里消失了。1969 年，诺贝尔生理学或医学奖获得者安德烈·利沃夫①教授为这次实验作了担保。可就在为此作担保之前几年，利沃夫还曾撰文称普里奥尔的专利是一套“愚蠢的把戏”。

与此同时，两位物理学家贝尔托和博特罗开始关注这台机器，以便确定机器发出的辐射特征。他们得出的结论是，普里奥尔灯所发射的短波为 17 兆赫，微波为 9 400 兆赫，还能发射低频并制造脉冲型螺线管场。似乎只有微波对小鼠的昏睡病有影响。为了验证这个结论，两位物理学家制作了一台简易机器，但却未获得任何成效。

这件事后来渐渐平息下来，但在政治界人物的干预下，它又重新浮出水面。当时的法国国民议会议长埃德加·富尔②和总理兼波尔多市市长雅克·沙邦－戴尔玛③都曾关注过此事，沙邦－戴尔玛甚至还参加了神奇机器的最初实验。他为普里奥尔从科技研究总局那里争取了 350 万法郎的经费，以制造一台新机器。这台机器的项目代号为 M600，由勒鲁瓦－索迈尔公司制造，但却一直没有造好。

---

① 安德烈·利沃夫（1902—1994），法国微生物学家兼医生，他曾与贾克·莫诺、万斯华·贾克柏合作，研究了有关酶和细菌合成中的遗传调节机构，因而共同获得了 1965 年的诺贝尔生理学或医学奖。

② 埃德加·富尔（1928—1988），法国政治家兼作家，时任国民议会议长。——译者注

③ 雅克·沙邦－戴尔玛（1915—2000），法国政治家，曾任国民议会议长等职。——译者注

第六篇：普里奥尔最终退出舞台

截至 1976 年年底，对 M600 项目的投资额已高达 1 300 万法郎，其中的 250 万法郎是由科技研究总局提供的。但合同的第一阶段却始终没有收尾。经与普里奥尔商定后，勒鲁瓦－索迈尔公司决定压缩投资，做一种简易型的机器。后来，普里奥尔又改变了主意，要求再回到 M600 项目的方案上来，但遭到勒鲁瓦－索迈尔公司董事会的拒绝。政府对计划一拖再拖一事感到非常不满。1982 年，一个掌握最终裁定权的委员会起草了一份报告，我在此引用报告的部分段落。报告披露，M600 项目 1972—1980 年的资产负债表惨不忍睹，是个彻底失败的项目，并得出结论："由科学院指定的本委员会，无法建议负责科研事务的国务部长先生继续对该项目提供财政支持。"

1983 年 5 月 9 日，安托万・普里奥尔死于脑血栓。他把治癌机的所有秘密都带进了坟墓，这台机器由此成为司法机构及财政部门纠缠不清的疑案，发明者的遗孀、法国国家机构及勒鲁瓦－索迈尔公司后来对此一直争论不休。

第七篇：对神灯进行剖析

据让－皮埃尔・巴达尔称，1965—1980 年，"官方及私人对普里奥尔的资助竟高达 2 000 多万法郎，这还不包括他的支持者向研究人员提供的捐赠。"花掉了 2 000 多万法郎，却未在医学上实现任何重大突破，尽管普里奥尔后来似乎取得了实实在在的生物学效果，比如在患昏睡病的小鼠身上取得的成果，但此后的实验结果却一直不能令人满意。

事情为什么会发展成这样呢？就是因为普里奥尔热衷于玄奥的秘密，过于狂妄自大，是一个妄想狂，除此之外，这位发明家其实一无所能。但他的这种心理状况并不能对一切做出合理的解释。与英国人合作的那段经历就清楚地证明他就是在作弊，否则很难做出其他解释。"普里奥尔系统"以外的人采用同样的方法却无法取得任何成果，这不禁令人深表怀疑。那么，是否可以爽快地得出这样的结论：一个有性格缺陷的江湖骗子竟然蒙骗了那么多轻信于人的科学家呢？事实恐怕未必如此简单吧。

就算是在作弊，普里奥尔还是深信自己做出了一项重大的发明。他竭力反对透明财务支出，那是为了掩盖他的把戏，但其中还隐藏着深层次的原因，一场实事求是的鉴定完全有可能揭穿那神灯的所有花招，将华丽的四轮马车重新变成大南瓜。

因此，普里奥尔会不惜一切代价加以阻止。从某种角度上看，他并非在单打独斗，因为那么多科学家在支持他，参与他的实验，却不要求实施必要的鉴定，为他那不靠谱的假设提供担保，除了为普里奥尔的梦想添枝加叶外，他们又做了些什么呢？当巴达尔询问安德烈·利沃夫时，利沃夫竟仍然执迷不悟地相信普里奥尔做出一项重大发明，只是以反科学的态度来掩盖这个发明，他这是被幻想的诱惑征服了。那么，一个伟大的科学家为什么不去幻想做出一台治癌机呢？

普里奥尔舞弊案与西里尔·伯特事件有许多相似之处：两人都采用以假乱真的手法去捏造事实，以保密为借口来掩盖作弊行为，两人都在利用大众的信任，而且又都非常执着。但伯特身后有强大的政治势力支持他，而普里奥尔却心甘情愿让听信他的科学家和任性的政府官员支配他。虽然他得到了患者的信任，虽然他们对他的神灯抱着很大的希望，但这不足以为他提供研究所必需的经费，更不能给他带来让他朝思暮想的科学荣誉。很多人都衷心希望普里奥尔是对的，可事实证明他大错特错了。

其实，普里奥尔真正的对手并不是专家，而是事实。他无法控制事实，唯有把自己打扮成怀才不遇的天才方可摆脱窘境。他导演了一场想象中的诉讼案，将伽利略一案中的诉讼条款颠倒过来。意大利科学家受宗教权威的审判，宗教权威强迫他用宗教学说的望远镜去看世界，而科学家呢，却想用他的天文望远镜去观望世界。关注普里奥尔机器的科学权威并没有说不赞同发明家的真相，但发明家却不告诉他们真相，他想成为唯一掌握真相的人。至此，对话也好，妥协也罢，那都是不可能的。谁要是不同意普里奥尔，就是在反对他。

普里奥尔的机器并未按照生物学及物理学的原理制造，而只有根据这两个学科的原理才可以治疗癌症。像前面所说的那个“anémélectroreculpédalicoupevento-mbrosoparacloucycle”（这是我最后一次写这个讨厌的字了）一样，这台治癌机也是依照辩术原理建造的，或者说是按照拼凑术、整合术建造的，将所有能发光的装置，至少是普里奥尔能想到的所有发光装置拼凑在一起。这台机器不过是拼凑起来的玩意儿，所有奥妙就藏在那错综复杂的电气迷宫里，唯有发明家本人才知道其中的秘密。普里奥尔一直拒绝将机器的部件拆开，对它们分别进行分析，这绝非偶然之举，因为要是那样做的话，也就没有什么治癌机了。

还是让我们少玩一点幽默吧，普里奥尔的神灯不禁让人想起卡雷尔曼的《稀有物品目录》[30]，其中有能把煎饼抛得更高的弹簧锅，有潜水员用的铅底拖鞋，有能在最黑暗角落里使用的发光锤子，有用箭猪鬃制作的剃须毛刷（胡子硬，毛刷比胡子更硬），还有不伤头皮的轮式梳子，就缺用来挡雨的带盖的浴缸了……神奇的机器也应该算是稀有物品吧。但这一切在伪科学的目录当中都能找得到！

练　习

1. 你在南极洲的阿德雷地找到失散很久的孪生兄弟。你俩应该马上去做一次智力测验，如果他的分值比你的高，你得赶紧把他打发走，因为他不是你真正的孪生兄弟。
2. 要想办法证明能钓鳟鱼的本事是天生的，你不妨拿刚一出生就分手的孪生兄弟做样板，他们都从事钓鳟鱼的行业，你来计算他们的钓鱼商数（用所钓鳟鱼的大小除以看见他们钓这鱼的人数），用统计学的方法来证明孪生兄弟的钓鱼商数是有关联的。然后，你给科学院呈递一份报告。你能得到科学院的答复吗？
3. 当你获得诺贝尔奖之后，再做同样的练习。你会得到同样的答复吗？
4. 有一物挂在客厅里，它是绿色的，还可以唱歌，这是什么？

   答案：一条鳟鱼。我把它染成绿色，然后挂在客厅的天花板上。它并不会唱歌，但我之所以这么说，那是因为动嘴皮子总是最简单的事。
5. 用两根固定帐篷用的小木桩和椅子腿做成一个培养菌类植物的小梯子，不久以后，将活着的椅子腿筛选出来，因为一个有生命的椅子腿总比没有生命的强多了[31]。你为这项发明申请专利保护。经过多长时间之后，日本人和韩国人将会抄袭这项发明呢？

第三讲　传统科学，任由你去喝倒彩

地球在膨胀，而我们却不知道为什么！1984 年 11 月 22 日，《新科学家》杂志上刊载了英国博物馆的古生物学家休·欧文的文章[1]，他的结论令人吃惊。欧文拿出的各种图表显示，我们所在的行星 200 万年来竟然膨胀了那么多。中生代时期，恐龙脚下的地球恐怕要比当今的地球小一半！

证据呢？欧文将各大洲漂移的影片倒过来放映。从前，南美洲的东海岸与非洲的边缘相接，格陵兰岛就嵌在欧洲大陆和加拿大地盾之间，印度、澳大利亚及南极洲则连在一起。露出海面的陆地是一整片大陆，史称联合古陆，“忒提斯海”①环绕在古陆的四周。沧龙，一种生活在 2.5 亿年以前的牙齿锋利的巨型蜥蜴，可以从巴西的东北角一直爬到几内亚，而绝不会弄湿自己的爪子。

欧文想把一块块大陆拼图恢复到原位，可是怎么也对不上。在如今这么大体积的地球上，无论如何也无法准确地再现联合古陆的面貌。大陆在某些地方被三角形海湾分割开来，而这种三角形海湾又与海底构造不吻合。难道我们的星球像干奶酪一样充满了空洞吗？这真让人难以接受。对于这位英国古生物学家而言，有一种最好的解释：那就是地球在膨胀。

你拿一只橘子，剥开橘皮，然后试着将橘皮包在一只柚子上。很显然，橘皮太小了，你得把它撕开。据欧文称，他把按一定比例缩小的各大陆的轮廓投映在按相同比例缩小后的地球模型上时，所碰到的状况与用橘子皮包柚子的情形一样。三角形海湾就像橘皮被撕开后的缺口。假如取一个比现地球直径（约 12 700 千米）小 20%，即体积缩小近 50% 的地球，然后在这个地球上复原联合古陆，那么不正常的现象就消失了。因此，海湾是印证地球膨胀说的间接证据。

这么重要的数据怎么可能被审慎的科学给忽略了呢？欧文说，地球物理学家竟

---

① 古代西方人想象中的大海，以希腊神话中的海洋女神的名字来命名。——译者注

然丝毫没有发现，这是因为通常他们都是拿着平面地图，只研究地球的某一局部地区。“唯一正确的方法是在一个球体上再现地球古陆的原貌，然后将其投在平面图上。”这位古生物学家在前述文章中写道。说得明白点，休·欧文在责备地球物理学家竟然不知道地球是个球体!

地球物理学家都是蠢货吗?

这种疏漏似乎太让人吃惊了。对休·欧文而言，其中的道理很简单，地球膨胀的设想会让那些墨守成规的卫道士感到极不舒服。显然，对伽利略的诉讼一直都未了结，就像教会拒绝用天文望远镜观看天空一样，传统的地球物理学家宁可把脸蒙起来，再回到古巴比伦人那地球扁平的设想上，也不愿意去应对地球膨胀论这类革命性的命题。“然而，地球确实在膨胀……”欧文喃喃自语道，他先给科学家鼓起劲来。

作为纳税人，欧文一想起他缴纳的税款用来养活一帮因循守旧的学者，就会气得浑身发抖。是否该把这帮地球物理学家都投入监狱呢？正如大家所知道的那样，监狱可是最合适深入研究橘子皮的地方。在采取这类极端措施之前，我们还是先来看看传统科学界提出什么样的论据来为自己辩护吧。我是从樊尚·库尔蒂约那里得到这些论据的，那时，他还是法国地球物理研究所年轻的研究员，这座正统的地球物理学的圣殿位于巴黎，负责人是克洛德·阿莱格尔（此后，阿莱格尔先后到教育部和科学研究及技术部任职，库尔蒂约担任他的顾问）。我问樊尚·库尔蒂约，地球物理学家是否真的忽略了地球是圆的这一事实，假如真是如此，那显然是震惊全球的丑闻。

库尔蒂约的答复是：“所有再现古陆原貌的工作都是在球体上完成的。1961年，地质构造学的先驱比拉尔就曾注意到，在试图拼接大陆板块时，各个大陆似乎并不能完全吻合。原因很简单，那就是大陆的轮廓在漂移时已发生了变化。大陆板块的硬度并不是绝对的，那种认为大陆边缘在长时间内依然会保持固定几何形状的想法是不现实的。比如，人们也许会猜测，非洲与南美洲各自的边缘是在分开时瞬间生成的，这种现象是绝对不可能的。”

我们终于放心了！不论传统科学多么狭隘，但它还是记载着我们这颗行星是球形的，或更确切地说，它还记载着地球是椭圆形的，因为它的两极呈微扁平状，赤道半径要比两极半径长 20 多千米。欧文不愧是个地道的伪科学家，他竟然不知道其实自从有人首次测量地球后，就已经出现过不少类似的插曲。对地球的首次测量可以追溯到公元前 3 世纪，是由厄拉多塞①完成的。他当时估算地球的圆周为 250 000 斯特迪亚②，约合 46 000 千米，比当今估算的多了 15%，但考虑到厄拉多塞当时所采用的手段，这个结果已经十分出色了。后来，美国大地卫星、宇宙卫星，以及法国的斯波特 1 号和斯波特 2 号卫星所提供的测量数据越来越精确，今天我们得到的关于赤道圆周的精确值为 40 075.017 千米。

但各个大陆究竟是怎么被打碎的呢？樊尚・库尔蒂约和他的同事格雷戈里・樊克在《为了科学》杂志上撰文[2]，描述了整个过程。为了能弄懂他们的解释，我们不妨先阐述板块构造学的基础，这是解释地壳运动的现代理论（地质构造学一词源于希腊文 tektonikos，原意为“木匠用的”）。

大陆漂移的设想是由阿尔弗莱德・魏格纳在 1912 年首次提出来的，当时他还是一名年轻的德国天文学家。他将各大陆看作巨大的耙，在海底缓慢地漂移。在漂移的过程中，大陆在其运动的前方推出条条山脉，在其后方留下串串岛屿。这种设想起初得到大家的赞同，后来遭到地球物理学家的摒弃，因为大洋的深处太坚硬了，大陆根本无法以这种方式移动。

然而魏格纳的设想还是有道理的，至少他的主要假设是对的，因为大陆确实发生了漂移。经过半个世纪的海底探测，大陆漂移的秘密才被揭开。地球物理学家扎维埃・勒陴松是这项研究的先驱者之一，他讲述了当年的传奇经历：起先是为了在海底寻觅断裂的峡谷，结果却在太平洋发现了深达 6 千米的海沟[3]。断裂峡谷就是在海底岩床上形成沟壑的裂谷，它在地球上画出一个巨大的 Y 字形，总长竟达 6 万千米。在断裂峡谷全段内，地幔的岩浆通过海底火山涌泻出来。

这样，每年会生成 3.5 平方千米的新海底。如果这一面积不被抵消的话，那么在 1 亿年内，地球的体积将会翻一番，这比欧文预测的还要快！海底岩床从地球的腹部沿断裂峡谷显露出来，并且穿越了大洋，就像一条巨大的输送带一样。在太平洋的四周，条条海沟将融合在地幔中的海岸岩床吞噬。每隔 2 亿年，所有大洋的海底就全都被更换一遍。

---

① 厄拉多塞（公元前 276—公元前 196），古希腊天文学家、数学家兼地理学家。——译者注

② 希腊长度单位，1 斯特迪亚约合 182.88 米。——译者注

然而，各大陆却没有翻新。它们像悬在大洋洋面上的浮漂，你撞我来我撞你，好像在参加永不结束的碰碰车比赛。断裂峡谷及海沟将地壳分割成 12 块 70~100 千米厚的大板块。6 个主要的板块是欧亚大陆板块、非洲板块、美洲板块、太平洋板块、印（度）－澳（大利亚）板块和南极洲板块。板块始终处于漂移的状态，地震正是板块相互摩擦、相互挤压的结果。当两个大陆发生碰撞时，受挤压的板块便会产生褶皱，形成山脉。比利牛斯山和阿尔卑斯山是非洲板块挤压欧亚大陆板块的结果，喜马拉雅山则是印－澳板块与欧亚大陆板块相碰撞的产物。

现在，让我们回到库尔蒂约和樊克的模式上。首先，为什么各大陆会发生摩擦呢？这是机械应力导致的。地壳运动会产生拉伸作用，这样，在某些地区就会造成地层断裂。概括地讲，我们可以把地层比作做水果馅饼时用的生面团。如果用刀来切，那么每块面团的边缘都是平行的（假如不黏刀的话），把分割开的面团合拢在一起时，每块都能对得上。但我们不妨想象一下，假如我们不用刀切这块生面团，而是直接用手把它扯成一块块做馅饼的面团。那么面团被扯动的地方，边缘就会变薄，待把它们再拼凑在一起时，就很难对得上。其实各个大陆所碰到的正是这种情形：大陆后来的边界在摩擦的过程中变形了。用手扯面团的描述不过是个较近似的比喻，因为在大陆相互摩擦的过程中，变形远不止一种模式。我们想象一下，原来连在一起的大陆就像一块揉得不匀的面团，有的地方很黏，有的地方却很干。地层在某些地方很容易折断，但它也有阻力极大的地带，在这样的地带，变形的情况就很严重。

休・欧文十分看重的三角形海湾，就可以用这种不规则的变形来解释，抛开这些知识而兀自设想地球像一只皮球那样膨胀是毫无意义的。其实，欧文的推理难以自圆其说，因为他剥开一只橘子，却硬说是一只柚子，接着见橘子皮那么小，根本包不上柚子，就感到震惊。退一步说，就算确实如欧文所暗示的那样，地球物理学家也许不知道地球是个球体，但说到柑橘类的问题时，我们这位古生物学家可还有许多知识要学呀。

地球不是爆米花

总而言之，拿地球膨胀论来制造耸人听闻的效果，已经是老掉牙的把戏了。地球物理学家奥托・希尔根贝格自 1933 年起便开始鼓吹这个理论，设想地球在前寒武纪时的体积仅相当于现在的1/5。20世纪50年代，澳大利亚人沃伦·凯里首次提出地球膨胀说，欧文的许多说法其实不过是凯里理论的翻版。针对这个话题，凯里曾多次组织过研讨会，最近的一次研讨会是1981年在悉尼举行的。他有一种奇怪的执着心态，拒绝承认海洋地壳会下沉。可海底总得有地方可去吧，凯里于是不得已提出地球膨胀的假设。

然而，这种假设不仅毫无用处，而且从实际情况上看也是违背常理的。除了假想一位微醉的奥林匹斯神拿地球当作呼气式酒精检测仪来吹之外，目前还真找不到哪种机制能对所谓地球体积在两亿年内翻一番的说法做出解释。难道我们可以把它归咎于不停地轰击地球的陨石雨吗？法国天体物理学家让－克洛德·佩克尔解释说："光凭这点是不够的，外来的物质与地球自身的质量相比是微不足道的，而地球的质量在40亿年间几乎没有发生任何变化。况且，不断补充的板岩反而会挤压地核，增大地球的密度，而不会增加地球的半径。"其实，某些测得的数据表明，地球的半径随着时间的推移一直在缩小，尽管缩小的程度微乎其微。

欧文则提出另外一个荒诞的脚本：地核是不稳定的，一直在向外推地壳，使得地球就像一只未加保险的压力锅。地球不像一只皮球，倒更像爆米花。这种新奇的提法听起来倒很有意思，但对居住在地球上的居民而言，如果这种假设是真的，那将是极危险的。幸好，从物理学角度上看，这种提法是极为荒谬的。地壳下的地幔包裹着地核，其内核像一颗巨大的铁镍球体，直径约为2 500千米，温度高达4 300 ℃。这颗球体在各地层的挤压下呈固态，挤压的动力就是万有引力（随行星质量的增加而增加，这就是为什么陨石物质会增加地球的密度而不是让地球膨胀）。欧文认为，为了抵消引力，地核应当变成一颗巨型氢弹，就像太阳那样——要真是这样，我们也就不必在这儿闲扯了，对我们来说，幸好像地球这样的行星质量非常小，不足以让这样的假想成为现实。

那么，假如地球真的在膨胀，为什么只有它是唯一还在膨胀的行星呢？没有哪一次天文观象能看出火星、木星、金星在膨胀。单凭这一点，只要对普遍的物理定律提不出质疑，那么地球膨胀的说法就是不能接受的。总之，欧文建议我们拿万有引力的理论去换取一个没有任何价值却足以让我们不寒而栗的假设，这可真不是一笔好买卖。

让达尔文难堪

动物生态学家雷米·肖宛是一位大无畏的作者，在“抛弃所有成立的理论”丛书中，有一本名为《精神生物学》的书就出自他的笔下[4]。在胆大妄为方面，肖宛和休·欧文有一拼。从读这本书的前言起，读者便兴奋得难以自抑：“与50年前相比，我们变得更加博学了，但我常常思索着，为了能理解这个难以描述的古怪世界，我们还得需要10倍，甚至100倍的时间。”也许为了争取时间，肖宛建议读者先抛弃自己所掌握的那点知识，做一番“精神上的操练，当然这非常难，要撇开人类对宇宙的所有认识，并用这种全新视角去看宇宙”。

显然，肖宛有一种与生俱来的天赋，来做这番“精神上的操练”。信口开河地讲他所不知道的事，那可真是太舒坦了。这可不是我说的，他就是这么讲的：“比如在说到精神和‘创世’时，我绝不会明确地指出我到底想表达什么，因为我对此也并不十分清楚…… 既然我们的无知会让人感到厌恶，那为什么真的要说得那么明白呢？”

如此坦然地承认自己的观点是模糊不清的，这倒真是令人钦佩。这种坦诚的态度能让肖宛争取到更多的支持者，仰仗着薄薄几页纸的论文就能甩掉新达尔文主义，“尤其是对英国人而言，新达尔文主义正成为一种名副其实的宗教”，即使“它只不过是一个老生常谈的话题，但却能让那些虔诚的人感到心满意足”。正像大家所预料的那样，这种不容置喙的观点完全立足于纯粹的无知之上。况且，肖宛提醒大家，他的研究领域本是动物生态学，而达尔文主义倒应当是“古生物学家，或严格地说是遗传学家”研究的范畴。这个说法确实颇为可笑：动物生态学研究的是动物的行为，却丝毫不考虑动物的进化，这与学历史的人丝毫不愿意了解1950年以前所发生的事件一样荒谬。

到底是什么让肖宛如此大动肝火呢？“正是那位讨厌的美国同事威尔逊。直到他的新书出版前，我才承认过去不太关注进化论，而且对它感到厌烦。”肖宛关注进化论只是为了向威尔逊提出挑战，总之，这也是个相当不错的动机。然而，要想推翻达尔文主义，威尔逊可并不一定是个好靶子。

不熟悉爱德华·威尔逊观点的读者，会感觉有点摸不着头脑（我们在第七讲还会用较多的篇幅来详细描述）。这位著名的博物学家是研究蚂蚁的大牌专家，他的研究工作中最缺乏科学性的那部分倒让他一举成名，这个研究工作就是社会生物学。

他试图以生物学为基础去研究动物及人类社会。在威尔逊看来，基因不但决定着人的生理特性，而且决定着心理和行为举止的总结构。他的雄心就是要把人类的境遇用遗传学的词汇表述出来："社会生物学重点要表明的是，人类文化及行为举止的方方面面都已排定在基因之中，并经过优胜劣汰的筛选。"[5]

20 世纪 70 年代末，法国新右派拾起社会生物学的观念，并用夸张讽刺的手法将其表现出来：我们只不过是一个玩偶，受制于基因的摆布。威尔逊的观念与这个说法相比还是略有不同，但它包含着对人及社会的看法，虽然这种看法并非强迫性的。他的观念还意味着，人和社会所决定的特性及基因要严格地接受适应性的制约，因为唯有最具适应性的基因才能被保留下来。不过，即使许多基因经过了筛选，但其他基因发生进化也是极偶然的。因此，非洲人的黑皮肤是为了适应当地的气候而演变的（在世界其他地区也有类似的例子）。相反，巴斯克族 B 型血的人与布列坦尼族同一血型的人在比例上的差距，则与适应性没有任何关联，因为血型是他们从祖先那儿遗传来的，血型的原始分布完全是偶然的。

所有基因以及与基因相关联的性格都受适应性的支配，这种观念衍生出许多悖论及诡辩。这个潮流的典型代表是罗伯特·赖特，他写下了《道德动物》一书，这是一本消遣型读物，他声称要用达尔文进化论的观念来解释夫妻关系，并说通奸及欺骗配偶（或忠实于配偶）的行为有利于优胜劣汰[6]。也许是因为他太想解释得圆满些，结果"适应性理论"却得出了同邦葛罗斯相似的结论，邦葛罗斯是伏尔泰哲理性讽刺小说《老实人》中那位不可救药的乐天派："事情不会搞成别的样子，因为所有的事都会有结果，而且肯定是个好结果。你瞧，人长出鼻子来就是为了戴眼镜的，所以我们有眼镜嘛。腿生出来显然是为了穿长裤的，所以我们就有长裤嘛。"

"邦葛罗斯的歪理"夸大了适应性的作用，对进化论的理论家是个威胁。要讥讽这种论调对肖宛来说易如反掌："正如善良的贝尔纳丹·德·圣皮埃尔①所认为的那样，香瓜长出瓜筋来是为了让一家人共享，这显然是个谬误。"肖宛并不满足于停留在正确的道路上，他指出达尔文体系中所隐藏的缺陷是逻辑上的错误，甚至有反复唠叨的语病："达尔文主义假设适应性最强者得以生存下来。但哪些物种的适应性最强呢？当然是能生存下来的物种。因此，达尔文主义实际上是在假设只有幸

① 贝尔纳丹·德·圣皮埃尔（1737—1814），法国作家。主要作品有《法兰西岛纪游》《大自然的研究》，他虽然歌颂大自然，但却反对科学，抨击牛顿、布丰和拉瓦锡等著名科学家。——译者注

存的生物才能继续生存下去。”

肖宛忘了一个细节：他并不是第一个提出这种反对意见的人。斯蒂芬·杰·古尔德曾多次批判过适者生存学说，并指导读者该如何理解达尔文的伟大思想，理解他的自然选择理论，而又不至于陷入达尔文支持者那过激的言辞之中，就像威尔逊所做的那样。我不知该如何建议读者去拜读古尔德的随笔，那可真是一种享受[7]。古尔德的核心观点是，经受筛选的是生物体，而不是生物的某种特性，因为生存下来的是整个动物，而不是那一个个经过筛选的基因。一只动物之所以能生存下来，是因为它从总体上已适应了其所生活的环境，但这并不意味着动物的每一种单独的特性均处于最适宜的状态。比如，印度犀牛只有一只角，而非洲犀牛则长着两只角，对这两种犀牛来说，角就是一种进攻的武器，但绝无决定性的论据能断定双角就一定会比单角优越，抑或正相反，单角比双角更优越。两种不同的类别都存在于世，那么偶然性使它们一个在亚洲取得优势地位，另一个则在非洲成了霸主。

古尔德最喜欢引用的例子是熊猫拇指的演变，这个例子颇有启发性。熊猫是食草动物，但它的祖先却是食肉动物。它那真正的拇指适应肉食需要，动作并不灵活。但改为吃食竹子后，熊猫用一根腕骨（即籽骨）“捣鼓出”一个假拇指来，后来假拇指变得粗大起来。这既不好看，又不是最理想的，但却很实用。在古尔德看来，这类缺陷正是了解历史的窗口，可以描绘出物种进化史的演变过程。但假如进化是靠这种方式完成的，既无计划又漫无目的，采用瞎捣鼓的方法，那么在自然界怎么会只有少得可怜的巨兽及自然界的变种呢?

弗朗索瓦·雅各布在《适者生存的逻辑》[8]一书中写道：“优胜劣汰的自然选择规则就存在于生物的本性之中，它们能够繁殖并生存下来，本身就体现了这个规则，每一新的个体都要经受繁殖的考验。它不能繁殖了，便被淘汰了……自然选择无法在可能生存的物种身上进行，自然选择只能在现存的物种身上完成。”因此，这不需要去规划，生物能存在至今，那是因为它们的祖先能成功地生存下来，并繁殖出后代，仅此而已。

我之所以要顺着那些观点去发挥，是因为要证明肖宛所批判的那种达尔文的理论是滑稽可笑的。然而，他引述了古尔德、列万廷和雅各布的观点。其实，假如他确实读过这些人的论著，那么他好像根本就没读懂。坦诚地说，生物学家到底是怎么想的，这才是肖宛所关注的，就像他关注自己的第一张扑蝶网那样。他所感兴趣的是他自己的想法，并将其归纳为：

“进化是朝着越来越趋先进的方向演变的。我们从未见过一只两栖类的动物重新变成一条鱼，也未见过一只鸟或一只哺乳类动物变成爬行动物。

“进化的秘诀大概位于人的内心中，人的意志具有规划功能，并通过那些他意识不到的机制来达到自己的目的。进化的‘规划性’是同一类型的东西。规划是靠某种机制来实施的，而生物却意识不到这种机制的作用，这就是进化。

“它的总体方向颇像所有动植物身上那种模糊的意志……

“我们的大脑指挥机体的方式也许和作用于生物的进化意志是相同的。”

我们还可以再加上一条：除了“规划”等术语外，还真从未见过一种过时的观念能转变成创新的理论，如此说来，肖宛的论点看起来并不比法国博物学家拉马克[①]的目的论强多少。拉马克卒于1829年，30年后达尔文发表了《物种起源》一书。那么拉马克究竟说了些什么呢？他的核心观点就是：在生命刚刚出现时，其形式极为简单，随后在“对构造不断施以复杂化之力”的推动下，就变得越来越复杂了，在这个构造之力的背后隐隐约约地显露出上帝的想法。进化不是一种盲目的进程，而极像朝着最高目标迈进的胜利步伐，那个目标就是人。

因此，肖宛实际上还是没有“撇开人类对宇宙的所有说法去看待宇宙”。他只满足于追溯到一个世纪之前，为拉马克的理论增添一点通灵论的色彩。据他自己称，“规划的意志”可对精神作用于物质、作用于特异功能、作用于念力及类似尤里·盖勒扭弯勺子的现象做出解释。这种论调拿来供人消遣倒是绰绰有余，但从尊重事实的角度来看却显然经不起推敲。雷米·肖宛的思想方法出自良好的愿望。一位研究生物学的朋友对他说：“要是没有达尔文，他感觉像光着身子一样。”闻听此言，他顿时火冒三丈。他自己把达尔文主义扔进垃圾箱里也就算了，但也不能因此让朋友们没的穿呀。得想个什么办法，于是他便搬出拉马克的旧衣服，拿给朋友们。这个主意倒不错，但总让人感觉有点像拿一条裤头去骗取爱斯基摩人的传统服装。

拉马克最终丧失了公信力并让位于达尔文，这并非由于教条、迷信或宗教信仰，而是因为在解释生物演变及新物种问世方面，达尔文的理论确实是一种更有效的工具。自然选择是一种具体而且可以验证的机制。构造之力，或是肖宛所提出的规划

① 拉马克（1744—1829），法国博物学家，进化论的先驱，著有《动物哲学》（也译作《动物学哲学》）。——译者注

的意志都不是脚踏实地的概念，对其抱赞同态度是信仰使然。当然，肖宛可以想信什么就信什么，但绝不能拿一种道德信仰去反驳另一种科学理论。况且，那种道德信仰还是一种背信弃义的行为，那就更不应该了。一位手拿羽毛笔的先生声称他什么也没写，你能相信吗?

真空充满了能源

你听说了吗，在人类进入核电而且燃料变得越来越珍贵的年代，有一种取之不尽、造价低廉而又省力的能源——真空能源。雷诺·德拉塔耶将这些重要事实公布在《科学与生活》杂志上已经很久了[9]。我在此引用他的文章："就在第一台真空能源发电机已开始运转时，传统科学界对瓦莱教授的研究却依然一无所知。现在这项研究已结出丰硕的成果，再忽视它的存在，后果就更加严重了……协同作用发电机今年夏天已开始在比利时试运行……一台能量放大器已在运转，为它提供动力的恰好是在我们周围、属于我们每个人的宇宙，这是一个创举。发电机发出的电能要比它所消耗的电能高 4 倍，这个成果本身就令人感到困惑不已，在陈旧的物理学理论范畴内，这是无法解释的。"

对这种成果的解释同样让人感到困惑："这种补充性的能源似乎不知源于何处，但却无可辩驳地确认了瓦莱教授协同作用能源的理论，他的基本假设是这样的：宇宙中原子、星际、银河之间的空间通常被视为真空，其实，那里面的电磁活动极为强烈，而且是非物质的，呈连续分布，这是清晰的基本波相互重叠的结果。基本波向各个方向传播开来，波速基本上没有太大的差别……空间的结构是能源性的，物质可同空间交换能源……而且，这种能源是取之不尽的，获取这种能源的仪器也是相对比较简单的。"

这种混乱难懂的文字读起来十分晦涩，但它所要传达的信息却极易理解，那就是：真空并非真空，里面充满了取之不尽的能源，获取这种能源十分容易，所要采用的设备造价也不昂贵。这样一来，不去利用这种能源不仅是经济上的失误，也是生态上的罪过，究其原因，那是传统科学界在耍阴谋。

其实说得明白点儿，所谓"协同作用能源理论"不过是老掉牙的永动理论的翻版。勒内·路易·瓦莱是该理论的创始人，他曾是法国原子能委员会的工程师，声称发现了"原子核相互作用现象的电磁源，这种现象与引力现象紧密相关"。他后来要求收回发现痔疮电磁源的权利，但这并不会发生根本性的改变[10]。将科学词汇及公式一个接一个排起来，借以创造一个新的物理理论，这是远远不够的。

1976年，巴黎第七大学的物理学家做了实验，以验证协同理论的假说。实验结果否定了这种假说。整个实验过程的记录刊载在《研究》杂志上[11]，让-马克·莱维·勒布隆编写了幽默的评论，我在此引用其中一段："（瓦莱的）论文倒颇像是物理学的，就像斯坦伯格在模仿他人的笔法，从远处看，斯坦伯格把那些常用的字体模仿得惟妙惟肖，但走近一看，却是毫无任何意义的涂鸦。"

瓦莱胡抹乱画了一番，却声称这是文字。他的文章在语义上空洞无物，却充满了辛辣的挑战性。他尚未找到更强硬的措辞去抨击国际资本主义，那些"大财团所豢养的忠实走狗"封锁了"所有的科学进步之路"。他谴责"传统科学界的负责人那危险的无知，他们中的大部分人都是由政治-宗教神秘势力扶上台的，在那些势力中处于显赫地位的就有世界犹太复国主义组织"[12]（原文如此）。他严厉斥责反真理的阴谋，为了"金牛犊偶像①……竟然不惜牺牲几百万人的生命"，提到"某种拒绝，就像可怕的怪兽，从集体无意识的深处涌冒出来"。这类带有宗教色彩的抨击并不能将他的论文变成大家都认可的理论，况且他将自己的论文囚禁在缺乏可靠性的城堡里。他喃喃自语倒也不会有什么危险，除非他本人真不知道是在对自己说话。

水的记忆

"我最终将被大家公认是个天才，并不是因为我做出天才的发现，说实在的，那的确算不上天才的发现。我之所以会成为一个天才，是因为我遭到了攻击。这真是太不可思议了！命运的钟摆就要摆回来了。我将面对最理想的局面，以实现我20年来一直想做的事情，即摧毁保守的科学权力机构。文章已准备好了。战略也已制订就绪。我要到处去呐喊……咱们吃饭去吗？"

这是雅克·邦维尼斯特所做的自我表白，那是1989年10月的一天，我到他的巴黎寓所里采访他，我们坐在晾台上，旁边就是蒙巴纳斯摩天大厦。他不是那种喜欢说话绕圈子的人。他表达得十分直率，爱用挑衅的口气，说出的话常常会超越他的想法。因此，他的话语十分简洁，批评起他人来毫不留情。要是讲情面的话，他

① 金牛犊为古代以色列人的崇拜偶像。——译者注

会说“那家伙是个笨蛋，大家都知道”；有时他的评价会更恶毒。他向我坦言：“我有点爱戏弄人。”这是我唯一一次听他采用委婉的说法。在这个阳光明媚的早晨，和这个好天气一样，邦维尼斯特的心情特别好。在 3 个小时的采访过程中，他起码“戏弄”了十几个同事，按照他的看法，这一点也没冤枉他们。

就在此前 15 个月，在全世界的报纸上都刊出醒目标题，报道了这位生物学家的伟大发现。1988 年 6 月 29 日，《世界报》在头版头条发布消息[13]：“一项法国人的发现可能会震撼物理学的基础：水具有记忆功能。”记者让-伊夫・诺及弗朗克・努奇报道称，一个由邦维尼斯特医生领导的“国际生物学家小组”确立了一种物理现象的证据，该现象至今尚不被人所熟知：水——这种似乎毫无悬念的液体，只要把某种物质溶解在其中，就有可能将该物质的分子结构保存在“记忆”之中，记忆的形式有点像记录电磁痕迹那样。即使水中已不再包含所记录的分子，水还是能转发与这种分子有关的生化信息。这与一台录音机有些相仿，因为凭着一盘磁带，录音机可将几年前、在几百千米之外所演奏的音乐会的曲目及气氛如实地再现出来。

很显然，这是一个神奇的发现，至少应获得诺贝尔奖。雅克・邦维尼斯特是医生兼生物学家，是法国国家保健和医学研究所 200 实验室的主任[14]，对血小板活化因子（那是一种在炎症机制中起着重要作用的分子）的研究曾使他名声大噪。他是一位出色的研究人员，既不是玩世不恭的人，也不像安托万・普里奥尔那样是个自学成才者。假如他的研究确实有道理，那么水的记忆功能有可能开发出整整一个药典的新药，活性物质将由其电磁痕迹来取代。水的记忆还可对顺势疗法药物的作用做出解释，到目前为止，理智的科学家一直将顺势疗法药物看成安慰剂，这对施行顺势疗法的医生极为不利。当最后一个主要的活性分子消失在大量溶液里之后，邦维尼斯特大概已经揭开了逐渐减弱剂量的秘密，正如《爱丽丝漫游奇境记》一书中笑脸猫的微笑那样，“在其他动物都消失之后，它却还在微笑”[15]，难道不是这样的吗？

这位法国生物学家所挑起的论战，所有人对此依然记忆犹新（大概唯独水本身没有将其记下来）。在这里，我不再依时序讲述整个事件的详情，我已在另一部拙作中详细地描述过了[16]。还是让我们集中探讨事件中与本讲课题有直接关联的方方面面吧，其中有 5 点引起大家的注意。

炒作的嫌疑

邦维尼斯特的神奇发现是在 6 月 29 日的《世界报》上公布的，而第二天《自然》杂志本来就要刊载邦维尼斯特的论文。显然，这种抢先发表的独家新闻意味着某种预谋，邦维尼斯特肯定同《世界报》的记者达成某种默契。科学家通常都会优先考虑将自己的学术论文刊载在大众媒体上，特别是像《世界报》这样享有盛誉的报纸，这似乎早已成为一种时尚（我们在第四讲还会探讨这个话题）。邦维尼斯特不惜与《自然》杂志毁约而选择了《世界报》，对此《世界报》非常感激，在报上为他开辟了一个论坛，刊载他的实验报告。总之，从新闻传播的角度上看，这是一个彻头彻尾的“阴谋”。对公众而言，即便是挑剔的读者，这也确实显得极有说服力，因为《世界报》是一份严肃、客观的报纸，它不会轻易刊载耸人听闻的消息，这是有口皆碑的。这样一份日报将头版的荣誉留给一位科学家，而且是像邦维尼斯特这样特立独行的科学家，还真是件稀奇事儿。即使报纸将这样的版面留给重大发现，那肯定也要有充分的依据，不论那消息看上去多么具有冲击力。

鉴于这一点，大家很难相信《世界报》在这件事情上是客观的。《世界报》只是片面地报道了新闻，却未做出任何评论，而评论往往有可能会使事情客观化。其他发行量大的报刊不想露出被牵着鼻子走的样子，拖延了一段时间才先后发布消息，但也有竞相追捧的趋势。极少有媒体对邦维尼斯特的结果提出严肃的质疑。后来，《科学与生活》杂志对这一观点进行了激烈批判，但也是在《世界报》发布消息几周后才发表批评文章。

其实刚一开始，雅克·邦维尼斯特就已预料到他的观点会遭到反驳。在科学家看来，所谓“无分子的分子效应”这一设想是极为荒谬的，作为分子生物学家，他对此心知肚明。于是在《世界报》的论坛上，他强调自己的发现具有革命性意义：“我们的研究结果需要所有的人，尤其是科学界做出极大的努力去适应它。要想进入另一个基本概念完全不同的世界，就需要在思维方式上实现巨大的转变，就像当年公众对地球的认识从平面转成球体一样。实际上，假如在我们的生物世界（不仅仅局限于生物世界）中，确实存在着不可抗拒的可靠性，那么，任何一种功能都必然会有一个结构确定的分子与其相对应，就像任何一把锁都有相应的钥匙一样……可是，我们所从事的研究则表明，在没有某种特定分子的情况下，依然存在着类似这种分子的效应。在巴黎纳夫桥（新桥）处，将一把汽车钥匙放在塞纳河里晃一晃，然后在勒阿弗尔①处取几滴水，做成钥匙后可开动同一辆车，我们的实验与此有些类似。”

邦维尼斯特以一个大胆的推论结束了他的文章：“有一天，人类将会用这种方式把自身的电磁复制品传到世界的另一端或传到另一个行星上去，难道这不可能吗？人们将用采自纳夫桥下的信息，再复制出一只梁龙，或钓上一条没有鱼刺的电磁鱼来，难道这不可能吗？”假如写下这种胡言乱语的作者不是科学权力机构所认可的成员，尽管他曾严厉地斥责过这个机构，假如他没有得到《世界报》的支持，假如他未曾以在《自然》杂志上发表过文章来炫耀自己（这份杂志可是世界上最著名的两份科学杂志之一呀，另一份是《科学》杂志），那么也许有人会告诉他哪儿凉快就上哪儿歇着去。如果水确实能传播无分子的生化信息，那么某些比顺势疗法更赚钱的行业肯定会跃跃欲试。亨利·梅茨格甚至评论说：“法国酿酒工业将会被这个发现搅得天翻地覆！你想想看，你把葡萄酒兑在水里，然后摇一摇，它就和未经勾兑的酒口味一样了[17]！”亨利是美国国立卫生研究院的生物学家，同时也是邦维尼斯特论文评判小组的成员，《自然》杂志在发表邦维尼斯特的论文前曾请亨利对这篇论文进行审读，著名的科学杂志都要履行这种审核程序。说到这一话题时，《科学与生活》杂志不无幽默地讥讽道：“你把一杯葡萄酒倒进勒曼湖②里，一个月后，你再到湖的对岸，取一杯湖水喝。你找警察做一次呼气式酒精检测，警察准得吊销你的驾驶执照！”

但至少在开始阶段，常识是不足以抵消爆炸性新闻的影响力的，因为一个神奇的发现，即使是假的，也总比乏味而又不能带来荣誉的论证更振奋人心。

事实与论文不相符

大家对邦维尼斯特表现出如此惊人的厚颜无耻深感震惊。要想让整个科学界彻底改变思维方式，那么至少得提供坚实的论据，还得有毋庸置疑的实验数据作后盾。然而，情况远非如此。在理论方面，邦维尼斯特只是就水分子内在结构的复杂性提出模糊的论述，除此之外没有任何重大进展。在实验方面，他的装置是两个单元的结合体：一个是用于顺势疗法的所谓“高稀释”系统；另一个是他本人于20世纪

① 勒阿弗尔是塞纳河汇入大西洋的港口城市。——译者注

② 勒曼湖，又称日内瓦湖，是法国和瑞士两国交界的湖泊，其中3/5的水面属于瑞士。——译者注

70 年代发明的检测装置，即“人类嗜碱性粒细胞脱粒检测仪”，其目的是诊断过敏反应。

有一位年轻的医生名叫贝尔纳·普瓦特万，是他将顺势疗法引进 200 实验室的，他于 1980 年进入邦维尼斯特的实验室，准备有关血小板活化因子及“自由激进疗法”的研究课题。但是，当时他还在从事另一项研究，即弄清楚顺势疗法的作用机制。作为课题主任，邦维尼斯特对这项研究既感兴趣，又有些怀疑，其实邦维尼斯特当时并不相信水的记忆，可他对下属的研究却颇为宽容，而且允许普瓦特万搞了几项实验，实验用品的拉丁名字倒是别有情趣：“蜜蜂采蜜”。“白天我所采用的那些细胞，到了晚上，我会再用几个小时去观察它们……”普瓦特万渐渐地相信笑脸猫并不仅仅是文学家的臆想，因为细胞还是有反应的，哪怕是对极微小的剂量也有反应。

塞缪尔·哈内曼[①]在 18 世纪末发明了顺势疗法，并制订出一套度量标准，标出剂量逐渐减少的程度。取 1 滴蜂蜜溶入 100 滴水中，就构成第一个“哈内曼百分刻度”，缩写为“1CH”；再将稀释后的 1 滴溶液放入 100 滴水中，就得到第 2 剂稀释液，即“2CH”，以此类推，直至 10 次、20 次、30 次乃至更多次的稀释。实际上，即使稀释溶液十分均匀，但在 15CH 以外的溶液里就再也找不到一丝一毫蜂蜜的痕迹了。

然而在普瓦特万的试管里，细胞还依然有反应。邦维尼斯特开始重视这个项目了。1983 年年底，他聘用了一位刚刚步入研究领域的女研究员，她名叫伊丽莎白·达弗纳，不久就成为一名很能干的实验员。普瓦特万和达弗纳合作进行的几次实验都获得了成功，其结果发表在一期科学杂志上，但这本杂志的声望远比不上《自然》杂志。

确切地说，他们的实验到底是怎么回事呢？实验方法是过敏症医师所熟知的反应法，即“嗜碱性粒细胞脱粒”法。嗜碱性粒细胞是白细胞的一种，本身携带着颗粒及各种不同的分子，主要分子是组胺。当有过敏反应的人碰到非常敏感的过敏原，如尘埃或花粉时，嗜碱性粒细胞便会甩掉它所携带的颗粒，而颗粒也将组胺释放出去，形成过敏反应的初期现象。普瓦特万的实验就是要在试管内制造这种反应。从

---

① 塞缪尔·哈内曼（1755—1843）德国医生，在对金鸡纳树皮的疗效进行观察及实验的基础上发明了顺势疗法。——译者注

测试者身上取出血样，放入试管中，让测试者的嗜碱性粒细胞与假定的过敏原接触，如果嗜碱性粒细胞出现“脱粒现象”，那么就表明测试者对所测试的产品有过敏反应。但是脱粒现象又该如何检测呢？首先要对嗜碱性粒细胞进行着色处理，然后放在显微镜下观察：假如它们已经“脱粒”，那么在显微镜下就看不到它们了，否则，它们就呈小红球状。实验员要统计那些小红球，如果只有很少的小红球或几乎一点痕迹都没有，那就证明发生了反应，否则，就没有出现脱粒现象。

普瓦特万和达弗纳正是采用这样的系统来检测高稀释液的效果。所稀释的产品是一种抗体，即 IgE 抗体，用这种抗体的好处是，它能让所有类型的嗜碱性粒细胞产生脱粒现象，不论该细胞是不是从有过敏史的病人身上提取的。不过，在正常情况下，这只是一种分子反应，极有可能存留极微少的 IgE 抗体痕迹。然而，普瓦特万和达弗纳在做到第 18CH 时依然还能发现 IgE 抗体的脱粒现象，通常在这样的稀释体内已找不到任何抗体的痕迹了。这真的让人深感震惊，难道不是吗？普瓦特万不无审慎地概述道：“如果反应不是分子式的，那么它肯定是另一类型的反应。”恐怕找不出比这更好的理由了。

问题的关键是，嗜碱性粒细胞脱粒检测仪并不是可靠的检测手段，虽然所有的演示都是以此为基础的。在试管里，所有的嗜碱性粒细胞常常会出现脱粒现象，这种趋向让人颇伤脑筋。况且，在显微镜下对颗粒进行统计还真是不容易。因此，各试管得出的结果不尽相同，有些结果甚至令人难以预料。1975 年，巴斯德研究所对检测仪进行审核后认为，前述的不利因素是该检测仪的一个致命弱点，当时，雅克・邦维尼斯特曾试图打探巴斯德研究所的看法，以便将他的“嗜碱性粒细胞脱粒检测仪”推向市场。贝尔纳・达维德教授是巴斯德研究所免疫及过敏科的主任，他曾对“嗜碱性粒细胞脱粒检测仪”做出过鉴定：“检测结果常常是解释不通的，因为在显微镜下看不到足够的嗜碱性粒细胞。应当提高血样内的嗜碱性粒细胞的浓度，或增加统计次数。巴斯德研究所否定了该检测仪，邦维尼斯特对此感到极为恼火。”

这种经鉴定不合格的检测仪在邦维尼斯特的粉饰下，竟然摇身一变成了史无前例的科技革命的奠基石！但检测仪的致命弱点并未逃过马赛医学院过敏学专家雅克・沙尔潘的眼睛。沙尔潘对《快报》周刊坦言道[12]：“坦率地说，要是怀疑传统物理学的基础，那么就得提出‘过硬’的论据，但像嗜碱性粒细胞脱粒这样的技术是绝对无法成为坚实的论据的。”

艰难的验证

约翰·麦道克斯时任《自然》杂志的主编，他对邦维尼斯特那神乎其神的结果一直持怀疑态度。在编发有关邦维尼斯特测试结果的文章时，他写了一篇评论，题目为“何时才能相信这不可信之事？”，开篇第一句就为文章定了调子：“无法解释的观察结果并不总是超自然的象征。”而且，麦道克斯还向邦维尼斯特提出不可妥协的条件：他要求邦维尼斯特允许由杂志社指定的专家委员会对200实验室做一次调查。调查于1988年7月初展开，所采用的手法说来有些荒诞。在麦道克斯所指定的委员当中，有著名的魔术师詹姆斯·兰迪，有沃尔特·斯图尔特，还有麦道克斯本人。让一位魔术师进入实验室，这一做法引发了各种各样的非议，《世界报》的反应尤为强烈，它刊载了多篇评论文章对这一举动说三道四。麦道克斯直言不讳地对我说，正是因为怀疑有作弊行为，才做出这种有悖于常理的选择：“我认为实验室里有人在作弊。我觉得肯定有人在给邦维尼斯特捣鬼，因此我要兰迪来参与调查。”麦道克斯所能想到的作弊手段，无非偷偷摸摸地将极少量的IgE抗体注入溶液中，而溶液里要是有分子的话，那也肯定是幽灵在作怪。

《自然》杂志委派的专家委员会要200实验室照原样再做实验。实验结果与杂志所刊载论文的结果完全相同，而兰迪也并未发现作弊行为。麦道克斯开始担心起来：“我已经承诺将调查报告发表出来，这样一来我就有可能面临一种尴尬的处境，我们起草的调查报告可能会得出我们不愿相信的结论：那妖术是真的！”

于是新一轮实验又开始了，但要严格依照实验方案去做，即所有的实验都要在双盲条件下进行。最终目的是杜绝所有作弊或不正当的实验手段，假如负责统计载玻片上细胞数目的人知道将会得出什么样的结果，进而让实验有效的话，恐怕这必然会影响他的观察。兰迪详细描述了这次实验的过程[19]：“我们为所有装溶液的试管都编上了号码，所有的实验步骤都在摄像机的拍摄下进行。伊丽莎白·达弗纳将装有溶液且带号码的试管送到另一间实验室，把试管放在桌子上，然后离开。斯图尔特、麦道克斯和我则留在那间实验室里，我们将不透明的纸贴在玻璃窗上，这样外面的人看不到里面所发生的事情。我们检查了这间实验室，以确保里面没有窃听器。接着我们在摄像机前将试管上的号码抹掉，然后从随机编制的编码册上取一个号码贴上。全部编码都写在一页纸上，我们将其封在一个大信封里，用一种特殊的胶黏牢。假如有人试图打开信封，那他肯定会留下明显的痕迹。写在纸上的数据从信封里是透不出来的，因为我在编码纸外面又包了一层锡纸。

“然后，我们将试管交还给伊丽莎白·达弗纳。到这一阶段为止，任何一位实验员都不知道某一试管里装的是什么。如果有人想作弊，他根本就不知道该从哪个试管下手。接着，带有编码的溶液则与嗜碱性粒细胞溶合在一起，在加入着色剂之后，就把这些制剂放到冷藏箱里。”

兰迪决定将记载着结果的大信封黏在实验室的顶棚上。这样，谁要想打开这个信封必定会留下明显的痕迹。第二天，他们开始对嗜碱性粒细胞进行统计，在那种条件下，谁也不会知道哪种结果会对应哪种溶液。实验结束了，决定命运的信封最终被打开了。据兰迪称，有明显的痕迹表明有人曾试图偷偷地打开这个信封，但并未成功：“只有我知道数据纸包在一张锡纸里，而且从信封外面绝对看不到里面的文字。我认为，那位想看到编码的人大概意识到他会留下明显的痕迹，于是便放弃了……当我们打开信封时，邦维尼斯特马上发现根本就没有实际性的结果。实验最后以失败告终。而真正在双盲条件下实施并得到严格监督的实验，这却是第一次。”

在报道了邦维尼斯特神奇发现的一个月之后，《自然》杂志发表了调查报告，开篇第一句的语气便十分严厉：“雅克·邦维尼斯特医生及其合作者在《自然》杂志上所发表的断言令人震惊，其主要依据是一系列流程复杂的实验，但实验并未得到很好的监督，他们并未杜绝一贯性的缺陷，尤其是没有剔除不正当的观察手段。”调查报告最后总结道：“他们宣称水能将溶于其中的物质记忆下来，这种假设既徒劳无益，又不切实际。”[20]

但这沉重的一击并未让邦维尼斯特感到气馁。他一直声称，他的结果是准确的，全怪《自然》杂志的监督方式极不公正，才导致实验失败，此前多次成功的实验结果完全可以抵消那次失败。一年后，邦维尼斯特说服了阿尔弗雷德·斯皮拉，要他做一次复核鉴定，斯皮拉是统计学家、流行病学家兼法国国家保健和医学研究所 292 室主任。1989—1990 年，一系列双盲实验在斯皮拉的监督下陆续展开，得出的新结果对邦维尼斯特极为有利。1990 年年初，斯皮拉对我说：“我们获得的结果与《自然》杂志所发表的相关结论完全相同。我们的实验完全依照 1988 年 7 月复核调查所采用的方法。据我们所知，邦维尼斯特的成果并不能理解为是靠粗俗而不正当的实验手段获取的……在克拉马实验室（200 实验室所在地）的条件下，就会出现那种现象。我们没有检验出这一现象未曾发生过的痕迹。现在，我们应当针对其他模式，在其他地方进行检验。”

在此，斯皮拉一语道破问题的关键：如果最终目标是检验水是否有记忆，那么单一的实验模式是不够的。因为即使水真的有记忆，当然还要给这种记忆能力下一个确切的定义，而邦维尼斯特却从未这么做过，这种现象大概也会产生多种多样的结果。用能够降低偶然性的实验方法来进行测试应当是可行的。比如，有一种更可靠的方法，就是测定嗜碱性粒细胞所释放的组胺含量，这样还可以解决在显微镜下进行计量统计的困难。然而，对于这种测定组胺含量的方法，《自然》杂志的文章却只字未提。测量脱粒所特有的生化参数，如嗜碱性粒细胞的钙化情况等也是可能的。那么，为什么实验只局限于嗜碱性粒细胞呢？也许还有其他更具有参考价值的生化反应呢。

假如水确实有记忆，那么这种能力应是一种具有普遍意义的现象，然而它却仅对某一类白细胞起作用，这似乎毫无道理。不论传说怎么讲，牛顿不会仅仅因为看见苹果落地，就想象出万有引力来。假如只有苹果落下来，而梨落不下来，那么是否意味着就没有万有引力了呢？同样，伽利略之所以断定地球在围绕着太阳转，那不仅仅是因为他用天文望远镜观看了天空，还因为许多观察都趋于得出这种结论。总之，伽利略并非提出日心说假设的第一人，他还真的远不够格。伽利略只不过证明了哥白尼的日心说，而哥白尼则先于伽利略 60 年提出日心说。一个独特的关键性实验可以一下子推翻无数前人经年累月建立起来的科学大厦，这种想法倒是十分诱人的，但充其量不过是个神话。如果事情确实如此简单的话，那么任何一种科学理论尚未发表便早已过时了。

邦维尼斯特拒不接受任何能验证他那假设的建议，虽然这些建议还能修正其实验装置的缺陷。这也就意味着，实际上，他让所有的验证工作都无功而返。

作弊的幽灵

在整个论战过程中，大家对 200 实验室所做的实验始终抱着怀疑的态度。这就是为什么在复核调查过程中，兰迪要采用那么别出心裁的手法。当我和麦道克斯、兰迪及斯图尔特见面时，他们三人都暗示有作弊行为，但最终并未将此写进调查报告里。而伊丽莎白・达弗纳在以色列所做的一系列实验则引起极大怀疑。女研究员来到位于特拉维夫南部的雷霍沃特城开普朗医院实验室，一位名叫梅内海姆・奥伯鲍姆的顺势疗法医生在该实验室工作，他对 200 实验室的研究工作很感兴趣，但自己却始终无法得到同样的结果。可是，自从伊丽莎白・达弗纳来了之后，实验结果却理想得出乎预料。这个成果太美妙了，真是令人难以置信，于是又重新做鉴定。

结果发现，在达弗纳所使用过的某些试管里含有蛋白质，而实际上这些试管里装的应该只是纯净水[21]。年轻的女研究员被怀疑对实验做了手脚。按伊丽莎白·达弗纳自己的说法，她只不过在溶液里加了点蛋白，“以便让细胞保持得更好”。

我个人认为，在整个事件中，作弊的问题相对而言还是次要的。不管实验结果是真是假，首先，测试装置里有那么多缺陷，这件事本身就不应简单地敷衍对待。令人惊奇的是，费了那么大的力气去验证一项实验，而这实验一下子就被“嗜碱性粒细胞脱粒检测仪”那变幻莫测的结果弄得声名狼藉了。你不妨想象一下，如果当年伽利略用一架质量极差的望远镜观望天空，而那望远镜最远只能看到50米远，那么谁还会相信他的观测结果呢?

编导伽利略的诉讼案

然而，从一开始，邦维尼斯特就在虚构伽利略诉讼案的上诉程序，以转移公众的注意力，好让大家不要紧盯着他那实验装置的缺陷。他认为自己一旦获得了成果，也就一劳永逸了，于是便竭力将反对者的呼声遏制住。依照他的说法，有人之所以攻击他，是因为他的研究给大家带来了麻烦，于是人们便不惜一切代价把这个新生事物扼杀在摇篮里。当科学界要对他的实验结果进行审核时，他竟高声宣称：“有人在扼杀那似婴儿般的成果。”他后来又撰写了一篇文章，文章题为《科学的真相，跨越真正界限的假护照》[22]。他在文章里再次借题发挥，甚至声称，科学事实问世时在法律面前是不平等的，因为“这种被扼杀在摇篮中的例子不胜枚举，以致很多人不得不收回自己的研究成果，而后人又会得出同样的成果。塞梅尔维斯①发现，当接生员洗过手再助产时，孕妇死在产床上的概率会大大减少，可大家反而却在嘲笑他，他也因此而变疯了。开尔文男爵说：‘X光？那是骗人的把戏！’一位不知名的科学院院士曾说：‘爱迪生的留声机？那是腹语术。’他说得有道理，因为有谁会相信人能在蜡上留下声音呢？”

伽利略要是还活着的话，恐怕也绝对想不到有人会提出这样的看法。邦维尼斯特的虚张声势并未把人们吓住，仍然有人关注他对水的记忆所做的研究，大家关注的重点是研究本身，而不是对这项研究所做的论证工作。即使在法国国家保健和医

① 塞梅尔维斯（1818—1865），匈牙利医生，因发现产褥热的病因而挽救了众多产妇的生命。——译者注

学研究所里，那些被他不敬地称为“科学理事会的长老”的人，也从未给予他任何处分，而我们这位当事人却一直在责备研究所，全然忘了他本人还是科学理事会的委员呢。他还一直担任 200 实验室主任一职，直到任期结束，此后，我们这位生物学家继续他那有关水的记忆及“数字生物学”[23] 的研究，他并未因此遭受过任何凌辱，除了他为自己设置的那场虚构的伽利略诉讼案。

水的记忆事件后记

雅克·邦维尼斯特于 2004 年 10 月 3 日突然去世，把关于水的记忆的最后秘密也带入了坟墓。法国国家保健和医学研究所发布了一份公告，悼念“这位出类拔萃且具有挑战精神的学者”，同时简短地提到“在其职业生涯的后半部分，邦维尼斯特提出某些假设，从而引发激烈的争论”。但至少可以说，法国国家保健和医学研究所并未因此而受到牵连，即便早在 15 年前，该研究所为证实主要证据也没少出力，这一证据对“无分子的分子效应”极为有利，因为在 1989—1990 年，在法国国家保健和医学研究所所长菲利普·拉扎尔的同意下，时任研究所 292 室主任的统计学家、流行病学家阿尔弗雷德·斯皮拉做过复核鉴定，而有利的结果正是在复核鉴定过程中得到的。1991 年，斯皮拉与他人合作在《科学院简报》公布了复核鉴定的结果[25]，据斯皮拉说，这一结果回应了麦道克斯、斯图尔特和兰迪于 1988 年 7 月所提出的“方法论论据”。

然而，在经过长时间的调查之后，我却发现在《科学院简报》上公布的结果远远没有遵守严格的实验程序。这篇文章的作者遗漏了一项重要信息，这一信息恰好有可能对整个实验方案的有效性提出质疑！

那么究竟发生了什么事呢？从 1989 年秋至 1990 年初这段时间里，研究人员严格依照精确的实验方案做了两组实验，实验方案准备得很细致，这份文件竟洋洋洒洒写了 23 页。在第一组实验过程中，就是要通过高度稀释的 IgE 抗体，来验证嗜碱性粒细胞是否可以直接活化。在第二组实验过程中，要先把嗜碱性粒细胞活化，然后再用稀释的“蜂蜜”溶液去阻止活化。我在此只对第一组实验进行分析，因为直接活化解释起来更简单一些。直接活化的原理是：先准备一组 IgE 抗体的稀释液，将 10 毫升乃至 1 克的溶液放入一升水中，然后取 1/10 的稀释液再稀释，接着再用 1/10 的稀释液来稀释，并以此类推稀释 30 次。整个稀释的工作由机器人来完成（只有第一次稀释除外）。与此同时，研究人员用同样的方式准备另一组稀释液，这一次则采用 IgG 抗体。接着，斯皮拉研究室的一位实验员依照随机编制的编码，在装有第 21 ~ 30 次稀释液的试管上标上号码。从原理上讲，这些试管里装的只是水，因为根据计算，从第 14 次稀释开始，试管里就不会再有抗体的分子了。

在第二阶段，实验员再去对比 IgE 抗体和 IgG 抗体的效应，每做一次稀释液就对比一次。第 21 ~ 30 次含 IgE 抗体的稀释液要用血样来检测，与此同时，相同批次的含 IgG 抗体的稀释液也用血样来检测，而后一种稀释液只是作参照用。每一次都要统计嗜碱性粒细胞的数目。如果有效应的话，那么在参照物这一侧，就应该能观察到更多数量的嗜碱性粒细胞。每一次实验都要为 IgE 抗体作 10 次统计，同时也为参照物 IgG 抗体作 10 次统计。所有的统计都采用双盲法，由于实验员并不知道自己所统计的东西，因此不会受任何影响。从原则上讲，整个实验过程应该不会出现观察偏差。

经过 18 次实验之后，结果公布在《科学院简报》上。在整个实验过程中，有 13 次实验统计工作是由伊丽莎白・达弗纳完成的，而另外 5 次实验统计工作是由雅克・邦维尼斯特实验室的实验员西尔维・戈诺尔完成的。18 次实验当中有 6 次实验的结果呈阳性，也就是说，这些实验结果显示出高稀释 IgE 抗体的效应，这 6 次实验的结果显然是《科学院简报》上那篇文章的核心内容。然而，这 6 次结果为阳性的实验统计竟是由同一个实验员完成的！在这种情况下，在所有“达到预期效果”的实验过程中，嗜碱性粒细胞数的统计都是由伊丽莎白完成的，而西尔维所做的实验结果全部为阴性。

因此，实验只是在同一实验员的操作下获得成功（其实还有另一组实验，是由第三位实验员完成的，其结果也是阴性，但这一结果并未公布）。这么重要的信息竟然没有出现在《科学院简报》的那篇文章里，尽管邦维尼斯特和斯皮拉在此文的草稿里曾提到这一点。贝尔纳・普瓦特万后来解释说[26]：“在 1991 年提交给《科学院简报》的那篇文章里，繁殖性问题被部分地删去了，然而此前提交给《自然》及《科学》杂志的论文则明确指出，两个实验员当中有一个获得高稀释的活化 IgE 抗体。”

这么重要的东西怎么说没就变没了呢？这种手段是否湮没了《科学院简报》那篇文章的价值呢？我可不想冒风险去做鲁莽的解释，于是便把全部资料提交给居里学院生物统计处的贝尔纳・阿瑟兰和彦・德里克，去借助他们的慧眼。我们把缺失的信息恢复，将各种结果绘制成一个完整的图表，并特意注明，这个或那个实验是伊丽莎白做的，还是西尔维做的。接着，居里学院的统计师对 21 ~ 30 次的稀释液进行计算，算出每位实验员统计嗜碱性粒细胞数的平均值，既包括含 IgE 抗体的活化稀释液，也包括含参照物 IgG 抗体的稀释液。

假如高稀释的溶液确实有效应，那么就会出现这样的局面：两个实验员为“参照物”所做的实验结果应该优于与“活化物”相吻合的实验结果（因为在活化的情况下，嗜碱性粒细胞数会减少，起点也比相应参照物的起点低）。相反，假如没有任何效应，四组实验的结果应该相互交错，不会出现明显的差距。然而，我们所观察到的既不是前一种假设，也不是后一种假设！如果把每一组实验结果绘制成曲线图，从统计角度来看，我们就会观察到三条曲线混合在一起，但只有一条曲线突显出来，这就是伊丽莎白所统计的参照物结果的曲线，这条曲线明显高于其他三条曲线。在所有的实验中，伊丽莎白在参照物溶液中统计出更多的嗜碱性粒细胞，而西尔维却未在 IgE 抗体与 IgG 抗体之间发现任何区别。

在实验过程中，伊丽莎白好像在有条不紊地“过分评估”参照物溶液，这样就会极大地增加出现阳性实验结果的机会。但这种情况怎么有可能出现呢？因为所有的实验都是依照严格的操作流程，采用双盲法且在阿尔弗雷德·斯皮拉的监督之下进行的。贝尔纳·普瓦特万却给出这样的答案：“只不过是伊丽莎白·达弗纳更有经验，更会看结果。”这种推断并不是最合情合理的。假如我们承认伊丽莎白“看到”一种真实的现象，而这一现象又被敏锐的西尔维忽略了，那么我们就可以评估出在《科学院简报》上所公布的那种结果的概率：统计计算给出的概率是 10^{-7}。换句话说，不管针对两位实验员的差别做出什么样的解释，要想让实验确实展现出高稀释液的效应，那就只有一千万分之一的机会！要想推翻物理学和化学的基础理论，这样的机会恐怕太少了吧……

传统科学的屏障

不论是休·欧文还是雷米·肖宛，不论是勒内·路易·瓦莱还是雅克·邦维尼斯特，他们都热衷于为科学家勾勒出一幅不太美的肖像：他们知识面狭窄，排斥异己，持守着传统理论，甚至达到近乎迷信的程度。“传统科学”似乎是静止不变的，甚至在阻挠科学的进步。科学哲学家保罗·费耶阿本德曾指责科学界演变成新的宗教，是“所有宗教机构中最晚问世、最专断、最具攻击性的一个”[24]，我们是否应该同意他的看法呢？他的评价并未否认科学体系的严谨性，但他不仅过于偏激，而且大错特错。科学界的结构完全不同于宗教，也有别于极权的政党。即使科学界享有很高的声望，也绝不会针对个人行使其权力。科学界并不固执地认为真理掌握在自己手中，也不认为真理是一成不变的。任何一个专断的宗教都不会同意让其信条去经受事实的考验。

那么，那些蔑视传统科学的人又提出什么样的建议呢？他们想一下子彻底推翻经典物理学、达尔文主义或分子生物学，因为他们觉得已经找到更好的理论。由于这种新造的理论一般来说既不合乎实际，坦率地说又极为荒谬，况且根本就没有事实依据，所以他们很难赢得科学家的信任。于是他们便借助广为流传的三种神话，去博取公众的欢心：

1. **科学万能论的神话**。这是媒体所传播的神话，在介绍科学研究时，媒体只满足于采用过于简单化的方法，向消费者宣布惊人的新成果、神奇的新发现，这样一来，科学骗子那些惊人的论断不也是正确的了吗？
2. **科学革命的神话**。这场革命是由某个天才轻而易举地完成的。在某个朝霞满天的清晨，他起床后对自己说："今天，我将去撼动物理学的基础！"要是科学能靠这种方式来进步，那可真是太美妙了。但现实是要比这复杂得多，只不过科学史尚不为公众所熟知罢了。在这方面，媒体极少修正它们的靶子。
3. **被埋没的天才的神话**。当科学骗子拿不出真正的科学依据时，他自己也知道很快就要露馅了，于是便转移辩论的话题，声称有人想要他缄口；或者虚张声势，宣称自己的发现太超前了，因此当代不会被人接受。除此之外，他还会找更多的借口。由于过去确实曾有过真正的革新者得不到赏识的先例，至少在革新初期这种情况较为常见，而且许多人就倾向于同情弱势群体，所以科学骗子采用这种论点，那么公众几乎是很难抵挡的。

诚然，我们当中的每一个人都想生出灵感，搞一项重大发现，然后赢得诺贝尔奖。你的设想看上去很有创意，而且你还用通俗易懂的语言对它做了描述，但这远远不够，距形成一个完美的科学理论还差得远呢。事实上，有许多想法根本就行不通，将其排除在外的是物质世界的客观性，而绝不是传统科学。科学骗子将其失败归咎于传统科学，从而设立一道诡辩的屏障，将他的故事投映在上面，试图以此来掩饰他的虚假论证。

练 习

1. 制作下列装置，以检验勒内·路易·瓦莱的协同作用能源理论：从一圆形电池中取出碳棒与交流电网相连，中间放置一个线圈起电阻作用。碳棒外设一个用铜线做成的线圈，也同交流电网相连，但要先接通一个D装置，该装置确保磁场与石墨电场相对。如果电场与磁场的连接选择合适的话，会让连接交流电网的强度增加100倍。但操作起来要格外小心，偶发事件会把这事弄得过于完美（这个练习是勒诺·德拉塔伊在他那篇有关协同能源的文章中设想的）。
2. 为什么这个装置只能在断电时运作呢?

   答案：假如电流强度增大100倍的话，你的电表就会自动断开。
3. 用前面的结果来证明下述定理：所有神奇的灯都是在保险丝被烧毁的那一瞬间闪亮。

第四讲　新闻媒体，任由你去艺术性地支配

1989 年 3 月 31 日下午，物理学家道格拉斯·莫里森坐在欧洲核子研究中心大礼堂的台阶上。这里是欧洲最大的粒子物理实验室，位于日内瓦附近，坐落在横跨法国、瑞士两国边界的山峦之中。莫里森坐在那儿，倒不是他特别喜欢台阶，而是连一个空座位也找不到了。他预感到弗莱施曼教授在这场特殊研讨会上的演讲将会座无虚席，于是便提前 20 分钟来到了会场。在这座平常只举办各种基础物理学讲座的大礼堂里，居然挤满了来自世界各地的记者、摄影师及电视台采访人员，这真让莫里森始料不及。马丁·弗莱施曼在闪光灯照耀下、在摄像机及话筒的簇拥下来到会场。会场上骚动不已，于是主持研讨会的欧洲粒子物理研究所主任卡尔罗·卢比亚要求媒体离开会场，并解释说这是一次学术交流会，会后将安排新闻发布会。当会场终于恢复平静时——这可真是不易呀，弗莱施曼做演讲。他的演讲刚一结束，摄影师们便再次涌入大礼堂，主持人再次请他们离开，因为在主讲人演讲之后，通常还要安排讨论。

媒体如此关注欧洲粒子物理研究所的研讨会还真是件稀奇事。不过应当承认，这也是事出有因，8 天前，即 3 月 23 日，化学家马丁·弗莱施曼和他的同事斯坦利·庞斯宣布，他们成功地在常温下观察到核聚变反应，这一消息让全世界惊愕不已。如果弗莱施曼和庞斯的成果得以确认的话，那么“冷聚变”这一代表着物理学家几十年来孜孜以求的梦想终于实现了，那是科学家们依靠超强动力的设备，花了几亿美元都没有搞出来的，人类就要“驯服”那巨大的能量了，并让这能量为和平来服务。太阳能照耀我们，星星能闪闪发光，氢弹能有令人恐怖的威慑力靠的正是这种能量。然而，这样的梦想，弗莱施曼和庞斯居然宣称是在实验室的实验台上，在一个简易的重水电解池里实现的。他们一口咬定曾将一种反应维持了 100 多个小时，反应通过一根 10 厘米长的钯制针释放出很大的热能，其热值至少是该装置所耗费电能的 4 倍。按已有的化学反应原理去解释这种现象是解释不通的。更为奇妙的

是，庞斯和弗莱施曼许下了空愿，他们要将太阳装在瓶子里！

如果他们是对的，这一发现会使能源产业发生革命性的转变。冷聚变使重水发电呈现出光明的前景，重水是一种几乎免费的燃料，而且取之不尽，因为它在海洋中的蕴藏量极为丰富，所产生的放射性废料也少于传统的核电站。这种热核奇迹的前景在全球的物理实验室激发出前所未有的热情。在庞斯和弗莱施曼宣布这项重大发现之后几周内，在美国、欧洲各国、日本、印度、巴西、中国等地，成百上千的研究小组争先恐后地试图再现这个成果。而法国国家科学研究中心和法国原子能委员会则联手成立了一个特别小组，专门研究冷聚变。一些著名的公司，如 IBM、西屋电气及通用电气等，也都在各自的实验室里进行了实验。钯在期货市场上的价格一路飙升。犹他州联邦众议员投票赞成提供 500 万美元的津贴以开发冷聚变。

面对冷聚变这样的经济赌注，严格的核查是不可或缺的。尤其是当发布实验结果的方式极不寻常时，就更应严格地去核实。庞斯和弗莱施曼尚未在科学杂志上发表论文，就抢先在位于盐湖城的犹他大学里举行了一次新闻发布会，听到这个消息的记者们全都惊呆了，可又无法证实他们所发布消息的可信度。坦率地说，依照庞斯和弗莱施曼所提供的描述，就算是专家也无法对他们的实验做出评价。精确而又详细的细节少得可怜，科学家极想了解到更多的情况。

3 月 31 日，庞斯和弗莱施曼[1]提交给《电解化学杂志》的论文仍然没有准备好（该文直到 4 月 10 日才正式发表，在此之前，“盗版”的论文副本已流传于世界各地的实验室）。这样，弗莱施曼在日内瓦露面能搅起那么乱哄哄的场面也就不难理解了。在参加过研讨会之后，道格拉斯·莫里森又去聆听接下来召开的新闻发布会。他的第一印象还是很不错的，即使他仍有许多疑问。在专为欧洲核子研究中心的同事撰写的报告中，他指出：“马丁·弗莱施曼在其专业领域是著名的专家。听了他的演讲之后，我认为，毫无疑问他是出类拔萃的科学家。我觉得他已取得重大突破，尽管基础程序尚不能完全被人理解。”

3 个月之后，7 月 6 日，《自然》杂志主编约翰·麦道克斯为他的每周社论写下了这样的标题：“冷聚变的终结为期不远了……”

将太阳装在试管里?

庞斯和弗莱施曼实验的基本原理只是二流科学家的学生要完成的作业，只需对水进行电解处理，也就是说，通过电流将水分解成氧和氢。读者要是还记得中学里学过的课程，一定能回想起来：氧原子聚集在阳极（正极），而氢原子则聚集在阴极（负极），形成漂亮的一束束气泡，可用倒置的试管在两极处回收那些气体。划着一根火柴，快速接近装有氢气的试管，便可检验气体是否与空气融合成爆炸型混合体。当然，这微小的爆炸是不会炸毁整个实验室的，它与热核聚变绝无任何相似之处。这是一种极普通的化学反应形成的能量，在此反应过程中，原子核并未发生改变。

而核反应则会导致原子核发生改变，原子核是由带正电的质子和不带电的中子构成的，因此，原子核从总体上讲是带正电的，它的四周围绕着许多带负电的电子，以确保电荷的平衡。在核裂变过程中，一个大的原子核，比如像铀那样的原子核被轰击成更小的原子核。投在广岛上空的那颗原子弹就是这样一个裂变过程，在链式反应中被击碎的碎片再去轰击另一个原子核，再次被击碎的碎片又引发新的裂变，以此类推，直至整个程序超速运转起来，当原子核裂变后形成链式反应时就造成了爆炸。在一座核电站里，产生能量的材料是相同的，依然要靠原子核发生裂变，但裂变的速度要慢得多，不足以形成链式反应（至少人们期望如此，因为法国 80% 的电力是用这种方式制造出来的）。

相反，聚变是要把两个原子核聚拢起来，直至完全融合在一起，形成一个更大的原子核。最简单的聚变形式是将两个各带一个质子的氢原子核融合在一起，从而形成一个拥有两个质子的氦原子。这种聚变方式所释放的能量要比裂变的还要大。氢弹之所以有巨大的摧毁力，靠的就是氢原子的聚变。太阳及恒星是宇宙范围内的氢弹，在那些星球上，聚变反应会产生一系列的化学元素如氦元素，甚至形成铁及重原子。

一物降一物。若想让两个原子融合在一起，就要有一股巨大的力迫使它们相互靠拢。在正常情况下，质子之间的正电荷相互排斥。在像太阳这样的恒星里，引力迫使物质向自身的中心收缩，以至于恒星星核中那神奇的压力迫使原子核去聚变。只有当恒星达到足够的质量，比如像太阳那么大的质量时，聚变才是可能的。在一颗氢弹里，正是初始的爆炸引发了整个聚变过程。但这种步骤并不适用于民用发电，这一点也不难理解。因此，物理学家又探索出另外两种途径：一种是利用托卡马克环流器，在强大的磁场里“捕捉”质子；另一种是通过“激光约束器”，靠激光束将质子“封闭”在极小的范围内，强迫它们去聚变。虽然这两种方法的前景十分诱人，但到目前为止，没有哪一种能真正地将聚变利用起来，因为这类装置所耗费的能量要远比其产出的大得多。

还是让我们回到庞斯和弗莱施曼的实验上吧。这两位化学家将传统电解池里的水换成了重水。普通水分子（H_2O）是由两个氢原子和一个氧原子组成的，但在重水里，氢被氘化物所替代。氘也称为重氢，其原子核包含一个质子和一个中子，它的化学分子式为 D_2O。庞斯和弗莱施曼还使用了一种特殊的电极，阳极用铂，阴极用钯。如此简单的改造难道就足以把传统的电解池转变成聚变发电站吗？庞斯和弗莱施曼断定，在钯电极所构成的微型网里有一股很强大的力，能让氘原子核形成聚变，进而生成氦。在原子世界中钯就像一块海绵似的，将氘原子核都吸附过来。照这两位化学家的说法，在实验过程中，每立方厘米的钯能产生 10 瓦以上的功率，甚至能达到 1 千瓦，这真是骇人听闻。

说实在的，真正骇人听闻的是整个事件。科学家们为什么没有立刻否决盐湖城这两位化学家那令人惊愕的论断呢？事实上，不论实验结果多么惊人，乍一看，它们并不荒谬，因为从统计学上看，即使没有外界强力的作用，两个原子是完全可以相碰并聚合在一起的。但这种事情发生的可能性微乎其微，假如整个太阳系都是由氘组成的，那么每年也只能有一次这种“自发聚合”的现象，要是这样的话，冬天靠这种能源来取暖是远远不够的。但你不妨试想一下，由于钯电极创造出了特殊的条件，氘原子核相碰的机会也就大大地增加了，这正是庞斯和弗莱施曼所建议的，因此众多的研究人员便扑向这条迷人的线索。退一步说，假如能源不是一种赌注，再退一步说，假如没有媒体的炒作，马丁・弗莱施曼和斯坦利・庞斯的声誉绝不会超出电解化学的小圈子，他们的才能将永远埋没在这小圈子里，这是再明显不过的事了。还是让我们来看看这一事件的来龙去脉吧。

实验室里的狂热

自从 1989 年 3 月 31 日研讨会召开之后，道格拉斯・莫里森每天都在跟踪冷聚变的进展。他定期撰写的报告内容翔实，将整个事件的前后过程描述得十分清晰[2]。作为物理学家，莫里森的第二项专长就是对虚假的科研成果进行分析，这就是他如此关注庞斯和弗莱施曼的实验的原因。应当指出的是，莫里森起初对冷聚变还是予以肯定的，作为科技造假的识别专家，他必须对任何实验都要抱着怀疑态度。

4 月 1 日，他写道：“我曾经就物理学中的学术造假做过多次报告，发现这些学术本身有些共同特征，在假象尚未被揭穿之前，凭这些特征就能将其分辨出来。读了报界有关庞斯和弗莱施曼的文章后，我琢磨着是否又遇到类似的局面，但听了弗莱施曼的演讲之后，我倾向于认为他的结果是正确的。”

莫里森最终还是看到了弗莱施曼和庞斯的论文。4 月 9 日，他写了第 4 篇报告，因为他注意到有关中子的测量数据有些问题。用不着研究技术上的细节，物理学家们一开始就会发现，实验所探测到的热量，即每立方厘米钯 10 瓦以上，与实验装置所生成的中子数目不一致。实际上，每瓦的功率大概每秒应生成 1 万亿中子及相同数目的其他粒子，这会把弗莱施曼、庞斯及实验小组的人都炸死，而且还绰绰有余……他们断定只测到每秒 4 万个中子，这虽然不是一种致死的量，但似乎与聚变所产生的热量不相符。此外，莫里森强调：“许多实验（至少有 15 个实验，或者更多）已在着手进行，以验证弗莱施曼和庞斯的实验结果。”他列举了美国的布鲁克海文国家实验室、英国的哈维尔实验室及匈牙利的德布勒森大学及位于洛桑的一所大学。

他的第 7 篇报告（写于 4 月 16 日）的题目为“谁告诉皇帝他没穿衣服？”——这隐喻着一则童话故事，语气已明显变得极为疑惑。莫里森指出，许多研究小组正在做实验，“据《国际先驱论坛报》报道，有几百个这样的研究小组”。他提到，有几个实验已确认取得了积极的成果，但有两个小组在宣布取得积极成果之后又撤销了宣告，更有甚者，有关实验结果的重要消息只是来源于新闻发布会，而非出自科学论文。莫里森同时强调，虽然没有哪篇论文宣告实验并未取得任何成果，但据他从物理学家们那“非正式”的渠道获悉，有好几个小组也做了此类实验，却没有取得任何成果。事情进展到这一阶段，虽然冷聚变依然是媒体争相报道的焦点，但最熟悉情况的物理学家们似乎已不再相信实验的真实性了。

莫里森的第 8 篇报告写于 4 月 17 日，全文主要描述了史蒂文・琼斯到欧洲核子研究中心访问一事。琼斯是这一事件的另一主角，至此我们还没有谈到他。让我们再回过头来看一下：在 3 月 23 日举行的研讨会上，庞斯和弗莱施曼介绍了他们的研究，似乎他们俩是冷聚变的先驱。可是，从第二天开始，大家才获悉一位名叫史蒂文・琼斯的物理学家也曾做过相似的实验，他在位于普罗沃市的杨百翰大学里工作（普罗沃是犹他州的一座小城，距盐湖城 100 千米）。但琼斯的实验只释放出极微小的热量，小得根本就探测不到。因此，琼斯虽然认定冷聚变是可能的，但他的声调要温和得多，据他称，这种可能性不足以形成一种可供开发的能源。庞斯和弗莱施曼好像同琼斯还有过联系，他们三人甚至达成过协议，要联名在《自然》杂志上发表论文。后来，两位化学家改变了主意，把琼斯给甩了，琼斯对此颇为不满。在盐湖城研讨会结束的第二天，他便把自己的论文寄给了《自然》杂志[3]，杂志社于4月27日发表了他的论文，而拒绝了庞斯和弗莱施曼的论文。

莫里森的第8篇报告披露，琼斯也举办了一次演讲会，那次会议“既富有魅力，又让人感到欢愉”。琼斯陈述了“压电聚变”的概念，对强压如何迫使重氢分子进行聚变做出了解释。琼斯确认他的实验并未产生出足够多可利用的能源，而且还提供了与庞斯和弗莱施曼的实验相反的数据。两个小组所说的既相互矛盾又都有道理，那是不可能的。至于说究竟是谁最先完成实验一事，琼斯说，他用电解池做实验的研究起步于1986年5月，这是他自己独立完成的，他的两位对手并未参与。为了证明他的陈述，琼斯还拿出了其实验室的文件（莫里森后来才知道琼斯甚至将有些文件作了公证）。弗莱施曼和庞斯声称在1983年就开始了有关实验，但拿不出任何1987年之前的证据。总之，盐湖城的两位化学家与杨百翰大学的物理学家彻底分道扬镳了。

4月19日，在第9篇报告里，莫里森提到一个有趣的发现，或者确切地说是再发现：其实早在庞斯和弗莱施曼之前就有人做过类似的实验。1926年，柏林的两位化学家弗里兹·潘内特和库尔特·彼得斯以为他们成功地将氢转化成了氦，所用的手段就是让氢原子通过一个极细微的钯制金属网！他们在《自然》杂志上发表了一篇论文，但一年后，他们又发表了第二篇论文。在第二篇论文中，潘内特和彼得斯解释说，他们所获得的极少量的氦并非源于氢聚变，而是源于充水玻璃管中小气泡里的气体[4]。后来，潘内特和彼得斯放弃了这方面的研究，但《新科学家》杂志强调指出[5]：“潘内特和弗莱施曼在20世纪50年代曾在英国杜伦大学化学系共过事，恐怕这不仅仅是个巧合吧……”

庞斯和弗莱施曼肯定搞错了，莫里森对此深信不疑。他总结道：“某一未知热源能通过每立方厘米钯提供10瓦以上热量，这一‘结果’是错误的……我们得出的结论极为遗憾：冷聚变绝不会成为一种可开发的能源，因为它所耗费的能量要远大于它所产出的能量。”

至此，在科学的范畴内，这事就算了结了。1989年5月初，美国物理学会在巴尔的摩举行了年会，1 500多名物理学家参加了这次会议。在会上，美国物理学会正式认定冷聚变的实验是失败的。盐湖城的两位化学家接到了年会组织者的邀请，但他们却委婉地谢绝了。一系列的报告证明，实验结果完全可以用传统的方式做出解释，根本用不着到热核效应里去找原因。重水从此在公众心目中变得像洗肠水一样臭不可闻了。

是错误还是舞弊?

假设的能量总是取之不尽的，在接下来的几年中，越来越多的证据对他们极为不利，然而冷聚变的开发商虽然无法说服科学家，但却在信息交流领域取得无可辩驳的成绩。日本外贸及工业部向某研究所提供了3 000万美元的贷款以资助冷聚变的研究。莫里森称，日本外贸及工业部估计，“鉴于日本没有石油资源，冷聚变哪怕只有1%的希望获得成功，其潜在的效益也将达几千亿美元”[6]！这种论据不禁让人想起傻豆鸟人①的论点，他们知道自己的火箭有百万分之一的机会可以起飞，于是便巴不得赶紧做完999 999次试飞，哪怕失败也在所不惜，只希望最后一次能成功……

至于冷聚变成功的概率，肯定不会大于傻豆鸟人火箭成功的概率，而且随着时间的推移，成功的希望也就越来越渺茫。1989年7月，《犹他新闻》刊载了一张照片，斯坦利·庞斯站在一个类似冷水加热器那样的装置前，据该文介绍，这台加热器能提供滚烫的开水，完全可以用来沏一壶茶。大家可都一直在等着那壶茶呢，一直等到1992年，马丁·弗莱施曼才信誓旦旦地保证，一套能发出10~20千兆电子伏的装置将在一年后投产，而到了1993年11月，斯坦利·庞斯宣布一套家用装置将在2000年面世，但在一个月之后，在夏威夷举行的有关冷聚变的第四届国际研讨会上，这一时限又向后推迟了20年。冷聚变宛如一条想象中的地平线，你越想接近它，它就越往后退。

1993年，弗莱施曼、庞斯以及三位意大利物理学家向法庭起诉意大利《共和国报》，理由是该报曾发表一篇文章，指责盐湖城的这两位化学家有舞弊行为。《共和国报》向道格拉斯·莫里森咨询。法庭要意大利卡利亚里的物理学家乔瓦尼·利凯里教授对双方所提供的500多件科学证据进行评估。法庭经审核后认为，弗莱施

① 傻豆鸟人是一部卡通电视片中的人物，他们是一群鸟形人，在一个两维空间的星球上，做出许多荒诞不经的事。此片由法国漫画家兼导演雅克·鲁塞勒编导。——译者注

曼和庞斯的过错是毋庸置疑的。他们二人故意不提史蒂文·琼斯在这方面的研究，在介绍冷聚变时把自己说成这方面的先驱，一口咬定他们早在1989年3月之前5年半，即在1983年9月就开始了研究。他们还说，1984年5月曾出过一次严重事故，烧毁了一个排风罩，还在水泥墙上炸出一个10厘米的洞……但是，庞斯和弗莱施曼却拿不出任何证据，能证明他们在1987年底之前所开展的冷聚变研究，而琼斯手里却掌握着2 400页的证据和一份经过公证的实验室记录。

还有另一个见不得人的丑事：庞斯和弗莱施曼在实验过程中曾修改过有关中子的数据。在3月28日之前的第一个版本中（那是在他们的科学论文发表之前），他们展示出一幅图表，表明实验获得的“最高峰值”达2 450千兆电子伏，这是不可能的。在英国哈韦尔举行的研讨会上，英国物理学家们向他们明确指出了这个缺陷。3月30日，在洛桑的演讲会上，这一峰值被神奇地更改为2 200千兆电子伏了，在《电解化学杂志》上所发表的论文采用的也是这个数据，这是在篡改数据。

再有，大家始终无法理解，假如庞斯和弗莱施曼曾观察到他们所描述的那种现象，却为什么一直未受到辐射的伤害。最后，意大利法庭于1996年做出判决，判《共和国报》胜诉，判处原告承担诉讼费[7]。

到了2000年，冷聚变非但没有收场，其前景反而似乎越来越神奇了。一位名叫凯尔万的人撰写了一部名为《生物学变迁》的专著，他在书中称，冷聚变恰是鸡蛋壳钙化的起源。莫里森提到英国广播公司拍摄的一部电影，在影片中观众看到“一辆汽车从经冷聚变反应的水中提取能量，尽管片中有镜头显示，汽车从修理厂开出来时，有两个人正在后面推汽车”。有一家“专门研究真空能量”的网站对庞斯和弗莱施曼大唱颂歌[8]，将他们编入遭受传统科学界迫害的研究人员之列。我们在此要大家注意一个类似的相关事件：有两位意大利物理学家，即吉乌里亚诺·普雷帕拉塔和埃米利奥·德吉乌迪奇，声称创立了一种“水激光”理论，1996年法庭判决驳回他们的诉讼请求，而早在1988年，邦维尼斯特就曾引用过该理论以解释他那水的记忆理论[9]……

怎样识破科学骗局？

据道格拉斯·莫里森讲，有好几条标准能让人很快判断出实验结果的真伪，最重要的标准就是看结果是采用哪种方式公布于世的。在冷聚变这场骗局及其他类似的例子中，神奇的发现刚宣布不久，便再也持续不下去了，在实验结果的传播上，可以辨别出三个阶段：

- 第一阶段：最初的实验结果很快得到两三个小组的确认（但缺少精确的实验描述）。
- 第二阶段：开始出现含混不清的情况，各种相互矛盾的传闻屡见不鲜，有的说实验获得了成功，但有同样多的人却说并未得出最初所宣布的结果。
- 第三阶段：负面的实验结果消息如雪崩似的滚滚而来。它们之所以突然爆发，是因为所有未能再现实验结果的研究人员在公布其结果之前都在观望，生怕自己出了纰漏，或遗忘了关键细节，后来出现了某种转折，即一两个小组发布了否定的结果，于是，其他人很快就步其后尘，也将自己的结果发布出来。

在冷聚变事件中，这三个阶段清晰可辨。在最初几周内，科学家们犹豫再三，不想将自己没有成效的结果公布出来，因为很多人都以为庞斯和弗莱施曼手里掌握着制作钯电极的诀窍。后来人们了解得越来越多，也就明白了显然没有哪种诀窍能解释某一奇迹，或者确切地说能解释那一系列奇迹。求助于奇迹是辨别虚假结果的另一显著的标准，依照莫里森的说法，冷聚变至少要借助 4 个奇迹[10]：

1. 要想通过氘聚变来产生极大的能量，那么氘的原子核，即氘核就应一个个紧挨在一起。然而钯晶体的几何形状，使得那些“被迫”要渗透过晶体网格的氘核相距得太远了，根本就无法聚合在一起。氘核紧挨在一起的理想状态是第一个奇迹。
2. 在 3 年当中，弗莱施曼和庞斯曾断定他们是用氘观测到那种现象的，而不是通过普通轻氢，这是一个决定性的证据，能证明热量产自聚变。其实那不过是简单的化学现象，至于是否采用氘那倒不会有多大影响。1992 年 10 月，有 5 个小组采用普通轻氢就获得同样的效果，而一年后又有 4 个小组获得同样的结果！因此，应当找出一种理论，能从逻辑上解释冷聚变是名副其实的，因为既然唯有采用氘才能实现聚变，但为何采用轻氢也能得到同样的结果呢？解决这些矛盾则是第二个奇迹。
3. 假如聚变能产出瓦特级的电能，那么核粒子及伽马射线早就让弗莱施曼和庞斯以身殉职了，他们尚能活至今日堪称科学的奇迹。这是冷聚变的第三个奇迹。

4. 庞斯和弗莱施曼所报道的不同粒子的比例不相吻合，误差竟达千万级单位。这是冷聚变的第四个奇迹。

正如刘易斯·卡罗尔笔下的爱丽丝所说："这些奇迹也太多了，尤其是一觉醒来，还没吃早餐呢，就看到这么多奇迹。"

科学时代和媒体时代

然而，即便喝完一杯茶（当然是用电热壶烧水沏的呀），吃过几片烤面包之后，许多科学家照样还是相信冷聚变，要把各种可能发生的事都考虑进去得用几周时间。莫里森的标准并不能立刻就得到执行，虽然某些迹象已显露出虚假成果的征兆。要找出谬误，需要进行审核工作。依照理想的科学模式，审核工作应在成果发布之前进行，尤其是当这些成果不同寻常时就更应如此。从原则上讲，公布科学成果要接受一系列严格的审查程序。一位研究人员做成一项实验之后，应竭力去排除有可能误导结果的任何干扰因素，假如结果很奇怪或令人吃惊，他首先应该核实这是不是因错误的测量方式、意料之外的因素或实验差错造成的。"想方设法证明是自己错了"，这种态度才是严谨的科学态度。然而，在欧洲核子研究中心的研讨会上，弗莱施曼却信誓旦旦地保证他和庞斯"用了 5 年时间来证明是自己错了"……

只有当研究人员认为实验结果已达到足够令人信服的程度时，才会提议将自己的研究成果公布出来。正如上文所阐明的那样，声誉高的科学杂志，如《自然》或《科学》杂志，还要进行第二次审核，审核工作由一个评审委员会来承担，而该委员会应由相关学科中有能力的科学家组成。评委们力图做到公正，他们要审核待发表的论文，建议做出删改，要求论文提交者提供更精确的补充性数据，最终决定是否发表这篇论文。有些论文不需要做太大的改动便能得到认可，有些论文要进行深度推敲，还有些论文最终被拒绝发表。我们举一个实例，在发表邦维尼斯特有关高度稀释液的论文之前，约翰·麦道克斯至少同作者磋商了 18 个月，至少有一名评委，即亨利·梅茨格，反对发表该论文。

从理论上讲，这种审核制度可以保证杂志最终发布的科学成果是真实有效的。但这个周期需要很长时间，媒体一般都等不及。随着互联网的发展，媒体甚至在制造"实时性"信息，媒体的发展趋势是，在星期日晚上就把下一周的所有消息都公布出来，就像发布天气预报那样，信息的传播速度与科学谨慎前行的速度极不相称。法国国家保健和医学研究所前所长菲利普·拉扎尔在水的记忆事件之后不久曾著书写过有关评论，他强调指出："新闻报道可以拥有所有权利，但唯独没有对知识进步所特有的方式进行深刻变革的权利——在我看来，这已经超越了新闻媒体的权限范围……唯有时间才能让科学在审慎的过程中得到充分的发展，而在这里，时间的节奏是有别于人类所有其他活动的。科学最终能分辨出良莠，承认这一点是需要勇气的。科学在一步一个脚印地向前走，在科学界，耐心和时间的考验要远比力量及狂热更重要。至于说新闻嘛，它在狂跑、在飞奔，有时甚至在报复。还是让我们冷静些吧！"[11]

问题的关键是，越来越多的研究人员对菲利普·拉扎尔所推崇的审慎的全过程根本不屑一顾，媒体其实只是部分地负有责任，越过审核程序的不是记者们而恰恰是弗莱施曼和庞斯，他们匆忙将自己的"发现"在新闻发布会上公布出来。这并不是一个罕见的例子，这方面的例子不胜枚举。邦维尼斯特的例子清楚地表明某些科学家的癖好，他们喜欢站在媒体面前，却不愿意与自己的同仁进行交流。我们还可以回想起另一件往事：1984 年 4 月 23 日，在华盛顿举行的新闻发布会上，罗伯特·加洛教授宣布发现了艾滋病病毒，美国政府时任卫生部部长玛格丽特·赫克勒出席了新闻发布会，然而糟糕的是，加洛忘了声明他实验所用的病毒是一年前由法国巴斯德研究所分离出来的……

艾滋病的故事可谓一波三折，那一宣布真是既惊人又不合时宜。1985 年 10 月，法国拉埃内克医院的三名医生让-马利·安德勒、菲利普·埃万、阿兰·韦内和当时的法国卫生部部长乔齐那·杜弗瓦共同举办了一次新闻发布会，详细介绍了院方对艾滋病患者及艾滋病病毒携带者采用环孢子药进行治疗的效果。环孢子是一种强大的免疫抑制剂，主要用来阻止排异现象。然而从逻辑上讲，对获得性免疫缺陷综合征（即艾滋病）患者而言，这只会加重他的病情。让艾滋病患者服用这种药的荒谬设想其实源于一种荒唐的推论。结果，新闻发布会后不到两周，就有一位患者不幸去世。

我们再来看看另一个不太悲惨的记录：迪安·哈默的"同性恋基因"（参见第二讲）登上了各大报纸的头版，与此同时，《科学》杂志还刊载了他的论文。还有更离谱的事呢：正是这份科学杂志鼓动大发行量的报纸做出草率的推论。《科学》杂志除了刊载科学论文外，还设立了科普类的专栏，用通俗易懂的文字来介绍最新的科学发现。就在1993年7月刊载哈默论文的那一期上，该杂志在面向广大读者的科普专栏里登载了一篇对哈默本人的专访，标题是“对同性恋基因有利的证据”。在这篇专访里，读者能看到胆大妄为的断言：“据迪安·哈默介绍，同性恋的成因是多种多样的，既有遗传上的原因，也可能与环境有关。”这似乎是真实可信的。然而科学论文的原标题倒没有那么诱人：“X染色体上DNA标记与男性性倾向之关联。”贝特朗·若尔丹一针见血地指出：“一篇科学论文小心谨慎地暗示，某一域的基因可能会对这类行为有影响，但在同一期杂志上，却刊载着另一篇文章，该文认定确实存在‘同性恋基因’，这种转变令人难以置信。”[12]看过那篇科普文章的读者对此同样感到震惊。

广播及电视台组织的募集资金活动每年吸收大量的资金，但这笔钱却被拿来制作幼稚的节目，把基因介绍成一种万能药，我们对此又能说什么呢？在此要提醒大家，这类募集资金活动的初衷是用来治疗进行性肌萎缩。当然委婉的说法是，我们距离这一目标还差得远呢。然而，这类募集资金活动的节目却颇受观众喜爱，这与公众对转基因产品的怀疑态度形成鲜明的反差，这真是出人意料。这类资金之所以要资助相关的研究，目的是能够操控人类基因，这与转基因实验的初衷谬之千里，实验原本仅局限于植物或动物……

在基因领域，表里是否一致绝不会成为媒体报道的焦点，这是不争的事实，正如宣布人类基因组序列所表明的那样。2000年4月月初，美国人克雷格·文特尔所创立的塞莱拉遗传信息生物技术公司宣布，他们成功地绘制出人类基因组的首个完整序列组图，并明确指出这只是一个“草图”；3个月后，到了6月月底，公众再次获悉人类基因组序列测定已结束，但这次是由美、英等多国政府部门所资助的科学家完成的，项目人兼首席科学家是弗朗西斯·柯林斯。电视直播的发布会在白宫举行，会议的气氛十分热烈，克林顿总统同科学家们一一握手。这个消息很快就传遍了全世界，在所有发行量大的报纸上都能看到人类基因组已被“破译”的消息。顺着这条石破天惊的消息，报界接着还得解释说，基因组被破译得如此之好，实质性的破译还得需要几年艰苦的工作……文特尔虽然最先宣布了基因组序列组图，可一直到夏末该序列都未发表出来，这是行业秘密使然。

不论菲利普·拉扎尔的建议多么明智，可这些建议终究不太现实，至少对一部分科研工作者是如此。只要一涉及社会焦点类的课题，尤其是当涉及生物学及医学时，他的建议就显得极不现实。这不是简单的偏离，而是超越“规范”的例外，凡是这类概念都是虚构的。各科研组之间要相互竞争，面对“要么发表论文，要么就灭亡”的现实，研究人员就要利用各自掌握的手段来为自己的影响力加码。况且，科学活动联系越来越与社会联系密切。之所以有人资助研究人员研制治疗艾滋病的疫苗，或者研究温室效应，是因为这类研究能满足这方面的社会需求。学者对知识采取一种客观的科研态度，已越来越行不通了，他必须肩负起社会责任。最有闯劲儿或最肆无忌惮的研究人员总会走在最前面，这也是必然的结果。对于会利用传播手段的人而言，媒体是一种神奇的万能工具。

这种状况的直接后果就是，现代科学经过两个世纪才逐渐建立起来的自我调节体系往往会陷入无能的窘境。公布科研结果时慎之又慎的传统已被糟蹋得面目全非了。有些人非但不再花时间去审核，而且一旦某种惊人的或非典型的研究成果成为媒体争相报道的题材之后，再想控制你所公布的内容就难上加难。在莫里森所描述的虚假结果三阶段的基础之上，大概还可以再加上第四个阶段。这个阶段就是，你的信息一旦输送到媒体世界中，从此就再也不会有人对它提出批评意见。冷聚变被推出 10 年后，依然是大家谈论的热点，虽然它在物理实验室或电解实验室里已经失宠了，但在神奇的文学作品或者非主流的物理学网站上依然能见其踪影。

我们的意图并不是要对这种局面进行评判，而是为由此产生的失信感到遗憾。但我们同样为科学“走出实验室的象牙塔”（约翰·斯拉德克语），为科学在广大民众中得以普及而感到高兴，尽管在普及过程中有些假的概念也随之传播开来。然而，有一件事情是确定无疑的：媒体这副新牌同样给伪科学开创出美妙的前景。媒体是科学骗子的理想国度，因为大多数媒体不重视筛选信息，不注重外界的批评意见。宣布一项神奇的发现所产生的轰动效应总比批驳这一发现要强烈得多。要想支持冷聚变，只需两句话就够了，可要解释它为什么行不通，非得写出长篇大论不可。

媒体制造谎言，把假的说成真的，并不是什么新鲜事。1938 年 10 月 30 日，美国著名导演奥森·威尔斯在全美国制造了恐慌。他那部《星际战争》的广播剧如此令人信服，听众真的以为火星人已经侵入地球了。从那以后，媒体因其传播速度迅猛，受众范围广，从而使其造谣、传谣的能力令人生畏。就让我们举例来说明吧。

计算机中的压抑

计算机的某些故障难道是天使造成的吗？马克斯·格洛贝尼特在《科学与生活》杂志上提出这个严肃的问题："计算机中的压抑之科学理论"[13]，这篇论文的题目使人困惑不解。他在论文中转述了第三届 CRATM 研讨会上所披露的惊人新发现。该研讨会是于 1979 年年初在谢尔布利斯大学举办的①，所关注的是爆炸性的议题——外故障。

格洛贝尼特在文中写道："几年来，我们观察到，在几乎所有大型计算机系统中都曾出现过外故障。外故障事先无法预料，用通常性的原因也解释不通，因为这既不是编程的错误，也不是操作失误，它与这类错误毫无关联。计算机在无法预料的情况下就停了下来，或者是网络传输速度特别慢，显得极不正常。"

格洛贝尼特解释说，1978 年 2 月 18 日，NOPE 数据网络，即把美国西海岸几家大银行的计算机连接在一起的计算机网络，出现极不正常的传输延误现象。在 90 分钟内，外故障将银行里所有的交易都卡死了。当网络重新开始运转时——这同样显得不可思议，许多交易记录最终还是遗失掉了。该事件成为一次学术交流的课题，五角大楼的专家们对这次交流"非常感兴趣"。

在异乎寻常的紧张气氛中，著名的社会学家查克·麦克马兰主持了谢尔布利斯的研讨会。他的风格一向犀利而又引人注目。麦克马兰描述了外故障的来龙去脉，直言不讳地表示人类对这方面的认知可用三个零来概括。恐怕还真是如此，直到神经生理学家罗斯特·瓦罗普做出令人震惊的陈述之后，大家对这方面的了解才有所改观。瓦罗普在泽吉大学授课，虽然名气不大，却是依靠双脑半球互联实现功能转换的专家。

据瓦罗普称，计算机也是有痛苦感的，不过那是出于它们自身的原因，与各种手册上所编录的故障无任何关联。这种痛苦感是靠隐藏的故障来表示的，因为常见的故障将其"遮盖"起来。这种现象与压抑相似，从某种意义上讲，外故障就是"受压抑者回归的表现"。

瓦罗普突然拿外故障的问题同神学家卡尔·罗帕尔有关天使的理论相比较，我将此呈献给读者，绝不是要滥用读者的耐心。一个程序所经受的痛苦，就像一个投

① 这篇文章里所有人物以及 CRATM 研讨会和谢尔布利斯大学都是作者瞎编的。——译者注

胎变成路易十六式独脚小圆桌的天使，尽管它依然保持着所有桌子的意识，但却在绝望地寻找着那些桌子，这话说起来倒真是轻巧。我敢说这个病例连弗洛伊德都没见过。任何一位研究人员，不管他是研究哪类学科的，恐怕也没见过。因为外故障理论其实就是一场恶作剧，是我和几个搞人工智能的专家朋友在酒足饭饱之后的即兴之作。这个突发的奇想是为了庆贺传统的愚人节，好几处蛛丝马迹都是为了向读者透露隐情。该文的专栏副题为《四月节学》。“马克斯·格洛贝尼特”这个笔名对懂德语的人而言就是一个提醒（该名的意思为“我不信”）。查克·麦克马兰和卡尔·罗帕尔倒让人联想起两个著名人物，至于印第安人首领霍尼维尔·布尔[①]，从原则上讲，他应消除所有模糊的含义。

即使我不给大家提示，整个故事似乎也显得相当“离谱”，大家不会上当受骗。然而，我却收到许多读者来信，承认倘若没有那些（并不十分）微妙的迹象，他们大概也会上当。有一位读者甚至问我在哪儿能找到那些书。书名是我瞎编出来的。对此信以为真、没有任何疑问的人又有多少呢？这样，在模仿《科学与生活》杂志上任何一篇文章所惯用的笔法之后，我那篇纯粹是心血来潮信口胡诌的短文居然被认作某一真正科学理论的报告。

要想把类似外故障这样的戏言与论述夸克的“严肃”论文区分开，就需要掌握一些方法，但这些方法对科普读物的读者而言是少之又少。我们可以把数字说得大一点儿，在《科学与生活》杂志上，一篇严肃的论文约 10 页，而论述夸克的一篇严谨的论文则要写 200 ~ 300 页。此外，准备有关夸克理论的考试和论文的大学生可不是在闭门造车。他们要去听课，和教授一起讨论，通过考试，作论文答辩。他们有可能热衷于夸克的理论，但也有一个现实目的，那就是要跻身于粒子物理学的大家庭之中。

编写有关夸克的科普类文章就可以脱离这个现实目的。科普类文章所面临的处境与其他文章完全不同，我们可以拿法国《队报》上发表的一篇有关最近一次世界杯的文章来做比较。所有读者都了解足球的规则，他们曾在少年时代踢过球，或许现在还在踢。记者只要讲述球赛过程，大家就能懂了。但假如不介绍复杂的基础数学理论，不解释难懂的物理学概念，读者怎么能明白什么是夸克呢？《科学与生活》上有关夸克的科普文章肯定要对应夸克的实际理论，就像“咚－咚－咚－咚－咚”

① 稍有计算机常识的人都能看出这是两家著名 IT 公司的名字。——译者注

必然要对应贝多芬的《第五交响曲》一样，因为那是联想性的主题。要想在该主题基础之上描绘出最好的图案，科普读物的作者就得仰仗自己的才华了。科普读物的作者不会去从头开始解释科学，因为科学理论一旦脱离其背景便难以描述——他讲述的是有关科学的故事。不论作者多么有天赋，他所讲述的故事还是与现实相距甚远的，而足球比赛的描述则忠于现实。

对于普罗大众来说，要把伪科学或戏言同严肃的科学内容区分开有时确实很难。从各方面来看，假如文中没有幽默感、作者作提示的话，那么外故障的故事都和《科学与生活》杂志上刊载的其他文章相类似。《科学与生活》会标明虚构与现实的界限，让读者明白杂志是在编造毫无恶意的谎言欺骗他们，这份杂志总是特别注重介绍真实的科学。这并不意味着《科学与生活》上刊载的所有文章都必须是真实可信的，但出于辨别真伪的考虑，杂志需要给出明确的信号。

在母腹中畅游

然而，明确的信号并未出现在像《时报》这样的报纸上。一个荒诞不经的故事过去曾图文并茂地刊载在《魔术师晨报》及《行星》杂志上，《时报》接过这荒诞的“圣火”，虽然它在瞬间便熄灭了。《时报》上所刊载的荒诞故事出自帕特里夏·凡·伊塞尔之笔，讲述的是捷克医生斯坦尼思拉·格洛夫的经历。格洛夫在幻觉之中来到位于加利福尼亚的比格苏尔，像某些医生一样（参见第二讲），他对致幻剂的药效很感兴趣。服用致幻剂之后，他在疯狂的状态下四处游逛，和精神病患者一起胡言乱语。一天，他觉得自己变成了喀尔巴阡山中的熊。他忍受着种种折磨，险些憋闷死，既领略到心醉神迷的意境，又饱尝噩梦的纠缠。

几年后，格洛夫终于得出这样的结论：要想弄清神经官能症的起因，像弗洛伊德所主张的那样追溯到孩提时代，仍是远远不够的，还要追溯得更久远：所有一切都是在母腹中开始的。格洛夫创造了“围生期子宫”的理论，“那是四面绝妙的鼓，连接心理环的所有链条都将铆在这几面鼓上，形成带回响的压力”。这四面鼓不过是产妇生产的四个过程：①在温柔子宫里的欣快感；②子宫收缩的痛苦；③在母亲生殖器深处那可恶的挤压感“剧烈得令人恐怖”；④痛苦得到缓解，但却带着被赶出天堂的无法平息的憾意。

格洛夫这幅虚构的幻象肩负着招魂的使命，即使它不过是纯粹的臆想。要是有人说还记得从娘肚子里出来时的情景，那也未免太过分了。围生期的心理创伤决定着后来的心理发展，要想得出这样的结论，恐怕得穿上七里靴①，才能跨出这一步。帕特里夏·凡·伊塞尔却轻松地将这双靴子穿在脚下，接着又去描述格洛夫的病人是如何“再现”这种记忆的。最迷惑人的是，病人在致幻剂的帮助下，“再次体验”到过去的场景，而那些场景竟然是经历者从娘肚子里出来之前发生的！

“还记得你母亲在1946年2月举办了一次家庭舞会吗？那时她怀你已有7个月了。还记得她父亲去世时她在精神上所遭受的打击吗？当时她已经怀你3个月了。还记得远未形成人形之前，你不过是精子、卵子吗？还记得你曾经是另一个人吗？你还曾经是整个一个部落（一位布拉格女面包师对西藏人的记忆），一个确定的部落，直到那时，你对此一无所知，但经过查证之后，证明它确实曾存在于世。有关这个部落的礼仪或艺术的细节多得数不清。你还应该记得自己过去曾是一个动物、一棵植物、一片树林，等等。”

帕特里夏·凡·伊塞尔毫不怀疑这些记忆的真实性，其疯狂的面目不禁使人想起有些人在催眠状态下的叙述，这些人患有“多重人格”。这种奇怪的传染病几年前曾在美国四处传播，促使人们严肃地提出这样的问题：这种病究竟在多大程度上不是由精神疗法专家诱发的呢[14]？在此，我们认为最合适的问题是，格洛夫所扮演的角色到底有多重要？服用致幻剂的作用到底有多大？且不论东方宗教中轮回转世的说法，单就能回忆起出生以前的生活，甚至对那些生活依然记忆犹新来看，这类幻觉也是相当普遍的，这大概是在表达对死亡、对包围自己的虚无感的恐惧。但用上述言辞提出这个问题会揭穿那些荒诞的故事，并撕去它们那魔法的外衣。凡·伊塞尔倒愿意“通过物理学撕开的大缺口”来摆脱险境，“在世界上现有的见解中，这个缺口已被撕开半个世纪了。我们那奇怪的记忆其实不过是获取特殊信息的通道，要挣脱笛卡尔和牛顿的时代”。

够了！现在蔑视空间及时间的人摇身一变倒成为物理学大师了！凡·伊塞尔向大卫·玻姆、卡尔·普里布拉姆以及罗伯特·谢尔德雷克请求援助，我们将在第七讲分析他们那惊人的理论。简言之，那就是量子物理学的推论，最终将既神奇又观察不到的特性赋予我们所生活的世界。凡·伊塞尔求助于“一切之中包含一切”原

① 典出《林中睡美人》，当公主遭遇不幸时，一个穿七里靴的小矮人（穿上这种靴子，跨一步就是七里远）跑去找仙女来拯救公主。——译者注

则的最新版本，即全息宇宙。这一设想是说，宛如全息摄影图像中的细微颗粒一样，宇宙中的每一个颗粒都包含着其他所有信息。这是全能的隐喻——但它唯独不是新货色，它确实可以摧毁“笛卡尔-牛顿”科学的框框，甚至轻而易举地捣毁正确判断力的极限。

“传统科学无法理解记忆机制是如何运作的，这种机制似乎是难以理解的！在躯体中，它似乎无所不在，却又了无踪影……有一种不可思议的假设，那就是普里布拉姆的研究成果，他认为记忆既不‘存在’于大脑之中，也不‘存在’于躯体之内。”记忆力就像“一台电视机，将过去的事如全息摄影般地接收下来”。

我们又碰到了莱尔·沃森所重视的主题（参见第一讲）：大脑是波的接收器，是振荡器，能同宇宙间所有的振动产生共振。偏头痛又瞄上了我们。

丽伽·扎拉伊能溶解在药里吗?

幸好丽伽·扎拉伊手里有无与伦比的药物来为我们治病。她写了一本书，标题是《我的自然医学》[15]，各类“幻想医学”的支持者总会提到这本畅销书，1986年1月10日，这位著名的女歌手应邀来到《真相游戏》的节目现场。在主持人帕特里克·萨巴捷的讲台上，她有机会把“吹芦笛”的功夫发挥到极致，将芦笛的旋律推到音乐的顶峰，甚至推向医学的巅峰，和她那本畅销书的销售量一样令人眩晕（那本书的销量远远超过100万册）。我写下这行文字“绝不带任何仇恨和遗憾”，因为我看不出任何决定性的理由，能妨碍我的这本书与她那本书的销量相匹敌，即使这得需要300年。对此颇有疑虑的读者不妨来一次冷水坐浴。“要想清除体内垃圾，增强体质，激活机体的免疫力，没有比这更好的方法了。”这肯定是为痔疮患者准备的偏方[16]！

还是让我们回到《真相游戏》的节目上来吧，节目一开始，丽伽·扎拉伊便以不容置辩的语气宣称：“黄杨是一种抗病毒能力极强的良药。”实际上，她建议大家喝黄杨汤剂“根治病毒性的疾病，如流感、带状疱疹、肝炎等”。那么艾滋病呢？她小心翼翼地避开了这个话题。当说起用放射疗法治疗癌症时，她却表现得极为大胆。尽管这种治疗方法显然有悖于她的理论，但丽伽·扎拉伊却承认那也是不可或缺的手段（大概她不想因非法行医而惹上官司）。但她接着却说：“用黏土做的泥罨剂可以减轻对人体的损害，因为泥罨剂可吸收过量的辐射。”在《我的自然医学》

一书中，读者同样可以看到“黏土对放射物的承受力更强”的说法。

我只提一点意见：在治疗癌症的过程中，病人只是在极有限的时间内接受射线辐射，根本就不是将某种放射物植入病人体内。我们得提醒大家，放射疗法的目的是杀死癌细胞，并不是给患者增添新的癌细胞，并不存在什么“过量的辐射”。总之，丽伽·扎拉伊的建议无非要大家先为自己设一个全封闭的屏蔽罩，然后再关灯，上床睡觉……

其实，与医学论文相比，《我的自然医学》好似《纯粹理性批判》[①]的翻版，它不过是幼稚、坦诚的礼仪手册。其实，扎拉伊的这本书充其量不过是一本汇编，收录了各种食谱和卫生行为习惯指导，以及“健康生活规范”。这套“规范”的目的是确立哪些是有益的、哪些是有害的，这不仅涉及人的躯体，而且涉及人的灵魂。其中列出的有益的东西包括蔬菜、黏土、维生素、呼吸；有害的东西包括肉食、烟草、烈性酒、孤独、化学药品。还有哪些呢？躯体及精神上的疲劳，就这最后一点而言，丽伽·扎拉伊似乎可以避开所有不必要的风险。

她厌恶肉食，于是这位作者便得出缺乏客观性的结论。她画了一幅图表，显示出 100 克蘑菇所含的蛋白质要比等量的肉所含的蛋白质多一倍。由于鲜蘑菇中水占了 84% ~ 92%，而蛋白质含量尚不足 3%，那么唯一说得通的解释就是丽伽·扎拉伊在奢谈有致幻功效的蘑菇。就算这种麻醉品是天然食品，难道天然食品就一定符合健康生活规范吗？还有一个问题，丽伽·扎拉伊断定“如果食用水芹菜，脱发现象肯定一下子就没有了”，那么，如果恰好在吃水芹菜之前[②]，仅存的头发已开始脱落了，那又会怎么样呢？

骗人的把戏不仅存在于丽伽·扎拉伊手中的念珠里，更奇特的是，扎拉伊竟然还能有那么好的境遇，让几百万电视观众被她的把戏牵着鼻子走，她自己却毫发无损。在电视屏幕上，即使最德高望重的医生也斗不过女艺人，哪怕只是吹芦笛的女艺人。丽伽·扎拉伊不会随着药品溶化，因为她的形象是媒体的产物。邀请她来电视台露脸的人才不关心她的医学理论到底是真是假呢，他们唯一关心的问题是：那天的收视率到底有多高呢？

---

① 《纯粹理性批判》为康德的代表作之一。——译者注

② 作者利用法语双关语再玩一把幽默，水芹菜的另一个意思就是秃顶。——译者注

罗斯威尔的外星人

说到科学家对外星人的无知，就没有必要再去论证了。比如，你去问一位科学家，外星人的血肉之躯是由什么类型的分子组成的，他肯定会这样答复你：不论是在我们的星球，还是在外星文明，生命的基础都是碳水化合物和有机分子。1995 年夏，无可争议的奇闻专家、电视主持人雅克·普拉戴尔带来一系列“大揭秘”，事实上，正是凭着这些“大揭秘”，我们才能断言：外星人的智慧是用乳胶和硅制成的，竟然和帕梅拉·安德森植入乳房的丰乳之物类似！影片《海滩游侠》女主角那两颗硕乳倒成了外星生命的藏身之地——得出这样的结论未免过于草率，但有一件事是毋庸置疑的，因为罗斯威尔外星人来自好莱坞星球的可能性更大，恐怕不会来自火星或天狼星，这大概又是媒体创造的另一丰功伟绩。

“1995 年在火星上度过夏季的读者们，我们想和你们共同回忆罗斯威尔外星人事件的主要情节。1995 年春，一条传闻开始流传（早在 1993 年秋就开始流传）：有一位外星人曾光顾地球，他手上长着六指，没有肚脐，患有脑积水，有人把对外星人的解剖过程拍摄下来，该影片将对公众播放。影片是由美军的一位摄影师拍摄的，那是一个不明飞行物坠毁在新墨西哥州的罗斯威尔之后发生的事。1947 年，这位外星人乘着飞碟故意在美军基地附近坠毁，然后就‘到了’美国空军秘密的冷冻室里，接着又上了解剖台。事件发生时，美国空军共拍摄了 200 盘胶片，由于他们忘记将其中的 22 盘胶片收回，英国制片人雷·桑蒂利便把胶片从摄影师手中买下来，后来又想转手卖给几家电视台，其中包括法国电视一台。”

这段文字引自皮埃尔·拉格朗日的《罗斯威尔的传闻》[17]，这本书是在对上述现代造物传说进行深入细致、富有洞察力的调查之后写下的。1947 年，不明飞行物坠毁在美国新墨西哥州的沙漠，美军获取了飞行物的残骸及其中的遗体。在此我不想就飞碟及罗斯威尔外星人这一事件进行论战。我只想着重强调下面这一点：罗斯威尔的故事只是一个传说，这在 1995 年就已确定无疑了。美国人菲利普·克拉斯[18]是一位揭穿超自然现象骗局的高手，从 1989 年起就已证实一份看似合乎情理的文件是伪造的，那份文件曾被认作美国空军一次“绝密行动”的证据。那份文件上有美国总统杜鲁门的签字，其实那是用偷梁换柱的手法从另一份文件上复制过来的。这个“致命”的细节已足以平息因罗斯威尔外星人而引发的争论。接着，1994 年 9 月，美国空军更是给出了让该事件彻底拨云见日的解释：所谓在罗斯威尔发现的不明飞行物其实不过是一只原本放飞在同流层里的气球，那是为侦察苏联核弹实验计划而开发的。这个传说像所有的传说一样有着现实的背景，但却与外星人的生命毫无关系。

然而，任何一个熟悉此背景的调查人员都能查阅得到的历史资料，雅克·普拉戴尔却对此浑然不知。普拉戴尔和法国电视一台围绕着“千年独家新闻”导出了一幕好戏，他们播放了一盘录像带，展示了对那个所谓外星人的解剖过程。在黄金时段播放这个录像未免也太恐怖了！但画面上还是打上了一行字幕，“影片中的人物究竟是不是人类尚无法得到证实”。这也是事出有因，除了雷·桑蒂利之外，谁也没见过原版胶片，总之，谁也不能肯定确实真有过这样的胶片！但这并不妨碍普拉戴尔和法国电视一台去维持这个悬念，而且一连维持了好几个月，既拿不出决定性的结论，也不向电视观众提供相关信息。雅克·普拉戴尔则成功地煽动起一大群人，去看那个本不存在的影片。影片中的那个家伙长着似人非人的大脑袋，像得了脑积水似的，露出两个没有瞳孔的黑色大眼睛，恐怕连他自己都不会相信，其实这一形象早就出没在第二次世界大战前美国拍摄的科幻影片上了。

仅有真相还不够

在像皮埃尔·拉格朗日这样的行家那里，罗斯威尔外星人的故事自打问世就站不住脚，这是再明显不过的了，因为在他眼里，这个故事的真实性根本经不起推敲，就像“美索不达米亚考古学家手中拿着一枚古币，上面刻着‘公元前6000年’”的故事一样。可你还是得承认，整个故事被法国电视一台那巨大的影响力弄得“合法化”了，从专家角度看，这个故事到底是胡言乱语，还是什么别的东西，都已无所谓了。换句话说，经研究人员精心编造的故事，到底是真是伪已不重要了。自从法国电视一台决定“制造轰动效应”开始，此后的一切都是编造。

这种“删改历史”的可怕倾向正是视听媒体的特性。这并不意味着出版界就会免受这类诱惑的影响，但出版界总会受行文的制约，不管它公布什么样的内容。批判一篇文章总比推翻一幅图像要容易得多。在电视屏幕上展示出一个人物，则为几百万电视观众制造出一种影响、一种客观存在的现实，这是一篇文章永远也做不到的。不信你就翻开一份大发行量的报纸，便会一目了然，这类报纸总会谈论电视明星，把他们当作十分亲近的人物介绍给读者，这俨然成为我们日常生活的一部分，明星几乎成为我们家族的一员了。

另外，为了将前面两个故事衔接起来，我们还想补充说明，出版界要想做科普宣传，是需要一定科学知识的。不论是《时报》，还是《行星》刊物，它们所传播的理念是神奇的现实主义，是受“一切皆为可能”之原则所制约的科学，宛如服用致幻剂后的迷醉状态。《科学与生活》杂志则侧重于将科学的真相介绍给读者，正是为此我们才刻意强调愚人节的把戏也是真相之一。《科学与生活》总是不断地标出真与伪的界限，我们不妨从众多的封面标题中举出几个例子：《特异功能之父的真实故事》《战争毒气的真相》《韩国波音飞机失事的真相始末》，等等。

坚持不懈地揭露科学骗局及伪科学，也是辨别真伪的另一项工作，《科学与生活》在这方面颇有建树。特异功能、尤里·盖勒、顺势疗法、菲律宾籍游医、有关艾滋病病毒的明争暗斗、都灵的耶稣裹尸布、水的记忆以及罗斯威尔的外星人都曾遭受过《科学与生活》的怒斥。然而，这庞大的信息工程不足以战胜那些科学骗子，也无法推翻他们所捏造的传闻，不过本书之所以能呈献给读者，在很大程度上要归功于这庞大的信息工程。然而，甚至像《科学与生活》这样的杂志有时也会跌跟头，为勒内·路易·瓦莱设置专栏就是一例（见第三讲）。相对来说，“真实性”的举措难免也会失误，这不但同深厚的文化背景有一定的关联，而且与人的思维方式转化也有关联。虽然这个话题已超出本书议题，但我在后面几讲还会详谈。简言之，被克洛德·列维–斯特劳斯[①]称为“野蛮思想”，而又被我们视为“魔幻思想”的东西，并未从我们越来越现代、越来越理性的文化中彻底消失，也许因为那是人类的原始思维方式。理性思维绝非与生俱来的，那是一种建构、一种苦行、一种训练，这样的工作需要持之以恒的耐心。永恒的“非理性的回归”其实不过是某种思维形式回归而已，而这种思维方式从未真正离开过我们。

但同样还有一种更实际、更通俗的解释：现在的媒体可以模拟或再现非理性思维的各个方面，其再现形式很容易得到公众认可，而且几乎不需要花费力气去领会、掌握。拿雅克·普拉戴尔捏造的有关外星人的神奇故事去哄骗自己，总比琢磨他的故事是否站得住脚要轻松得多。但令人烦恼的是，我们最终将会被那些“揭秘”彻底搞糊涂，因为失去批评制约的“揭秘”已将我们吞没。尤其是当轻信他人被认

① 克洛德·列维–斯特劳斯（1908—2009），法国人类学家。——译者注

作一种优点、一种思想开放的象征时，要把我们搞糊涂不就更容易了吗。正如安伯托·艾柯①在《虚假之战》中所说："声称一切皆有可能的，也就意味着所有的不同用同样的方式来看都是真实的，就像瑜伽与核物理，提高心理能力与控制论，取消私有制与神秘的禁欲主义都是真实的一样。这种态度不再是理智的好奇心，而是诸说混合论。"[19]

《行星》刊物建议我们不要忽略任何可能性，要我们关注人类学或前沿科学的成果，这是完全正确的。这也正是《时报》的计划。但正如艾柯所注意到的："关注并不意味着将一切都混在一起，然后去轻信一切，仿佛所有的研究都停止了似的。相反，这意味着研究才刚刚开始，而且在现今新局面下，要看能否以批判性思维方式恢复知识的全貌。"然而，世界已将真实与可能混淆在一起了，进而消除了真相与虚构之间的界限，在这样的世界里，再去做恢复知识全貌的工作已变得不可能了。无论是《时报》，还是《科学与生活》，它们引证的都是外部的现实，尽管这两家杂志各自尚有不少缺点。新生代媒体将与现实似是而非的东西调动起来，而现实已变得如此堕落，让人根本无法辨别伪科学的真面目——如丽伽·扎拉伊一例所显示的那样。今天，商业化的电视节目根本不会关心它是否在体现真实的现实，电视节目体现的只是它自己的意志。世界的本来面目似乎正是你在屏幕上所看到的那样。

安伯托·艾柯在"古电视"与"新电视"之间画出一条明显的界线。前一种典范是"爸爸的节目"，如"头版五栏"等，这类电视试图成为"向广袤世界敞开的小天窗"。大家可以讨论，看它播映的消息是否可信，看它对现实的描述是否得体。即使不是这种情况，整个系统也依然以现实为依据。

至于新电视呢，帕特里克·萨巴捷或雅克·普拉戴尔的节目就是典型的范例，它不再谈论外部世界。安伯托·艾柯的评论一针见血："它只谈论自己，谈论正与公众建立起来的联系。电视在说什么，在谈论什么根本无关紧要（电视观众手里拿着遥控器，无论是打开或不打开电视，还是想变换节目，都由他自己决定）。面对观众的这种权利，要想生存下去，电视台就得想办法留住观众，对他说：'我在这儿，我就是我，但我也是你呀。'不论电视台是在谈论火箭，还是在说掀翻柜子的洛雷尔，电视所能说的，无非是：'啊，真是太妙了！我告诉你啊，你正看着我呢，

① 克安伯托·艾柯（1932—2016），意大利符号学家兼作家，最著名的论著是《读者的角色：记号语言学探讨》，他所写的小说风靡全球，主要有《玫瑰的名字》《傅科摆》及《昨日之岛》。——译者注

你要是不信，请拨这个号码，给我打电话，我会给你答复。’”

这条再三重复的提示意义深远，它拉近了节目发送者与接收者之间的距离。媒体的演说就是在表述自我。至于你是否同意丽伽·扎拉伊的观点，那与我无关。电视观众也许会模仿福楼拜的腔调说：“丽伽·扎拉伊，那就是我呀。”或者说是齐达内，说是罗斯威尔的所谓外星人，再不然就说是影视界里的其他人物。

现代媒体无所不在的局面已超出乔治·奥威尔[①]在《一九八四》中所描述的反乌托邦：“在所有重要的十字路口处，总有一个蓄着黑胡须的面孔在盯着你。”但“老大哥”是一个暴君，他依然带着真实史实的烙印。从此，“老大哥”便成了我们的朋友，成为我们当中的一员。他不是还把自己的名字出让给一档红极一时的节目吗？这个节目就是把一帮人关在房子里，拍摄他们穿衣、洗漱、吃饭、读书、做爱或挠屁股的场景，然后再展现给观众。这可不是“老大哥在看着你”，而是我们在看着“老大哥”，也就是在观察我们自己的私生活，它已被媒体搞得透明化了。

电视和互联网联手缔造的世界与约翰·布鲁纳[②]在《站立桑给巴尔》中所描述的世界十分接近，在那个世界里，人们没有必要再去撒谎，甚至不必修复档案里的照片，或是毁掉危及某人信誉的文件，因为媒体的幻影与幻影所涉及的人相互渗透、相互影响，已达到炉火纯青的地步。无所不在的媒体将一对夫妻的容貌借来一用，所有人，不论是谁都可以成为这对夫妻：“‘无所不在’先生和他的妻子是合成的人物，不管你同意还是不同意，他们其实就相当于现代的约翰一家、杜邦一家及穆勒一家[③]。你去买一台专为你定制的电视机，里面配备环境背景标识符，你就会相信，‘无所不在’先生一家将会展现出你的欢声笑语、言谈举止。”

虚拟世界真让人感到头晕目眩，在这个世界里，真的变成假的，假的又被当成真的，就像《黑客帝国》中的世界一样。人们依然相信冷聚变，相信罗斯威尔的外星人，这已不是什么奇迹了。假如在那里还有相互信任的关系，还有思想交流的话，那才真是奇迹呢。还有人在说话吗？

---

① 乔治·奥威尔（1903—1950）英国作家，《一九八四》是其最著名的作品，“老大哥”是该书中的人物。——译者注

② 约翰·布鲁纳（1934—1995）英国作家，《站立桑给巴尔》是他的处女作，也是他最著名的作品，书中描写了21世纪人口剧增所造成的后果。——译者注

③ 约翰、杜邦及穆勒是英法德三国最典型、最常见的名字。——译者注

练　习

1. 凭借双盲（背对背）实验，这个方法要比简单的单盲实验可靠两倍，请你去验证女人臀部的脂肪团碰到柠檬就会化掉（这是丽伽·扎拉伊提供的练习）。
2. 在一份医学杂志上公布这个发现，让一位退休的著名生物学家为你作后盾，但不要透露实验的细节（其实你根本就没做实验）。在论文里千万别说“柠檬及女人臀部的脂肪团”，而要说“乙醇－柠檬酸”，要用“抑制皮下脂肪增生”一类的术语。接着再起草一份通知，宣布你要在自然医学会堂召开新闻发布会。
3. 要到处散布谣言，说艾滋病病毒是美国人在实验室完成的重大发现，他们在研制打败火星人的生化武器。将这段故事刊登在一家发行量大的报纸上，比如伦敦的《星期日泰晤士报》，而这份报纸又热衷于刊登煽情的独家科学新闻。当你应邀到电视台讲解时，不妨去讲述整个调查过程，告诉观众有关这一事件的机密文件是如何发现的，再添枝加叶地说点与这事无关的细节。不过，在面对科学家及怀疑者提问时，你就解释说，五角大楼正在竭尽全力平息这一事件，甚至夸张地说有神秘人物向你发出暗杀恐吓。你把回忆录发表出来，然后到一个只有你自己知道的地方躲起来（别忘了把你的银行账号告诉出版商）。
4. 当这一事件平息之后，你再披露新的发现，告诉媒体那所谓的机密报告不过是火星人散布的假消息，他们才是艾滋病病毒的真正来源。你宣称发现一份美国中央情报局的文件，该文件将这一事件的来龙去脉解释得一清二楚。你那第二本畅销书的书名就是“第二份报告”。

第五讲　事实，任由你去操纵

1912年12月18日，查尔斯·道森和亚瑟·史密斯·伍德沃德在伦敦地质学会做了一次轰动全球的学术报告。史密斯·伍德沃德是大英博物馆馆长，后来被授予爵士称号，是英国古生物学界的头面人物。道森的职业是诉讼代理人，虽然在本职行业里他只是一个默默无闻的“小卒”，但作为业余考古学家，他在考古界里还是有点名气的。道森的功劳簿上已经记载了好几个引人注目的发现，但那一天所宣布的发现却是他以前的成就所无法比拟的：在英国萨塞克斯郡的皮尔当的一处采砂场里，他们发掘出一块头骨和一块下颌骨，并宣称这两块头骨是人类首次发现的，正是从猿至人进化链上那著名的“缺环”化石！

于是，“道森曙人”或称“皮尔当人”便由此诞生了。对于英国古生物学界而言，这是一项了不起的成就，当时法国因发现尼安德特人和克罗马农人①而扬扬得意，而英国的古人类化石却少得可怜。斯蒂芬·杰·古尔德在《熊猫的拇指》一书中写道：“‘皮尔当人’出现得非常及时，可以扭转这种局面，因为‘皮尔当人’似乎比尼安德特人还要古老。”人类传说中的第一个男人亚当这时又变成了英国人！亚瑟爵士宣称：“尼安德特人是已退化的一个分支，而生存至今的现代人应直接源于‘皮尔当人’这个远古的人种，‘皮尔当人’头骨的发现则提供了首个证据[1]。”

“曙人”（这恰好是Eoanthropus一词的含义）的遗骨从外观上看确实显得很古老。头骨和下颌骨虽然被涂得很黑，但看起来倒更像埋在古砂石中的现代物品，即使后来还从该采砂场里挖掘出其他哺乳类动物化石的碎片。然而，某些奇异现象无疑给史密斯·伍德沃德沙文主义式激情泼了一盆冷水：头骨像是人类的，可那颌骨却极像猴子的！出人意料的是，颌骨上的两颗臼齿磨得很平。这在人类身上是常见

① 法国考古学界称，法国发现的考古遗迹证明从10万年前起，出现了尼安德特人（智人）。距今约4万年前时起，又有克罗马农人种（新人）居住在整个欧洲。——译者注

的，但在猴子身上是绝对看不到的，这种差异就更让人震惊了。

古尔德解释道：“不幸的是，颌骨有两处折断了，否则完全可以证明它同头骨的关系，因为所有区分人与猴子的特征就在下巴处，而且颌骨与头骨的结合部位也能反映人与猴子的差别。”

在接下来的几年当中，道森和史密斯·伍德沃德用一系列新发现来回击那些质疑他们的人，“回过头来再看那些发现，假如真想消除疑虑的话，它们也就不可能被安排得如此巧妙”。1913 年，他们先发现了一颗下犬齿，也是猴子的牙齿，但已经磨得和人类的牙齿一样了。接着，1915 年，在距第一发现现场 3 000 米处，道森又找到人类头骨的两个碎片，还有一颗猴子的牙齿，也磨得和人类的牙齿一样了，与前一个发现完全一致。美国古生物学家亨利·费尔菲尔德·奥斯伯恩则认为这种巧合简直是天衣无缝，让人难以相信是真的：“假如天意在史前人类问题上真能施加影响的话，那么它在此处的表现可谓十全十美，因为道森找到的第二个‘皮尔当人’的化石碎片与刻意选择的完全一致，要想确认最初发现的那一个头骨，唯有做出这种选择。”[2]

奥斯伯恩绝不相信古生物界的圣诞老人，至少在一开始是这样。1921 年 7 月，他应邀前来大英博物馆欣赏“曙人”的遗骨，当时他任美国自然博物馆馆长。接着，他便彻底转变了自己的看法，这真令人惊愕不已，他宣称：“就人类史前文明而言，‘皮尔当人’是最重要、最卓著的发现。”他还补充了这么一句话，想来竟别有另一番滋味：“我们应当不断地提醒自己，自然界里充满了反常之物，宇宙的状态并不是人类的状态。”既然如此，一项与人类状态更密切相关的发现将会得到整整一代古生物学家的关注。查尔斯·道森的精力以及史密斯·伍德沃德的信心终于换来了巨大的成功。在随后的 30 年里，“皮尔当人”出现在许多著作当中。要是没有目光敏锐的古生物学家肯尼思·奥克利从中干预的话，大概它还会继续出现在那些著作里……

是骗局还是假消息?

随着时间的流逝，由于土壤里或岩石中含有氟，埋在土壤或岩石中的遗骨化石便会浸透着氟。只要测定氟含量，便可断定化石埋在地下的时间。1949 年，奥克利对“皮尔当人”的残余物进行氟含量检测，但只发现了极微量的氟，少得几乎探测不到。最后他得出的结论是：道森所发现的遗骨埋藏在皮尔当采砂场里的时间不会太久。

奥克利最初以为所有这些遗骨可能是最近才埋到地下的，不管怎样，它们总该是真的人类遗骨。在解剖学家克拉克的帮助下，奥克利仔细察看，不得不认定这样一个事实：“曙人”竟然是伪造的！头骨和颌骨都用重铬酸钾粉刷过。遗骨的牙齿也用钢锉锉过，以模仿人类牙齿磨损的模样。将猴子的下颌同人的头骨结合在一起时，这的确是再清楚不过了，头骨是一个现代人的，而颌骨则是一只猩猩的。把这两件东西糅在一起可不是进化过程中的急剧变化，而是科学骗子的手法。

制作这个赝品的把戏究竟是谁干的呢？当20世纪50年代初这场骗局被揭穿时，各种怀疑都集中在道森身上。在这一事件的初期，确实能看到这位业余考古学家的踪迹。正是他在1912年拿出“皮尔当人”的化石碎片来引诱亚瑟爵士。那时，皮尔当是否确有古人类化石，大英博物馆馆长从未怀疑过。虽然史密斯·伍德沃德参与了后来的发掘，但挖掘出大部分遗骨的考古学家正是道森本人。总之，史密斯·伍德沃德的责任主要在于，他让科学界相信“皮尔当人”是真实的。馆长将全部心血都倾注到这项研究之中，将自己的毕生精力都投在道森制作的这件假化石上。最可能的情况是，道森愚弄了待人真诚而又过于轻信他人的伍德沃德，而伍德沃德被“英国原始人”这个了不起的发现冲昏了头（《最古老的英国人》是他所写的最后一本书，这本书出版于1948年，而在这场骗局被揭穿之前他就去世了）。

其实还有另外一个关键人物，出于对教士的敬意，我们不能将他比作坐收渔利的第三者，况且他还是一位才华横溢的大人物。因为他不是别人，恰是那位大名鼎鼎的神学家兼古生物学家德日进①！将《人的现象》作者的名字与一场粗俗的骗局联系起来似乎大不敬。然而，正如我们在上文已看到并将在本书后半部还会看到的那样，对一位伟人的敬意并不能作为科学论据，最重要的还是看事实。在事实方面，斯蒂芬·杰·古尔德所写的调查报告证据确凿。这场骗局被揭露时，古尔德才12岁。他热衷于研究“皮尔当人”，为此写了一份深入、细致的调查报告[3]。他的论述将整个事件描述得一清二楚，胜过任何一份有关的论述。读者可以自己做出评价。

---

① 德日进（1881—1955），法国神学家、哲学家兼古生物学家，曾于1929年在周口店“北京猿人”遗址参加过考古挖掘工作。——译者注

德日进于1881年生于法国奥弗涅，1902年进入耶稣会。接着，他去了英国的泽西岛，后来又来到开罗。古尔德在其著述中这样写道：“1908年，德日进来到黑斯廷斯矿石广场的耶稣神学院继续深造，而这所神学院恰巧就位于英国东南海岸的皮尔当附近，他在此度过了4年，1912年开始任神父一职。在神学领域，德日进倒是一名极有天赋的人，但他并不十分投入。他最感兴趣的还是自然史，而且在黑斯廷斯时就对此抱有很高的兴趣。他跑遍了周边的乡村，去捕捉蝴蝶、飞鸟，寻找古化石。1909年，正是在那个采砂场里，他结识了查尔斯·道森，共同的兴趣将他们聚在一起，两人携手寻找古化石。”

德日进当时年仅28岁，他和道森一起踏遍了整个采砂场，3年之后，专家才听说道森的重要发现。正是他在1913年找到了那颗有名的犬牙化石。当史密斯·伍德沃德了解这个秘密时，德日进已和道森成为好朋友，在给家人的信中，他将道森称为“地质学的联系人”。两人在发掘现场一起度过了很长一段时间。古尔德能想象出他们俩“炮制阴谋”时各自心中打的如意算盘：道森“要让那些威严的专家去轻信”，而德日进“要再次嘲弄那些英国人，他们连任何合法的古人类化石都没有，而法国却因拥有众多的古人类化石而沾沾自喜，这些化石也让法国成了人类学的王后……”

但道森为什么不独自一人去导演这场骗局呢？综合若干因素来考虑，这种情况是不可能的。

1. **德日进与奥克利之间的通信**。肯尼思·奥克利曾给德日进写过信，要他协助鉴别骗局的制造者。1953年11月28日，德日进给奥克利写了回信，在信中，他似乎有些自相矛盾。他先把奥克利恭维一番，称赞他解决了“曙人”这个“畸形生物”在解剖层面上的问题，德日进写道：“我对你的结论非常满意，尽管从情感上讲，这一结论让我对最辉煌、最古老的古生物学回忆化为泡影。”写到这儿，他还是试图为道森洗刷罪名，但却犯了一个致命的错误。“道森只把我带到第二发掘现场，告诉我他找到了单独的臼齿和头骨的碎片，他是在平整田地后堆起的碎石和沙砾里找到这些化石的。”

   这段往事其实应该发生在1913年。然而，到了1915年，道森才将在第二发掘现场的“发现”公布于众！而在此之前，1914年12月，德日进应征入伍，开赴前线，在战场上一直拼杀到战争结束。这样一来，他怎么可能对内情了如指掌呢？除非他本人参与了那场骗局！古尔德看出其中的端倪，并做出精辟的评论："他不可能和道森一起见过皮尔当2号猿人的遗骨，除非他俩在他开赴前线之前共同炮制了这些遗骨（道森在1916年就去世了）。"奥克利并未怀疑德日进，但发现了前后矛盾之处，并再次给德日进写信，德日进不无窘迫地给他回了信，声称自己也"记不太清楚了"，仿佛是想挽回他的过错。奥克利则认为，道森曾在1913年让德日进看过那些遗骨，而且将这些遗骨的来历向史密斯·伍德沃德隐瞒了两年，他始终认为德日进是清白的。但这个解释似乎不太可信，因为德日进和史密斯·伍德沃德也是好朋友，他们常在一起讨论两人共同感兴趣的话题，德日进随时有可能将他们的秘密泄露给伍德沃德，况且他也没有理由不对史密斯·伍德沃德讲述皮尔当2号猿人的事，除非他也参与了骗局。

2. **德日进的沉默。**在长久的职业生涯中，德日进写下了众多有关古生物学的论文。然而，在他那些研究论文中，"皮尔当人"——这个"最辉煌的记忆"只是匆匆几笔带过。当这场骗局被揭穿之后，人们对他不想过多地谈论这个话题表示理解，但在"皮尔当人"辉煌的30年中，他也一直保持着沉默，而这个发现按理说应是《人的现象》中最有力的论据，能为他这部进化论哲学著作起到画龙点睛的作用。德日进所写的有关"曙人"的唯一一篇文章发表于1920年的《科学家杂志》上，在这篇文章中，他试图揭露这场骗局，但又闪烁其词！他说由于化石标本并不真实可信，那么"'皮尔当人'的头骨和颌骨则分别属于两个不同的人，我们大概应依此去推理"。用这种方式解决这个问题之后，他却在转弯抹角的话语中留下难以捉摸而又令人困惑的线索。如果颌骨仍然保留着髁（骨头上的隆起），专家可以毫不迟疑地检验出上下间是否配合无误，在对此做出解释之后，他接着补充道："好像是故意所为，恰好就缺那块髁骨！"当然，这完全是一种委婉含蓄的暗示。古尔德则认为："德日进试图向我们说些什么，但又不敢直言。"

3. **大象与河马。**道森和那位假定的同伙将哺乳动物的化石碎片撒在皮尔当的沙砾中，以便将此地弄成化石的发掘地。这些化石碎片大概起源于英国，但两颗牙齿化石除外：一颗是河马牙齿，也许出自马耳他；另外一颗是大象牙齿，几乎可以肯定来自突尼斯。古尔德的几个同事，其中包括路易斯·利基，已经怀疑正是德日进“提供”了这些化石，因为此前他曾到处旅行。据古尔德称，这个推理并非绝对正确，道森也完全可以弄到这些化石，因为他和许多业余考古爱好者都有联系，他们经常在一起交换化石。

4. **德日进的运气**。在某一发掘现场能找到有意义的化石应当是一项困难、枯燥、偶然性很强的工作。尽管与他的两位同事相比，德日进在皮尔当逗留的时间要短得多，但他却找到了一块大象牙齿的碎片，一块打磨过的石器以及那颗出了名的为了模拟磨损而用锉刀锉过的犬齿。就算他很有天赋，这收获也未免显得太大了。古尔德也注意到这一点：“在采砂场里发现一颗牙齿，像大海捞针一样难。”在给奥克利的信中，德日进写道：“我甚至清楚地记得，亚瑟爵士恭维我有一副好眼力。”他知道到哪儿去找时，自然会看得更清楚，这是显而易见的。

以上就是古尔德所收集到的“证据确凿”的重要资料。但还缺少不容抵赖的证据，以便让“皮尔当人”的秘密最终大白于天下。然而，这条证据的状况不禁令人想起俄国伯爵的典故来，这位伯爵大人怀疑年轻漂亮的妻子在欺骗他，于是便告诉她，要出一趟远门；可实际上，他就躲在邻居家的窗下。到了约定要动身那天，他躲在角落里窥视自己的家，伯爵看见沙皇卫队的一名风流倜傥的中尉来敲门。他见妻子为情敌开了门，向他致意，而且把他让进屋里。过了一会儿，伯爵瞧见两人在卧室窗前拥吻，接着他们吹灭了蜡烛，屋内一片黑暗。“啊！我终于拿到证据了！”伯爵惊叹道[4]……

但德日进的动机是什么呢？他结识道森时，年轻的神父尚未迈进“精神领袖圈”，也未戴上神父的光环（当然是神秘主义者）。古尔德写道：“他是一个满怀激情的人：在战场上是英雄，在荒野中是冒险家。他热爱生活，喜欢与人交往，竭力了解世界，既领略过欢乐，也品尝过辛酸。我猜想，在他看来，‘皮尔当人’起初不过是个使人欢愉的假消息。”然而，这个假消息却闹得不可收场了。1918 年，道森早已去世了，“曙人”将史密斯·伍德沃德推向前台，并让他获得爵士爵位。至于德日进，他已成为人类考古学的专家，更不会去承认这场骗局，否则他将冒自毁前程的风险。随着北京猿人的发现——这回确实是真的发现，他也达到自己事业的巅峰。他也许听从了大卫的建议：“慎思博学”，这句格言后来成了萨塞克斯大学的校训，这所大学就建在距皮尔当几千米远的地方。

献给“曙人”的颂词

无论如何，“曙人”还是在某种程度上照亮了通往科学真理的漫长曲折之路，虽然有人并不一定同意这种说法。正如西里尔·伯特那不可能的统计数字一样，“曙人”在解剖学上的不吻合本来至少应引起极大的争议。相反，它却让史密斯·伍德沃德和另外两个同事格拉夫顿·艾略特·史密斯及亚瑟·基斯得到授勋晋爵的殊荣，他们一定在琢磨，能获得爵士头衔的人应该不会参与炮制科学骗局吧！

更为严重的是，按照古尔德的说法，“皮尔当人”骗局之所以得逞可以用四种理由，这四种理由“与科学实践相比，神话都是不精确的，科学实践注重事实依据，而且事实具有极强的生命力。科学家应耐心地收集数据，并对客观资料进行审核，只有靠这种方式，人的知识才能丰富起来”。

1. **过高的期望压过值得怀疑的证据。**为了获得“他们自己的”古人类化石，英国科学家准备吞下“曙人”谬误所酿的苦果。这有点像迪安·哈默，他渴望找到“他的”同性恋基因，根本不会过多地关注操作方法上的缺陷，或者如同上一讲当中那几百名研究人员一样，他们很快投身于对冷聚变的研究，根本顾不上考虑核实弗莱施曼和庞斯所宣布的中子数。至于说那些不经讨论便接受伯特所捏造的关于双胞胎智力测试数据的人，他们无非想相信智力是可以遗传的。
2. **文化偏见的影响。**“今天，将人的头骨和猴子的下颌糅合在一起足以证明那绝不是源于同一个整体，人们即刻就会对此产生疑问。”古尔德这样写道。1913年，众多一流古生物学家依然保留着先天决定论的推理方式，即在人类进化过程中，人脑的演变极为重要。他们认为，人之所以在动物界中取得统治地位，人脑的进化功不可没，正是人脑的进化带动了其他方面的发展。这个偏见与种族歧视的思想体系密切相关，这种体系认为白种人是先于黑种人和黄种人进化成现代人的，而这恰恰仰仗于他们大脑的飞速发展。在白种人聚居的土地上所找到的那些化石势必是人类的首批标本，当然最好能在欧洲找到这类化石。

   然而，具有讽刺意味的是，所有这一切与事实似乎都背道而驰。人类的摇篮位于非洲的可能性更大，要绝对胜过萨塞克斯地区。而我们发达的大脑大概也不是人类进化史上的第一个阶段。我们的祖先——南方古猿，并不能走得很远，虽然他们已能站立起来，可他们的头颅并不大。大约在200万年前，通过一个飞跃性的进化过程，栖身于林间的南方古猿演变成一个灵巧的靠双足行走、吃杂食、猎杀其他动物的“人”，即Homoergaster，他就是我们最直接的祖先，也许他已彻底变成一个人了。人的大脑容积增加了一倍，但女人的骨盆宽度并未增大。这时，生孩子已经变得十分困难。机械性的约束迫使人类的婴儿比灵长类动物提早来到人世，因为如果婴儿头颅长得过大，便无法通过母亲那狭窄的产道。这就是婴儿提早来到人世的原因，因此才需要得到更精心的照顾。围绕着产期及婴幼儿期哺育，人类社会建立了繁杂的组织结构来应对这种局面。根据某些科学家的研究，人类认知的发展，特别是语言的产生，正是顺应了这种需要，而这种需要本身也是进化的偶然产物[5]。

3. **粉饰事实的艺术**。有一种理论认为，人类进化过程中大脑的进化先于其他器官，史密斯·伍德沃德及其同事正是该理论的追随者。古尔德注意到，他们原来的偏见还不算深，直至动起各器官独自发展的念头，比如“在颌骨尚未经历任何进化之前，大脑竟率先进化成人类的了”！他们明知这是非常困难的，可偏要捏造事实，让事实与理论相吻合。他们认为，尽管“皮尔当人”的头骨有现代人的特色，但仍带着猿猴的特征，假如有人设想这个头骨不过是几年前去世的英国公民，那么这个论断可真是意味深长呀。反过来说，他们把人的下颌的特征嫁接在猩猩的下颌上。这表明连科学家也会受幻觉的摆布。
4. **某些做法阻碍真相的披露**。20世纪初，公众并不能轻易地接触大英博物馆的收藏品。那时的规则是：“只许观看，不许触摸。”在“皮尔当人”事件中，所有的研究人员只能摆弄用石膏制成的模型，在那个模型上，你根本发现不了在牙齿上人工打磨的痕迹，也看不出头骨是否作过着色处理。只是当“皮尔当人”头骨化石交给肯尼思·奥克利看管之后，局面才得到彻底改变，他揭穿了骗局，使真相大白于天下。

大家也许以为，今天的研究人员再也碰不到这类障碍了。然而，即使现在获取信息要比过去便捷得多，可知识的爆炸性增长及知识专业化程度的提高也会使局面变得更加复杂。一位地球物理学家或天体物理学家能在一刻钟之内驳倒休·欧文有关地球膨胀的理论（参见第三讲），但该理论的创造者是古生物学家，他所面对的听众和他一样，缺少“物理学素养”。正如我们在上一讲所看到的那样，物理学家试图验证冷聚变是否有效，却碰了壁，因为他们既不了解电化学，又不知道弗莱施曼和庞斯在玩弄什么把戏。

知识及科学实践的细分使科研领域变得越来越多，但只有一小部分专家能在各科研领域里驾轻就熟。况且，有时甚至连专家也不能完全了解他们本学科的历史。在冷聚变的例子中，道格拉斯·莫里森找到了潘内特和彼得斯过去曾搞过这类研究的证据，但那完全出于偶然。面对这种局面，在实践中能揭穿舞弊及骗局就显得十分困难。我们之所以对古尔德的分析感兴趣，是因为“皮尔当人”事件并非孤立案例，本讲所列举的例子为某种科学描绘出一幅画像：不合理的期望、对荣誉的追求、思想体系的利害关系、偏见、竞争以及经济利益都在驱动这一科学，当然，真正的科研也在推动着科学进步。虽然表面看来这有些令人失望，但科学家确实与埃皮纳尔的画像不相符①，那类画像是学校及媒体描绘出来的（尽管在对各种事件，如发现艾滋病病毒所发生争论做了大量报道的同时，媒体严重地损坏了圣像）。我们应该衷心感谢“皮尔当人”，它至少帮助我们驱散了对脱离事实依据的科学所抱的幻想，也让我们明白，只有生活在理想国度里不食人间烟火的人才会从事这类科学研究。

孟德尔的豌豆和怎样作弊才有益

早在西里尔·伯特之前，遗传学创立之初就曾出现过一个荒谬的舞弊案例。随着时间的推移，历史可以还其原貌。1865 年，达尔文的《物种起源》刚刚问世几年，摩拉维亚的修士格里戈莱格尔·孟德尔发表了他的著作《植物杂交的实验》，在文章中他阐述了遗传定律，至今遗传定律还是以他的名字命名的。大家都知道孟德尔是通过研究豌豆的生物特性遗传规律而发现遗传定律的（在我看来，这是豌豆唯一合乎情理的用途，因为此前从未有人研究过豌豆）。尽管如此，所有遗传学著作都对其中一个细节缄默不语：孟德尔是在实验作弊的基础上创立其定律的！

英国著名的统计学家及生物学家罗纳德·费希尔发现了其中的漏洞。马塞尔·勃朗、乔治·沙普蒂埃和安托万·当尚[6]在合著中写道：“费希尔早在 1936 年就已明

① 埃皮纳尔是法国孚日省省会，18 世纪曾是纺织工业的重镇，许多民俗画家为纺织工业提供美术作品。——译者注

确证明，按孟德尔所给出的统计比例做统计，是无法获得那个结果的，因此也就无法印证以他名字命名的定律的准确性。他的结果与理论预想值太接近了，实验结果本身又太完美无缺，很难让人相信这是真的。费希尔猜想，可能是某个助手知道师傅在等着什么样的结果，从中做了手脚。1965年，另一位英国生物学家阿利斯特·哈迪爵士则设想，也许种豌豆的园丁才是那美妙结果的始作俑者，因为他们知道孟德尔在期待着某种特定的比例，他们看他当面绘出这种比例的图表，当时他们在对豌豆进行计数统计。对园丁来说，按预期目标对样本的统计结果稍加修改是十分诱人的，这样起码可以少干点活儿！”

园艺师通过专业杂志《园艺科学》对这种猜疑进行了抗辩。然而，恰好就是这份杂志刊登的一篇文章对孟德尔提出怀疑，这篇文章将孟德尔遗传定律的发现过程描述得妙趣横生：“最初，孟德尔一个人在苦思冥想。接着，他说道：‘还有豌豆呀，对呀，是有豌豆哇，这真是太妙了。’后来，他就把豌豆撒在园子里，对那些豌豆说：‘快点长出来吧，还要长得多；长得不一样的要分开，还得各自相互协调。’那些豌豆果然就这么长出来了，这真是妙极了。后来孟德尔便把那些豌豆收集起来，将饱满的和干瘪的区分开；将饱满的称为显性，干瘪的称为隐性，这也很好。但孟德尔当时看到的却是450颗饱满的，102颗干瘪的。这个结果不好。因为遗传定律规定饱满的与干瘪的比例应为3∶1。孟德尔自言自语道：‘我的上帝，这肯定是我的对手趁着黑夜，在我的园子里撒下坏种子结出的果实。’孟德尔极为愤怒，拍着桌子，吼道：‘那些可恶的、恶魔般的瘪豌豆，赶紧离我远点，回到黑暗中去吧，去给老鼠当口粮吧！’那些多余的劣种豌豆果然就不见了，结果剩下300颗饱满的和100颗干瘪的豌豆，这下好了，简直是美妙至极。后来孟德尔就把这一结果发表出来了。”

美国科学记者威廉·布劳德和尼古拉斯·韦德在合著的《以假乱真的小鼠》[7]一书中引用了这段饶有趣味的短文，该文的题目是“世上的豌豆”：“要弄清孟德尔到底是故意还是无意识地改变了实验结果，已很难得到明确的答案了，因为一大部分原始数据已不复存在。”其实，孟德尔发表他的论文时，其科研成果并未产生轰动效应。在今天看来，虽然进化学说似乎与遗传学密不可分，但在19世纪却并非如此。达尔文创立了进化论，那是建立在自然选择作用基础之上的理论，他根本不知道孟德尔的研究，也不会去考虑特性遗传那精确的机制。只是到了20世纪30年代，罗纳德·费希尔（与前面提到的费希尔是同一个人）、休厄尔·赖特、约翰·霍尔丹及其他人提出了新达尔文主义，才将达尔文的理论与孟德尔的遗传定律融合在一起。这就是费希尔关注这位摩拉维亚修士的统计结果的原因。

即使无法拿孟德尔最初的结果与他的报告进行有意义的比较，我们当今所掌握的知识也有助于做出可能的假设。孟德尔曾“调整”过他的结果，这似乎更合乎逻辑，因为依赖偶尔的观察去发现他的定律几乎是不可能的。实际上，孟德尔的定律不过是统计定律，用大量的样本是可以对其进行核实的。找到 450 颗饱满的和 102 颗干瘪的豌豆并不一定会导致失误，这大概仅与采样的偶然性有关。要想得到与预期值十分接近的结果，孟德尔应当采用更多的豌豆进行统计（同样，假如拿硬币去猜，你猜上三四次，猜中反面的概率要大于正面，如果让更多的人猜硬币，比如 100 万人，那么猜中正反面的结果会各占 50%，与人们所预料的不相上下）。在实践中，采用当时那种手段，对孟德尔定律进行有效的实验性核实是非常困难的。可以推测，在做实验之前，孟德尔修士已在头脑中勾勒出自己的理论了。因此，他的优点就是绝对相信自己的直觉。不妨设想，要是孟德尔当时更谨慎一些，而且也没有采用那过于完美的结果，情况会怎么样呢……凭着一丝虚情假意，人们可以再次认定舞弊行为大概又为科学尽了力！

保尔 · 卡姆梅勒的产婆蟾

伐木工人会把发达的肌肉遗传给自己的孩子吗？后天获得的特性可以遗传给下一代，这种旧观念一直拥有难以抵御的魅力。动物在其一生中为适应环境做出种种努力，要是能让下一代直接去享用那岂不太神奇了吗？让孩子们一出生便从父母那里获得知识和经验，就像继承父母的财产那样，岂不更好吗？

从传统上讲，这种观念被称为“拉马克主义”，尽管这与拉马克并无任何关联。19 世纪大部分科学家都赞同这个理论。达尔文本人将该理论视为进化的辅助机制，并认为这种机制为自然选择提供了佐证。在 19 世纪末叶的最后几年，正是德国人奥古斯特 · 魏斯曼[①]证明后天获得的特性是不能遗传的，因为我们的孩子只能遗传到与基因有关的特性，而基因是与生俱来的（魏斯曼当时并未采用“基因”和“染色体”这类术语，他当时谈的是具有遗传倾向的“胚质”，但原理是一样的）。自然选择

① 奥古斯特 · 魏斯曼（1834—1914），德国生物学家，主要研究遗传和进化的问题。——译者注

的基本观念是，在某种特定环境下，适应性最强的生物会生存下来，并将基因遗传给下一代，但这并不意味着生存下来的生物的每个特性都是最佳的（参见第三讲）。在此，同我们密切相关而又最重要的是，某一特性起初尚未形成，而且不能指望经过一代便可完成遴选。一种新特性要经过几代的优化才能纳入某一物种的遗传类型。饲养牲畜者对此了解得很清楚，要经过几个世纪才能遴选出品种最优良的奶牛、肉牛和生猪。

虽然牲畜饲养者从达尔文的理论中得到了启发，并且在实践中不断地去观察动物的优胜劣汰过程，但这种观念在 20 世纪初期依然极不清晰（我们权当这种观念如今已经十分清楚了）。拉马克主义的追随者与魏斯曼的支持者仍然在争论不休，维也纳生物学家的产婆蟾也掺和到这场争辩之中，虽然它主要生活在陆地上。尤其值得一提的是，与大多数蛙类或蟾类动物有所不同，产婆蟾是在陆地上完成交配的，而其他蟾蛙则在水下完成传宗接代的使命。作为水栖动物，其他蟾蛙的雄种在前臂和爪子上长着“黑色指垫”，那是带着骨针的隆起物。依照当时占上风的目的论者推理，靠着这个指垫，雄蟾在交媾时就能抓住雌蟾。换句话说，对其他蟾蛙来说，雌蟾那湿漉漉的躯体可能会从雄蟾的双爪中滑脱，就像会滑到浴缸里的小香皂。产婆蟾仿佛是在确认某些功利主义的理论，它确实没长指垫。既然在干燥的陆地上，雌蟾肌肤的附着系数很合适，它根本就不需要那指垫。

卡姆梅勒做了一番十分残忍的实验：他要强迫产婆蟾在水中完成交媾。表面看来，虽然它们没长指垫，但也能顺利完成交媾，正如尼采所言：“天生的自然秩序使然。”据卡姆梅勒称，关键的一点是，即使在恶劣环境中也要完成传宗接代使命的雄蟾竟然长出黑色指垫来！更可贵的是，它们竟把这一特性传给下一代，因此，到了第 5 代，所有的产婆蟾都遗传到了这一后天获得的特性。然而，在此我们注意到目的论者的推理自相矛盾，假如那个指垫只是用来在水中交配，那么卡姆梅勒的产婆蟾恐怕也就得不到后代了。

有一位名叫威廉·贝特森的英国遗传学家，他是魏斯曼的追随者，他与保尔·卡姆梅勒展开了一场激烈的辩论。1923 年，卡姆梅勒将最后一只改良的产婆蟾带到英国。真是一石激起千层浪！勃朗、沙普蒂埃和当尚[8]写道：“卡姆梅勒的拥护者与反对者无法就他们所看到的这只蟾取得一致意见。”因此，在这场争辩中，双方势均力敌，打了个平手。

3 年后，有关当局授权纽约自然博物馆馆长 G.K. 诺布尔去检查那只著名的两栖动物。他根本就没发现黑色指垫的痕迹。相反，诺布尔在将蟾的左前爪解剖开之后发现，有人往里面灌入了墨汁，这大概是为了模拟黑色指垫。1926 年 8 月 7 日，诺布尔将其发现以通讯报道的形式发表在《自然》杂志上。然而，这一事件最终却酿成命案。同年 9 月 23 日，保尔 · 卡姆梅勒自杀身亡，他留下一封信，发誓舞弊行为绝不是他干的。

没有人知道卡姆梅勒到底是不是因这件事而自杀的。20 世纪初的维也纳不仅是现代艺术的实验场，更是凝聚着失望和死亡顽念的地方，许多著名人物都选择在这里命赴黄泉，如赖内 · 马利亚 · 里尔克、阿尔图尔 · 施尼茨勒和斯蒂芬 · 茨威格①等。在《蟾的拥抱》一书中，阿瑟 · 凯斯特勒暗示，对于卡姆梅勒而言，“结束自己性命的决定也许是受一位维也纳女艺术家的影响，她是他的红颜知己，可她又下不了决心跟随他到莫斯科去[9]”。卡姆梅勒确实接到苏联政府的邀请，要他到苏联继续从事获得性遗传特征的研究。

几年后，斯大林政府任命李森科②为“新生物学”学术带头人，新生物学是当时取代魏斯曼资产阶级反动遗传学的唯一学科。至于说新颖的东西，李森科的理论不过是将拉马克主义移植到农业之中。当时苏联政府的指导思想是社会主义科学应将苏联转变成一个富饶的大粮仓。最直接的结果是苏联那个时期最优秀的遗传学家都被投进了监狱，其中最著名的遗传学家瓦威洛夫在 1942 年死于流放途中。

到底是谁在卡姆梅勒的产婆蟾上做了手脚呢？凯斯特勒推测大概是一位纳粹分子从中作梗，设下骗局，好让这位出了名的同情社会主义的学者名誉扫地。要不然就是他的某位同事受无耻的嫉妒心的驱使故意陷害他。最令人遗憾的是，这种嫉妒心态也许没有任何理由。1924 年，有人在大自然中发现了一只产婆蟾，它就长着黑色指垫。因此，卡姆梅勒的产婆蟾也许本来就有指垫，因为物种遗传的远祖特性偶尔会再现出来。在这种假设的局面下，卡姆梅勒的实验其实并没有带来任何新颖的东西，要是产婆蟾能生出一只小鼠来，那才堪称自然界中的奇迹呢！

斯蒂芬 · 杰 · 古尔德则认为，卡姆梅勒无意间做了一次达尔文式的自然选择实验。假定指垫对那些在水中交配的物种确实是一种优点，那么产婆蟾虽是水栖动物的后代，但却渐渐地甩掉了那些指垫。也就是说，远祖的指垫基因依然被保留下来，

---

① 赖内 · 马利亚 · 里尔克（1875—1926）奥地利诗人兼作家。阿尔图尔 · 施尼茨勒（1862—1931），奥地利作家兼剧作家。斯蒂芬 · 茨威格（1881—1942），奥地利作家。——译者注

② 李森科（1898—1976），苏联生物学家兼遗传学家。——译者注

但极少像1924年所发现的产婆蟾那样将其表现出来。卡姆梅勒将产婆蟾投到水里，无形中增加了“淘汰的压力”，好让这种基因得以发展，长着指垫的蟾会受宠。因此，经过几代的遴选，卡姆梅勒大概就这样增加了指垫出现的频次，而在野生物种中，长着黑色指垫的产婆蟾极为鲜见。

不管是墨汁捣的鬼，还是事出偶然，或是出于自然淘汰的压力，反正有一件事是确信无疑的：谁想用卡姆梅勒的实验来论证拉马克主义，那就根本没有任何指望了。

勒鲁瓦神父的鸭子

科学史上不乏充满讽刺意味的巧合。几乎就在卡姆梅勒自杀身亡以及李森科对苏联生物界进行大清洗的同时，美国人托马斯・摩尔根[①]给了获得性遗传论致命的一击。在研究果蝇蜕变的过程中，他在其染色体内发现了基因，这是遗传物质的载体。孟德尔遗传定律不过是抽象的原理，而基因所描述的是生物本质的特征。伐木工人不会将其发达的肌肉传给他的孩子，因为伐树仅锻炼了他的肌肉，并不能改变他的基因。

那么基因是由什么构成的呢？直到1953年，凭借着弗朗西斯・克里克及詹姆斯・沃森的双螺旋结构模型，人们才知道基因是由DNA（脱氧核糖核酸）组成的。克里克和沃森因此获得1962年的诺贝尔生理学或医学奖，而分子生物学也由此而诞生。在接下来的10年当中，分子生物学为生命科学带来革命性的变化，尤其是雅克・莫诺、弗朗索瓦・雅各布及安德烈・利沃夫的研究工作，他们弄清了基因信息的传递机制，因此获得1965年的诺贝尔生理学或医学奖。

就在这决定性时期的高潮阶段，即1957—1960年，“鸭子事件”却闹得沸沸扬扬。这一事件的主角是一位耶稣会教士——又是一位教士！他就是勒鲁瓦神父。他是法兰西学院（位于伊维特河岸吉夫市）生理组织学实验室的研究员。我想明确指出：我绝无任何反对教会的意图，只不过发现教士们都对现代科学非常感兴趣罢了。还是让我们再回到勒鲁瓦神父的话题上吧，在中国居住了很长时间之后——这是与

---

① 托马斯・摩尔根（1866—1945），美国生物学家，创立了基因遗传理论，1933年获得诺贝尔生理学或医学奖。——译者注

德日进的又一相似之处，勒鲁瓦觉得很难融入研究小组。于是，实验室主任雅克·伯努瓦教授交给他一个不起眼的课题，去测试“周六夜晚的设想”，其实那就是略带荒诞色彩的设想，研究人员只是利用闲暇时间对此讨论过一番，根本不拿这个课题当回事。

既然如此，要是往这“周六夜晚的设想”里加点 DNA 的作料，添点获得性遗传特征的调味品，那设想不就有滋有味了吗。给一只动物注射来自异体的 DNA，希望能引起蜕变，让动物将这种蜕变再遗传给下一代，这无异于揠苗助长，但不管怎么说，DNA 不正是遗传物质的载体吗？勒鲁瓦神父对这项实验非常感兴趣。他选取北京鸭的雏鸭来做实验（不知道选北京鸭是否出于研究汉学之需），然后将另一蹼足类动物，即康贝尔鸭的 DNA 注射到北京雏鸭体内，确切地说，就是在雏鸭出生后 8 天至 19 周大时，将康贝尔鸭的 DNA 注射到北京鸭的腹膜内。某天，勒鲁瓦宣布发现了新的变化，在注射过 DNA 的北京鸭后代中，有很大一部分鸭子的嘴巴变成了黑色或粉色，而正常情况下，鸭嘴应当是黄色的，而鸭蹼的颜色也发生了变化。相反，作为实验的对照组群，那些未注射过 DNA 的鸭子身上则未出现这种反常现象。

伯努瓦教授对此现象也很感兴趣，但他极谨慎，他给法兰西科学院寄去一份密件。他预感这有可能成为惊人的发现，但最终还是留了一手，以防备万一这事搞砸了，他难辞其咎。这个赌注可是够大的，假如勒鲁瓦是对的，那么不经过自然选择机制，照样可以改变一个物种。今天，这种可能性已不再是天方夜谭了，各种基因实验能产出各类不同的“人工”小鼠或转基因动物，比如转基因奶羊或山羊，它们所产的奶汁里含有可药性蛋白质。但在 40 年以前，勒鲁瓦的成果俨然就是科学幻想。首先，不管怎么说，他并未做任何基因实验，因为在雏鸭出生后才注射 DNA 同改变胚胎细胞核并不是一码事，改变胚胎细胞核是要将异体基因移植到细胞核内。其次，许多生物学家并不相信拿 DNA 来做实验的可行性。雅克·莫诺在其《偶然性与必然性》一文中曾清清楚楚地写道，这类实验绝对不可能做过，因为 DNA 是无法植入的。在本段故事的后半部分，雅克·莫诺还会露面。

不管怎样，一位分子生物学家也许会意识到勒鲁瓦的结果确有不妥之处。但分子生物学很晚才被引入法国，第二次世界大战之后，曾在美国一所大学里就读的年轻科学家将其带回法国，他们在学习生物学之前都曾学过物理学或化学。比如，1936 年莫诺曾在加利福尼亚理工学院的摩尔根的果蝇实验室里工作了一年。年轻的科学家在大西洋彼岸学成之后便同法国的传统科学界断然决裂，因此在法国生物学界，几代生物学家之间存在着某种冲突。

伯努瓦教授属于老一辈的生物学家，他咨询了许多遗传学家，但没有一个人劝他放弃这项实验。后来，一天早晨，勒鲁瓦神父突然闯进他的办公室，兴奋地挥动着手中的《费加罗报》，报上刊载了一篇文章，称美国的遗传学家为一只鸟注射了 DNA 之后，鸟的嘴巴竟然变了颜色！难道法兰西学院能甘心让美国佬超过去？伯努瓦给《费加罗报》社打了电话。当时恰好是 7 月，报社科技版的编辑休假去了……

由于勒鲁瓦的一再督促，而且时间已显得十分紧迫，雅克・伯努瓦决定将寄给法兰西科学院的密件公布出来。新闻界及相关杂志社都出席了新闻发布会，甚至连那些根本不爱听科学院发布会的报社也派代表前来参加。到底是谁通知了他们呢？《费加罗报》的原始消息又是从哪儿得来的呢？当伯努瓦最终与该文作者联系上时，作者竟称他把美国遗传学家同位于伊维特河畔吉夫市的实验室的人搞混了，这真是令人遗憾。这也太离谱了。最有可能的情形是，媒体的假消息就来源于勒鲁瓦神父。但伯努瓦教授是个正直的人，同时他的固执己见也害他吃了苦头——他绝想不到一位教士居然也能撒谎。凭着这种绅士风度，他固执地袒护其下属，尽管科学界在不断抨击这一事件。

这一事件很快便引起各方的抨击，尤其是媒体，更是火上浇油、肆意渲染。况且，法国国家科学研究中心曾给伯努瓦教授一大笔贷款，要他在吉夫市建立一个养鸭场。这让一部分人嫉妒得咬牙切齿，有些人甚至还着急上火得了痔疮[10]，说实验是在弄虚作假的风言风语已流传开来。雅克・莫诺呼吁让一个调查委员会介入，结果委员会调查后得出结论，宣布实验结果是错误的。依照绝大多数成员的意见，委员会决定勒令实验停下来。

这件事到此本来就该结束了。但雅克・莫诺显然是想清算旧账，他坚持要在道义上对伯努瓦教授进行谴责，在他眼里，教授应对那“轻率的决定”承担罪责。莫诺完全可以表现出强硬，甚至十分严厉的态度，尤其是他觉得科学遭到了亵渎（或至少他是这么认为的）。他之所以对“周六夜晚的设想”抱着如此苛刻的态度，恐怕是因为他坚信某一动物的基因是不能靠人工来更改的。尽管如此，委员会拒绝在道义上谴责伯努瓦教授，这让莫诺感到非常气愤。尽管如此，鸭子事件还是给伯努瓦教授的职业生涯带来了不利的影响。他好几次都被“挡”在法兰西科学院的大门之外，过了很久，他才当选科学院院士。

至于勒鲁瓦神父，他却上了各大报纸的头版，这些报纸大篇幅地报道这位有信仰的生物学者的文章。在调查委员会主任的一再督促下，直到省耶稣会会长明白地告诉神父该住手了，他方才罢休。在两个小时之内，问题就解决了，勒鲁瓦不再向任何报社投稿。

然而，整个故事最令人难以置信的是，勒鲁瓦在实验中并未作弊！但经他处理的鸭子确实与对照组的鸭子有所不同。这怎么可能呢？最合乎情理的解释是，这与勒鲁瓦所挑选鸭子的产地有关——鸭子来自都兰地区的一家养殖场，而饲养员在选种时也会依照自己的标准，未经驯化的北京鸭有时会自然生成黑嘴或粉嘴，但饲养员只把黄嘴的留了下来，其他的就淘汰了。

在实验过程中，被留下来的黄嘴鸭子的隐性特征又重新反映在经勒鲁瓦处理过的鸭子身上，这个结果与注射 DNA 毫无关系。那么同样的结果为什么没有出现在参照组的鸭子身上呢？也许勒鲁瓦是直接从饲养地买过来的，而经过处理的鸭子从实验一开始就待在实验室里。勒鲁瓦神父犯了一个方法上的错误：他拿经筛选过的种群（即从饲养地直接引进的），同未经筛选的种群（即被注射 DNA 的鸭子）进行了比较。

上述有关鸭子嘴的科学事实此前没有人提到过。假如伯努瓦教授能认清这一点，那也就不会有“鸭子事件”了。最优秀的科学家也有可能被某种“假象”所蒙蔽，也就是说，一个平庸的结果如果没有引起足够多的注意，就有可能将观察引入歧途。勒鲁瓦方法上的错误迫使他的上司将一种假象理解成某种真实的现象。总之，雅克·伯努瓦并未操纵科学事实，但他却被科学事实耍弄了，总以为自己会有惊人发现的愿望则起到了推波助澜的作用。

德加金的异常水

在勒鲁瓦和伯努瓦遭受败绩之前，科学家受蒙蔽的先例不胜枚举，而其中的一项实验在冷战时期曾在美苏两国之间引起不安。1954 年，苏联化学家德加金在法拉第学会上做报告。他在报告中宣布，在对玻璃细管内的水蒸气进行冷凝的过程中，他获得了一种液体，其性质非常奇特。这种“异常的水”比正常水的比重几乎大 1.5 倍。它在 -40 ℃时才结冰，在 400 ℃时才沸腾。它的折射率要远高于水的折射率，它的黏稠度也不同，还有其他一些特征。这些特征似乎表明德加金成功地将水“聚合”了，由此产生的水分子链与有机聚合物的分子链相类似，换句话说，就是同塑料类似。

美国国防部非常重视这一事件。经过聚合的水难道不是可以用来为东方国家提供新的武器吗？然而，恰好就在此时，一本科幻读物[11]描述的恰好是这种场景，这个巧合真是令人感到吃惊，在一场战争中，有一种武器占有绝对优势，其原理与经过聚合的水竟然极其相似！美国的战略家投入大笔资金，以便能得出与德加金所做实验相同的结果。好几家实验室确认了这一发现，其中包括联合利华公司的实验室。但有些科学家却对实验结果的有效性提出异议。在水的物理化学特性研究领域中，最著名的专家就是英国人伯纳尔，他一直支持德加金的发现。然而，伯纳尔从不掩饰自己对苏联的好感。

局势一直不明朗，直到人们最终发现被聚合的水不过是硅胶而已！当水蒸气通过玻璃细管时，它将贴在玻璃细管壁上的微粒子也一起带走了，那些细管特别细，直径不超过几微米。德加金将这样产生出的混合物当作水的新形态了。这位苏联化学家曾勇敢地发表了一篇文章，详细描述了这个“杰作”的实验过程，而正是这项“杰作”在很长时间内嘲弄了一大批杰出的科学家，让美国的纳税人白白损失了那么多血汗钱。

沃尔特·斯图尔特揭穿“恐黑症”

我们在第三讲里提到过沃尔特·斯图尔特，他在水的记忆那一事件中创下了“追查舞弊者”的好名声。他是科班出身的化学家兼物理学家，毕业于哈佛大学，人长得很魁梧，说起话来嗓音洪亮，语速极快。他被指派到美国国立卫生研究院的监督与调查委员会工作，该委员会位于华盛顿（美国国立卫生研究院由许多研究所组成，分布在美国各地，全美国有关生物学及医学的公共研究工作都划归在该院的管辖之下）。实际上，他和朋友奈德·费德尔近几年来一直在从事一场名副其实的捍卫科学纯洁性的运动，有条不紊地揭露科学界出现的各种谬误、舞弊或“不良行为”。

1972 年，斯图尔特便在这个奇特的专业领域里初试牛刀。当时，得克萨斯州的一位生物学家声称自己发现了一种蛋白质，它能将某一动物的知识传给另一动物，这一发现真是令人难以置信！这比获得性遗传还厉害，因为“受益者”甚至根本不必是“施恩者”的子孙后代。有一项实验兴许会让碧姬·芭铎①恼怒不已，但却支持了这个“论证”。实验者将一只老鼠关在黑匣子里，然后给它放电。老鼠将放电的感受与黑暗联系在一起，像小孩一样对黑暗产生了恐惧感。一旦老鼠接受了这种“训练”之后，实验者就把它杀死，这老鼠确实没有理由不感到恐惧了，接着再把那了不起的蛋白质从它身上提取出来，还巧妙地给它冠以“恐黑症”的名称，这个词是从希腊文“skotos”（黑暗）及“phobos”（恐惧）派生出来的。据得克萨斯州的这位研究员称（其实他的名字早已被“黑暗”淹没了），假如把那恐黑症的蛋白质注射到另一只小鼠身上，那么这只小鼠马上就会表现出特别害怕黑暗的样子，根本不需要对其进行训练。总之，这只小鼠从同类动物身上直接“获取”了前一只小鼠后天所获得的特性。

这项实验不禁让人想起法国综合工科学校一位学生的逸事：他将一只跳蚤的6只爪子剪掉后，让跳蚤接着去跳，但却发现这小虫子一点反应都没有，于是他在自己的记事本上写道：“将跳蚤的爪子剪掉之后，它就变聋了。”不管怎么样，在对实验数据进行分析之后，斯图尔特还是意识到，实验结果是“筛选”过的，以便让初始的假设更具说服力。得克萨斯州那位生物学家只将对其有利的数据保留下来，在这方面他有点像孟德尔。为了进一步摸清事实，斯图尔特选了一种与恐黑症毫无任何关联的化学产品，按生物学的方法去试制，最终获得了同样的结果。原实验什么也不能证明，不论拿什么样的材料做实验，均可得出同样的结果。约翰·麦道克斯后来解释说：“把得克萨斯州那位生物学家的文章刊登在《自然》[12]杂志上，同时配发了斯图尔特的反驳性论文，斯图尔特的檄文比正文要长两倍，从此再也听不到有人说‘恐黑症’了。”

萨默林的“染色移植术”

1973年，美国免疫学家威廉·萨默林将其惊人成果公布于众，他成功地将白鼠表皮移植到了灰鼠身上！正常情况下，这类移植手术会引起排异反应，所以往往都以失败告终。做心脏或肾等器官移植的专家都知道，只有在克服排异反应之后，接

① 碧姬·芭铎，20世纪60年代在法国红极一时的性感影星，后来致力于保护各种动物，是著名的动物保护主义者。——译者注

受移植手术的病人才能活下来，克服排异反应的方法就是要降低免疫系统的防御能力，比如使用环孢子药（见第四讲）。这样便会引起移植手术中常见的并发症，病人抵御感染及肿瘤的能力就会大大减弱。

然而，萨默林却声称，假如在移植之前，先将要移植的表皮在培养液中作培养，即便不采用免疫抑制剂治疗法，这些表皮也不会产生排异反应。因此，在灰鼠植过表皮的部位，毛色便呈白色。萨默林还试图将一位白人妇女的皮肤移植到一个黑人身上。这种成果一旦得到确认，将会给严重烧伤的病人带来康复的希望。

令人遗憾的是，萨默林并未成功地再现第一次实验所获得的成功，他在作弊时被抓了个正着。这样一来，他所描绘的巨大希望顿时化为泡影。1974 年 3 月 27 日夜，人们发现他正专心致志地用白色染色剂为灰鼠染色呢。科学界对他这种染色移植术极为愤怒，并将他逐出科学界。萨默林不但丢掉了饭碗，还落得个身败名裂的下场。

这样，大家也就无法准确地知道他那首次实验的结果是怎么搞出来的，好像那次实验他并没有作弊。有一种并未得到确认的解释说，灰鼠身上的白毛与移植本身无关，而是表皮在受植鼠身上发生反应的结果。不管此说是真是假，它无论如何也不会给植皮术带来革命性的变化。

卡尔·伊尔曼西与克隆的最初尝试

20 世纪 80 年代初，伊尔曼西事件引起轩然大波，它所涉及的领域比萨默林的领域还要敏感，即对哺乳动物进行克隆。自从苏格兰罗斯林研究所的克隆羊多莉在 1996 年 7 月 5 日诞生之后，人类通过遗传技术对生物进行复制的设想已不再是科学幻想了。从遗传学上说，多莉就是它母亲的翻版，这又提出恋母情结的问题，它所开创的前景令人担心，阿道斯·赫胥黎在《美丽新世界》一书中对那种前景做过详细的预测性描述。然而 20 年前，这一前景似乎还显得十分遥远。即使那时人们已经知道如何克隆青蛙，但任何人也拿不出一种可靠的技术来克隆哺乳类动物。

1981 年，日内瓦大学的生物学家卡尔·伊尔曼西在颇有影响力的《细胞学》杂志上发表论文，声称采用克隆技术让 3 只幼鼠降生于世，他的这篇论文立刻引起轰动。现在回过头来看，那纯粹是虚张声势之举。任何人也无法再现伊尔曼西的克隆实验，而他自己也没有再去吹嘘新的创举。况且，1983 年 1 月，三位合作者中的生物学家克劳斯·伯基公开指责他作弊，他就更吹嘘不起来了。“可以说这是一种非常严重的舞弊行为，他从来没有做过这类实验，却将结果公之于众。”马蒂娜·巴雷尔[13]在《研究》杂志上这样写道。事实上，大家并非在指责克隆技术本身，而是在指责伊尔曼西于1982年单独完成的一些实验。然而，这些实验所采用的技术与他克隆出幼鼠的技术如出一辙。

在揭发上司的舞弊行为几周之后，伯基向日内瓦大学校长提交了一份证据确凿的报告，这份报告原本是写给卡尔·伊尔曼西的。与此同时，当事人在三位“朋友”的胁迫下签署了一份声明，在声明中他承认篡改了1982年的实验记录。1984年2月15日，一个调查委员会得出一个模棱两可的结论：没有明显证据证明有舞弊行为，实验却不乏谬误及矛盾之处，这一系列谬误“对实验结论的有效性提出严肃质疑，以至于他所做的实验在科学上没有任何价值”。即使实在避不开作弊的丑闻，也要给这桩丑闻蒙上一块遮羞布。

卡尔·伊尔曼西过去一直被人视为“金手实验师”，既然实验那么难做，况且谁也没有成功过，那么怎样才能知道他是否真的做过首次实验呢？这个问题今天看来已经不合时宜了，因为在伊恩·维尔穆特的领导下，罗斯林研究所的研究小组已表明，采用克隆技术是可以克隆出绵羊的，克隆所采用的细胞取自一只成年绵羊的乳房（尽管如此，我们还是注意到，苏格兰的研究人员并未再次实现这个创举）。其他研究小组，包括让-保罗·勒纳尔领导的全法农艺研究所小组，都成功地进行了克隆实验。实验结果证明：所有结果都是偶然的，失败率非常高，因此，从经验上看，这也给卡尔·伊尔曼西的辩白提供了论据。有关这个话题最明智的评论刊载在《晚间新闻报》上，报纸刚好就克隆羊多莉的诞生编写了评论：“不管怎么样，那些绵羊都长得一个模样，克隆它们又有什么意义呢？”

哈佛大学的舞弊案

就算卡尔·伊尔曼西并未不择手段地捏造实验结果，但达尔希事件肯定是另一码事。沃尔特·斯图尔特和奈德·费德尔受命调查这一事件。那是1981年的事了，这一事件的主角名叫约翰·达尔希，是一位年轻医生，当时年仅33岁。他是美国心脏病领域权威人物尤金·布朗沃尔德的得意门生。布朗沃尔德是哈佛大学波士顿医学院的主任医师，他领导着两个实验室，所能支配的预算高达300万美元，是由美国国立卫生研究院提供的，而他的门徒达尔希则以高产蜚声于美国医学界。1978—1981 年，他自己执笔或与他人联名在一流杂志上共发表了 18 篇论文及 100 多篇各类学术报告，都是有关心脏病学临床或实验的论著。布朗沃尔德还打算将一个独立的实验室交给他管理。“在波士顿生物医学领域学科研究激烈竞争的环境下，这么年轻便取得如此瞩目的成绩，他的前途一片光明。”威廉·布劳德和尼古拉斯·韦德在合著的《以假乱真的小鼠》[14] 中这样写道。

但金无足赤，人无完人。1981 年 5 月的一个晚上，达尔希正在作弊时被同事们逮了个正着（看来，科技界的舞弊事件常常发生在日落之后），他正设法拼凑一项实验的所有数据，这项实验是为他下一篇论文做准备。达尔希对天发誓这是他第一次干这种龌龊的勾当。但调查委员会的三个调查证实，此前绝大部分数据也都是他凭空捏造的，而他的 109 篇论文都是以这些数据为依据的。

坦率地讲，调查并未大张旗鼓地展开，哈佛大学的领导层并不急于揭露这桩舞弊案。大家对此只能深感震惊，因为舞弊行为所涉及的领域极为敏感：那是在心脏病发作之后，看用于恢复心脏官能状态的治疗手段是否有效。达尔希虽然被解除了职务，但依然获许继续进行研究并发表论文，好像什么事也未发生过！“1982 年，在达尔希伪造数据被现场擒获一年之后，哈佛大学医学院始终没有对舞弊行为做出定论，也未将结果公布于众。”布劳德和韦德写道。

在对整个卷宗进行严格审查之后，沃尔特·斯图尔特及奈德·费德尔发现多篇论文中均有明显的错误，他们不禁纳闷，这些错误怎么躲过合著者及审稿人那挑剔的眼光的，怎么从发表其论文的出版商眼皮底下漏过去的呢。我们不妨从那些荒谬的错误中举一个最明显的例子，有一篇论文发表在《新英格兰医学杂志》上，该文描绘出一个家族的遗传图谱，这家人的好几个成员均患有罕见的心脏病。这幅图表明，一个年仅 17 岁的大男孩居然已生育了 4 个孩子，他们分别为 8 岁、7 岁、5 岁和 4 岁 [15]……这位年轻的父亲真值得好好研究，但研究的角度可不是心脏病，而是他那超凡的生育能力！“这么奇怪的事本应让人对全文的可信度产生怀疑，但无论是合著者还是审稿人，居然没有人提出任何问题。”斯图尔特和费德尔已经注意到这一点，他俩就这一事件撰写了一篇很长的檄文 [16]。

斯图尔特和费德尔还做了统计，在达尔希的 18 篇重要论文里共出现了 221 处错误或不合逻辑的地方，平均每篇论文的不准确之处竟有一打之多！有一篇论文堪称创下了谬误之最，竟有 39 处错误！更有甚者，当斯图尔特和费德尔发表他们的文章时，即在舞弊案被揭穿 6 年之后，达尔希的某些错误论文竟然还常常被人引用呢。

就科学论文的可靠性而言，至少在竞争激烈的医学领域，这两位“追查舞弊者”的调查结果发人深省。生物医学类报纸杂志有 1 万 ~ 1.5 万种，每年发表的学术文章达 100 万份！如果用医学界常用的话来概括这种过度膨胀，那就是“要是你没发表过论文，那就死定了”，这恰好暴露出全球医学界的通病。斯图尔特和费德尔对此得出结论，它不啻为一则警告：“科学界对科研活动有自律能力，但科学家对此表现得过于自信。自律虽说是一种能力，但在实施过程中应当既严格又谨慎，否则这种能力就有可能丧失殆尽。”

这两位追查舞弊者在科学界并未得到人们的尊重，这是必然的结果，但约翰·麦道克斯对他俩却极为敬重：“斯图尔特和费德尔的做法确实令一些人恼怒，其中有许多原因，这不仅因为他们并未取得过重大的科研成果，还因为他们自认为是捍卫知识纯洁性的卫士，更因为他们对同行所抱的那种吹毛求疵的态度。但自从斯图尔特同本社（《自然》杂志）建立长期合作关系以来（这种合作关系可以追溯到 1970 年，费德尔也是同本社结谊很久的朋友），我们对他俩最不满意的，就是他们的文章写得太长了[17]”。

一位诺贝尔生理学或医学奖获得者的“不良品行”

从科研机构所起的作用这一视角来看，巴尔的摩事件是一场带来严重后果的论战。斯图尔特和费德尔参与了对这一事件的调查。巴尔的摩事件在 1988 年闹得沸沸扬扬，又恰值水的记忆事件爆发之际，因调查水的记忆事件，斯图尔特在法国名声大震，当然这里面还有其他原因。戴维·巴尔的摩是怀特海研究所所长，该所隶属于著名的麻省理工学院，此外，他还是美国生物学界德高望重的人物。他为发现逆转录酶做出过杰出贡献，于 1975 年获得诺贝尔生理学或医学奖，是最年轻的获奖者之一。这种酶可以使逆转录病毒（如艾滋病病毒）融入细胞的 DNA 中。然而，就是这位令人景仰的人物却涉嫌“包庇”一场舞弊案。

这一事件极为错综复杂，起因是《细胞学》杂志于 1988 年发表了一篇学术论文[18]，是巴尔的摩与他人合作撰写的。这篇论文报道了对小鼠所做的实验，这项研究代表了一种重要的科研趋势，即要弄懂哺乳类动物深层次的免疫机制。当时，有一位名叫玛戈·奥图尔的年轻生物学者，刚刚取得博士学位，到怀特海研究所实习，在今西加里实验室里作博士后研究。她所研究的项目正是《细胞学》杂志上所报道的课题，但她很快就意识到这里面有问题，因为论文的主要结论与支撑结论的数据不符。

玛戈·奥图尔将此问题反映给课题研究主任，并告诉了其他有关的科研人员。结果她的意见竟然遭到了拒绝。这件事渐渐被捅到了巴尔的摩那儿。这位大人物盛气凌人，告诉她最好少管别人的闲事。玛戈·奥图尔对此非常失望，便去找斯图尔特。她将 17 页原始数据交给斯图尔特，而那篇有问题的论文所采用的就是这些原始数据。斯图尔特以一贯锲而不舍的精神对这些原始数据做了严格核查，费时 3 个月才完成。1989 年 4 月，当我就这一事件采访他时，他对我说："我相信那篇文章的主要结论是不正确的。原始数据的错误与巴尔的摩无关，但他后来却在极力掩盖那一错误。玛戈·奥图尔指出原始数据的问题，但没有人去修正那些错误，他们反而告诉她，她无权提这样的问题。有人甚至在想方设法恐吓她，这真是荒唐。她不仅有这个权利，而且还有这个义务……"

斯图尔特接着说："1986 年，我们去拜访巴尔的摩博士，要他对此做出解释。他的答复（我们把谈话过程录了下来）带着不屑一顾的口气，甚至还威胁我们。我们给他写了信，告诉他这不是解决问题的好方法。只不过他这个人权势太大了，我猜想很多人都怕他，因为他在政界的关系可能会影响他们的职位。"

能否避免希腊式悲剧？

沃尔特·斯图尔特继而解释说，他曾试图就这一事件发表一篇文章，但却遭到约翰·麦道克斯的拒绝："这并不意味着麦道克斯也要看他人的眼色，他是所有出版商中最具独立性的。我的工作本来就不是一件好干的差事。质询那些赫赫有名的科学家是非常困难的，你会碰到强大的阻力，阻力之大让人感觉很不舒服。我倒宁可去报道正面的题材，但现在这方面的工作总得有人做。对我来说，一位科学家因为手中有权便去威胁他人，这是绝对无法接受的。特别是这种事发生在美国，就更让人无法接受了。"

这段让圈外人乍一看很难理解的故事却演变成轰动全美国的丑闻。一个由众议员约翰·丁格尔领导的委员会受命来审议这个问题。问题的焦点是裁定科学界是否可以继续"自律"。再不然就要靠科学界之外的体系来监督科学家，比如让议会去作裁定。你不妨去试想，在法国让一个由议会指定的委员会对全法国科学研究中心或全法国保健和医学研究所的科研活动进行监督会是什么样子。

约翰·麦道克斯发表了一篇社论，标题极具震撼力：“人们能否避免古希腊式悲剧呢？”，他在社论中基本上认定自律机制是最不完善的体制，就像当年丘吉尔认定民主制度那样。麦道克斯担心对巴尔的摩事件的处理会矫枉过正，严守法规的狂热情绪可能会让生物学中最有前景的领域陷于瘫痪，而严守法规的狂热是美国人出了名的乖戾举止。麦道克斯写道：“解决这一可悲事件（甚至从多视角来看是丑闻）的灵丹妙药，既不能靠奈德·费德尔，也不能依赖沃尔特·斯图尔特；既不能靠玛戈·奥图尔，也不能指望戴维·巴尔的摩，或仰仗约翰·丁格尔，虽然大家对他十分尊重。科学界应当学会与科学文献中所出现的明显缺陷理性共存……人们羞于就巴尔的摩事件表达自己的看法（将此说成事件也是不准确的）。难道他们不应该说出自己认为是事实真相的东西吗？他们不应害怕失去朋友，不应害怕因恐吓他人而受法庭起诉……作为最后的解决方案，议会以仲裁人的面目出现，难道这样就行了吗？”[19]

在挖掘真相及认清真相方面，大家只能认同麦道克斯的立场。将政治权力与科学权力分开似乎是最基本的条件，以确保真正意义上的科学研究得以展开，同时也是在维护民主的基础。从另一方面来看，针对政治权力的新闻自由也是民主社会不可分割的一部分。

但有些话不吐不快，还不待走出自己的玻璃房子，约翰·麦道克斯就朝政界的花园里扔了一块石头。科研自律意味着研究人员以及发表科研成果的人员应当一丝不苟地遵守科学精神及追求，科学界的人很难要求政治家及媒体去尊重他们的专业性及自主性，即使与此同时他们也在搞政治，也在制造耸人听闻的新闻报道。然而，这种事现在是越来越多了。而那些大牌的杂志，尤其是《自然》及《科学》杂志，也在助长那些“科学文献中所出现的明显缺陷”。约翰·麦道克斯所撰写的那篇“古希腊式悲剧”的社论就发表在雅克·邦维尼斯特在《自然》杂志上公布其稀释液成果的同一期上！显然，纵观整个水的记忆事件，麦道克斯一直没有认真看待邦维尼斯特的研究。从科学角度上看，他这样做也许不无道理，但人们不禁要琢磨，他给邦维尼斯特留出那么多的版面究竟出于什么动机，与此同时，那么多科研人员要等上几个月或几年才能将自己的成果刊载在《自然》杂志上。其实，在众多科研人员看来，麦道克斯肯定也是想制造“爆炸性”的新闻。

即使这不是他的唯一动机，著名科学杂志的发展趋势无疑也是希望扩大其影响力，以便能“吸引”更多的读者，而不是局限于专业人员。然而，问题的焦点是，普及科学知识的过程是否值得信赖。自 1988 年起，巴尔的摩被消除了罪名，丁格尔领导的委员会的调查也停了下来，没有人再提追查舞弊者了，受人尊敬的约翰·麦道克斯拿着优厚的俸禄退休了。通过大众媒体宣传科研成果已是大势所趋，媒体的影响力在日益增强，由媒体提出的问题比以往任何时候都更具有现实意义。女记者纳塔莉·勒维萨勒阐述了著名杂志今后的发展趋势，即杂志是在“卖科学”：“请看这个月（2000 年 9 月）出版的杂志。英国的《自然》杂志刊载了一篇有关幼鼠体态因母鼠年龄不同会出现差异的文章。而它的对手，美国的《科学》杂志则登载了一篇有关酶的文章，这种酶可清除与染色体密切相关的蛋白质。这样的题材真的让人兴奋不起来。相反，这些杂志向全球记者散发的新闻公告却被精心编辑过，因为前一篇文章的题目是‘完形的婴儿？’，后一篇文章则冠以‘重换细胞核以做克隆’的标题，而原来那篇文章的主题就变得面目全非。将第一手材料的科学数据转变成各大报纸的标题，这也许是科学、媒体及社会之间新型关系的最显著特征。”[20]

与其他事件相比，艾滋病病毒事件则体现了各种形式的混乱局面，而这些混乱的局面正是以上描述的新型关系所引发的。就发现病毒所产生的争执只是为外界所熟悉的一面，它不过是一团乱麻中的第一个线头而已，而舞弊行为、谎言、势力网、政治战略、行业利益及民族主义全都纠缠在这堆乱麻当中，在那里唯独找不到科学的位置。这场悲剧——或称这场“古希腊式悲剧”最终成为 20 世纪最大的科学丑闻，我们应当单独为它开设一讲。

练　习

1. 设想一项实验，然后做这项实验，实验的内容是将鸭子的三只爪子砍掉。为了更能说明问题，实验要用许多不跛脚的鸭子。
2. 这项实验怎么能证实获得性遗传特性呢？

   答案：受过虐待的鸭子后代只有两只爪子，这证明传统科学阴谋制造的外部干预改变了蹼足类动物的遗传特性。
3. 做一系列实验，以测量电子电荷（原理是将若干滴油放入电场内，接着确定让油滴能悬浮在电场内的电子电荷数值）。鉴于每次实验结果的数据会极不相同，你会注意到有些实验与理论相吻合，而有些实验却与理论相差甚远。起草一篇论文，接受所有的数据，并对数据的优劣做一番评论。将你的论文推荐给《自然》杂志，这篇论文会被接受吗?

4. 同样的练习，但不要提供所有的数据，要选用那些“好的数据”（即同理论相吻合的数据），将其他数据忽略掉，那是实验失误造成的。当你获得相当多的“好的数据”时，再给《自然》杂志写一篇论文，标明电子电荷的准确数值，但千万别透露你也曾有过“坏的数据”。这一经典结果让你赢得同仁的敬意并获得了诺贝尔物理学奖。

说明：这个练习是由美国物理学家罗伯特·密立根①首次做出的，他因确定基本电荷而获得1923年的诺贝尔物理学奖。密立根也就成为当时最著名的科学家之一。在他去世后，科学史学家杰拉尔德·霍尔顿发现密立根对自己的数据做了筛选，在他的笔记本上，人们发现有些评语就写在实验结果的旁边，如“太妙了，肯定能发表，漂亮！”或者完全相反的评语：“数值太低了，肯定有不对的地方。”[21]

① 罗伯特·密立根（1868—1953），美国实验物理学家，因测定电子电荷以及光电效应，包括著名的油滴实验，而获得1923年诺贝尔物理学奖。——译者注

第六讲　历史，任由你去重新编写

1985 年 5 月的一天下午，风和日丽。我坐在达喀尔地中海俱乐部的游泳池旁，只穿着一条湿漉漉的泳裤。西下的夕阳已很难把泳裤晒干，浑身也凉得发抖。最理智的做法是赶紧跑回房间去换衣服，但手头的工作迫使我不得不留在这儿：我正忙着将罗伯特·加洛教授的话匆匆记下来，他是美国国家癌症研究所（隶属于美国国立卫生研究院）的研究人员，是艾滋病病毒的发现者，但大家对此颇有争议。我和他谈了很长一段时间，双方也都很客气，尽管话题有些微妙，因为就病毒发现者的资格而言，争执已初露端倪，加洛和吕克·蒙塔尼耶教授领导的法国巴斯德研究所科研小组都声称自己是病毒的发现者。

我得到采访加洛教授的机会得益于“非洲癌症病毒”研讨会。这次会议是在非洲达喀尔由法国癌症研究协会举办的，该协会的主席是雅克·克罗兹马里。他后来因侵吞公款而身败名裂，甚至还惹上了一身官司。有些记者已经在向他发难了，但我得承认，我并不在此之列——1985 年时我还十分幼稚。一个公益组织竟然将捐赠者的捐款揣进自己的腰包，真是出乎我的意料，因为许多医生及著名的科学家都加入了这个组织。《世界报》医学版的编辑委婉地说，达喀尔的研讨会并未让法国癌症研究协会破费很多资金，协会募集到的资金也并未完全用于科学研究，读到这条消息后我才幡然醒悟。10 年之后，我为《新观察家》杂志调查此案，发现克罗兹马里将本应用于癌症研究的捐款投到蓝色海岸[①]去搞房地产，以图获取更多的利润。当然他还有其他该受谴责的举动，但这是另外一个话题。尽管如此，我们在后文将会看到，克罗兹马里也于 1986 年介入法国巴斯德研究所的艾滋病病毒事件当中。

1985 年，我虽然很幼稚，但并不认为科学家可以自由地取舍实验数据。理想科学与现实科学之间的差距提出了认识世界的问题，我对此很感兴趣。在这一点上，

① 法国地中海沿岸地区，是风景秀丽的旅游胜地。——译者注

对艾滋病的研究则提供了新的探索领域，况且这种疾病对社会的影响极大，研究成果也就更加令人振奋，无疑它还是“再造历史”的惊人典范。1983年，法国巴斯德研究所的研究人员鉴别出一种病毒，称为“拉夫（LAV）”，当时被认为有可能是艾滋病的病原体。接着，到了1984年，罗伯特·加洛宣布发现了HTLV-3病毒，他以肯定性的口吻说明它就是艾滋病的病因。但事实很快就证明，这两种病毒其实就是一种。自1984年夏季起，罗伯特·加洛的小组与法国巴斯德研究所的研究人员的关系就变得非常紧张。1985年1月末，“拉夫”和HTLV-3的遗传序列分别发表在《细胞学》和《自然》杂志上，前后只隔了3天，它们的相似性引起法国人的怀疑。[1]即便这尚未让人即刻联想到欺骗行为，但法国人要讨回发现者头衔的决心已定。鉴于我同法国巴斯德研究所的关系，我很重视他们的观点，但我同样非常想了解其对手的观点。

艾滋病：病毒之战

正是抱着这个想法，我来到达喀尔参加那次研讨会。除了罗伯特·加洛之外，参加会议的其他美国代表也都和他很熟悉。其中有麦克斯·埃塞克斯，他是研究猩猩艾滋病的专家；还有比尔·哈兹尔廷，他是哈佛大学的教授，后来创立了一家生物技术公司，成了百万富翁。地中海俱乐部的气氛极为轻松，当时尚未到旅游旺季，游客并不太多，这有利于与会代表直接及非正式的接触。哈兹尔廷头戴一顶十分有趣的草帽，在游泳池旁边安营扎寨。他露出一副知心人的样子，对我说：“蒙塔尼耶是一个小酒鬼。”虽然他口音很重，但他说的法语还可以听得懂。他这话显示出当时同加洛合作的研究员与法国科研小组之间的关系。

我和加洛会谈时，双方的语气都极为真诚。这位美国病毒学家给我留下很好的印象，比我所料想的要好得多。鲍勃①·加洛很有魅力，讲起话来滔滔不绝。他有抓住听众注意力的天赋，不时在讲演中添点极富说服力的逸事，并且往往会出乎意料地转移话题。他知道如何避开能让他陷入窘境的问题，手法之巧妙，让人觉得他就是在回答这个难题，其实他是在谈论别的事情。

加洛一开始便发表了一通义正词严的声明：“医学是全球性的，美国在科学上

① 罗伯特的昵称。——译者注

不搞大国沙文主义。”他首先认为自己只是衷心想推动科学进步的学者，而不想成为大众媒体的明星，也不想成为引人注目的风云人物。听他这番话，媒体围绕着艾滋病所做的过分宣传似乎让他感觉很不舒服（然而他却在组织宣传上出了不少力）。他并不否认法国人在他之前已将病毒分离出来，但他强调恰好是他首先证明 HTLV-3 病毒就是艾滋病的病因。在他看来，这是关键性的一点。在说了很多题外话之后，他又说，我们之所以能默契配合，是因为我们有共同的拉丁祖先（加洛的祖籍是意大利），进而明确说明他那全球性的观念："你们法国人有悠久的历史、灿烂的文化，还有闻名天下的美食，还是把科学让给我们吧！"

我带着某种强烈的反差印象告别了罗伯特·加洛。他并不是某些媒体所描述的那种"恶人"，但他的有些话语气很傲慢，听上去让人感觉很不舒服。美国的大国沙文主义不亚于法国，或者说至少是旗鼓相当。接下来发生的事则非常不幸地印证了这一点。现在回过头来看时，有关艾滋病的研究竟然掀起那么大的民族狂热，我们不由地感到十分震惊。除了狂热之外，还有竞争与利益的冲突，这与罗伯特·加洛所提到的全球性理想格格不入。这番争吵给医学进步、给艾滋病患者的命运带来严重的影响。加洛与蒙塔尼耶之间的争执并不仅仅是一场纯粹以科学为焦点的辩论，这场冲突已突破科学的范畴，从某种意义上说是血液污染事件的源头。

这场"专利权之战"延误了对法国献血者血液实施检测的举措，据估计这一举措至少延误了 3 个月，在这段时间内，在法国因输血而引起的感染约为每周 100 例。大约有 1 000 人因输血受到感染，要是能早些实施检测的话，这类感染本来是可以避免的，但为了确保法国血液检测领域的产业利益，有关方面并未及时改正，因而让那么多人遭遇了不幸。这个客观事实是可以核实的，有经过认证的文件及确凿的调查数据为证，然而这一事件中的某些当事人却矢口否认。实际上，正是他们在心知肚明的情况下，写下了科学史及医学史上最黑暗的一页。有一种委婉的说法称，延迟实施血液检测的传闻是一心想制造独家新闻的媒体捏造的，然而不幸的是，这种说法本身就是一场骗局。

"4H 型疾病"

艾滋病是 1981 年 6 月在美国发现的。这种疾病或许此前已在非洲的某些家庭中出现过，接着传到了美国和欧洲。米尔科·格梅克在其《艾滋病的始末》一书中写道[2]：“在20世纪70年代，艾滋病似乎已在非洲的某些地区开始流传开来，但感染率依然很低……但直到1982年年底，公众对非洲的形势几乎是一无所知，所有的消息来源都不是直接的。”一直到1986年年底，人们才了解到非洲在经受着一场“前所未有的传染病”的折磨。由于非洲大陆城市人口迅速膨胀，旅游业飞速发展以及到各地旅行的人越来越多，这种疾病便迅猛地传播开来，况且，非洲的医疗条件也很差，所有这些因素都给病毒提供了新的传播途径。2000年，艾滋病在非洲的传播是非常严重的，但防御艾滋病的手段却是那么软弱无力。

1959年，从非洲人的血清中就已经发现了艾滋病病毒可追溯到，该血清来自刚果民主共和国。[3]虽然在欧洲很早也出现过个别病例，但这种传染病本身是从美国开始流行，接着在欧洲大陆蔓延开来的。据格梅克讲：“最早表现出艾滋病症状的患者是一位英国海员，他已于1959年在曼彻斯特去世。”在此之前，这位海员的身体一直都很好，1958年年底，他的身体开始出现一系列问题：用力时呼吸困难，总感觉疲劳，身体逐渐消瘦，痔疮[4]以及肛瘘等，最后一种症状常出现在同性恋身上。根据这些症状可以诊断，这就是艾滋病。后来，在这位海员的血液里发现了艾滋病病毒，该病也就得以确诊[5]。另一位挪威海员身上也发现了该病毒的抗体，这位海员已于1976年去世，同一年，他妻子以及最小的女儿也去世了，那一年，小女儿还不到10岁。格梅克写道：“1966年之前，这位海员曾到过欧洲及非洲的许多港口，在这段时间内，他感染过两次性病……采用艾尔莎及酶联免疫法化验则确认，在这个不幸家庭的三名成员身上发现了HIV-1的抗体。因此，这位海员早在1966年之前就在非洲的某个港口感染上了病毒。”

只是在美国发现这个来势迅猛的流行病毒10年之后，上述病例才得以诊断。1981年6月5日，美国亚特兰大疾病控制与预防中心（以下简称疾病控制与预防中心）发布了疫情警告。疾病控制与预防中心是监督疫情的联邦机构。疾病控制与预防中心的公报《每周发病率和死亡率报告》发表了两篇文章，描述了一个奇特的综合征。所有患者都是年轻人，几乎所有患者都是同性恋，此前他们的身体都很健康，但骤然间失去了免疫力[6]。1981年8月28日，疾病控制与预防中心记录了108名患者，其中100人是同性恋或异性恋，只有一名女性。“死亡率非常高，在疾病控制与预防中心发布第三次通报时，40%的患者已经死去，而其他人则不可避免地面临着同样的命运。”米尔科·格梅克写道。

越来越多的证据表明，新的综合征，即艾滋病[7]，不仅感染同性恋，而且会感染异性恋，它的传播途径既包括性传播也包括血液传播。1982 年 7 月，报道有 34 名在美国生活的海地人患上艾滋病，其中 3 个人是血友病患者。这时，人们便开始谈论“4H 型疾病”，即患者都是这 4 种类型的人：同性恋、海洛因吸食者、海地人及血友病患者①。1982 年 12 月 10 日，《每周发病率和死亡率报告》通报了一个具有启示意义的病例：一个年仅 20 个月大的婴儿死于艾滋病[8]，他因母子血型不合引起的免疫性溶血病而接受了一系列换血手术，血液来自 19 位献血者，其中一位在献血时尚无明显的症状，但后来这位献血者也死于艾滋病。该病例使人第一次联想到感染源可以通过血液传播，而献血者当时还很健康。

据格梅克称，在将近一年以后，整个医学界才意识到输血的危险。当时，人们获悉一位 53 岁的男子在明尼苏达州著名的梅约・罗彻斯特医院接受了心脏手术，手术时为他输了血，此后他死于艾滋病——手术 29 个月之后他才发现自己感染了艾滋病[9]。格梅克对此评论道：“罗彻斯特医院于 1983 年 11 月公布了这个病例，即刻便引发爆炸性效应。一个拯救他人性命的手术，却成为患者死亡的第一病因。后来在巴黎（输血地是海地）、斯坦福、特拉维夫、达拉斯等地都观察到相似的病例。1983 年，疾病控制与预防中心记录了 396 个病例，患者在发病前的 5 年内均输过血，这是能解释他们患上艾滋病的唯一原因。”

1982 年，艾滋病的病因依然是个谜。在连续几个月内，研究人员一直在错误的轨道上徘徊，下列情形都是他们怀疑的对象：毒品成瘾、同性恋群体吸食的毒品、皮质类固醇激素药膏（这也是同性恋用的东西）、免疫力下降、“抗原超标”、精子的有害影响……罗伯特・加洛在他那本自传体的《捕捉病毒的猎手》一书中提到一系列假设，那些假设比报纸反复宣传的还要荒诞，主要有：铅丹，上帝的愤怒，魔鬼的手笔，非洲猪瘟（系由美国中央情报局引进，目的是把所有的古巴猪都毁灭掉，让古巴岛上的居民吃不饱，煽动他们起来闹革命），梅毒病毒（也是美国人在某实验室里故意培育出来的，以发动一场生物战——这是那段时间，苏联克格勃试图让公众接受的说法），俄国人实验失误的产物（这也许是美国中央情报局对苏联的说法的回应），某些不称职的科学家合成动物病毒时弄巧成拙搞出来的新病毒。

加洛接着说：“从种种怪异的设想到有根据的推断，我们还是有了一点进步，

① 同性恋、海洛因吸食者、海地人及血友病患者，这 4 种人英文名称的首字母都是 H。——译者注

专家有关艾滋病病因的任何解释都会成为热门话题。我们最终带着彼得·迪斯贝格的观念达到现代空想的巅峰，那是迪斯贝格极力为我们启示、向我们推崇的观念，据这位伯克利大学的学者称：大体上讲，没有任何东西能引起艾滋病，也就是说没有什么特别的东西，那不过是某种生活方式而已。相反的意见似乎认为几乎任何一种东西都可以引起艾滋病，这位学者同样在为相反的意见作辩解。海洛因、可卡因、抗生素以及各种细菌（由你给它们起名字吧），无一例外都是艾滋病病毒的制造者。”

我们在此需要指出的是，迪斯贝格拒不承认明显的事实，依然坚持他那愚蠢而又危险的理论，他劝阻那些受病毒危害的人，要他们不必采取自我保护措施，不仅如此，他还为自己的理论制造出追随者。法国《ELLE》杂志在 2000 年 9 月 25 日发表了一篇文章《艾滋病的“修正者”》，此文讲述了一位 43 岁的美国中年妇女的事，以此来和迪斯贝格遥相呼应。这位妇女名叫克里斯汀·玛乔尔，自 1992 年以来其血清一直呈阳性，她相信那种荒谬的论点，认为血清阳性反应与艾滋病没有任何关联。她声称接受医学治疗只会加速病情恶化而绝无任何好处，甚至认为不论是作筛检，还是使用安全套都没有用，她拒绝接受治疗。人们注意到反科学的势力在崛起，在 21 世纪，这种荒谬的言论竟然能得到公众的支持。

还是让我们回到艾滋病最初发展过程的话题上吧。1981—1982 年汇集的流行病因素表明，那是病毒在起作用。血友病患者竟然也感染了艾滋病，这就很能说明问题，只有病毒才是致人感染的元凶，因为它相当小，能穿透为治疗血友病而设置的各种防护。病毒要比细菌小得多，因为它并不是独立的微生物。病毒并不能靠自身去繁殖，它就像一个囊，里面含有一组基因，可同寄主细胞的细胞核融合在一起。当病毒强占了寄主细胞的位置后，便将细胞的功能转为自己所用，强迫细胞为它繁殖。1981 年，有人怀疑那是巨细胞病毒，或称“CMV 病毒”，这是一种分布很广的疱疹病毒，通常对成人是不构成威胁的，而且许多美国同性恋身上都有这种病毒。这又是一条错误的路径。

1982 年年初，当许多研究人员徘徊不前时，罗伯特·加洛有了一个理想的试验品。1978 年，他曾分离出 HTLV-1 病毒，或称“人类 T 淋巴细胞白血病病毒 1”，这种病毒在日本、加勒比地区及非洲引起一种罕见的白血病（后来，他又发现了 HTLV-2 病毒，与前一种很相似，但极为罕见）。HTLV 病毒攻击 T4 淋巴细胞，该细胞是白细胞的一种，在人体的免疫系统中起着重要作用。据罗伯特·加洛称，他是在听了美国亚特兰大疾病控制与预防中心的流行病学专家詹姆斯·科伦的报告后才开始关注艾滋病的。科伦第一次来美国国立卫生研究院是在1981年年底，那时，他说院方在年轻病人身上发现T4淋巴细胞呈明显减少状态。加洛后来讲述道："1982年年初，科伦再次来到美国国立卫生研究院，并带来更多有关传染病的资料，比以前的论据更充分。如果我没有记错的话，正是在那时，大家相信被感染的人确实输过血，这表明的确有一种微生物病原体。我们已掌握了毋庸置疑的证据，证明T4淋巴细胞的功能已受到侵害，这就让该病进入一种新的研究范畴，与我们对HTLV病毒的研究非常接近。"

有关 HTLV 病毒的线索

加洛与哈佛大学公共卫生学院的麦克斯·埃塞克斯合作，开始对涉嫌的病毒元凶进行深入的调查。HTLV是一种逆转录病毒，这就意味着它的遗传物质是RNA（核糖核酸），而不同于一般病毒的遗传物质——DNA（脱氧核糖核酸）。正是靠着一种特殊的酶，即逆转录酶，病毒才能融入寄主细胞之中，这种酶是由巴尔的摩（我们已在第五讲中介绍过他）和特明一起发现的。逆转录酶将RNA转变成DNA，当年巴尔的摩和特明发现这种机制时，它似乎被人视为一种邪说，因为当时人们认为转录只能是单向的，即只能由DNA转变成RNA（正是这项推翻教条且卓有成效的研究让巴尔的摩和特明获得了1975年的诺贝尔生理学或医学奖）。此后，在动物身上，特别是在猫、猴、马、羊及牛身上也甄别出一系列逆转录病毒。

加洛发现的HTLV是编录在册的首个人类逆转录病毒。它所引发的疾病乍一看与艾滋病极不相同。但在猫身上发现的病毒FeLV则与HTLV病毒相似，这一病毒有时会引起白血病，有时又会引发免疫系统崩溃。为什么在人身上却没有出现同样的现象呢？加洛和埃塞克斯列举了艾滋病病原体与HTLV的共同点。这两种病毒似乎都起源于非洲大陆，都通过血液和性传染，它们攻击同样的细胞，即T4淋巴细胞。加洛采用他自己研发的方法以分离出HTLV病毒。他从病人身上取样后，放在T淋巴细胞里作病毒菌株培植，用一种称为"白细胞介素-2"的因子来刺激T淋巴细胞。接着，他便发现了逆转录病毒。加洛称："在1982年年底至1983年期间，我们在艾滋病患者或有患此病迹象的人身上首次发现了不同的逆转录病毒，即HTLV-1及HTLV-2病毒。"[10]

但有一点值得注意：HTLV 让淋巴细胞“得到永生”，也就是说，它将淋巴细胞转变成癌细胞，癌细胞再不断地繁殖下去，而艾滋病病毒则会把淋巴细胞杀死。在患者身上，淋巴细胞的消亡让免疫系统陷于瘫痪，因此，患者本身的免疫机制已无法抵御微不足道的一般感染。在加洛的实验室里，做菌株培植的细胞在尚未分离出病毒之前就死去了。1983 年年底，情况似乎有了转机，这位美国研究人员以为即将达到自己的目的了，因为他在一位艾滋病患者身上鉴别出一种与 HTLV-1 极为形似的病毒，被称作“IB”病毒。加洛向《科学》杂志寄去一篇文章，并且准备在翌年 2 月份举行的研讨会上做有关的学术报告。科学记者贝尔纳・塞特在其《艾滋病：争论的内幕》一书中描述了这段插曲[11]：“恰好在研讨会召开之前不久，有人发现其实是标签贴错了，被查出携带‘IB’病毒的患者其实得的并不是艾滋病，而是癌症。真是万幸，这样一来刚好避免了一次失误，否则它会让加洛陷入窘境。寄给《科学》杂志的文章也被撤了回来，有关的学术报告也做了修改。”

然而，HTLV 病毒却引发了一场认识论的悲剧，将艾滋病与猫白血病病毒相比较可谓收获颇丰，不过前提条件是不能死守着科学教条不放。加洛非但不去修改他的原始假设，反而起劲地要让事实与他那错误的理论相吻合。在他们从事这类研究的第一年，他和同事根本就没明白，是病毒在扼杀细胞。这与法国人的研究截然不同。1985 年，加洛在《科学》杂志上宣称[12]：“1983 年夏末或秋初之际，谢尔曼（蒙塔尼耶小组的成员）明白了这种病毒在引发细胞病变时所起的作用，而我并未得出这一成果，这是不争的事实。今天当我回想起这件事时，我为自己固执地采用‘白细胞介素 -2’去长时间地培养这些细胞而悔恨不已。”

“在座的有逆转录病毒学家吗？”

当美国研究人员陷入绝境不能自拔时，法国人却取得骄人的成果，这真是意想不到的结果。加洛是一位享有崇高国际声誉的科学家，是美国国家癌症研究所属下最优秀的一家实验室的主任[13]，而该实验室本身也是美国国立卫生研究院最负盛名的科研机构。相反，法国科研小组的成员起初不过是刚走上职场的年轻人，他们既无威望，也无显赫的社会地位。这些知识分子对“同性恋癌症”以及“同性恋疾病”根本不感兴趣。从 1981 年 7 月起，一位名叫维利・罗森鲍姆的巴黎医生描述了在法国发现的几个病例。1982 年年初，罗森鲍姆与免疫学家雅克・莱博维奇合作成立了一个研究艾滋病的“工作小组”[14]。按罗森鲍姆的说法，这个小组其实是他招致麾下的一群不墨守成规的年轻医生，这些人的共同点是，他们都曾受过“左倾”文化的影响，对医学界现有的体制持排斥态度，他们当中有：让－巴蒂斯特·布吕内（后来成为“艾滋病流行病学专家”）、克洛德·威塞尔博格（后来当上了法国卫生部部长埃德蒙·埃尔韦的顾问）、弗朗索瓦丝·布兰－韦齐内（在克洛德·贝尔纳医院与病毒学家克里斯蒂娜·鲁奇乌合作开发出首个实验制品）、肺科医生夏尔·马约、皮肤科医生奥迪勒·皮卡尔、免疫学家大卫·克拉茨曼，以及让－克洛德·格卢克曼（该小组中两名教授之一，是小组中年纪最大的一位，那一年他 42 岁）。

1982 年 8 月，雅克·莱博维奇已经对逆转录病毒产生浓厚的兴趣。他注意到加洛的一篇论文，文中提到 HTLV 病毒及血液传播的途径。同年秋天，他相信“来自别处的奇怪病毒”的假设，并将此告诉了法国巴斯德研究所生产部的科研主任保罗·普吕内，该部是法国巴斯德研究所的一个分支机构。普吕内后来在 1994 年写了一篇文章，描述他俩的会面：“他满怀激情地向我描述了这种病的病因，他的描述十分详细，而且很有信心。他认为疾病是由一种逆转录病毒引起的，而该病毒可能源于非洲……雅克·莱博维奇已经开始料想到这种假设的逆转录病毒会感染血液，而且会给输血者带来一定的风险。”[15]1982 年 10 月 5 日，莱博维奇在科尚医院举行了一次报告会，当时在该医院任实验室主任的让－保罗·莱维，正在对逆转录病毒进行研究（后来他担任法国国家艾滋病研究中心的主任）。在报告会上，莱博维奇问道：“在座的有逆转录病毒学家吗？”莱维回答说，这方面的专家当属罗伯特·加洛……

而这时维利·罗森鲍姆已离开了克洛德·贝尔纳医院，虽然他当时十分关注艾滋病，但却得不到院方的支持，于是便进入皮蒂耶－萨尔卑特耶医院。同年 12 月，他在法国巴斯德研究所举办了一次讲座，与会者都是该所实验室的主要负责人。在为讲座做总结时，他提出莱博维奇曾问过的相同问题：“在座的有逆转录病毒学家吗？”（格梅克认为这话是莱博维奇说的，而塞特则认为它出自罗森鲍姆之口，我虽然对此抱有一定的疑问，但我会把这话归于他们俩），相比之下，罗森鲍姆未能得到更多的答复。不管这个问题提得多么明确，有一件事是明确无误的，他们俩当时都未能让研究逆转录病毒的法国学者去关注艾滋病。最后还是经弗朗索瓦丝·布兰－韦齐内牵线搭桥，他们这个工作小组才同吕克·蒙塔尼耶建立起联系。弗朗索瓦丝当时在巴斯德研究所学习逆转录病毒学，该课程由让－克洛德·谢尔曼主讲，谢尔曼所领导的实验室就划归蒙塔尼耶做研究室使用。蒙塔尼耶同意和工作小组一起合作，但他当时并未马上意识到这是一种新型传染病，不只是让－保罗・莱维，其他所有法国实验室的高层领导，都未意识到这一点。

尽管有些人对此充满抵触，但工作小组还是取得了进展。加洛碰到了麻烦而停步不前，因为病毒将寄主细胞都杀死了。而法国人则凭着巧妙的设想绕过了障碍，到刚发病的患者身上去找病毒，在淋巴细胞未被大规模摧毁之前就找到这种病毒。1983 年 1 月初，谢尔曼的合作者弗朗索瓦丝・巴雷－西努西从维利・罗森鲍姆的一个病人淋巴结里取出细胞作菌株培植。患者的编码名为“布吕”，他是一名匿名患者，患有恶性淋巴瘤，也就是说他的淋巴结已隆起，这是艾滋病的先兆。几年之后，弗朗索瓦丝・巴雷－西努西到加洛的实验室实习，学会了采用白细胞介素 -2 培植淋巴细胞的技术。她依照蒙塔尼耶和谢尔曼制订的方案做实验。1 月 25 日，她出人意料地获得了成功：逆转录病毒找到了！在法国巴斯德研究所，夏尔・都盖用电子显微镜拍下了他们寻找已久的病原体的第一批照片。1983 年 5 月 20 日，这批照片刊载在《科学》杂志上，论文署名是巴雷－西努西、布兰－韦齐内、谢尔曼、蒙塔尼耶、罗森鲍姆及其他人[16]。那一期杂志还同时编发了加洛及埃塞克斯的研究小组发表的 4 篇论文，文章为 HTLV 的论点进行辩解。巴黎的病毒被称为“拉夫”病毒，意为与恶性淋巴瘤相关病毒。法国人则认为该病毒与 HTLV“属于同一家族”，但“又截然不同”。他们认为这种病毒可能会与艾滋病有关，但不能确定它就是艾滋病的元凶。

加洛又输掉了第二局。他曾对蒙塔尼耶说：“如果你们有道理的话，我会让大家都知道的。”到了这一阶段，“拉夫”只不过是传染病的征兆而已，还需要将它同疾病建立有机的联系。要想得到证据只能靠化验了，要让病毒产生抗体，然后在化验过程中找出这种抗体。这种方法一旦转变成产业化方式，就形成了检测手段。依照克里斯蒂娜・鲁奇乌设定的方案所做的首批检测成效甚微。他们只是在 67% 的艾滋病病毒携带者及 17% 的艾滋病患者的血清中发现了抗体，比例还不到 5：1。吕克・蒙塔尼耶无法用这样的结果去说服科学界，说他已找到了艾滋病的病原体。况且，连他本人都不相信这个结果。他在科学界可没有加洛那么大的名气。“他的讲座往往会引起哄堂大笑。”法国巴斯德研究所的一位前研究员这样概括道。

1983 年 9 月，蒙塔尼耶将“拉夫”病毒的两副菌样寄给美国国家癌症研究所加洛实验室里的细胞培植专家米库拉斯・波波维奇。当时，两个研究小组的关系还是很友好的，研究同样病毒的实验室做这类交换也属于正常的合作范畴。蒙塔尼耶在1983年年底时得知波波维奇已成功地培植出“拉夫”病毒。紧接着，加洛声称培植出的这株病毒只对他们原本的研究有“过渡性”的推进，而且病毒并没有实用价值。1984年前几个月，蒙塔尼耶没有收到任何有关“拉夫”病毒的消息。

直到发生戏剧性变化的那一天——1984年4月23日星期一，罗伯特·加洛在华盛顿举行了宏大的新闻发布会，美国卫生部部长玛格丽特·赫克勒也出席了发布会。他宣布已鉴别出艾滋病的病因，那是一种新的逆转录病毒，被称为HTLV-3病毒。这条新闻并未出乎大家的意料。自3月12日起，美国疾病控制与预防中心的流行病学专家詹姆斯·科伦就已经确信加洛发现了病毒。3月30日，加洛向《科学》杂志提交了他们小组的4篇论文。4月19日，论文被杂志社接受，并在5月4日发表出来，这些科学论文的发表速度之快也堪称创下了纪录[17]。当论文还在杂志社刊印时，加洛便对一位英国的独立记者谈了自己的文章，这位记者名叫马丁·雷德芬。4月，发现病毒的传言开始在熟悉内情的人之外传播开来。《华盛顿邮报》于4月17日报道了这个发现。美国国家癌症研究所决定召开一次新闻发布会，以正式宣布这个消息。时任卫生部部长玛格丽特·赫克勒不想错过这个千载难逢的好时机，因为加洛在为一家公共机构工作，他的成功表明里根政府没有浪费纳税人的钱。

当时，这位卫生部部长正在美国西海岸，于是新闻发布会便推迟了几天。可《纽约时报》就抓住这短短的几天大做文章。4月22日星期天，该报在头版头条位置宣布，艾滋病的病因被找到了……但是是在巴黎被找到的！这份纽约的日报引用了美国疾病控制与预防中心的主任詹姆斯·梅森医生的话：“我认为我们找到了艾滋病的病因，这个发现非常令人振奋……我们尚无法确信‘拉夫’就是引发艾滋病的病原体，但它在人体内的特性让我们认为它就是艾滋病的病原体。”这段插曲表明，加洛同他的某些美国同事，特别是同美国疾病控制与预防中心的同事在相互竞争。1984年，加洛与美国疾病控制与预防中心逆转录病毒学的负责人唐·弗朗西斯的冲突已经公开化了，加洛又拿出他那一贯的傲慢态度对待他的同事。贝尔纳·塞特写道：“梅森公开疾呼要把属于巴黎人的成就归还给他们，他大概以为这样做是很公正的……这是对美国国家癌症研究所及加洛本人的嘲讽，但肯定不是为了让疾病控制与预防中心的负责人难堪，因为加洛等人只看事物的表象，而且他们对此毫不掩饰。”

4月23日，玛格丽特·赫克勒在演讲稿中则表达了对法国巴斯德研究所的敬意："在科学研究中，经常会碰到这种情况，有些发现是在其他实验室甚至是在其他国家完成的，但这种发现最终为人类做出了贡献：战胜艾滋病。我尤其要表彰法国巴斯德研究所的努力，该所曾同美国国家癌症研究所有过局部的合作。他们此前曾鉴别出一株病毒，并将此同艾滋病患者联系起来，在今后几周内，我们肯定会知道这株病毒是否与美国国家癌症研究所鉴别的病毒为同一病毒。我们认为结果将表明它是同样的病毒。"据贝尔纳·塞特称，美国卫生部部长当时已经哽咽了，她无法念出这段话来……但这段话确实是演讲稿里的原话，演讲稿此前已分发给了报界。

至于罗伯特·加洛，他则把"拉夫"病毒搁置在次要的位置上。他要突出"他的"HTLV-3 病毒，然后再向法国巴斯德研究所致敬，指出法国研究小组和他的小组是"已结识了 15 年的朋友"。说到"拉夫"时，他明确指出："我们目前有 50 种分离物，不但从中培植出许多菌种，而且还描述出其详细的特征。如果一年前他们在《科学》杂志上所鉴别的与上述分离物是一样的，我当然会承认这一点，而且还会与他们携手一起承认。"

这种被精心雕琢过的敬意在法国研究人员看来无异于一记耳光。他们认为，加洛将发现病毒的功绩归于他自己，然而在 1983 年将该病毒分离出来的恰恰是法国人。美国人一直坚持说两株病毒十分相似，好像也认为法国人有道理："HTLV-3 病毒确实与一年前法国巴斯德研究所鉴别出的病毒极为相似，且不说完全一样。"加洛对哥伦比亚广播公司电视台这样说道。不论是口头宣告，还是书面报告，加洛并不否认病毒首先是在巴黎分离出来的。但他一再抹杀法国人的功绩，其态度极其虚伪。恰好在 4 月 23 日那次著名的新闻发布会之前，他在苏黎世举办的研讨会上，做了态度极为暧昧的演讲："坦诚地讲，这株病毒的发现过程最先刊载在《科学》杂志上，我是那篇文章的评论员，那篇文章写得并不出色。我因同意发表那篇论文还受到某些人的指责……坦率地说，我并不完全相信那篇文章的内容，因为人类所有的逆转录病毒都属于'HTLV'这个家族。"接着，加洛又开始怀疑法国人是否真的在 1983 年将此病毒分离出来："现在我们来看看，他们此前给我们的究竟是什么呢？难道是同样的病毒吗？我不得而知。说不定，他们还真的没有培植出来呢？他们曾说从未成功地培植过这种病毒。那么，也许他们根本就没有病毒。他们手里有一张照片，可当我们要他们提供病毒时，他们却又拿不出什么东西来。大概这才是问题的症结呢。"[18]

这大话说得太过分了吧。加洛这前后矛盾的话语让法国人很难理解，在世人眼里，他倒成了艾滋病病毒的发现者，这就更让法国人难以理解了。尽管如此，这种硬抢过来的胜利既归功于里根政府，也应归功于加洛本人。当竞选活动如火如荼地展开之时，共和党人想从铲除“头号公敌”所投入的美元里捞取政治资本，那么就让公正的游戏规则自认倒霉吧。

“HTLV-3 病毒就是‘拉夫’病毒”

自从 1984 年 4 月 23 日的新闻发布会之后，法国巴斯德研究所同美国国家癌症研究所的关系越加恶化了。4 月 26 日《世界报》发表了克洛迪娜·埃斯科菲耶 - 朗比奥特医生的一篇短文，使双方敌对起来，该文的题目是“HTLV-3 病毒就是‘拉夫’病毒”。文章指出，“美国的艾滋病‘病毒’也许不过是对法国‘拉夫’病毒的再次发现罢了，但要晚了一年”，并提到“美国科学界由此而引发的争论”。据埃斯科菲耶 - 朗比奥特称，美国亚特兰大疾病控制与预防中心的领导者在“3 年前，在对艾滋病这种新型疾病的鉴别中发挥了重要作用。他们明确指出，在他们看来，引起疾病的病毒正是法国巴斯德研究所的那株病毒，它的名字是‘拉夫’”（这是在隐喻《纽约时报》4 月 22 日的那篇文章）。《世界报》的这位专栏作者强调，这场有关病毒发现者及优先权之争表面看来似乎很“无聊”，但在涉及诊断检测的专利权上却影响重大，“仅仅在法国，每年做两次检测，那么诊断检测就要涉及 400 万名献血者”。不久以后法美两国科学家的关系便恶化起来，而且接受输血者的血液也遭到了污染，这个问题已摆在大家面前。

1985 年 1 月，双方将各自那非凡病毒的遗传组序公布出来。噢！真是令人吃惊！这两个视如仇敌的兄弟非常相像，仿佛就是一对孪生兄弟。第四局交锋又开始了，但比前几局要激烈得多。从这时起，对法国巴斯德研究所的人来说，毫无疑问，加洛“盗用”了他们的发现。2 月 7 日，《新科学家》杂志刊载了一篇文章[19]，它一开头便做出严厉的判断：“越来越多的证据表明，加洛曾对引起艾滋病病毒做过错误的分类。这种错误分类所造成的后果是，所有人都不知道真正的病毒发现者，即法国巴斯德研究所的吕克·蒙塔尼耶及其同事们，他们相信是加洛发现了病毒。”文章指出这两株病毒的序列“事实上根本就分辨不出来”，文章还引用了法国巴斯德研究所的研究员西蒙·万豪森的话：“‘拉夫’病毒与 HTLV-3 病毒如此相似，证明蒙塔尼耶是对的，他才是发现（病毒）的第一人。”文章的作者还着重指明艾滋病病毒与 HTLV 病毒的不同点，认为发现病毒的权威性之所以落到加洛头上，那是因为这是一个“美妙的故事”，加洛从一开始就反复声称病毒属于 HTLV 种群。

事实上，那是因为加洛以为又碰到了 HTLV 病毒，他用了很长时间才弄明白细胞病变的后果。1984 年，他的论点遭到质疑。那年 7 月，英国人罗宾・维斯及其同事发表了一篇论文，表明在艾滋病患者或“艾滋病病毒携带者”身上很少能发现 HTLV-1 及 HTLV-2 病毒。[20] 它们偶尔出现在病人身上，“毫无病因作用，无助于恶性淋巴瘤或艾滋病的诊断”，只能被解释为偶发性感染，但并不是病因。

到了 1985 年，艾滋病病原体与 HTLV 病毒间有着近亲关系的设想已经站不住脚了。加洛使出浑身解数要死摽着那设想，即使面对漏洞百出的理论也不退却半步。他所做的唯一让步是在 HTLV-3 病毒的名称上将“白血病”换成“淋巴病”，以此来强调淋巴细胞的嗜性病毒。这项巧妙的改动照样可以保留 HTLV 这个缩写字母，让它出现在一篇论文的标题上——该文刊载在 1985 年 10 月 3 日那一期的《自然》杂志上，加洛在文章里列举了 HTLV-1 病毒及 HTLV-3/‘拉夫’病毒之间的 17 种近似的特征。当然还有其他相似之处，这是两种人类逆转录病毒，它们所攻击的目标是 T 淋巴细胞，通过血液或性传播，大概源于非洲，在猴子身上能找到同类的病毒……虽然这种种相似之处与一段携手研究的过程有关，但艾滋病毒的发病机理还是与 HTLV 的截然不同呀。1985 年年底，艾滋病病毒归类于“慢病毒”种群，绵羊髓鞘脱落病毒及马科动物感染性贫血病毒都属于这一类。对这种分类方法，大家都不再怀疑，唯独加洛除外。加洛继续捍卫 HTLV 病毒的称呼，但他所采用的论据是靠不住的，因为它只能将仅有的两种人类逆转录酶病毒划归在其范畴之下。

最终，到 1986 年 5 月，一个病毒学命名委员会决定将此病毒称为 HIV（即人类免疫缺陷病毒）。就是在世界各国都同意采用这一称呼之后，加洛依然对此加以抵制。这位病毒之父也太过于溺爱自己的宝贝了，他非要让艾滋病病原体成为 HTLV 家族的新生婴儿！

他在贬低法国人的成果，然而，实际上他也许还采用了“拉夫”病毒的研究成果，可他又不想承认。所有迹象都会让人这样想，假如没有法国巴斯德研究所的成果，他也许还要用更长的时间才能搞明白这种病毒是会引起细胞病变的，才能分离出他那著名的 HTLV-3 病毒。但实际上，难道他真的分离出这种病毒了吗？

罗伯特·加洛作弊了吗?

1985年，证据越聚越多，足以证明法国巴斯德研究所最先发现了病毒。《细胞学》杂志在1月公布了病毒基因组序列后[21]，又于3月发表了一篇由两位病毒学家合著的论文，他们是阿诺德·拉布森和马尔科姆·马丁。他们将HTLV-3病毒、“拉夫”病毒以及第三种分离物，即ARV病毒（意为与艾滋病有关联的病毒，是由旧金山的杰伊·利维分离出的）进行了一番比较。对比的结果是，前两种几乎完全相同，但均与杰伊·利维的病毒明显不同。11月，一个由美国研究人员组成的小组在《科学》杂志上发表了他们的对比结果[22]，他们用12种艾滋病病毒做比较，其中有“拉夫”病毒、HTLV-3病毒、取自加利福尼亚州一位患者的病毒、取自亚拉巴马州一位患者的病毒、取自纽约五位患者的病毒、取自扎伊尔三位患者的病毒。除了“拉夫”和HTLV-3病毒之外，其他所有病毒的分离物都不相同。

1985年12月12日，法国巴斯德研究所向美国的司法机构，即申诉法庭提出起诉，要求法庭承认法国发现病毒在先的事实。这是一场漫长而又耗费钱财的司法之战的开端，后来直到1987年，在两国政府首脑雅克·希拉克和罗纳德·里根经谈判达成协议之后，问题才得以解决。争端还涉及病毒发现权的资格，主要焦点是为血液检测所设专利权的归属问题。1983年9月15日，巴斯德研究所在英国提交了覆盖欧洲的专利权申请（专利号为GB8324800），接着，1983年12月5日，法国巴斯德研究所又提交了将专利权扩展到美国的申请（编号为555.109，后来成为4.708818）。而加洛只是在1984年4月23日才向美国专利及商标局提交了专利申请。然而他的专利申请在1985年5月28日就得到了美国专利及商标局的批准（专利号为4.520113），但直到1985年年底，法国人还仍然在等待着批准。现在回过头来看，可以说整个1985年双方争执的焦点就是专利权，但学术上的争论却被推到了前台。

2月21日，罗伯特·加洛给《科学》杂志写了一封信，他在信中对HTLV-3病毒与“拉夫”病毒的相似性做出解释，那是由于两位患者在同一时段、同一地区染上了该病，病毒就是从他们俩身上提取的。“HTLV-3病毒最初的分离物均源于1982年年底或1983年年初采集的待实验样本，采集地是美国的东海岸，‘拉夫’病毒是从一个患有恶性淋巴瘤的法国人身上分离出来的，而这位法国人正是在那时曾在纽约居住过。”但据《新科学家》杂志介绍[23]，这位患者（“布吕”）最后一次到纽约是在1979年，那是加洛采集标本两三年以前的事了。

事实上，加洛的解释根本就不足采信，因为正如研究人员在1985年所发现的那样，艾滋病病毒是极不稳定的，两位患者相隔3年却感染了同样的“变种”病毒，这种可能性几乎是不存在的，因为来自相同地区的标本都会有差异。在拜读了《科学》杂志1985年11月那一期的文章后，我们很难相信法国巴斯德研究所的病毒与美国国家癌症研究所的病毒如此相像会是完全出于巧合。

几个月以后，一段新的插曲则让加洛编造的故事变得更加难以置信。为了捍卫自己在美国的利益，法国巴斯德研究所聘请纽约著名的律师事务所，即通利及厄普代克律师事务所为其处理此案。然而，“1986年年初，有一个匿名电话打到法国巴斯德研究所的代理律师那里（这也证明加洛的敌手还是大有人在），打电话者提醒律师，1984年5月发表的所有论文中都有一张照片，这张照片恰好是‘拉夫’病毒的照片，而绝非HTLV-3病毒的照片！”贝尔纳·塞特讲述道[24]。

就这样，这个被认为在美国国家癌症研究所做“过渡性”培植的“拉夫”病毒在那儿生长得非常好，与加洛合作的技术员马休·贡达用电子显微镜拍出病毒的照片，照片拍得很不错，可以说与HTLV-3病毒鱼目混珠。更有甚者，这张颇有争议的照片拍摄于1983年年底，也就是说是在宣布发现HTLV-3病毒几个月之前拍摄的。加洛对此感到极为窘迫，于是便在《科学》杂志上发表了一篇更正文章，但他依然固执地辩解：“我们主要拿‘拉夫’病毒标本去过渡性地感染T细胞。”[25]

说到过渡性，法国巴斯德研究所的人很难接受竞争对手的狡辩。而另一则传闻就更加深了巴斯德人的感受，这则传闻是与蒙塔尼耶及其研究小组过往很密的人传过来的：加洛很有可能在作弊！显然，加洛和他的一位合作者大概采用了法国巴斯德研究所寄来的“拉夫”菌种，只不过给它换了名字，这样，两种病毒那么相似就能解释通了。这项指责没有任何证据，仅以一系列推测为依据，1986年1月23日我曾在《星期四事件报》上撰文对这些推测作了综述。此文是在大发行量报纸上所刊载的相关文章中的第一篇，文中提到罗伯特·加洛有可能在作弊，这篇文章是法国的研究人员建议我写的。文章的语气极有分寸，暗指舞弊行为的论据也只是当作假设向读者介绍，每次提出的反论均可证明这位美国研究人员是清白的。作为回复，加洛写了一篇充满敌意的信函，将我的文章称为是“蓄意捏造的污蔑”，是“极其愚蠢的”[26]。

几个月之后，法国巴斯德研究所的一位研究员以埃里克·马松的笔名在《科学与生活》杂志上撰文[27]，文章的题目是“艾滋病：难道是舞弊吗？”，这篇文章的敌意更明显，很显然也是“蓄意捏造的”：“我们知道罗伯特·加洛有能力将寄给他的病毒说成是他发现的，而且还可以给病毒改个名字（可将此比作剽窃），难道他真的窃取病毒了吗？”马松质问道，对他而言，答案似乎是毫无疑问的。

其实，倒是加洛那盛气凌人的态度激起法国巴斯德研究所人的怀疑。从科学角度上讲，所有值得怀疑的因素只能用舞弊来解释，除此之外，别无其他解释。那么到底是哪些因素呢？

1. **加洛顽固地捍卫 HTLV 论点的固执态度。**他那种极端的固执态度不禁让人觉得加洛不惜采用一切诡辩手段，以确保他是对的。这绝不是一种科学的态度，然而，我们不能将此视为舞弊行为。
2. **HTLV-3 病毒与“拉夫”病毒相似得令人难以置信。**像加洛那样把这种相似性归结于偶然，是不合情理的。相反，推测蒙塔尼耶寄给波波维奇的病毒菌种感染了 HTLV-3 型病毒的培植体反而更合乎情理。在病毒学领域里，感染事故是屡见不鲜的。法国巴斯德研究所的菌种已培植了很长时间，要比加洛的分离物长久得多。是不是巴斯德的菌种更适合培植呢？1983 年 12 月 14 日，与加洛合作的技术员马休·贡达在写给波波维奇的信中就是这么暗示的。这封信是随那些著名的“拉夫”病毒照片寄出去的，而这些照片被人误用在《科学》杂志的文章上。该信还附有对 33 个菌样的分析结果，贡达指出，只有两个含“拉夫”病毒的菌样可以很清楚地看到艾滋病病毒。据米尔科·格梅克讲，在法国巴斯德研究所为准备起诉而进行调查的初期，这封信的副本已经被放入卷宗里，但信中有关两个菌样那段话却不见了，不过后来还是被法国巴斯德研究所的律师找到了。格梅克写道：“不论在这复杂的局面下到底掩盖着什么样的内幕，我们今天（1989 年）可以肯定地说，加洛、波波维奇及其合作者在做病毒分离之前，或就在那同时，已经培植了‘拉夫’病毒，在公布发现病毒的时候，他们知道自己的病毒特别像巴斯德的病毒，甚至在选择供发表论文之用的照片时，连他们自己都搞错了。”但是，这次他们自己搞混了，恐怕又是出于偶然吧。
3. **波波维奇不正规的技术。**为了培植一种病毒并研发出一种检测方法，就得掌握一个细胞系，以便能繁殖出大量的病毒。研究人员使用病毒让细胞系去感染，当一切进展顺利时，细胞系就开始连续地繁殖出病毒来，直到进入某种感染的临界状态。如果条件不成熟的话，病毒的繁殖就会衰减，甚至停下来。在艾滋病的病例中，问题则变得极为复杂，因为病毒会杀死细胞。波波维奇最终找到了一个没有被病毒杀死的细胞系。为了改善这一成果，他用一池病毒去感染这个细胞系，他将取自10个患者的菌样混在一起，进而获得那一池病毒。这是一种极不寻常的方式，一般来说，每次应只使用一种菌样。然而，就是靠着这盆“菌汤”，波波维奇获得了一个细胞系，可连续繁殖病毒，他将此称为H9细胞系。正是因此，当时才有可能繁殖出大量的病毒，进而去研究检测手段、核实疾病与病原体之间的关系。巴斯德研究所的人注意到，他们的菌种大概完全可以进入波波维奇的“菌汤”里，不管是失误落入的，还是其他原因。事实上，将10种病毒混在一起，最终显露出的病毒正是与“拉夫”完全相像的病毒，它们就像一对孪生兄弟一样，这不足为奇。

上述3点中没有任何一点表明有舞弊行为，况且加洛也一直矢口否认有过作弊行为。他曾一再坚持说，他本人有好几个病毒菌种，根本不需要采用法国巴斯德研究所的菌种。但他并未排除波波维奇的培植物被“拉夫”感染的可能性，1986年他对《研究》杂志宣称[28]：“我们不能证明这是一起感染事故，可我也不能向你们证明这不是一起感染事故。”不管怎么说，至少在一点上，加洛在作弊。他断定“拉夫”的培植不过是过渡性的，而波波维奇却让巴黎的病毒在连续细胞系里生存得很好。若干年后，加洛的这种歪曲事实的做法受到指责，1992年年底，美国科学诚信办公室对此事件调查后向加洛提出批评，科学诚信办公室是专门负责调查科学舞弊问题或科学领域里“不端行为”的机构。到那时，“拉夫”与HTLV-3病毒相似的秘密也就最终真相大白了。我们还是先不要急于揭开这个秘密吧。

专利权之战

对加洛颇为有利的论据是，他揭示了病毒与疾病的因果关系，而这正是蒙塔尼耶没有取得成功的地方。加洛的成果得到了科学界的信任。“艾滋病的病因已露出真面目”，这是1984年4月23日新闻发布会后出版的那一期《自然》杂志封面的标题。[29]当时，许多研究人员并不相信“拉夫”病毒，但当美国人确认其成果后，局势却发生了逆转，正如病毒学家克里斯蒂娜·鲁奇乌所强调的那样：“自从加洛公布了他的成果后，研究人员似乎信心倍增。好了，一切都结束了。加洛一发表他的论文，我们的研究就不再有问题了，所有人都想同我们合作。”鲁奇乌是最先开发出血液检测法的法国病毒学家。

因此，罗伯特·加洛的胜利反倒间接地让人相信“拉夫”及其发现者是可以信任的。加洛的优势是，他知道只有将发现成功地公布出去，这个发现才算存在于世。他在《捕捉病毒的猎手》一书中写道：“我知道，假如这种逆转录酶病毒确实是艾滋病的病因，正如我们后来所确信的那样，那么我们就得去说服整个科学界，不但要让很多人心服口服，而且是越快越好，失败就意味着浪费了时间、金钱、精力，甚至会付出生命的代价。”一定要以非常的手段来处理此事，“以便让挑剔的科学界、让逐渐持怀疑态度的某些社会机构，去认定新的逆转录病毒就是艾滋病的病因，除此之外，别无其他选择”[30]。

诚然，此前加洛之所以能成功，除了善于使用传播手段外，他还有坚实的科学依据作后盾。同年 3 月，詹姆斯·科伦将血清取样寄给了美国国家癌症研究所，这些血清是从艾滋病患者或患有恶性淋巴瘤以及无症状的同性恋身上提取的。所有血清取样都被编上号码，加洛的研究小组对其不加区别地进行检测。检测的结果是：80% 的艾滋病患者及 90% 的恶性淋巴瘤患者的血清反应呈阳性。1984 年 5 月 4 日，《科学》杂志初次刊载的有关文章指出，HTLV-3 病毒本身就是从许多艾滋病患者及艾滋病病毒携带者身上分离出来的，其中 1/3 的人是艾滋病患者，90% 的人是艾滋病病毒携带者。测试曾检测出 90% 的艾滋病患者，80% 的“艾滋病病毒携带者”[31]。几周后，测试甄别出 100% 的艾滋病患者以及 84% 的艾滋病病毒携带者[32]。

这些成果绝对不是偶然的巧合。尽管加洛因坚持 HTLV 的论断而误入歧途，但他仍然是世界级的逆转录病毒学的专家，依然可以携手波波维奇，去信赖他那举世无双的研究小组。他的小组研发出 H9 细胞系，而加洛本人则认为，这是他的实验室所完成的“最重大的技术进步”。正是这个细胞系使病毒得以连续大量地繁殖，这是开展诊断性检测的必要条件。实际上，化验的原理就是，把从接受化验者身上取出的血样，同从病毒中提取的蛋白融在一起，如果化验者被感染了，他的血液就含有抗体，抗体能分辨出病毒蛋白，接着便附着在病毒上，采用一种彩色试剂就能使其凸显出来。因此，开展检测的前提是，必须能培育并大量繁殖出病毒来。

在这一点上，美国国家癌症研究所的研究小组要领先于蒙塔尼耶的小组。自 1984 年 1 月 2 日起，波波维奇的 H9 细胞系就可以连续不断地繁殖出病毒来，这在全世界还是首例。同年二三月，伦敦癌症研究所的罗宾·维斯成功地连续繁殖出“拉夫”病毒，他所采用的细胞系被称为“塞穆”。法国巴斯德研究所并未开发出独特的细胞系，直到 1984 年四五月份仍未在连续性细胞系上繁殖出病毒来。

法国巴斯德研究所的另一个技术缺陷是，化验中所采用的病毒蛋白是个错误的选择。法国人没有用病毒的包膜，然而激起抗体剧烈反应的正是病毒的包膜。克里斯蒂娜·鲁奇乌最初化验的灵敏度很低，而且结果也很差，恐怕这也是原因吧。

法国人的这些技术弱点后来得到了纠正，但蒙塔尼耶未能成功地证明那一病毒就是艾滋病的元凶，恐怕也是其中的原因之一，尽管他先于加洛一年分离出病毒。这些劣势也影响了法国人在美国提交的专利权申请。关键性的一点是，在这两种情况下，专利权只对检测方法有效，而对发现病毒无效。病毒是一种自然机体，是不能获得专利权的。人们只能对某一种方法提出专利保护，在此所涉及的是诊断方法（加洛同样对 H9 细胞系提出专利保护，但这项专利权不会引起争议）。虽然这项专利权的申请要晚于巴斯德的，但加洛的专利权要坚实得多，他的检测手段能测出 78% 的艾滋病病毒携带者，而法国人的检测成功率仅达 63%，不过这方面的数据还是比较接近的。相比之下，美国国家癌症研究所检测出艾滋病患者的比例高达 90%，而它的竞争对手法国巴斯德研究所测出的结果尚不到 20%，这组数据就比较能说明问题了。接着，法国人改善了检测的灵敏度，到了 1984 年，这一灵敏度已毫不逊色于美国国家癌症研究所的了。但专利证书上写明的数据均以首次化验的结果为依据，依赖这些数据，美国的检测方法很明显是一种诊断艾滋病的工具，而蒙塔尼耶的检测法只能有效地检测出艾滋病发病的最初阶段[33]。此外，研制出检测法与发现病毒并没有直接或明显的关联。最终的结果是，虽然法国巴斯德研究所先于美国国家癌症研究所鉴别出病毒，但这并不是一种决定性的论据，以证明它就应该有检测法专利的优先权。

尽管加洛在技术上处于绝对的优势，但他有一个致命的弱点：他在专利证书中描述的病毒菌样，即 HTLV-3B 病毒，与法国巴斯德研究所寄给波波维奇的“拉夫”病毒菌种太像了。况且，法国巴斯德研究所在寄送菌样时随附了一份书面约定，即美国贝斯达国家癌症研究所不得将“拉夫”病毒用于商业目的。从此，法国巴斯德研究所的律师便采取策略，以证明加洛使用了“拉夫”的菌种，进而再证明假如他没有采用这菌种的话，那么他的发明也不可能实现，因此法国研究所也应有权享用这项专利，有权得到与此相关的专利权使用费。1985 年 12 月 12 日，法国巴斯德研究所向美国申诉法庭提交了申诉，而上述这几点正是申诉的要点。

法国巴斯德研究所的研究员或与该所关系密切的人曾指责加洛作弊，现在大家可以更好地理解指责加洛后面所掩盖的利害关系。诚然，假如美国人没有采取保护主义政策的话，那么事情也不会发展到这一步，因为即使加洛的专利在技术上占有优势，也不足以证明美国专利与商标局的做法是正确的——直到法国人提出申诉时，美国专利与商标局尚未着手研究法国巴斯德研究所的档案，而该所提交申请已足足有两年了！大家同样能理解法国人的悲哀，眼瞧着自己的病毒发现成果被别人“偷走了”，此后，他们的财富又再次被别人骗去，美国人拒绝让他们的检测方法进入美国市场。

1986 年年初，曾发生过一段奇特的插曲：法国癌症研究协会主席雅克·克罗兹马里似乎试图在法国巴斯德研究所与美国国家癌症研究所之间进行调解。1986 年 1 月 12 日，他给总理办公室的科学顾问皮埃尔·若利奥写了一封信，信中他提到和美国国家癌症研究所的权威人物文森特·德维塔及彼得·费辛格会谈的情况：

> 教授先生：
>
> 继我们同德维塔教授共进晚餐之后，彼得·费辛格教授于 1 月 14 日和我通了电话，他要我向你转达如下音信。他建议：尽最大的努力让法国巴斯德研究所“遗传系统部”（为研究所在美国的许可制造者）的“埃拉维亚”检测法尽快进入美国市场，对有可能感染艾滋病的人将用此法进行诊断。据费辛格教授称，美国血库对此方法极感兴趣，若价格有竞争力，技术上有优势，则可进入美国市场。
>
> 作为交换，法国巴斯德研究所将不再坚持对艾滋病的诊断化验收取专利权使用费，这些诊断化验是美国公司于 1986 年投放到市场上的（杜邦公司、阿波特公司等）。
>
> 彼得·费辛格教授希望尽快得到电话答复。

最终，单凭一个电话是解决不了这场专利权之战的。靠着政界的介入，这场专利权之争才得以偃旗息鼓。美国国立卫生研究院和法国巴斯德研究所达成谅解协议，1987 年 3 月 31 日，该协议得到时任法国政府总理的雅克·希拉克及美国前总统罗纳德·里根的正式批准。根据协议的规定，双方的专利权合并在一起，加洛也就成了蒙塔尼耶专利权的发明者之一，反之蒙塔尼耶也成为对方专利权的发明者。法国巴斯德研究所和美国国立卫生研究院各收取 20% 的专利使用费，他们出让专利权后，费用由使用专利的公司来支付，其余的专利费则支付给一个法美基金会用于治疗艾滋病。基金会拿出 25% 的资金用于支持第三世界的艾滋病研究，其余的 75% 由两家平分，一半交给法国巴斯德研究所，另一半则支付给美国国立卫生研究院。大体上讲，这相当于每家各得一半的利益，这也正是 1985 年法国巴斯德研究所提出的要求。然而为了这么个结果，他们竟然打了两年的官司，相互争得不可开交。尤其是这场专利权之战引发了卫生领域里的灾难，《鸭鸣》①周报将此称为“向血友病患者收费传播艾滋病”[34]，除此之外，还让许多接受输血手术的人也无缘无故地染上了艾滋病。阿基利诺·莫雷勒曾写下一篇重要的评论，题目是“公众健康的失败”[35]，今天看来，这场“公众健康的失败”使得谁先发现病毒，谁应享有专利权的争论显得微不足道了。

艾滋病和血液

1991 年春，法国人惊奇地发现，法国全国输血中心在 1985 年曾故意输送 100% 被艾滋病病毒感染过的用于治疗血友病的血液制品。1985 年 5 月 29 日，法国全国输血中心召开了一次会议，会议的秘密纪要明确地印证了这一点。这份秘密纪要是由《星期四事件报》的女记者安娜 - 玛丽·卡斯特雷在 1991 年 4 月 25 日披露出来的，接着又有许多证据确凿的文件公布于众，这对法国全国输血中心的领导层极为不利。1992 年 10 月 23 日，“血液污染诉讼案”得以结案：判处 1985 年时任法国全国输血中心主任米歇尔·加雷塔医生有期徒刑 4 年。他的合作者让 - 皮埃尔·阿兰医生被判处有期徒刑两年，缓刑两年；卫生总局局长雅克·鲁教授被判处两年有期徒刑，缓期执行；国立公共卫生实验室主任罗伯特·内特医生被宣判无罪。1993 年 7 月 13 日，巴黎上诉法院基本上维持了上述判决。1999 年，法国特别最高法庭对三位部长洛朗·法比尤斯、乔齐那·杜弗瓦、埃德蒙·埃尔韦提起诉讼，结果前两位部长被宣布无罪，但第三位部长被判有罪，法院虽然认定他犯了渎职罪，但却“赦免”了对他的刑罚。第四场诉讼案原则上应在 2001 年开庭，以便对延迟开展血液检测的问题做出判决，2002 年法庭一审判决被告无罪，2003 年二审维持原判。

不熟悉血液污染事件内幕的读者面对这一场接一场的诉讼案似乎会感到困惑。

---

①　《鸭鸣》周报为法国著名的针砭时弊、披露丑闻的政论性报纸，报纸的风格诙谐幽默。——译者注

某些人将此描述成司法上的争斗，但将这一场场的诉讼案视为整个事件“分阶段”的结果倒更恰当，基于诸多法律上的原因，在血友病患者及输血者的悲剧中涉嫌的各方责任重大，只靠一次诉讼恐怕是无法处理完毕的，分析其中的法律原因已超出本讲的范畴。应当强调的是，这两个问题其实是紧密相关的，虽然曲折的法律程序在司法上要对此加以区分。用于治疗血友病的血液制品是从献血者的血液中提取的，因此，排查出血清（反应）阳性的献血者既可保护血友病患者，又能让接受输血的普通患者免遭感染。

我们在这里仅谈论检测的问题，探究在法国迟迟未能建立血液检测机制的原因。1985 年春，美国阿波特公司准备将其检测方法推向法国市场，但法国巴斯德研究所却始终没有拿出自己的产品，系统性的检测直到七八月份才设立起来。我们可以设想，假如检测系统推向市场的进度未被延误的话，那么完全有可能避免让几百甚至上千名接受输血者感染艾滋病，同样还可以减少血友病患者受感染的概率。由于没有得到接受输血者的反馈，法国全国输血中心统计受艾滋病病毒感染的血友病患者的方式极为特殊，因此很难准确地知道到底有多少人被感染。关于血友病患者这个问题，我请读者去阅读安娜－玛丽·卡斯特雷写的《血液事件》一书，这是一名记者凭着勇气和敏锐的洞察力写就的调查报告之范本[36]。

至于说那些被动输血者及接受移植手术的人，欧洲传染病监控中心于 1992 年 3 月 31 日在一份报告中指出，法国共有 1 115 人感染艾滋病，而联邦德国却只有 167 人，意大利 187 人，西班牙 160 人，英国 78 人。从这个数字上看，至 1992 年，法国感染艾滋病的人比其他国家多了近 1 000 人。到 2000 年，由于输血而感染艾滋病的人估计有 4 000 ～ 6 000 人。如果血液检测能早些推广的话，法国的这场悲剧也许是可以避免的，或者至少不会让那么多人感染艾滋病。然而，后面我们将会看到，检测手段迟迟得不到推广在很大程度上是美国国立卫生研究院与法国巴斯德研究所专利权之争的后果。因此，加洛与蒙塔尼耶之间的争论只不过占据着整个事件的前台，而幕后呢，各方都在跃跃欲试，要谋取市场的支配权，这两者之间有一种直接的联系，尽管这种联系并不被人所熟知。

在此我要明确自己的立场，这是十分重要的。我的意图并不是去评判血液污染事件的参与者，我的目的是尽可能准确地报道。我只不过是一名记者，而不是检察官。正如我在本书中已强调过的，权力的分割是实现民主的一个条件，尤其是要分清何为法律的职责、何为媒体的职责。作为一名科学记者和一名普通公民，我从一开始就关注着与艾滋病及血液污染有关的争论。我曾采访过争论双方的当事人，也曾旁听过三场诉讼案的法庭辩论。在15年当中，我收集了几千页公开的或秘密的文件，先后为《星期四事件报》及《新观察家》杂志撰写了十几篇有关此案的文章。我注意到，就人类免疫缺陷病毒而言，除了其病理效应之外，它还是歪曲事实、胡编历史的最大元凶，在此领域罗伯特·加洛也许并不是无可争议的冠军。

在血液污染事件上，企图歪曲事实最持久的举动在于，设法让公众相信推广血液检测法并未延误，不管怎么说，没有人为造成的延误，总之，就是设法强调，即使提前推出检测也不会对原有局面有多大改变。支持这一说法的重点论据是，真正的问题不是检测方法，而是到高危人群中去采血，尤其是到监狱里去采血。这个论点起初得到加雷塔、鲁、阿兰及内特等人的辩护律师支持，后来该论点在法庭外流传得很广。社会学家米歇尔·塞特邦写了《抗击艾滋病的能力》[37]一书，则发展了采血源头才是罪魁祸首的论点。塞特邦写道："对献血者根本就没有进行筛选，因为即使这样做了，也是绝对不完善、无效的。"而对献血者进行筛选才是"唯一合适的技术措施，以便减少接受输血者遭受感染的风险"。

1994年，社会学家帕特里克·尚帕涅及多米尼克·马尔谢惕在《社会科学研究学报》杂志上发表论文再次提到这个论点[38]。这篇文章关注的不仅是血液污染事件本身，而且还关注报界对该事件的报道，文章提示，"血液丑闻"最早是由极右派报纸于1989年年初报道的，接着得到了"大发行量"报社的追捧，这些报社这么做是出于扩大发行量或者竞争因素的考虑。在尚帕涅和马尔谢惕眼里，唯一没有跟风的报纸就是《世界报》。无独有偶，两位晚报的专栏编辑让-伊夫·诺和弗朗克·努希则愚蠢地坚持认为是献血者筛选机制及到监狱中采血的问题，这与塞特邦一书及被告律师的辩护词如出一辙。当尚帕涅和马尔谢惕的文章发表后，13名记者联名发表了公开信，其中包括安娜-玛丽·卡斯特雷和我本人，信是写给《社会科学研究学报》的主编皮埃尔·布尔迪厄的。我们认为"这篇文章与事实极不相符，我们对此不能缄默不语。"[39]公开信提醒主编注意，有关血液污染的第一篇文章于1987年12月刊载在《快报》杂志上，第一份从未公布过的文件于1989年4月刊登在《鸭鸣》周报上，当《星期四事件报》于1991年春披露事件的真相后，媒体才开始大量地报道这一事件。皮埃尔·布尔迪厄觉得不必给我们回复。

1999年，在血液诉讼案开庭之前，为部长们辩护的三本著作几乎同时推了出来：哲学家布朗蒂娜·克里格尔的《血液、司法及政策》[40]、法学家奥利维耶·博的《被污染的血液》[41] 以及维利·罗森鲍姆的《生命宛如一种性传播的疾病，随时都会死亡》[42]。虽然前两位作者因不熟悉本案而尚未入流，但罗森鲍姆却是无可争议的专家。这三个人的说法虽然略有不同，但都和米歇尔·塞特邦一样，认为有关检测的辩论是无关紧要的。塞特邦解释说[43]：“将近 90% 的感染都是在检测设立之前发生的，这一数据刊载在《新观察家》杂志上。因为从事医学输血的人不知如何筛选，而且不能或者说不愿意对献血者进行筛选。他们并未采取像对付传染病那样的措施，恐怕整个医学界也都是如此。他们把生物学的能力看得太高了，认为待检测方法推出之后，一切问题就迎刃而解了。但当时，检测只不过是降低感染的风险罢了，并不能完全消除这种风险。今天将注意力集中在假想的检测延误上，就像发生伤亡性火灾之后，大家只顾指控消防队员未能及时扑救，而不去追查纵火者一样。”拿不负责任，甚至有纵火嫌疑的消防队员来辩护真是不乏睿智。诚然，对献血者筛选不力是所采血液出现污染的起因。但假如通过检测能排除大部分这类血液，那么不使用检测手段不是和一名消防队员见房屋着火了而袖手旁观一样吗？说不定他还会推托说，这火又不是他点的？

塞特邦以及和他持同样观点的人认为，1985 年引入血液检测机制并不会有很大帮助，因为检测尚未形成一个有效的过滤机制，这是不争的事实。概括地说，可将支撑该论断的论据划分成 4 点，这些论据认为在血液污染事件中检测只是次要的问题：① 1985 年，对输血风险的评估不准确；②没有人主动干预以拖延检测；③ 1985 年春，阿波特检测法并不可靠；④过早地推出检测法不会对局面有任何改变。这 4 点总是纠缠着“当时科学尚无把握”的论断，因为不应拿 1990 年、1995 年或 2000 年的眼光去观察 1985 年的主要当事人，人类关于艾滋病的知识进展得如此神速，10 年或 15 年过后看上去一目了然的东西，但在当时可不是那么显而易见的。

然而以下问题才是我们应当关注的，当我们再次置身于当时的环境下，凭借手中掌握的文件，就会发现这 4 点是有悖于事实的。让我们来看一看其中的缘由吧。

1976—1983 年：乙肝疫苗

为了更好地理解法国巴斯德研究所是如何应对检测问题的，还是让我们追溯到 1985 年之前那 10 年，看一看当年究竟发生了什么。1976 年 5 月，法国巴斯德研究所所长雅克·莫诺任命保罗·普吕内为法国巴斯德研究所生产部科研室主任，生产部是研究所的分支机构，艾尔夫－阿奎坦公司的子公司赛诺菲拥有该部30%的股份。莫诺责令普吕内去监督开发乙肝疫苗，疫苗是由图尔市的医生雅克·莫帕刚研制出来的。当时母公司巴斯德“基金会”和法国巴斯德研究所生产部也参与了这个项目。1984年，生产部的诊断部分后来与赛诺菲合并在一起，成立巴斯德诊断部，而疫苗部分则依然留在研究所本部。

为了制订疫苗的质量标准，保罗·普吕内同法国国立公共卫生实验室的罗伯特·内特医生建立了联系，1992年内特医生在血液事件中成为被告。1976年，虽然当时尚未涉及艾滋病问题，但因病毒感染可能引起危险的预测已提到日程上来。最初阶段的交流会就是由内特与法国巴斯德研究所的病毒学家吕克·蒙塔尼耶及让－克洛德·谢尔曼共同组织的。他有一种“先知型”首创精神，在听说一个名叫罗伯特·加洛的人发现首个人类逆转录病毒，即HTLV病毒之后，便要求实验室检查每组血浆，看是否有逆转录病毒，这是逆转录病毒中一种特殊的酶。于是，与让－克洛德·谢尔曼合作的弗朗索瓦丝·巴雷－西努西便被派到罗伯特·加洛的实验室，去学习相关的技术。1983年，凭借这项技术的诀窍，她分离出第一株艾滋病病毒，即“拉夫”病毒。

保罗·普吕内写道：[44]“我还记得早在1981年之前，让－克洛德·谢尔曼曾发现有两组法国血浆对逆转化酶呈阳性反应。依照法国国立公共卫生实验室的指示，我们将这些取样都毁掉了……这也许正是HIV阳性反应的首批取样（那是被艾滋病病毒感染的取样），但这并不令人惊奇，因为从后来所做的调查来看，1974—1982年所采集的血清中，有6人HIV呈阳性反应，其中有4人曾到非洲旅行。”

保罗·普吕内还提到，1983年6月报界曾掀起一场运动，是由《解放报》和《世界报》共同发起的，针对法国巴斯德研究所采用从美国进口的血浆从事乙肝疫苗研究一事，并对这种研究的安全性进行讨论。发现“拉夫”病毒的消息刚一宣布，报界便对进口血浆有传染艾滋病的潜在危险提出质疑……据普吕内讲，这场运动“受法国巴斯德研究所内部人员的操纵”，一名医生因同研究所积怨颇深，在遥控那场运动。保罗·普吕内反复强调，他和他的同事们“深信”乙肝疫苗是可靠的：“我们知道，除了乙肝之外，法国及外国献血者的血浆可能会被其他病毒感染。对于我们来说，出现潜在的新感染源并不会造成重大的变故，因为我们已经接受感染的推断，这一推断不但合乎情理，而且是可能的。”言外之意是，他认为可能出现的新病毒已在考虑之中。

接着，普吕内说到了艾滋病：“在对乙肝展开研究的过程中，我们间接地接触到逆转录酶病毒，乙肝病毒与艾滋病病毒的共同点是通过性传播，多性伙伴、注射吸毒、用血液制品输血都会感染疾病，甚至会加重病情。法国国立公共卫生实验室始终有先知型的首创精神，而且对乙肝疫苗的要求极为严格，大家不禁要问，公共卫生实验室为什么没有对血液制品推行强制性的预防措施呢。我非常遗憾地看到内特医生在这场血液丑闻中受到质疑。”

普吕内反复强调：“医学界虽然对 1983 年以来血液感染的性质认识不清，对其严重性认识不足，但不能总是以此为理由，况且，报界掀起的反对乙肝疫苗的运动正是一种明证，说明有关这种潜在危险的信息还是传播得极广的。令人感到奇怪的是，记者都在抨击某一产品及某一行业组织，却没有哪位记者认真地调查输血用的血液制品。”

1983 年 8 月：蒙塔尼耶的呐喊无人理睬

保罗·普吕内的证言表明，早在 1983 年，法国专家就已经预感到输血存在着危险，但他的证词并不是唯一的声音。1983 年 5 月 19 日，由艾滋病及流行病专家让-巴蒂斯特·布吕内领导的工作小组召开了会议，会议纪要中记载着：“对高危献血者最理想的鉴别方法是在血液制品中凸显艾滋病的特殊判断标准。”这也就是说要用检测法。

1983 年 8 月 26 日，蒙塔尼耶教授给卫生总局局长雅克·鲁写了一封信，同时还给时任总理皮埃尔·莫鲁瓦写了一封信。下面是他写给总理那封信的节录：“在巴斯德研究所我的实验室里，一种新病毒被分离出来，它是从几位艾滋病患者身上取样后分离出的，其中有一位患血友病的小患者，他只是因接受抗血友病因子切片而染上艾滋病，这类切片是用献血者的血浆在法国制造的。这意味着艾滋病可以通过血液及血液制品传染，但并不排除其他更常见的传染途径。”蒙塔尼耶补充道：“尽快将这类研究应用于医学领域的问题已摆在我们面前。我们很快就能繁殖出足够多的病毒，以研制出可靠的诊断及预防试剂，尤其是要对献血者及高危人群进行防控。”[45]

3 天之后，蒙塔尼耶又给法国国家保健和医学研究所所长菲利普·拉扎尔写了一封内容基本相同的信。信文节录如下：“我们过去曾研制出艾利萨检测试剂，可检测出此类病毒的血清抗体，正是靠着这种检测试剂，证实一大部分患恶性淋巴瘤或艾滋病的患者都是由这种病毒感染的，而参照人（实验室人员）却安然无恙。尽管这种病毒是否与艾滋病有关联目前尚无确切的证据，但上述点滴数据足以让我将此病毒视为一种潜在威胁，我应向有关方面负责人发出警告，法国有必要尽快研发出诊断及预防手段，以防止这种病毒扩散。”

蒙塔尼耶希望能得到贷款，用来建造一间高安全性的实验室——又称 P3 实验室，以研发检测试剂。但教授的呐喊竟然无人理睬，科学界对此也未认真对待。“拉夫”病毒在艾滋病成因中因果效应的证据还十分脆弱。法国巴斯德研究所的领导层及其分支机构——生产部却依然我行我素，裹足不前。保罗·普吕内写道：“我对法国巴斯德研究所发现病毒这件事深信不疑，因此我极力到（研究所）领导层那里为专家们辩解，让领导层给他们提供更多的资金……但却徒劳无益，逆转录病毒的推测并未引起巴斯德基金会的关注，因为这种病起初只在同性恋中间传播。事实上，直到 1983 年年底，甚至直到罗伯特·加洛于 1984 年（3 月）公布其结果之后，巴斯德基金会才承认这项发现确实是在巴斯德的实验室里搞出来的。”

我真不知该怎么评论。

1984 年 6—10 月：巴斯德研究所白白浪费了 4 个月

1984 年 4 月，当罗伯特·加洛为取悦公众而宣布自己的发现时，实业家之间秘而不宣而又无情的竞争正紧锣密鼓地展开着。竞争的焦点就是血液检测试剂这个巨大的市场。5 月初，美国国立卫生研究院发出招标公告。最终有 5 家公司入围，其中有个巨无霸阿波特公司和奥尔加依公司。法国这边参加投标竞争的就是巴斯德生产部，即后来的巴斯德诊断公司。到那时为止，法国巴斯德研究所仅从鲜血细胞的培养液中繁殖出该病毒来，需要找到一个连续细胞系的问题已摆在他们面前。巴斯德生产部科技处的让 - 弗朗索瓦·德拉尼奥在写给上司克里斯蒂安·波利卡尔的函件中申明了这一点，这封信写于 1984 年 4 月 10 日：“开发出繁殖病毒的体系至关重要，……用人的白细胞来繁殖非常费力，而且极难形成产业规模。……蒙塔尼耶应设法找到供繁殖用的连续细胞系。”德拉尼奥同样担心“吕·蒙塔尼耶与罗伯特·加洛潜在的合作可能性”……

加洛在 5 月将 H9 细胞系交给了蒙塔尼耶。法国巴斯德研究所的研究员也收到了罗宾·维斯的“塞穆”细胞系，大概是在此之前收到的。蒙塔尼耶还拥有第 3 种细胞系，是 100% 的法国产品，他为此申报了专利权（专利号：840509）。这个细胞系并不是由 HIV 的宿主细胞——T 细胞组成，而是由适合寄养病毒的 B 细胞组成。但该细胞系不久就证明是无法使用的。

因此，巴斯德生产部几乎和阿波特公司在同一时间内拥有两个细胞系，靠这两个细胞系是完全可以开发出一种检测试剂的。但这两个细胞系都有知识产权的问题。要想使用 H9 细胞系，法国巴斯德研究所就得和加洛及美国国立卫生研究院签订合同，这在 4 月 23 日双方关系闹僵之后是难以实现的。在几周之内，蒙塔尼耶和谢尔曼设想去采用罗宾・维斯的“塞穆”细胞系。6 月 15 日，他们俩给这位英国研究人员写了信，申明他的细胞系今后可用于向产业化生产过渡（“潜在的医学及产业用途”）。他们向他建议合作申报专利权，合作协议书会在一个月内寄给他。然而在其后的一年多之内，罗宾・维斯却没听到有关这个项目的任何音讯……

经过深思熟虑之后，蒙塔尼耶和巴斯德生产部共同决定，依然围绕着 B 细胞系继续进行研究。根据巴斯德内部文件的说法，研究后来并未取得成功，这些内部文件再现了巴斯德诊断公司“艾滋病技术委员会”的活动。下面是几段说明这个问题的摘录。

艾滋病技术委员会 6 月 4 日会议纪要，由（科技处）马克・吉拉尔签署：“到 P3（高安全性的实验室）工作的艾滋病小组将归吉拉尔管理，但就日常研究而言，应接受蒙塔尼耶的直接指示……”“蒙塔尼耶先生描述了他所掌握的各种细胞培育系的优点……EVB 细胞系（这是蒙塔尼耶的）和前 T 细胞系（这是罗宾・维斯的）或许是两个最有意义的细胞系。前一种细胞系繁殖能力差……前 T 细胞系的知识产权问题需要解决”。

艾滋病技术委员会 6 月 20 日会议纪要，由马克・吉拉尔签署：“T 细胞系仍有某些不确定的因素，因此，应当集中精力去研究 BJAB-B95 细胞系（即 B 细胞系）。”

让 - 弗朗索瓦・德拉尼奥写于 9 月 28 日的文书：“到目前为止，只有 B 细胞系为批量化生产做了详细的检测（繁殖系 BJAB-B9535，17，5）。总之，没有任何一种繁殖系表明该系适合于增大繁殖量……采用 T 细胞系的实验依然在进行当中（还有来自 ATCC[①]的‘塞穆’细胞系以及来自丹麦诺沃的‘莫尔特’细胞系）。”

① ATCC：美国菌种保藏中心，又被称为美国模式菌种收集中心，是位于马里兰州洛克菲勒的一家私营的、非营利组织。——译者注

在此又提到了“塞穆”细胞系，但这不是罗宾·维斯的细胞系。ATCC 是美国的一个机构，所有由生物学家研制并使用的细胞系都存放在该机构中。确切地说，巴斯德生产部又从 ATCC 处得到了“塞穆”细胞系的新样板，这样就可以不必去找罗宾·维斯了……

艾滋病技术委员会 10 月 9 日会议纪要（由德拉尼奥签署）：“委员会决定，停止对 BJAB-B95 细胞系进行实验（无论是在本部，还是在 P3 实验室），在 P3 实验室着手用‘塞穆’细胞系去繁殖‘拉夫 -1 型’……最后，蒙塔尼耶先生将尝试着从原始‘塞穆’细胞系里分离出‘最具繁殖力’的细胞系。”

让我们来做一番概述：在 4 个月之内，即从 6 月到 10 月，巴斯德生产部竭尽全力用蒙塔尼耶的 B 细胞系繁殖病毒，但一无所获，最终又回到“塞穆”细胞系上来，而从一开始搞大批量繁殖时，该系就已经掌握在他们手中了……最终的结果是，阿波特公司几乎和巴斯德生产部同时起步，但起码领先法国人 3 个月进入市场。而法国人在 6 月 21 日仅能提供极少量的检测试剂，法国国立公共卫生实验室在 6 月 21 日那天将该试剂登记在册。

为什么要替换罗宾·维斯提供的细胞系呢？据蒙塔尼耶称，该系被支原体感染了。支原体是一种多形体细菌，它的坏毛病就是常常会感染细胞培育体。那么蒙塔尼耶为何不坦率地再向维斯索要新的培育体呢？毕竟这两位研究人员曾就共同申报一个专利权之事协商过。1986 年 1 月 29 日，罗宾·维斯相当生气，给蒙塔尼耶写了一封信，并将信件的副本寄给了弗朗索瓦·雅各布，雅各布是诺贝尔生理学或医学奖获得者，也是法国巴斯德研究所最著名的人物。维斯获悉法方已单方面做出决定，认为他们的协议草案“已经过时了”，他对此感到十分“不安”。他责备蒙塔尼耶使用了“为伦敦癌症研究所独有的知识产权”，明确地说，他这是在责备蒙塔尼耶使用了“塞穆”细胞系，但想绕过他。罗宾·维斯暗示，要是同他合作的话，蒙塔尼耶或许能先于加洛及美国国立卫生研究院，用专利来保护采用连续细胞系繁殖出病毒的成果……[46] 他有这么一段富有挑衅意味的话：“艾滋病是一种极为可怕的疾病，不能用狭隘的大国沙文主义同该疾病做斗争。”

我真不知该怎么评论才好。

1985 年：灾难性的一年

1984 年年底，法国全国输血中心越来越感到担心。那时，不论“当时的科学多么无把握”，但下述信息是确信无疑的：艾滋病会经血液传染，输血会有极大的危险，检测是减少危险的特定工具。在众多的文件当中，我们可以列举法国巴斯德研究所于 1984 年 11 月 26 日发布的新闻公告，公告概述了有关艾滋病研讨会的结论，这个研讨会是在此前几天由蒙塔尼耶及谢尔曼实验室组织的，当时欧共体各国的研究人员以及来自美国的学者（美国国家癌症研究所、美国国立卫生研究院的专家）参加了研讨会，研讨会得出了明确的结论。

与会专家们就下列几点达成共识：

- 流行病学数据表明，无论在美国，还是在法国，以及赤道非洲地区，艾滋病患者的数目都呈增长趋势。
- “拉夫”病毒及 HTLV-3 病毒是完全一样的，它们可视为该病的初发病因。
- 许多健康的病毒携带者亦可通过输血或血液制品传播病毒，比如被感染的抗血友病因子就在传播病毒。无症状的病毒携带者可能要比染病的患者多 10 倍，这种局面令人担忧。现在有必要采取紧急的卫生措施，以便能在采血站将这些病毒携带者查验出来。
- 在这些措施中，研制出灵敏度高、可靠的查验病毒抗体的检测试剂是当务之急、重中之重。

这已再清楚不过了。

在科尚医院的输血中心，弗朗索瓦·皮侬医生早已开始对献血者进行检测，所采用的检测试剂是由雅克·莱博维奇在加尔什的实验室制造的。莱博维奇于 1983 年 5 月离开了工作小组。他和加洛在业务上有联系，而且掌握了制造检测试剂的技术。皮侬和莱博维奇在 1984 年 10 月、11 月、12 月分 3 次共对 2 000 名献血者进行了检测。他们查出，有 10 人血清反应呈阳性。1999 年，我曾询问过皮侬，他告诉我，事先曾给这些人发过一份调查表，以剔除危险的献血者。但据皮侬医生讲，那 10 名血清反应阳性的献血者并未声明自己属于高危群体……这也证明对献血者进行筛选的效率很低，而依照塞特邦的说法，这种方法是能够减少献血血液污染的唯一合适措施。

在 2 000 名献血者当中竟然发现 10 人血清反应呈阳性，病毒携带者的比例达 0.5%。这一简单的推算表明，1984 年年底，在巴黎地区，每周要有 50 个人因输血感染艾滋病。若将这一比例延伸到整个法国，每周大概要有近百人受感染。皮侬向医院的同事们发出警告，与此同时，法国卫生总局也接到了警告。1985 年 3 月 12 日，当时在卫生部工作的艾滋病流行病学家让－巴蒂斯特·布吕内，马上写信给卫生总局局长雅克·鲁："已感染淋巴病毒的献血者，再加上科尚医院查验出病毒携带者的比例（0.6%），如果这个数目在巴黎地区有代表意义的话，那么所有采自巴黎血库的血液制品目前或许已全部被污染了。"

奥利维耶·博称："1985 年，是否应对献血者进行系统检测的问题尚不如今天这么显而易见。"然而，大家已经注意到，无论是蒙塔尼耶，还是布吕内，他们自 1983 年起就一直在为建立检测机制而奋斗。现在让我们来看看，那些同献血有关的负责人在 1985 年时是怎么想的。下面的引言都是从法国全国输血中心的秘密文件中摘录下来的。3 月，法国全国输血中心成立了一个工作组，即"艾滋病与输血工作组"，主要由让－皮埃尔·阿兰医生及病毒学家安娜－玛丽·库鲁塞组成。工作组又分成 3 个小组，安娜－玛丽·库鲁塞这个小组的任务是对当时的 3 种检测试剂（分别来自阿波特公司、奥尔加侬公司及巴斯德诊断部）进行评估，该小组的名称是"病毒标识"。

艾滋病与输血工作组 4 月 1 日会议纪要，参加会议的有让－皮埃尔·阿兰，弗朗索瓦丝·巴雷，让－克洛德·格卢克曼："在对每个献血者采血时应采用艾利萨检测试剂，检测结果可排除阳性反应者，不必再等待确认检测。……假阴性反应者并不是大问题，然而，当务之急是，要将病毒抗原常规检测试剂同抗'拉夫'病毒的艾利萨检测试剂结合起来。"

另一次会议的记录，记于 1985 年 4 月 2 日，呈送给安娜－玛丽·库鲁塞和让－皮埃尔·阿兰："建议在全法国对每位献血者做系统的抗体检测。'问答式医检过滤'的有效性很低，因为献血者可以宣称自己不属于高危群体。……检测试剂现已随时可用，若发现艾滋病经血液传染的病例，那么输血机构显然应承担起责任来。至于艾滋病的流行规模，无论在整体上，还是在输血后引发感染方面，目前都尚无法预测，卫生总局认为当前的局势'非常严峻'。"会议记录指出，在法国已有 320 人感染了艾滋病，其中 3 人是血友病患者，7 人因输血而染病。

"病毒标识小组"1985 年 4 月 2 日会议纪要，参加会议的有安娜－玛丽·库鲁塞，克里斯蒂娜・鲁奇乌，让－克洛德・谢尔曼："对所有献血者实施检测抗'拉夫'/HTLV-3病毒的抗体是否恰当呢？面对这个问题，全体与会者的答复是肯定的，而且希望检测工作尽快展开。"

"病毒标识小组"的会议纪要，由安娜－玛丽・库鲁塞在4月25日起草："每一位与会者都表示，有必要对所有献血者做系统性检测，检测他们身上是否有'拉夫'病毒抗体。小组还组织了一项研究，以评估各种不同免疫酶反应的效能（即艾利萨检测试剂），这是特为检测而研制的。评估工作应在5月底结束，但对法国国立公共卫生实验室来说，评估的结果尚不必登记在册，这样也就不能将其推向市场。将此工具解禁、允许其上市应当在5月15日之前完成。因此，小组希望卫生部尽快就输血时针对'拉夫'抗体的检测拿出相应的对策来，以便能在7月之前让每位献血者都去做系统的检测。"

因此，自1985年4月2日起，由全法输血中心指定的专家们便不再怀疑尽快建立检测系统的必要性。检测方法之所以没有马上投入使用，并不是因为某种"不确定性"。那么，究竟是出于什么原因呢？

3月2日，阿波特公司的检测试剂获得美国食品药品监督管理局的许可，并由此进入美国市场。1985年3月3日，让－巴蒂斯特・布吕内写了一份报告，提到了科尚医院所做的调查，并明确指出，"掀起这类运动（系统检测）的时机尚未到来"，输血性危险"目前在法国尚不十分明显"，认为宣布允许阿波特公司的试剂进入美国市场"有些令人吃惊"。

从这时起，尽管接受输血的人越来越担心，但有关机构却在较劲看谁的动作慢。从错综复杂的行政文件中能领略出不变的方针，当阿波特试剂获准进入美国市场后，巴斯德生产部上下鼓动以拖延推出检测手段。从技术上讲，检测试剂自1985年三四月起已可以投入使用，至少有一部分是可用的。但巴斯德生产部尚不能生产出足够的诊断检测试剂盒（被命名为"艾拉维亚"法），以便在法国市场上拿到可观的市场份额。市场份额是取得患者信任的必不可少的手段，而唯有获得患者的信任才能让自己的检测产品走出国门。

3月18日，巴斯德诊断公司总经理让・韦伯给负责卫生事务的国务秘书埃德蒙・埃尔韦写了一封信，称诊断公司自1985年4月15日起，每月可为法国市场提供4万份检测试剂，从11月起每月可提供8万份试剂。然而，待血液检测方法推广开之后，每周就需要7万份试剂。到4月中旬，巴斯德诊断公司只能满足法国市场

14%的需求，即使到了11月1日，也仅能满足28%的需求，认为法国本土制造商已准备就绪的说法是极不现实的。1985年4月27日吕克·蒙塔尼耶在接受《巴黎竞赛画报》采访时也承认这一点，美国人“已远远地超过了我们，但我们还是在正确的轨道上。只是对接受输血者来说，目前这段时间极不好过”。接受输血者对蒙塔尼耶开诚布公的态度给予好评。

有一封从未公开过的信件证实，直到1985年6月止，巴斯德诊断部依然拿不出合适的产品，以满足接受输血者的需要。那封信是安娜－玛丽·库鲁塞写给克里斯蒂安·波利卡尔的，波利卡尔是法国巴斯德研究所的高层领导者：“我要告诉你，初步看来，虽然小组全体成员都赞成采用法国自产的诊断检测试剂盒，但大家都认为不应保留‘艾拉维亚’检测盒，因为从设计上看，当前它不适合对献血者进行检测。实际上，这种检测盒要多用1～2倍的时间，况且又没有其他特别的优势。我也同意同事们的看法。”1985年春，安娜－玛丽·库鲁塞对阿波特公司推向市场的检测试剂做了鉴定。[47]最初，她未发现任何假阴性反应（也就是说，未发现任何检测试剂未验出的受感染血样），在更深入的研究中，检测试剂未验出的比率只有0.8%。确切地说，这个备受诋毁的检测试剂至少能在100名血清反应阳性者中验出99名来。这总比什么也验不出强多了。这是对断言阿波特检测法不可靠说法的最佳回应！

况且，自1985年3月19日起生效的一份正式的文件断定，阿波特检测法是可以投入使用的。这份文件出自法国国立公共卫生实验室，是由吉扬医生签署的，文件上打着“最终证明：一切正常”的评注。这时，有人在行政舞台上搬出各种拖延手段，以阻止法国国立公共卫生实验室允许美国检测方法注册登记。4月25日，罗伯特·内特给埃德蒙·埃尔韦的顾问克洛德·魏斯伯格写了一封信，建议国务秘书“立即让巴斯德诊断公司的产品注册登记，将阿波特公司的注册延缓至1985年5月13日”，这一建议遭到拒绝。

巴斯德诊断公司的老板让·韦伯则想尽一切办法，不仅要拖延阿波特检测试剂的引进，而且迟迟不将自己公司的产品推向市场，后来在1992年血液诉讼案上，他宣誓作证，称其公司当时已经准备就绪了。1985年4月26日，他在给法国巴斯德研究所极有影响力的弗朗索瓦·格罗写了信，格罗当时被任命为总理的科学顾问。下面是该信的节录：“在这样的条件下，允许阿波特及巴斯德检测试剂盒迅速出现在法国市场上，这对法国的整体利益是十分危险的。”尤其是因为“将阿波特检测试剂盒引进输血中心，会让美国人夺走 80% 的法国市场份额，从而把法国生产厂家挤出国内市场，使其得不到出口所必需的销售记录”。

4 月 30 日，法国国立公共卫生实验室的勒布朗医生准备批准采用巴斯德诊断公司的检测试剂，这也是合乎情理的，因为最终目的是将其推向市场。让·韦伯则想方设法动用部里的一切关系，为其荒谬的举措服务，他竟然要拖延对自己公司检测试剂的批准！他给克洛德·魏斯伯格写信：“今天上午我和国立公共卫生实验室的勒布朗医生通了电话，他准备今天批准我们的检测法。我们在电话里谈了很长时间，我要他暂缓批准，但部里采取措施也是十分必要的。我们该如何就此问题动用我们的关系呢？”

1985 年 5 月 9 日，弗朗索瓦·格罗主持召开了一次有关艾滋病输血感染及检测问题的部际会议，参加会议的还有法国经济、财政及预算部的技术顾问弗朗索瓦·博皮。他的笔记还是很说明问题的，专家在会上传递的信息是十分清晰的，参加会议的专家主要是格罗和魏斯伯格。笔记主要有如下内容：“有 4 例因输血造成的艾滋病……从公众健康的视角来看尚无必要……安排产业化生产并不急……巴斯德尚不能生产……几千支阿波特试剂（每支 11 法郎）免费派送……”5 月 9 日的会议纪要表达了相互矛盾的两点。一方面，纪要提到输血的危险，半年前皮侬和莱博维奇已对这种危险做出了评估。另一方面，该文将是否推行检测的决定描述成了迎合产业及媒体的需要：“众多理由表明，将来推广检测方法是必要的，但在目前的局面下，假如我们不事先考虑将输血中心的市场留给巴斯德诊断公司，那么我们就不得不推广美国的检测试剂，这种检测试剂现已引进各输血中心了。”

5 月 22 日在波尔多召开了血液病学大会，主管卫生事务的国务秘书埃德蒙·埃尔韦出席了大会。所有专业输血医生，还有法国血友病协会，都期待着埃尔韦宣布对献血者进行检测。但在最后一刻，埃尔韦接到弗朗索瓦·格罗的电话，请他不要宣布。一直到了 1985 年 6 月 19 日，当时的总理洛朗·法比尤斯才在国民议会上宣布将对献血者进行系统的检测，但仍没有说明开始实施检测的时间。

1985 年 6 月 27 日，罗伯特·内特医生给克洛德·魏斯伯格写了一封文书，阐述了巴斯德检测试剂在美国的遭遇，文书特别强调：“据我所知，在法国，公共事业局近 100% 的实验室要求采用阿波特公司的检测试剂，这就是我们要将批准拖延到 7 月 4—8 日的意义所在，以便让巴斯德诊断公司在 7 月 1 日之前能拿到一部分国内市场份额。”

7 月 5 日，弗朗索瓦・格罗给总理办公室主任路易・施魏策尔写了一封信：“在开发针对艾滋病的检测手段方面，总理希望我们认真地关注法国的利益，显然既要考虑到国民的健康，又要注意让巴斯德及赛诺菲将其产品推向国外市场。然而，正如我曾强调的那样，专利权之战才刚刚展开……”弗朗索瓦・格罗解释说，美国国立卫生研究院及罗伯特・加洛本人刚刚在美国获得专利证书，而法国巴斯德研究所的专利申请依然在审理之中，“假如无人去指责美国国立卫生研究院及加洛的专利证书，……那么，这最终将会把法国巴斯德研究所开发的全套检测技术毁于一旦”。况且“许多公共机构，如巴黎公共事业局将所有检测试剂的订单都交给了阿波特公司，我个人认为这种做法是不恰当的，而且会引发很多问题”。路易・施魏策尔所写的评注为此重重地添上了一笔：“真是可耻，幸好这已得到纠正。”

1985 年，在决策人眼里，公共事业局采购美国的检测试剂倒成了地道的丑闻。在美国食品药品监督管理局颁布许可的第二天，即 1985 年 3 月 3 日，世界各国便傻乎乎地忙着在各血库设置阿波特检测法，那儿的人可不像让－巴蒂斯特・布吕内、弗朗索瓦・格罗、路易・施魏策尔、让・韦伯或克洛德・魏斯伯格这么精明，除此之外，人们还能说什么呢？毋庸置疑的统计结果表明，各国经输血感染的人数呈大量下降的趋势。[48] 自 4 月起，阿波特检测法试剂被允许在德国使用，并没有人哀叹出现了灾难。最后一个论据彻底粉碎了所有想掩盖推迟检测的诡辩，1980—1987 年输血感染人数的季度变化曲线是很说明问题的，这个曲线是根据接受输血者赔偿基金会提供的数据编制的。这条曲线明显地表明，自 1985 年六七月份起，受感染的人数呈惊人的下降趋势。检测手段刚刚设置好，马上就将绝大部分可感染他人的献血者排除在外了。法国受感染的人数之所以多于其他欧洲国家，皆因法国是唯一妄称越迟推出检测法越好的国家……

其实皮依和莱博维奇早在 1984 年就已经开始实施检测了，那么埃德蒙・埃尔韦为何偏要拖到 1985 年 5 月 22 日才建议推广检测方法呢？为什么有人偏要他待总理洛朗・法比尤斯宣布实施检测方法之后才去推行呢，这样无形中不又拖延了一个月吗？在总理宣布推广血液检测方法后，为什么偏要等到 7 月 23 日才颁布法令，将强制性检测的起始日期定在 8 月 1 日呢？就这一系列问题，1985 年 3 月至 5 月期间住院治疗的血友病患者及输血后被感染的患者一直在等待着答案。这些患者的数目也是“当时科学尚无把握”的一个组成部分。

HTLV-3 病毒的真面目

有良知的读者会认同检测确实被拖延了，没有任何科学论据能证明这种拖延是合情合理的，假如能提早实施血液检测，也许会让许多人免遭感染。对艾滋病病毒的研究一开始就很明确地宣告，这种病毒是一种通过血液传染的病原体。研制检测试剂是鉴别出病毒之后必然要做的后续工作。所有声称“当时科学尚无把握”的借口都是在试图掩盖那不可回避的事实，任何一位严谨的专家都不会不知道血液检测的重要性，尤其是罗伯特·加洛在 1984 年 4 月公布其成果之后就更是如此。况且，假如蒙塔尼耶及法国巴斯德研究所认为血液检测法不过是一种没有前途的无价值之物，那么他们为什么要在 1983 年申请专利权呢？为什么要不惜破费 2 000 万法郎在美国聘请律师呢？

本讲的篇幅已经很长了，为了不使其过于冗长，我只引用了最具说服力的文件。当然还有许多其他文件。我再次重申，我的意图并不是在此评判那些当事人。但在我看来，史实或者客观地挖掘史实的过程，似乎至少应是民主的必要条件。在法国，血液污染悲剧的主要当事人集体创造的“群体事实”在很长时间内混淆了事实真相，使人看不清围绕着 HIV 的发现及检测法专利权而展开的明争暗斗。这个“群体事实”接着又传到部分媒体及某些学者手里。有关病毒发现权的争吵，过后看上去倒像茶余饭后消遣的话题，至于幕后的真相却像被一块红色的抹布仔仔细细地擦过，看上去了无痕迹，免得大部分医生、政治家、记者或普通老百姓去提问。倘若没有血友病患者及接受输血者鼓起勇气去投诉，倘若没有那些好奇的记者，倘若没有那些敢于违抗“群体事实”的医生，我们所看到的不过是被人篡改过的史实。

要想给这段历史做出结论尚缺少最后一个环节，加洛的 HTLV-3B 病毒与蒙塔尼耶的“拉夫”病毒是那么相似，这到底该怎么解释呢？一直到了 1991 年才找到答案，因为有一项技术可对病毒菌种的组序进行详细的分析，凭着这项技术，专家对法国巴斯德研究所及美国国家癌症研究所自 1983 年以来所保留的所有菌种的序列进行了分析。1985 年，聚合酶链式反应技术尚未问世，该技术是凯利·穆利斯发明的，他也因此获得 1993 年的诺贝尔化学奖。法国巴斯德研究所的研究人员发现在让 - 克洛德·谢尔曼的实验室里有些病毒受到污染，当时是 1983 年 8 月。“拉夫 - 布吕”（以患者布吕的名字命名，因为是在从他身上提取的血样中分离出的病毒）的原始菌种被来自另一患者的菌种覆盖了，这后一患者名为“莱”。后一菌种混入试管里，进而取代了前一菌种[44]。尽管“布吕”在连续细胞系里很难成活，但“莱”却繁殖得很好。因此，自 1983 年 8 月以后，所有贴着“布吕”标签的血样其实都是“莱”的血样。“1985 年所公布的序列正是‘莱’的，而不是‘布吕’的，法国检测试剂生产所采用的病毒也是‘莱’，它被寄送到世界各地的实验室里。”贝尔纳·塞特概述道。

但 HTLV-3B 病毒为什么与“莱”病毒这么像呢？加洛曾给《自然》杂志写过信，此信刊载在 1991 年 5 月 30 日那一期上，他最终决定承认他那极为珍重的病毒样本其实也被“莱”病毒感染了。法国巴斯德研究所于 1983 年 9 月 23 日寄给加洛及波波维奇的菌种中至少有一个菌种含有“莱”的繁殖物。因此，美国的病毒确实是来自法国巴斯德研究所的，但通过什么样的途径，谁也想象不出来。这并不涉及任何舞弊行为，因为人们很快就发现其他研究小组遭遇了同样的灾难。总之，1988—1992 年，有 7 个实验室遭受到“莱”病毒的感染，其中包括英国人罗宾·维斯的实验室，他差一点就和蒙塔尼耶联手合作了。

1992 年，罗伯特·加洛碰到了烦恼的事情。《芝加哥论坛报》的记者约翰·克鲁德森于 1989 年发表了一份 16 页的调查报告，这份报告俨然就是一份针对加洛的指控书。从此，他便起劲地反对加洛，又重新捡起对他舞弊行为的指控，但并未披露更新的证据。他的文章引起了受人尊重的约翰·丁格尔议员的关注，我们在第五讲中已碰到过这位议员，他曾指责过戴维·巴尔的摩（最终巴尔的摩被还以清白）。在丁格尔的指派下，美国科学诚信办公室对加洛的癌症研究所进行了为期两年的调查，该办公室是美国卫生部的下属机构。1992 年 12 月 30 日，科学诚信办公室发表了最终报告，报告并未指控加洛犯有作弊行为，但认为他犯有“不端行为”的过错，因为他否认在连续细胞系里培植过“拉夫”病毒。波波维奇也同样被指控犯有“不端行为”的过错。

这份报告并未带来什么结果。由于加洛和波波维奇采取了司法举措，科学诚信办公室只好放弃对他们的指控。后来加洛和波波维奇便离开了美国国立卫生研究院，在我写下此行文字时，罗伯特·加洛在巴尔的摩市掌管着一家病毒研究所，同时把与他合作多年的伙伴也带过去了。法国巴斯德研究所为提高其所应得的专利使用费，曾敦促过美国的律师事务所，最终于 1987 年达成协议。假如不出意外的话，加洛与蒙塔尼耶的争论到此就算彻底结束了。

何为优秀的科学家？

当我们回顾这一事件时，可以说与艾滋病相关的所有论战彻底破坏了科学在公众面前的形象。尤其在法国，这种说法更是如此，在这里，唯科学主义的影响甚于其他国家，这种影响将科学研究成果神化了，并将科学家尊为圣人。巴斯德本人曾是身穿白大褂的“世俗化圣者”的典范。这样一幅圣像从此变得黯淡无光了。即便是在盎格鲁－撒克逊的国度里，虽然公众对科学争论早已习以为常，而且也不太愿意将科学家捧上神坛，但艾滋病的冲击波还是造成非常大的影响。这种变化的象征就是反科学运动的崛起，其表现形式是多种多样的，但主要是让某些伪科学的理论大行其道。比如迪斯贝格理论，或者由克里斯蒂娜·马乔里改编的该理论普及型的版本。

然而，科学家的失误以及“不端行为”并不能证明抵触科学进步就是合情合理的。在艾滋病这一事件中，沉渣泛起、陋习满目的局面恰恰不是科学进步造成的，而是种种纵容反科学的态度造成的。但这种态度并不能阻止科学家去完成客观的科研工作。在医学史上，从未有人像今天这样，在这么短的时间内就检测出一种新的流行病毒，鉴定出病毒的病原体，研制出诊断工具，研发出相当有效的治疗方法，以延长患者的寿命。尽管其中掺杂着激烈的竞争因素，掺杂着狂热的民族主义思潮，但这些成绩对科学还是极为有利的。一名优秀的科学家并非永远不犯错误，他时刻承担着失误的风险。失误是不可避免的，因为科学是由人来完成的。纯粹的科学是不存在的，更不要说让人在一个真空世界里去搞这样的科学了。正如斯蒂芬·古尔德所说：“然而，看到人类用宇宙将我们所有相互影响的东西都遮盖起来，我并不感到悲伤，因为那遮盖物是透明的，不论它的结构多么坚固[45]。”

练　习

1.1985 年 5 月 28 日，血液学大会在波尔多召开，弗朗索瓦·格罗曾要求时任法国卫生部部长埃德蒙·埃尔韦不要在大会上宣布对血液进行检测。在法庭审理血液污染案件过程中，在针对部长们的指控进行庭辩时，格罗宣称：“并不是我要求埃德蒙·埃尔韦不要在 1985 年 5 月 28 日举行的血液学大会上宣布推行系统性检测的。总理办公室并不相信他（指埃德蒙·埃尔韦）会免不了要宣布推行检测，我只是把这件事转达给他。”请给他这段话加注释。

2. 如果你明白了弗朗索瓦·格罗想表达什么意思，你就可以申请到部长办公室里工作了。
3. 如果你也像其他正常人一样什么也没明白，那你就站在窗前，高声把本讲再念一遍，这是福楼拜修改自己作品的方式。

第七讲　上帝及诸神，任由你去供奉

亚当有肚脐吗？

不管怎么说，他毕竟不是从女人肚子里生出来的。可他身上为什么还要带着本不应有的脐带之痕呢？从另一视角上看，人们本应设想，上帝所制造的人类祖先难道不应与其后辈一样吗？因为上帝的远见卓识是无人能比的，所以我们这位用黏土捏成的祖先，外观与我们每个人完全相似，就像曾在母腹中经历过每一阶段一样。

许多善良的基督徒面对这个棘手的问题感到无所适从。这个问题在神学界也确实掀起过多次辩论，争论的激烈程度远远超过有关“天使”的性别那不痛不痒的话题。在诸多古老的画面上，一片巨大的无花果叶不仅遮挡着亚当的性器官，而且还遮挡着他的肚脐。由于得不到明确的指令，画家倒情愿给这神学的奥秘蒙上一片树叶，这样就不会担心出问题。

斯蒂芬·杰·古尔德写了许多篇妙趣横生的随笔，也唯有他能写出这样的文章。在其中一篇短文里，他讲述了在19世纪，有关这个话题的辩论是如何突然间又活跃起来的，当时新生的地质学找到了有关地球年龄的证据[1]。各种化石及沉积层是古老地球的痕迹，要比《圣经》为地球设定的年龄大几千年。但是，那些化石以及沉积层正是上帝故意设置的，亚当身上的肚脐也是他特意安排的，难道不应该承认这一点吗？

上帝并不希望人类的链条会在中间折断，因此，他将人类的第一人做成业已存在过的模样。上帝为什么不去制造一个起源于虚无的世界，再给那虚幻的过去蒙上切实存在过的痕迹呢？这样，学者们便能解读人类连续性的种种痕迹了，这一连续性虽短暂，却前后呼应，而且不悖于《创世记》的学说。

野猪的犬齿

据古尔德称，当时最佳的论点是由达尔文的同代人、博物学家菲利普·亨利·戈斯写就的。1857 年，即达尔文的《物种起源》一书问世之前两年，戈斯发表了他的著作《脐》。这部著作堪称一本内容翔实的参照读物，就亚当的肚脐展开讨论。作者在介绍他的著作时说，这是“解开地质学症结的一种尝试”。

《脐》的中心论点是，所有的自然进程都要受某一不间断周期的制约。蛋变成鸡，接着鸡又生蛋；奶牛先是胚胎，接着又转变成奶牛；等等。每种生命形式都是环形时间转台上一只无穷无尽的环，在上帝的思想里永生永世地旋转着。

但我们所能感觉到的现实世界究竟该是什么样子呢？在有形时间里，在某一时段内，奶牛总要登上时间的转台，到这世上走一遭吧。戈斯想象着每一生物都会经历两种时段：先时段，在此时段里，人不过是神的一种思索形式；历时段，这一时段与人所经历过的事件相吻合。亚当的肚脐就是先时段的事，而他在人世间生活的 930 年则是历时段的事。出现在上帝最高意识中的每一个人都带着先时段的征象。诚然，这部著作将所有进化论思想都排除在外，因为每一物种一旦被创建后便再也不会改变了。

《脐》这部著作共计 300 多页，作者用其中的九成篇幅来列举详细的例子以阐明他的论据。比如他拿河马的牙齿来举例，成年河马的犬牙变钝了，而且呈斜向磨损状，这是经长时间使用的必然结果。但一头刚问世的河马难道不应有锋利的犬牙吗？这绝不可能，戈斯断然否定。如果长着新犬牙，河马就根本合不上嘴了。它得等着那犬牙磨钝了——那它不早就被饿死了吗？据戈斯称，这样，带着衰老特征的牙齿并不意味着河马曾在地球上生活了很长时间，这些牙齿只意味着它那先时段的过去（秉承于它的母亲）。

同样，野猪——这是亚洲的一种野猪，则长着弯曲的犬牙，好像从头颅里斜刺穿出来似的。这种弯曲的形状正是常年不停生长的结果。小野猪生出来时，怎么可能在一刻钟时间内长出弯曲的犬牙呢？或许它的出生过程比一刻钟还要短呢。答案非常简单，那是上帝这位伟大的牙医特意为它们制造出年代久远的外形。

假如环形原理尚适用于生物学，适用于有机生命的话，那么当戈斯试图将该原理扩展到地质学及古生物学上时，就会面临重重困难。于是，他便采用最不武断的类比手法，化石对于现代生物而言，就像胚胎与成年体的关系一样。肯定要先有蛋才会有母鸡，这一点是毫无疑问的。如果不接受进化的理论，那么印度尼西亚龙目岛上的巨蜥为什么就非得和埋在先时段沉积层里的三觭龙有千丝万缕的联系呢？假如不承认现在的物种确实源于其先祖，那么它们之间到底有什么关联呢？

古尔德强调，虽然菲利普·亨利·戈斯的个性有其荒谬的一面，但他绝不是一个江湖骗子，恰恰相反，他是“当时最优秀、最善于描写的博物学家”。《脐》那部著作里不乏精确、细微的观察。戈斯应该是花费了大量的时间细心地研究了各种地质沉积层和化石。说他所倾心研究的物品不过是造物主一时心血来潮的产物，他怎么能接受呢？

古尔德说，戈斯不会将上帝的“编排”看作一场闹剧。他并不认为先时段不如历时段那么真实或那么现实。这两个时段在神学领域中都应得到尊重，其中应该找不出任何矛盾之处。有些机灵鬼反驳说，已变成化石的动物粪便证明，有血有肉的动物确实是在史前的草场上吃过草呀。戈斯则答复说，上帝完全可以把被石化的粪便撒在先时段的沉积层里。

对务实的英国来说，这也有点太牵强附会了吧，正是基于务实的特性，亚当·斯密[①]曾将务实的英国形容为“一个小店主式的国家”。《脐》一书的弱点是它那不现实性，以及目光短浅的封闭型论。不管是真是假，菲利普·亨利·戈斯的理论并没有什么实效，因为不论过去是先时段的，还是历时段的，世界从前的外表大概应该和现在完全一样。这是一种天使般的理论，只停留在玄想的空间里，因而注定永远是一种谬误。但当时尚无任何手段可对其进行检验。依照科学哲学家卡尔·波普尔的定义，戈斯的理论是“不可证伪的”（参见第十讲）。戈斯的同代人对如此蔑视物质的思辨并不感兴趣。从出版的角度来看，《脐》这部著作败得很惨。

我们不妨回过头设想一下，如果戈斯这本书拿到今天来发表，它兴许会造成极大的轰动。20 世纪 80 年代初期，“创造论的拥戴者”在美国掀起一场争论，旨在让当局承认《创世记》中的圣经故事是一种科学理论（确切地说是旧调重弹，因为这类争论已反复出现过许多次了）。创造论的拥戴者认为《创世记》应和进化论一样被编入教科书中，让学生学习。1980 年，里根首次竞选总统时曾宣布：“如果有人决定在学校里教授进化论，那么我认为也应当教授圣经里的创造论。”[2]

依照波普尔提供的范例，“创世说”声称可以“驳倒”达尔文的理论，因为大

① 亚当·斯密（1723—1790），英国资产阶级古典政治经济学的代表人物。——译者注

家依然就进化的说法争论不休，自然选择及生态适应性的确切作用究竟是什么？所有一切是否都由基因决定的呢？新物种到底该以什么形式出现？等等不一而足。创造论的拥戴者借口科学家尚不能就所有问题达成一致，就认为进化的现实是不成立的，它其实不过是一种假设，有待于进一步确认。当里根面对达拉斯新教组织时，他又捡起这套论据："进化论只是一种科学理论，近几年来，它在科学界引起极大的争论，换句话说，科学界不再像过去那样有权威性了。"

但科学家从未说过理论是可靠的。我们确实尚未完全搞懂进化的所有机制，但承认这一点绝不意味着是在怀疑进化论。科学的理论也在进步，它们并非一成不变的。给某一事实找到更好的解释并不意味着那个事实本身就应遭受排斥。正如斯蒂芬·杰·古尔德所概述的那样："爱因斯坦的相对论取代了牛顿的万有引力理论，但苹果可不会在落地前悬半空中等着争论的结果。人是从远古人进化来的，而远古人长得像猴子，这是参照达尔文的解释，或者参照另外一种可能的机制所提出的进化过程，而另一机制有待于发现[3]。"

确切地说，有关创造论的争论倒更应归属于政治范畴，而不应划在科学领域里。其他类型的宗教激进主义在世界各地纷纷崛起，创造论的争论与此更是遥相呼应。还是在 20 世纪 80 年代初期，美国的几个州——路易斯安那、得克萨斯、阿肯色等均颁布了法律，允许在学校里教授"创世科学"。许多法学家揭露了这类立法违宪的本质，认为这种做法是在公然向政教分离的美国国策叫板，与《美国宪法第一修正案》背道而驰。1982 年 1 月 5 日，联邦地方法官威廉·奥弗顿宣布，阿肯色州的地方立法是不符合宪法的，因为该法强迫生物学教师在上科学课时传授宗教知识。最后，经过激烈的司法辩论，宗教激进主义的要求被驳回。斯蒂芬·杰·古尔德曾积极地参与了那场司法辩论，他写道："1987 年 6 月，美国联邦最高法院以 7 票赞成、2 票反对废止了有利于宗教激进主义的最新法律，美国联邦最高法院所颁布的决定是如此清晰、如此强硬、如此全面，以至于那些最狂热的宗教激进主义者也不得不承认，他们反对进化论的立法图谋彻底失败了。"[4]

这场失败能否让创造论派乖乖地就范，目前难以定论，因为他们一直企图将宗教的教条说成"科学"的理论，并强迫大家接受这种理论。况且，生物学并非唯一遭受宗教思想围攻的学科。

神秘主义者在轻升

拿破仑曾问拉普拉斯，在其宇宙观的理论中上帝究竟起什么样的作用，拉普拉斯非常自豪地答道："陛下，上帝只是一种假设，我根本就不需要它。"这个答复至今依然让人印象深刻。如今"上帝的假设"似乎又活跃起来了——假如它真的从未消失过的话，而且它活跃的地区并不局限于美国。一段引人注目的插曲是"科尔多瓦①研讨会"的召开，它是由法国文化广播电台组织的，举办于1979年。研讨会将所有论文汇编成书，冠以《科学与意识》的书名[5]，书的封面画着一幅颇具联想力的图画：爱因斯坦的头像面对着一个天使的头像，背景是银河系云团。画面的题词是"宇宙中的两种读物"，编者可谓用心良苦。

总之，这是要在科学与宗教之间，在科学推理与神秘思维之间重建对话联系。参加此次研讨会的不乏物理学家，其中包括诺贝尔奖获得者，如布赖恩·约瑟夫森，他是神经病学家、哲学家、精神分析学家、神学家以及东方宗教的专家。

科尔多瓦研讨会最精彩的一幕是揭示了现代物理与灵动桌②之间的关联。据法国物理学家奥利维耶·科斯塔·博勒加尔称：心灵感应、思想作用于客观事物的能力以及与精神沟通都可能是量子理论的均衡结果。科斯塔·博勒加尔是路易·德·布罗意的门徒，而德·布罗意是波动力学的创始人。我们将会在第八讲去探讨粒子与超自然现象那出乎意料的碰撞。不过在本讲里，我们不过是从玄学及哲学的角度来审视科学与宇宙意识之间的新命题。

在科尔多瓦，大家看到"神秘主义者"正在徐徐升起，甚至悬浮起来，你可千万别把它和天主教的圣事③混淆在一起。在最先进的现代科学领域与各类神秘的传统之间，这些新一代的心灵大师正演绎着无畏的命题，将东方的宗教推向巅峰。布赖恩·约瑟夫森，这位先验冥想的行家拿纯意识状态与"在一定温度下的液氦或氯化钠晶体的基本状态"来作比较。他真是不畏寒冷，因为液氦的温度要接近 −269 ℃。另外两位知名的物理学家弗里乔夫·卡普拉及大卫·玻姆也参加了科尔多瓦的研讨会。卡普拉是美国伯克利大学粒子物理学教授，一直在致力于推广"物理学之道"。

---

① 科尔多瓦，西班牙南部城市。——译者注

② 指西方招魂术中巫师与神灵沟通的道具。——译者注

③ 指天主教徒祈求上帝保佑的宗教活动，作者在此用了两层双关语，神秘主义者正在徐徐升起隐喻耶稣升天，神秘二字喻天主教的圣事，故作者在此卖了一个关子。——译者注

玻姆是伦敦大学的教授，是印度思想家克里希那穆提①的诠释者，他推崇科学与宇宙学和睦相处。

尽管科尔多瓦研讨会对2000年的读者来说似乎过于遥远，但我们应当注意到，神秘主义者的影响20年来可一直没有减弱。要在我们“无知的深渊上”架设一座桥梁的愿望依然是那么强烈。你只需留心观察各种报纸发表的有关“上帝及科学”题材类的文章，就会完全相信这一点。这类文章几乎定期出现在报纸的版面上，而且销路还相当不错。在另一类文件汇编中，美籍越裔物理学家郑春顺②编写了一本畅销书《神秘的旋律》[6]，该书详细地研究了“上帝与现代宇宙学面对面交锋的场景”。然而有悖于常理的是，郑春顺比科尔多瓦的智者们更富有欧洲情调，他又重新拾起帕斯卡的赌注，将宝押在“伟大的创造者”的假设上。他明确地指出：“上帝的存在得不到科学上的证明，而宗教对科学的观察及经验又是无话可说的。”然而，由此提出的科（学）—（宗）教分离并不彻底。他同时还断言：“宇宙学最新的发现为解答最基本、最古老的问题提供了新线索”，而且在思索“‘上帝是否存在过’这一严肃问题时，也应考虑这一新线索，这是十分重要的”。

郑春顺的推理方法是侧重于事物的细微差别，在关注他的推理之前，我们先来学点神秘主义者的智慧。可爱的罗伯特・谢尔德雷克的思想为我们提供了进入此领域的钥匙。他是生物化学专家，又是英国人，这两者并非不可兼容。20世纪60年代，他在剑桥大学读书。他认为正统科学过于机械，扼杀人的创造性，于是便来到印度，在那儿，他可以沉醉于默想及先验的生物学之中。即使他未参加科尔多瓦的研讨会，也应毋庸置疑地列入神秘主义者的行列。他的著作总能引起关注，还有十几个网页介绍他的事迹，这都证明他的研究很有活力。他提出“构成因果关系的假设”，将有关亚当肚脐的讨论再次摆到桌面上来，他的能力赢得读者的敬佩，本书也应当为他开设一个章节。

你的腰臀线就像波浪

罗伯特・谢尔德雷克在其《生命新科学》[7]一书中所阐述的中心论点，概述起

① 克里希那穆提（1895—1986），印度哲学家，致力于客观实质哲学的教育。——译者注

② 郑春顺，美籍越裔著名天体物理学家、科普作家。——译者注

来就是你的腰臀线就像波浪。在自然界，我们会碰到各种各样的形态，而谢尔德雷克的新科学就是要对决定物质形态的东西做出解释。从某种意义上说，这是宇宙形态的设计理论，可以无条件地适用于所有现存的形态。无论是粒子或晶体的形态，还是分子及细胞的形态；无论是植物或树木的形态，还是路易十六式独脚小圆桌或当红顶级模特的形态，甚至还有“最后但并非最不重要的”痔疮形态[8]，他的理论都统统适用。

罗伯特·谢尔德雷克称，正是“形态发生场”在“雕刻”着各种形态，让人世间的万物呈现出千姿百态，这有点像在磁场中，磁石让锉屑沿特殊的线路排列好，如果形态是稳定的，那就证明形态能做出“反应”，就像提琴的琴弦或收音机接收线路一样。因此，让－保罗·贝尔蒙多在影片《狂人皮埃罗》①中可以对安娜·卡里娜这样歌唱：“你的腰臀线就像波浪呀……”

波浪？扎齐可能会这样说②。从传统科学的角度，甚至就从科学的角度来看，无论是氯化钠的结构，还是卷心菜的外表，或是苏菲·玛索那柔和的身体曲线，都是由同样类型的因果关系创造的，这确实值得怀疑，更不要说记忆力、行为举止及特异功能了，它们同样能进入“构成因果关系”的宇宙场中。

这真是了不起的壮举，谢尔德雷克是完全可以做得到的。他之所以能成功，是因为他对伪科学的辩术运用自如。求助于宇宙的共振不禁让人联想到莱尔·沃森（参见第一讲）那荒诞的故事，宇宙共振是诸多作用中的唯一原因。况且，有人发现谢尔德雷克的思想与《超自然现象：一部新的自然史》一书作者的思想有许多相似之处。谢尔德雷克有很强的含混意识，凭借这种意识他可以毫不畏惧地将各种不同的概念糅合在一起，就像他宣扬结构及形态的概念那样：“我们所说的形态不仅包括外表的形态，还包括其内在的结构。”

如此含混不清的“概念”竟然轻而易举地混入正统科学中，游离于各种拙劣的分类之间。必要时他可以承认这是在指晶体。一个坚固的晶体是由原子晶格构成的，而原子又依某种反复出现的图案排列，就像贴在墙上的壁纸，所不同的是晶体的图案是三维的。图案取决于电子所形成的化学关联。从这层意义上说，晶体的“形态”

---

① 《狂人皮埃罗》是让－吕克·戈达尔导演的影片，也是他最著名的作品（摄于1965年）。——译者注

② 扎吉是法国作家雷蒙·格诺《扎齐坐地铁》一书中的人物，扎齐在生活中屡遭挫折，曾多次呐喊：“拿破仑个屁。”本书作者在此借用此句，以示讽刺。——译者注

是其结构的表达方式。结构可以用电子化学的术语来解释，而这种解释也属于原子的范畴。

但植物或动物的形态则是另一码事。它的形态取决于构成植物或动物的细胞间复杂的相互作用力。即使细胞本身是由原子及分子构成的，我们也不能仅凭原子结构就描述出某一生物的外部“形态”。野猪的“形状”与晶体的结构绝不属于同一机制。野猪的形状是进化过程的产物，不能只将其简化为基本物理或化学的孤立概念；同样的道理，路易十六式独脚小圆桌也不可能靠构成木材的原子或分子的属性来解释。这并不意味着野猪及独脚小圆桌可以“避开”物理学定律，只不过是科学在不同层面上始终找不到恰如其分的表达方式。与生物形态最贴切的层面是细胞、基因及生物化学的新陈代谢。况且，每头野猪实实在在的外形取决于它所碰到过的意外事故，取决于它的成长方式等。

科学家不得不接受这样一个事实：使用同样的概念、同样的理论来精确地描述物理现实中的各个方面是不可能的。科学的解释总是局部的、有限的，一种理论只能适用于自然现象中的某一尺度、某一明确的层面。从这个意义上说，科学肯定是还原性的，因为它不能包罗万象，但却采用“勾出真实轮廓”的手法[9]。这正是科学的价值。我们应强调指出，科学理论本身的还原性是不可避免的，不应将其与“还原论的态度”相混淆：还原论是要把某一理论的结论延伸到该理论所应用的范畴之外。比如，声称已鉴定出精神分裂症基因的遗传学家就是这么做的，除此之外，他们还断言自己鉴定出智力基因、数学天赋基因、幸福基因，甚至上帝基因（“上帝基因”确实是迪安·哈默的最新发现成果，我们曾在第二讲里介绍过这位同性恋先天决定论的倡导者，他正准备出版一本书，书名就是《上帝基因》）。

我们不准备大篇幅地谈论这个话题，只想在此谈一谈还原论，因为基因只是DNA中将蛋白质转换成代码的一小段。数学天赋或宗教信仰属于复杂行为的范畴，需要人的多种能力（记忆力、想象力、注意力……），需要人个性的不同表现形式。假设真能用生物术语来表达所有这些能力及个性，那么人的能力与个性是否与基因及其蛋白质密切相关，依然令人怀疑，况且用生物术语去表达人的能力及个性是根本不可能的。像糖尿病这样的疾病是由一系列基因导致的，而且还受环境的影响。难道用生物术语去表述数学能力或宗教信仰比表述糖尿病要简单吗？

让我们再回到野猪及晶体的话题上，构成物质的基本单位与细胞之间没有什么可比性，构成物质的基本单位是原子或更小的粒子，可以说这两者之间的差别是非常大的。基本粒子如电子或质子要服从于量子理论，它们的运行机制与一般事物截然不同，人不能直接观测它们，也不能对它们进行分离，更不能截获一个电子并将其放在显微镜的载玻片上对其进行观察，就像取一滴血去查验白细胞或红细胞那样。细胞并没有量子粒子那种奇特的反应。假如细胞也是量子型的，那么将病毒分离出来，进而确定遗传序列或制造疫苗是绝不可能实现的。

谢尔德雷克声称，晶体的形态以及活性生物体的形态能用同样的图表解释，这是在蔑视实验科学的决定性概念，即量值的概念。在物理学领域，某一理论或针对某一比例的描述通常是不能挪到比它更大或更小的比例上的。在电子这一级里所观察到的结果与在足球场里看的结果截然不同。我们拿一个通俗的例子做比较，一只蚂蚁可以从比它身高高 100 倍的地方落下而毫发无损，你敢从埃菲尔铁塔上往下跳吗？

在原子、细胞以及蕾蒂夏・卡斯塔之间，比例的突变要比玛丽亚娜①像的原型与蚂蚁之间的突变大得多。假如蚂蚁的身长只有半厘米，那么卡斯塔的直线尺寸则比蚂蚁的大 350 倍。我们身上的细胞有几千亿个，所有细胞中的原子数约为 10^{27}。也就是说，每个细胞里面包含着 10^{15} 个原子。

谢尔德雷克跨越这巨大的比例差，就像跳蚤轻轻一跳一样轻而易举。一只动物是一个由分子细胞组成的组合体，分子由原子组成，而原子又由粒子组成。对谢尔德雷克而言，所有这一切都像俄罗斯套娃似的镶嵌在一起，一个形态发生场同每一级别都有关联。但各形态场的效果又如何在每一比例中协调一致呢？假如受制于物理学公认的定律，那么上述情况是不可能的。因为谢尔德雷克的“形态场”至少应既受制于经典物理学的约束，又要服从于量子理论，这是相互矛盾的。正统的科学是凭着量值的概念解决问题的，因为在某种尺度下，就要用量子方程式来描述各种不同的现象，而在这种尺度之上，则可用传统方式来描述。

谢尔德雷克并不考虑量值，当然对此也不会感到难堪，因为据他称，“形态场”与大家所熟知的任何定律都不符：“除了世人皆知的物理学能量因果关系以及物理场结构因果关系之外，另一类因果关系决定着所有物质形态的类型（希格斯粒子、原子、分子、晶体、团粒、器官、生物）。这种因果关系本身并不是能量型的，而

① 玛丽亚娜是法兰西的象征，最新的玛丽亚娜造型是以模特蕾蒂夏・卡斯塔为原型绘制的。——译者注

且也不能将其概括为由所知物理场引起的因果关系。”

如果有人能给这段晦涩难懂的话提供更清晰的解释，那他不妨把解释寄给我的出版商[10]。由于无法完全理解那段话的意思，读者只记住了“构成型因果关系”可免受科学的批评。谢尔德雷克的“生命新科学”并不会比“先时段”的假设有更多高明之处，而且也无法去核实。谢尔德雷克很精明，已预料到会遭到质疑，于是便提出实验方法，据他自己说，这种方法可对他的理论进行检验（我们将在第十讲谈这个内容）。现在我们看到，谢尔德雷克的推理方式与菲利普·戈斯的是多么相似。

鼻子为什么会长在脸中间呢？

我们为什么会有两只胳膊、两条腿，而鼻子长在脸中间呢（如果未在拳击中被打歪鼻子的话）？这个难解之谜其实早就被家庭教师邦葛罗斯解决了，他是伏尔泰的小说《老实人》中那位不可救药的乐天派：“事情是不会搞成别的样子的，因为所有的事都会有结果，而且肯定是个好结果。你瞧，人长出鼻子来就是为了戴眼镜的，所以我们有眼镜嘛。腿生出来显然是为了穿长裤的，所以我们就有长裤嘛。”

生物学家对邦葛罗斯的答案并不满意，他们试图找到更清晰的解释。受精卵，即胚胎是如何从未分化的细胞演变成生物的呢？它是怎样协调细胞几十亿次分裂，进而形成鸟类、老鼠，或者形成婴儿的骨骼、肌肉、皮肤、大脑及其他器官的呢？为什么源于人类受精卵的原生质只能长成人的模样，而不能长成野猪的模样呢？发育生物学远未彻底弄清这个谜，这是现代科学中最有趣的难解之谜。但凭着“同源异型基因”或“结构基因”，人们跨过一个决定性的阶段，那些基因是许多研究人员发现的，其中包括美国人爱德华·刘易斯（1995 年诺贝尔生理学或医学奖获得者）和瑞士人瓦尔特·格灵[11]。概括起来说，研究人员的设想是，胚胎的发育是由一种“结构基因”体制统一协调的，它指导着每一细胞沿着某一精确的发育线路发育。

果蝇的发育模式是发育过程的最佳演绎。这种昆虫的躯体呈模块结构，由相连在一起的 12 段组成。结构基因将其发育分成若干阶段，在初始未分化的细胞中先形成界限，将细胞分成几个区域，接着这些区域便形成了段。起初，所有这些新生的段都很相似，后来各个段便生出自己各自的特性：有的成为触角，有的成为翅膀，还有的变成了爪子，等等。整个机制运转起来颇像一组转换开关，有的能开，有的能关。某一特定段的形态是转换开关来决定的。比如胸部第二段中含有一翅一爪，这需要调整开关到关闭状态。假如第一段打开了，它将让平衡器代替翅膀（平衡器在飞行过程中起平衡作用），那么第三段就成了胸腔段。打开第二段时，翅膀和爪子都不会生出来，这样第一段就成了腹段。以此类推。

当同源异形基因出现问题时，人们就会观察到突变的现象，这不禁让人联想起抽象雕塑，比如，该长触角的地方却长出了爪子，要不然在该长平衡器的位置上长出了翅膀。而正是这种“抽象变异”让人发现了同源异形基因的机制。那么这种机制是不是果蝇所特有的呢?

为搞懂这个问题，瓦尔特・格灵，这位“果蝇的毕加索”将昆虫的同源异形基因仔细检查了一遍，以便从中找出相同的地方。1984 年，格灵和他的小组分离出一个 DNA 小序列，即“同源异形基因”，这个基因的样子就像“胚胎学里的玫瑰花型石”。生物学家发现，同源异形基因并非仅为果蝇所独有。在其他昆虫身上，在海绵动物、脊椎动物及植物里，也发现了同源异形基因。甚至在青蛙、母鸡、老鼠和人身上都发现了同源异形基因！因此，我们人类不仅像老鼠，而且像果蝇一样是从相似的构成要素演变来的，这些要素是在发育过程中才区别开的。

瓦尔特・格灵解释说：“同源异形基因可以追溯到前寒武纪，那是地球上的生命飞速发展的初期。在目前所有的门类中都能找到它的痕迹。从酵母到人类，大自然通过同样的方式制造某一生物。目前，生命世界的整体都源于同样的历史。第一个同源异形基因的发现完全出于偶然，它以另一种方式产生不同的细胞。后来，物种变得多样化起来，但总是采用同样的生物秘诀。”

这样，依赖于同源异形基因，大家开始明白了一个受精卵是如何分化的。在谢尔德雷克看来，这种研究是徒劳无益的，他初步认定“机械论生物学”的方法是不能成功的。他拿建筑行业来做类比：“盖一座房子，要有砖和其他建筑材料，要有建筑工人去支配这些材料，还要有建筑图纸来确定房子的外形。同样的工人，使用同样的建筑材料，花费同样多的时间，但如果参照不同的建筑图纸的话，那么盖出的房子会是另外一种外形。这样，图纸便可视为房子特定外形的原因，但它并不是唯一的原因——这是显而易见的，因为要是没有建材和工人的话，房子永远也盖不起来。同样，基因形态场是某一机制所采用的特殊形态，但是假如没有合适的‘基本砖石’，没有必要的能量去支配那些砖石，那一形态也是无法形成。”

这段文字形象地表明了谢尔德雷克的诡辩术，他的理论不会与实际观察到的生物机制发生冲突。与此同时，谢尔德雷克又去求助于理性，因为砖石不能自己决定房屋的形状。同样，谢尔德雷克暗示细胞也不能自己去引导胚胎发育的进程。应当有一种组织要素，那就是著名的“形态场”。虽然这段推论看似无懈可击，但谢尔德雷克的推论却有几处致命的错误：

1. **房屋的比喻是骗人的。**一个由细胞构成的生物可不像用砖石盖的房子，或用机械部件组装的汽车那样。不论是动物，还是植物，它们都不是用备件拼凑起来的东西。每一个细胞都不是无生命的材料，而是一种活生生的实体，它吸取养料，影响它的环境，进行新陈代谢。况且，每个细胞都是从前一细胞分裂中派生出来的，总之，某一生物的所有细胞都是派生于同一原始细胞，经逐渐分裂后形成的，而原始细胞则是某一特定单体所特有的。简而言之，某种“细胞型乐高拼装玩具”的图像是错误的，即使这个图像常常被人采用。这样，谢尔德雷克就显得比他所鄙视的生物学家还要机械。他似乎逐渐忘记了这一点：比喻是一种修辞手法，而不是让人从字面上逐字地理解的（参见第九讲）。
2. **建筑图纸的设想也是骗人的比喻。**因为人不可能不加区别地将此比喻用在有生命的物体身上。诚然，橡树叶的形状绝不会像槐树叶的形状，野猪和约克猪的外形也略有不同。但生物发育是一个动态过程，人工建造的过程与生物发育绝无相似之处。6 个月大的人类胚胎已完全呈“人的形态”，即便这个胚胎比成人要小许多。人在盖房子时，不可能将已呈房子模样的“小房胎”逐渐扩大成最终的房子。确切地说，建筑图纸对房子外形所起的决定性作用，在生物的发育过程中并不具有对应意义，当然这并不是说某一生物想怎么发育就怎么发育。最终，野猪长大了会更像一头野猪，而不会像其他动物。然而，不能说发育是按预先制订的计划进行的，其实，它也不是按基因中的编码程序进行的，这种比喻已被遗传学家用滥了。基因会去引导发育，但并非严格地限定发育的过程。如果确实需要一幅图纸来比喻，那么不妨拿基因同乐谱来对比，每个细胞根据它的特性及其与环境的相互影响，按它自己的谱子去演奏。“发育就是一首交响曲”，瓦尔特 · 格灵曾这样说过。

   发育是一个极复杂的过程，发育生物学是否能将此过程完全解释清楚，至今也无人能回答。但这并不是接受谢尔德雷克假理论的理由。况且，我们这位生物学家所谈论的“计划”并无有形的支撑。那计划总得写在什么地方吧，好让“工人们”能看得到。但写在哪儿呢？写在造物主的思想里吗？

3. **谢尔德雷克的推论在原地打转**。为什么野猪的后代会像它们的祖先呢？因为“野猪场”在影响着后代的形态。为什么“野猪场”只对野猪产生影响，而对刚毛腊肠犬不起任何作用呢？因为野猪有野猪的外形，它同“野猪场”相互配合。总之，野猪之所以长得像野猪，因为它们是野猪，反之亦然。

是谁创造出第一只野猪呢？谢尔德雷克假设存在一个“有意识的自我”，存在一个“超群的宇宙源泉”。这种体制与菲利普·戈斯的非常相似，第一只野猪的形态存在于有意识的自我思想中，同样，戈斯曾设想先时段的造物已在造物主的思想中成形。谢尔德雷克同样依赖于上帝的假设，只不过给上帝换了个名称罢了。为了不留下鹦鹉学舌的话柄，我们这位神秘主义者只能采用这一方式。他的逻辑中暗藏的缺陷是，他将目的与原因混淆在一起了。建筑师的图纸并不是原因，而是建筑师与工人所应达到目标的描述，这个目标就是盖好一座房子。在谢尔德雷克看来，正在建造的房子就要盖好了，从某种意义上讲，人们是故意这么做的，就像某种变化中的方案处于项目的推动下，受最终意志的支配。在此，我们又看到了雷米·肖宛的“规划的意志”或拉马克的“构造之力”（参见第三讲）。况且，谢尔德雷克就是在参照拉马克，在照搬拉马克获得性遗传的理论。

但是，这种循环反复的推理是什么，谁也解释不清。如果菲利普·戈斯的时间观是一个旋转木马的话，那么谢尔德雷克的理论则是在原地打转，就像“从前有座山”的故事一样。从前有座山，山里有座庙，庙里有个老和尚正在给一个小和尚讲故事，讲的什么故事呢？从前有座山，山里有座庙，庙里有个老和尚在给小和尚讲故事……

物理学之“道”

谢尔德雷克批评分子生物学过于机械，他的批评不无讥讽意味。从更广的范围上看，神秘主义者责备现代科学割裂整体的行为，将有机的事物分割成各种元素，有悖于传统神秘主义的宇宙总体观。要是能有一种知识，既可以在深层次精神领域囊括整个宇宙，又能像科学与技术所产生的效果一样影响具体的事物，那就再好不过了。但究竟是融合于造物主，还是与激光相融合，你必须做出选择。神秘主义者死守着伪科学的重大原则，声称既可以有黄油，又能有黄澄澄的金币，但可千万别相信卖乳制品姑娘的微笑。

与其他自然学科相比，经典物理学——就是拉普拉斯断言不需要上帝的那个学科，肯定更为机械。它要采用时间、空间、物质、因果关系等概念来描述宇宙，将宇宙描述成一台由不同零件组成的巨大无比的机器，描述成硕大无比的钟表机械结构。这种体制虽然有一定的局限性，但用来解释我们日常生活的经验或将阿波罗 11 号卫星送上月球还是十分有效的。

然而，在 20 世纪初期，相对论及量子理论动摇了伽利略、笛卡尔及牛顿创立的经典物理学基础。在弗里乔夫・卡普拉看来，当代物理学更接近东方宗教文化，如印度教、佛教，尤其与周易哲学最为相似。物理学和这些宗教文化一样对宇宙抱着一种有机论的看法，宇宙被看作一个整体。请看卡普拉在他所著的《物理学之道》一书中是如何表述自己的想法的："古代东方人看世界的视野是'有机联系的'，与机械的、分裂的形成反差。在东方神秘主义看来，我们的感官所能感觉到的所有物质、所有现象都是相互依存、相互关联的，它们不过是同一现实的不同方面或不同表现而已。我们趋于将感觉的世界分解为单独、分裂的局部，将我们自己感受成与这个世界隔绝的'自我'，这在东方人看来就像一种幻象，它是由我们热衷于度量与分类的心理所引发的……对原子物理学的发展做合理的分析之后，我们看到，希格斯粒子作为一个孤立的个体没有任何意义……当研究深入物质的内部时，自然呈现给我们的并不是孤立的基本砖石的场景，而是将某一整体的各个不同部分展现在我们眼前。"[12]

卡普拉的表述倒更像一次精神感悟，而绝非物理经验。在物理经验里，应当分清物质的度量标准，否则人们不知道你在说什么。但卡普拉在这样一条光明大道上并未停顿下来："在原子物理学领域里，精神与物质、自我与世界之间那种笛卡尔式的清晰划分已不适用了。"这位物理学家以为在易学与"拔靴带"确证模式①之间看到了类似的东西——"拔靴带"确证模式是 20 世纪 70 年代引入物理学领域的，

① "拔靴带"确证模式是美国学者格莱莫尔于 20 世纪 70 年代末提出来的关于理论确证解释的逻辑模式。——译者注

用以描述基本粒子间的相互作用（“拔靴带”确证这一说法是为了纪念穆克豪森①男爵，他曾成功地拽着靴子带飞上了天）。据卡普拉称：“‘拔靴带’确证模式不仅摒弃物质基本‘砖石’的设想，而且拒不接受任何基础度量单位，无论是定律，还是方程式，抑或是原理。对这种哲学而言，整个宇宙是由相互依赖的事件构成的动态组织，总体的严密性在支配着整个组织结构。”

卡普拉认为，这样表述的哲学与周易哲学极为相似。他还引用英国著名的汉学家李约瑟的研究证明他的说法。在《中国科学技术史》[13]一书中，李约瑟认为，周易哲学从未接受过西方自然法则的概念。中文里最接近“自然法则”的表达形式是“理”，李约瑟将此译为“动态模式[14]”。据卡普拉称，这个“理”的概念，或称动态模式的概念，与“拔靴带”确证模式的设想不谋而合。实际上，我们这位神秘主义者从某种形式上的相似性中草率地得出结论，其实那种相似性根本没有任何实质性的内容。提出“拔靴带”确证模式的概念是为了表述服从自然法则的物理现象，自然法则是由不同的实体构成的，是从对其做出描述的观测中分离出来的。“拔靴带”确证模式或许与周易思想有相似之处，但它首先用来预示、测量、计算的，这正是物理学的首要目标，无论是在牛顿时代，还是在爱因斯坦及海森堡②时代都是如此。假如卡普拉以为不采用自然法则、方程式或原理也能做物理学研究的话，那么我们还真不知道该怎么建议他去保留那个“理”呢。

然而，李约瑟那本书中有一句话似乎为卡普拉提供了证据：“自从拉普拉斯时代以来，放弃视上帝为自然依据的假设似乎是有可能的，甚至是人们所希望的，从某些方面上看，科学又回到了‘道’的见解上来，这是极有意义的。”其实，这段话并不能证明卡普拉说得有道理，反倒暴露出我们的物理学家忘了从笛卡尔到量子理论，中间隔着 300 年的历史呢。

“上帝的假设”有何用处？

李约瑟的那本《中国科学技术史》一书的中心问题是：为什么现代科学是在欧洲

① 穆克豪森（1720—1797），德国人，曾于 1740 年参加俄军对土耳其的战争，他讲述的战争故事为当今的影视界提供了素材。——译者注

② 沃纳·海森堡（1901—1976），德国物理学家，矩阵力学的创立者。——译者注

而不是在中国发展起来的？之所以提出这样的问题，是因为欧洲文艺复兴时期所有重大的科技发明几乎都是从中国引进的：造纸术、印刷术、罗盘、马鞍、马镫、火药、机械钟、独轮车、船舵、冶炼技术、万向轴悬挂、水闸闸门、地图绘制术等。

改变世界的 10 个、20 个乃至 30 个发明都是中国人的功劳，它们或者在十字军东征时被传入欧洲，或经阿拉伯世界，经传教士、旅行家及商人传入欧洲。李约瑟发现了令人称奇的反常现象：“当许多发明，甚至大部分发明像地震一样震撼着西方世界时，中国本身却表现出奇特的能力吸收、掌握了这些发明，而且整个社会依然是稳稳当当的。”

中国古代科学曾在世界上长时间保持领先。然而，确保西方霸主地位的现代科技却都是欧洲的创新。为什么会形成这么大的反差呢？这其中有历史原因，也有社会及文化上的原因，李约瑟对此做出了透彻的分析。我们在此只关注哲学及认识论方面的问题，但即便只从这两方面探讨，李约瑟显然也不可能做出全面的解释。

就我们目前讨论的议题而言，关键的一点是自然法则的概念。伽利略及牛顿的物理学理论奠定了现代物理学的基础，而现代物理学的自然法则概念则起源于宗教。它源于西方的观念，即上帝是最高的立法者，李约瑟概述道：“地面上帝国的立法者颁布了实用法典，所有人都应受到法典的约束；同样，上天极有理性的造物神也提出一系列法则，所有的矿物、晶体、动物及星辰都遵从这些法则。”

在中世纪及稍后一段时间内，有许多针对动物的诉讼案，因为那些动物违反了自然法则，而自然法则也是上帝的法则。1474 年，在瑞士的巴塞尔，一只公鸡被判活活烧死，因为它犯下了反自然的恶劣罪行——它下了一枚蛋。到了后来，自然法则的思想便摆脱了神学及宗教的束缚。但这并不意味着不必再经历痛苦，正如对伽利略的宗教审判那样。在科学领域里，上帝主导一切，只要你能摆脱掉就行。

概括起来说，伽利略及笛卡尔完成了与神学的决裂。伽利略在《关于托勒密和哥白尼两大世界体系的对话》一书中断言遵守教条的优越性[15]，该书在 1632 年发表于佛罗伦萨，是现代科学的奠基型文件之一。伽利略的说教能力令人钦佩，他介绍了世界的两种体系，但却装出不拥护其中任何一种体系的样子。他在对话中所详述的论据粉碎了亚里士多德的地心说，而那时地心说是教会教育不可分割的组成部分，他的论据肯定了哥白尼的体系。伽利略激怒亚里士多德派的哲学家及宗教领袖也就不足为奇了。在《方法论》（发表于 1637 年）一书中，笛卡尔重点谈论了把教会权威与理性分离开来的问题。虽然他一直在谈论“上帝在自然界中设置的法则”，但这位法国哲学家却将上天立法者的作用削弱为合理性的最高权威。我们之所以能理解这个世界，那是因为上帝将世界变得明白易懂。但开辟知识之路的恰好是方法而不是教条。“普遍怀疑”与分析方法代替了信仰。

拉普拉斯最终让科学与上帝彻底决裂。从那以后，拉普拉斯有足够的信心，相信他那套方法，足以摆脱上天的立法者。李约瑟在谈到周易时也是这么阐述的。但科学到底是如何“又回到‘道’的见解上来”呢？对此，李约瑟的意思是，当代科学已不再需要上帝这位“法学家”了，尽管当自然法则的现代概念出现时，这位“法学家”依然十分必要。李约瑟认为，有一个极富合理性的上帝在颁布着宇宙的法则，周易思想是无法赞同这一观念的。周易学者怀疑理性，怀疑逻辑。伽利略、笛卡尔以及牛顿的举动会让他们感到困惑不解。“这并不意味着‘道’，即宇宙秩序，不能有节制地、严谨地发挥作用，而是由于所有的道家思想都趋于认为‘道’**对于理性智慧而言是难以理解的**。”

虽然西方科学在摆脱立法者上帝这方面与周易思想趋于一致，但它在理论、逻辑及合理性结构上的特性使它与周易思想逐渐拉开了距离，无论是牛顿的物理学，还是量子理论，都是这种情况。要是不经过信奉“造物主”的阶段，我们恐怕也就达不到“拔靴带”确证模式这一阶段，不仅如此，西方物理学也就无法在“道”的框架下得到发展。卡普拉屈从于各种令人眩晕的相似性，却忘记了物质最主要的差别。质子和中子并不是阴阳说的最新版本，同样，粒子加速器的实验也并不是对神圣诸神的新崇拜。

世界就像全息图

科学在摆脱了上帝的同时也开创了一个形而上学的问题：世界为什么要遵从自然法则呢？为什么我们能理解这个世界，并给予我们所观察的事物一定的含义呢？爱因斯坦大体上说过，最令人惊奇的倒不是我们能理解世界，而是这个世界居然是可理解的。法国哲学家巴什拉在其《新科学精神》一书的开篇引用了布蒂的话：“科学是人类客观理性认识的最高成就，这个成就与我们的主观精神法则相吻合，也适用于外部世界。因此，科学呈现出两种形态，一种是主观的，另一种是客观的，这两者都是十分必要的，因为我们既无法改变主观世界中的法则，也无法改变外部世界的法则。”

只要上帝依然能确保合理性，那么事情就会十分清楚，因为造物主极有远见，早就细心地安排好了，让我们的精神法则与世界的法则相吻合。当科学展开自己的翅膀飞翔时，现代的男女都会面临这个令人眩晕的问题：科学的效率到底是从哪儿得来的呢？自然法则怎么会是人类思维的投射呢？

毫无疑问，这是一个真正的问题，神秘主义者设法来回答这个问题也是很自然的。弗里乔夫・卡普拉声称在精神与物质之间、在自我与世界之间没有断层，这个问题也就迎刃而解了。无论如何，这话说得还是太快了点，要想去说服被回弹的门砸在脸上的人，卡普拉还真得费一番力气。神秘主义者的设想就是要重建被中世纪哲学家称作“大同世界”的境界，这是一种生理物理学单元，在那里自然与意识构成了一个不可分割的整体。

为了达到这种境界，物理学家大卫・玻姆则采用了比弗里乔夫・卡普拉更复杂的战略。他提出世间存在着一种“隐秩序”的设想，它就隐匿于日常现实之中。“隐秩序”是观察不到的，因为它置身于时空范畴之外，而我们所看到的现象都在时空范畴之内。比如，它通过电子间接地显露出来。对玻姆而言，电子并不是一个实实在在的物质实体，而只是现实深层结构的表现形式而已。

玻姆轻而易举地就解决了世界法则及精神法则的问题，因为物质与精神将其根基扎在“隐秩序”之中。“在可见的范畴之中，它们虽然在表现形式上截然不同，但其根基是相同的，因此，在智慧与物质的深层结构之间相互一致也就显得十分正常了。”[16]为了说明这段多少有点抽象的话语，玻姆便拿全息图来做比喻。如果你看过一幅全息图像的话就会发现，它为实物描绘出一种令人信服的幻象，你也许会对此惊叹不已。有人确实觉得图像中的物体有立体感，假如你信以为真，要用手摸一摸，你会对什么也摸不到而啧啧称奇。

全息图还有另外一种惊人的属性，如果你将一张普通的照片剪成 4 片，每一片上只有 1/4 的图像，但假如你把一张全息图像也剪成 4 片，无论你拿哪一片在光的照映下都会看到整个图像。只不过每片图像都不那么清晰罢了。出现这类现象是因为全息图本身就是一种相互影响的图形。图像所显示物体的信息取决于干扰光波带的分布状况，它在整个图像里都应该是一样的。从某种意义上讲，全息图的每一段都包含着整个图像。诚然，这也只是在一定程度上才是真实的，因为如果你把光片分割得太碎，你就什么也看不见了。

玻姆拿“隐秩序”与全息图光片来作比较，但投射出的图像并不是静态的，而是始终处于运动状态。这幅图像就是可观测到的世界的图像。况且，想把光片切成多小就切成多小，那微小的光片总能再现整个图像。据玻姆称，时空中的每一个域，不论它有多小，总有可能包含整个宇宙。这不过是“一沙一世界”原理的翻版。

通常在我们看来是现实的东西，在玻姆眼里不过是一种幻象，是按照某种设想形成的。玻姆同样还认为谢尔德雷克的“形态场”与“隐秩序”显然极为相似：“从大体上讲，假如有人试图搞明白形态是如何产生的，那么根据这个理论（谢尔德雷克的理论），我们认为，在机制中已经有了结局，而且该机制正朝那个结局迈进。因此，在一开始就存在着某种隐含的意图，我相当自信地以为，不仅有生命的物体是这样组织的，而且整个物质都是这样组织的。”[17] 如果宇宙是一张全息图，那么意识也就没有理由不是一张全息图了。这又让我们去见另一位神秘主义者，他就是全息大脑“图谱”的发明者——卡尔·普里布拉姆（别把他和同名同姓的经济学家搞混了）。普里布拉姆的理论可以追溯到20世纪60年代，它受到各类特异功能爱好者的追捧。该理论认为，我们的记忆就像全息摄影一样被录在大脑里，每一段记忆都被刻在整个大脑里，并不依附于一组特别的神经元。将自己的理论与普里布拉姆的理论糅合在一起之后，大卫·玻姆得到了令人惊愕的结果：“有关整个物质世界的信息包含在意识的每一时刻之中，假如事实并非如此，那么至少有这种可能。”[18] 依照帕特里夏·凡·伊塞尔那神奇的描述（参见第四讲），一位布拉格的女面包师将西藏某一部落的宗教礼仪及艺术记得十分清楚，每一细节都能回想起来，可她根本就不知道有这么一个部落，这并不足为奇。即使这不是真的，那也没什么大不了的。

知识的单一性是不可能的

宇宙全息论是现代的传说，它再次更新了整体论的思想，它视宇宙为一个和谐的整体，整体的各个部分都相互依存，就像某种生物那样。周易思想就是一种整体思想。“大同世界”同样源于整体论的概念，从广义上讲，在许多传说当中都能找到整体论的踪迹，只不过它以不同的形式出现罢了，因为那是思索宇宙的最“自然”的方式，而宇宙正是所有宇宙论的摇篮。现代社会让我们脱离了那甜蜜的摇篮，将我们猛地抛入一个支离破碎的宇宙中，整体与局部的和谐关系在那里已不复存在。我们的宇宙论就是“大爆炸”理论，目前我们所处的历史时代则始于另一次爆炸，即广岛的原子弹爆炸，这似乎同宇宙大爆炸没有什么区别了。

这种局面给现代人思索自己同宇宙关系的方式带来严重的后果。科技在加大我们对自然的影响，与此同时，它又将我们同自然的关系变得非常复杂。传说与宗教是无法征服原子能的，也不能登上月球或完成心脏移植手术，但传说与宗教却能带来“平和感”。今天，“感觉的帝国”已崩塌，由此而产生一种混沌状况，神秘主义者及五花八门的骗子都来浑水摸鱼，但也应注意到有人企图重建“大同世界”，或重建某种世界的单体形式，这类企图并非纯粹的精神诈骗，虽然它显得极不现实。

我将德日进的概念划入中间的类别，他的概念是进化的最新阶段，即“精神发育”阶段，与物质逐渐被精神化的理论相吻合，而人正是精神化进程的关键，他正朝着“终点”迈进。再不然就把詹姆斯·拉夫洛克的“盖亚假说”也划到这个类别中，根据这个假设，地球是一个“超级生物”，一个宏观的“有生命的物体”，植物和动物都来保护这个生灵（盖亚是希腊神话中的大地之神）[19]。这两种情况不过是呼神唤鬼的比喻，而绝不是在实验中可观察、可检验的机制。

拉夫洛克的想法十分引人注目，它提供了丰富的想象力，让人尽情想象生态体制及其相互的关系。在公众对温室效应及全球气候异常担心时，这种想法风靡一时也就不足为奇了。机械地照搬盖亚的假设只能得出错误的描述，其实地球并不是生物意义的那种机制，因为地球既不会繁殖，也不是由同种类的机体“分娩”出来的。况且，生命的不同形式是相互依存的，比如像拉夫洛克有机论比喻所暗示的那样。在历史上，地球上的生命曾遭遇过大规模的毁灭，但每次毁灭之后，新的生态体系又孕育出新的物种。即使所有的生命在地球上突然全部消失了，地球也会依然存在。我们甚至可以想象，生命还会再生，而且与前一次的生命没有任何关联。

诚然，地球并不是一个供生命体慢慢进化的简单场所。生命的发育过程引发了大气及气候的变化，而且部分地改变了地球的形状，早在人类活动带来影响之前地球就已经发生了变化。同样，当生命出现在地球上时，地球早已在宇宙中存在10亿年了，那时地球上没有任何植物或动物。生命在此得以诞生说明当时地球的（物）理化（学）环境适合生命的生长，该环境之所以自此一直保持至今，如帕里斯所说，那是因为它没有被摧毁。没有必要再去找另一种假设，除非出于玄学及信仰的原因，人无法满足于有生命的物体那偶然及盲目的出现方式。

让我们再来看看另外一种卓越的思维方式，那就是爱德华·威尔逊的方式，他是社会生物学的创始人（参见第三讲）。《知识的大融通》是他的最新著作[20]，他堪称能将各类知识拢在一起的杰出人物。他将此称为“一致性”，再现了一种古老的英国说法，其含义是“一种知识的变迁，由事实与经验的理论连接起来，超越了不同的学科，其目的是要创立可解释的共同基础”。也许是因为在有关社会生物学的辩论中遭遇了失败，威尔逊先退一步，以求跳得更远：“超越科学的领域、穿越知识的各大门类去信仰一致性，这已不再属于科学的范畴。这是一种玄学的世界观，是少数人的观点，只有极少数的科学家及哲学家才认可这种世界观。人既无法通过基本逻辑原理，也不能依赖经验所确定的整体，至少不能依赖我们今天所掌握的那些东西来证明这种世界观。然而，自然科学过去成功的推论却似乎印证了这种世界观。”

在采用了委婉的修辞手段之后，威尔逊愉快地投身于他所公布的推论之中。他相信自然科学已成为“一致性”的了，甚至以为可以对世人宣布，知识是相通的。据这位博物学家称，理解人类本性的新方式将出现在我们眼前，因为这一方式是建立在脑科学、生态学及一般生物学基础之上的。对威尔逊来说，人类的行为举止是靠文化来传承的，而文化是人类的精神创造出来的，是遗传学所确定的大脑的产物。因此，基因与文化是密切相连而不可分割的。威尔逊尤其相信，提出“后天的影响规律”是可能的，该规律将会对人的行为特性及文化做出说明，于是社会科学与自然科学的界限便消失了。他以“韦斯特马克效应”作为例证，这是以一位芬兰社会学家命名的效应，表明如果两个人从小就在一起生活，他们俩之间就会产生性抑制。威尔逊认为该效应是生物意义上的，证明乱伦的禁忌并非一种文化构造，而是天生的行为。

威尔逊写道：“正统的社会学理论认为道德在很大程度上是由责任与特定的义务组成的，而义务又建立在生活方式与习俗之上。韦斯特马克在其有关伦理学的著作中极力捍卫相反的论点，认为道德的概念源于天生的情感。”很显然，威尔逊也同意这个观点。

我们不想就先天性及后天获得性没完没了地辩论下去。我们注意到威尔逊的论点是以“同一性”形而上学原理为基础的，乍一看，威尔逊摒弃了世界上存在若干种现实状态、若干种不同现象类别的观念。人类器官功能的原理与社会及文化理论毫无任何直接关联，而量子理论对路易十六风格或意大利文艺复兴时期的油画讲不出任何有意思的东西，他对此难以接受。为了固守其“同一性”的观念，威尔逊倒情愿以“韦斯特马克效应”为楔子去奢谈乱伦，这和有人在描述米开朗琪罗的壁画时却在谈论所用的材料及颜色一样显得过于愚蠢，过于简单化。威尔逊将文化还原为生物学，其实他也坦然承认，他的证明是极为脆弱的。

这位博物学家并不是基于方法之需才进行这种还原的，而是出于信仰的需要，因为威尔逊相信单一的知识几乎到了非常虔诚的地步。况且他提示说“科学就是摆脱了桎梏的宗教”。这样，他将偏执的概括性观念强加给科学，这种观念不认同对知识进行学科分类。在精神宇宙中，各种理论都十分严谨、世界有其含义是有依据的，在这样一个精神宇宙里进化显然是再舒服不过了。况且，这也正是推动人类在科学或其他领域里求助于“上帝假设”的主要动机。但事实情况是，我们的理论都是一段段的描述，各理论之间并非衔接得天衣无缝，我们尚无任何证据表明宇宙的存在有什么终极目的，因为给宇宙赋予目的的正是我们自己。

物理学家郑春顺写下了《神秘的旋律》一书，他的立场提供了一种有趣的理论变种，与威尔逊的略有不同。这位物理学家信仰一个“组织者上帝”：“现代宇宙学告诉我们，宇宙是以极精确的方式早已安排好的，以便让意识（建立在碳的生物化学基础上）显现出来。这种安排，我们可将其归功于偶然，也可将其归功于‘伟大的造物主’。我相信这后一种假设。”他还写道：“物理学定律本身的差别微乎其微，那就让它有差别吧，反正将来我们也不在了，也就无法谈论这件事了！极其精确的安排究竟纯属偶然，还是‘造物者’的意志所为呢？”因此，尽管郑春顺信神，但他对我们能否充分地了解这个神表示怀疑：“由于无法摆脱自己的局限性，我们只能研究这个广袤宇宙的极小一部分，而宇宙完全是相互融通的。在花费了大量的心血从事想象及创造工作之后，有天赋的人发现了越来越多的关联性，科学也就随之进步。但并非所有的关联性都能显现出来……旋律将永远是个秘密。”

由此看来，威尔逊相信整体知识存在的可能性，而郑春顺则恰恰相反，他信仰“造物主”，而对我们能否掌握整体知识持怀疑态度。他的疑虑与整体论的伟大梦想形成鲜明的反差，而爱因斯坦及其继承者则一直在追求这个梦想。物理学家将他们从内心里企盼的宏伟大厦称为“大统一理论”。20 世纪 70 年代发展起来的超弦理论（参见第一讲）似乎是实现大统一理论的最佳候选者，至少在纸面上是这样，因为任何实验都未证实超弦理论。况且，大家还得就“大统一”一词的含义取得一致意见：物理学家的具体目的是将物理学中的两个顶尖理论，即相对论及量子理论结合在一起，以便描述出物理学的全部基本现象。但前面所表述的局限性也同样适用于超弦理论，因为超弦理论并不比其他理论更优越，它同样无法准确地解释为什么野猪会长成野猪的样子，也无法解释南比夸拉印第安人亲属关系的结构的确切原因。

物理学家并未提出这么多问题。他们只试图让物理学显得更严谨、更富有概括性。有些物理学家，比如郑春顺，则认为这种追求是无止境的。另外一些物理学家则倾向于接受达到某种结局的设想，即攀登上科学研究的最高峰。评判他们谁说得更有道理，现在看来似乎是不太可能的。然而，可以断定“大统一理论”并不能构成统一的知识，虽然它是威尔逊梦寐以求的，它更不能形成一种新型的“大同世界”。科学的思想是建立在逻辑推理及客观经验较量的基础之上的，只有勾勒出现实的轮廓，科学思想才能发挥其效能。这种思想能让我们更好地理解物质的某些方面，但必须要摒弃预感及总体的感觉，因为那些感觉是神话带给我们的，况且，我们甚至不知道科学是如何运作的。

人是不是宇宙的终极目的？

下面这段引言令人惊恐不安，更让人难以接受，即便对科学家来说也是如此。法国生物学家雅克·莫诺写道：“人在广袤的宇宙中茫然不知所措，人出现在宇宙当中纯属偶然。”美国物理学家史蒂文·温伯格则认为：“人类对宇宙了解得越多，宇宙在我们看来就越没有意义。”郑春顺将这两条引言糅合在一起，它们表达出这样的概念，即对冷酷无情的世界的幻想已经破灭，在这个世界里，要想给我们的生命，给我们的历史赋予深刻的含义，只有依靠自己的力量，不能依赖于神意。

在这种局面下，我们不应仅看到负面问题，这一局面还给予精神前所未有的自由，但有人似乎并不那么推崇自由。科学刚刚摆脱上帝的假设、摆脱“伟大的造物主”的纲领，有些研究人员便试图重建目的论的观念。不过，这次并不是去依赖造物主，而是把人设想成宇宙的目的，把人当成宇宙秩序存在的理由。其实，德日进早就表达过这种观点，只不过英国天文学家布兰登·卡特用更笼统的措辞在“人类起源”中再次照搬过来罢了。“人类起源”以这样的设想为出发点：“确切地说，宇宙确实具有合适的特性，以孕育出一种生命，这种生命既有意识又有智慧。”对布兰登·卡特以及人类起源的捍卫者而言，这不可能称作偶然的成果。

哥白尼大概在九泉之下也得不到安宁了。有人非要把微观世界里发生的事扯到宇宙上去，由此看来，假如论断宇宙的存在就是以此为目的的话，那么费力去证明地球并不是宇宙的中心又有什么用呢？让一个有意识、能构思理论的物种出现于世不就行了嘛，这真是堪与谢尔德雷克的理论相媲美！如果是为了让人类中心说来代替地心说，那么摒弃地心说又有什么用呢？在《神秘的旋律》一书中，郑春顺巧妙地描述了“对哥白尼幽灵的合力围攻”。他生动地阐明，虽然这会引起某些人的反感，但宇宙或许就是偶然产生的：“物理常数以及初始环境能够孕育出生命，这一事实也许只是一种巧合，并没有什么特别大的意义。”一位学者或许只满足于观察到那样的结果。“系统地断然否定对自然现象的解释而让现代科学得以问世，‘目的论’或‘设想’都是解释自然现象所用的措辞，否定对自然现象的解释是宗教教义所特有的手段。”这样一种态度从逻辑上说是正确的，可以避免像邦葛罗斯或贝尔纳丹·德·圣皮埃尔那类目的论者的老毛病，圣皮埃尔不是认为“香瓜长出瓜筋来是为了让一家人共享”嘛。

但郑春顺接着补充道：“这种态度会得到哥白尼的认可，但却让人极为失望。”为了躲避这种态度，我们这位物理学家非常巧妙地回避了这个问题，其手法之巧妙不愧是诡辩家的杰作：“总而言之，不管怎么说，假如这种设想确实是真的呢？在没有任何证据的情况下，就断然否定这样一个设想，这种态度与宣称有这么一个设想同样是不科学的，是教条的。”[21]诚然，用绝对的手段来证明所谓的设想并不存在是不可能的，就像无法证明上帝不存在一样。从逻辑学上说，这就是那种不可判定的问题（参见第十讲）。但在郑春顺那不可动摇的信念中，却隐隐露出某种虚伪之意，事实上，正如他本人所证明的那样，人不需任何目的论的假设来设立现代科学的理论，这些假设甚至是一种障碍，因为它限制了多种可能性。

我们需要补充的是，宇宙为什么能安排得那么精确，让意识得以问世呢？这个问题是人为提出来的，在概括科学理论时就用这种方式提问。人类研究过宇宙、星云、太阳系、行星及地球是如何形成的，而宇宙学可对此做出解释，于是，有人修改了某些参数，做出微小的变动，得出的结果却是一个没有行星的世界。大家苦思冥想到底应该怎么做，才能让生命得以问世，似乎水是一个决定性的因素，然而，地球要是离太阳再近一点，像金星那样，地球上的水也就全化成水蒸气了；要是离太阳稍微远一点，像火星那样，那么地球上也就只有冰了。经过这番演绎，这幅图像给人的印象是，太阳与地球的组合是惊人的巧合。然而，这种印象的出处乃是我们事后再造的历史，因为我们一厢情愿地认为，所有的参数都应当同人的生命相容，否则也就没有人类了，更不用说在这儿争论了。然而，这并不能证明存在一种造物主的最高意志。

假如有一天在下班的路上，我碰到一位朋友，陪他走了一段路，这段意想不到的弯路把我带到一家烟草专卖店，于是我决定买一张六合彩彩票，结果却中了大奖，我是否该考虑有一个神祇的旨意在引导着朋友与我碰面，好让我买一张彩票呢？再不然，正像简单的常识所暗示的那样，我买那张彩票纯属偶然，我完全可以再买一张，但却什么奖也没得到，我是不是也应承认这一点呢？

肚脐的范例

你了解撒谎者的悖论吗？当撒谎者声称他所说的一切都是假的时，你就得判定他是否在撒谎。如果他总是撒谎，当他声称自己确实在撒谎时，又怎么可能是在讲实话呢？如果他说的是事实，那么当他说自己撒谎时，其实又是在撒谎。

这种悖论存在于已知的条件中，这个条件就是撒谎者永远也无法自圆其说。撒谎者的问题与世界法则及精神法则所面临的问题有一定的相似之处，我们找不到任何有效的解决方法，因为这并不是一个实际性的问题。这个问题源于我们理解事物的方式。从某种意义上说，我们可以就世界做出符合逻辑的、中肯的推论，但世界本身既不是合乎逻辑的，也不是不合逻辑的。这种感觉源于这样一个事实：推论不可能完全包容现实。撒谎者的悖论所表达的正是推论与现实之间的差异以及文字相对于事物的局限性。

神话或宗教体系是建立在全体论之上的，它否认推论与现实的差异。一个无法逾越的差距将描绘与被描绘物区分开来。用形象思维的话来说，如何区分神话思想与理性思想呢，这无异于切断连接现实与言辞的脐带。在神话的子宫中，现实与言辞保持着一种十分融洽的关系，就像母亲与胚胎的关系一样。神秘主义者呼吁要重建一个新世界，建立一个推论与现实无差别的世界，意识与物质在那里融为一体。他们根本无法得到这种结果，就像只要脐带一剪断，脐带就再也接不上一样。人类已学会用自己的方式去思考，知道了理性思考的力量，哪怕这种思考需要付出焦虑及踌躇的代价。再回到先前的世界中，回到安宁的神话子宫里是不可能的。

然而，总是有人试图调和神话与科学推理的关系，但却碰到了这种结局。古尔德认为：“很显然，《创世记》的记载与地质学的数据没有任何关联，就算有关联，也并不一定有什么重大的意义，因为这只能告诉我们，每个人所讲述的故事都是有一定局限性的，至于有关大自然及生命的含义或者有关上帝的含义的话题，我们从中并未能得到任何有益的东西，恐怕还没有从课堂上听到的窃窃私语中学到的东西多呢。”[22]

神秘主义者的骗局可归纳为这样一点：他们总是离不开神话的命题，他们用某种推论来批评分析思想和逻辑思想的局限性，其实他们所采用的推论本身就是分析性和逻辑性的。通常情况下，他们的推论往往是一堆毫无价值的废话。为了避免这种尴尬的局面，大卫·玻姆曾试图发明一种语言，从而反映出其“隐秩序”的视野，反映出一种变幻无常的现实，这一现实是不可拆分的整体。玻姆将该语言称为“流变模式”，这个词的词根源于希腊语，意为“流动”。在《宇宙之镜》一书中，约翰·布里格斯及大卫·皮特就曾描述过“流变模式”：“玻姆试图解决大部分语言‘动-谓-宾’分段结构的问题。让我们举一个简单分段结构的例子，一只猫和一只老鼠从你身边跑过。我们会说‘猫追老鼠’。整个世界的看法都包含在这个简单的句子中。句子由两个名词‘猫’和‘老鼠’组成——这是宇宙中两种截然不同的生物……动词‘追’将这两个生物隔开，除了其他含义外，它还意味着这个动作是猫针对老鼠做出的。然而，整个动作要复杂得多。这是一种生与死的舞蹈，猫和老鼠不可避免地要做生死的追逐。玻姆试图去克服这种人为的分界，将他那语言的所有词汇都变成动词的变种。”[23]

我无法确信老鼠是否会同意。我敢打赌，老鼠宁可成为与猫分隔开的对象，也不愿和猫一起去跳那个宇宙之舞，最终成为猫的美餐。“军政府的军官拷打抵抗者”，这句话又如何译成“流变模式”呢？难道那也是一场流动的舞蹈吗？在这场舞蹈中，军官、抵抗者及拷打的工具是“隐秩序”的幻觉表现形式，那种状态让我们感到茫然。

我之所以用这种讥讽的方式讲述，是为了强调有关宇宙意识这类推论的危险性，因为它脱离了现实，更重要的是，我们生活在现实之中，讲话、采取行动、担负责任的都是有血有肉的人。说世界是一个整体，任何事物都不可分离，每个人都可分享所有人的记忆，这意味着所有的一切都是可能的，所有的一切都是真实的，所有的一切都是有价值的。不论他们是否愿意，神秘主义者在宇宙整体论方面都发挥着重要的作用，哪怕只是因为有人在听他们的胡诌，赞同他们的空话。

面对具体的现实，神秘主义者将自己的脸遮盖起来。再不然，难道我应当说他们将自己的肚脐遮盖起来吗？亚当和夏娃早就把遮在身上的无花果树叶子拿掉了，这种虚假的廉耻之心似乎早就过时了。

练　习

1. 研究谢尔德雷克理论的一个变种，里面包含过去将来的对称性，因为在该理论中，不仅过去形态的“形态反应”会决定将来的形态，而且将来的形态也会相应地影响过去的形态。

(1) 表明在此理论中，第一只野猪出现的问题得到了圆满的答案。

(2) 证明下列定理，又称野猪重语式定理：“野猪生成野猪”。

答案：(1) 问题是要知道第一只野猪的形态源于何处。然而，凭借将来对过去的形态反应，我们可以想象，第一只野猪源于尚不知在哪儿的野猪的逆向影响。

(2) 生成第一只野猪的是什么呢？是一只未来的野猪。但生成未来野猪的又是什么呢？是以前的野猪，其中有第一只野猪。因此野猪生成野猪。

2. 将下列句子译成流变模式：

(1) 河马在叶丛中嘶叫。

(2) 长苔的石头不滚动。

(3) 无定型形态单元的形态构成一个美妙形状的形态发生场。

(4) 张张口总比什么也不说强。

第八讲　精灵与鬼神，任由你去祈求

与欧萨皮亚·帕拉蒂诺相比，谁也无法更好地展示神灵对应于物质的能力，她是19世纪末最著名的通灵人。从事心灵研究的学者对她展开大规模调查，这是任何一位登记在册的通灵者未曾享受过的待遇，况且调查工作都是由最优秀的调查员来完成的。她让亨利·柏格森、居里夫妇和卡米耶·弗拉马里翁①为之倾倒。她的荣誉穿越时空、跨越大洋，安伯托·艾柯的《虚假之战》一书甚至提供了佐证，安伯托描述了美国的一家蜡像馆——魔术及魔法博物馆，那里的“历史材料的确让人为之震惊，真事与传说绞合在一起。欧萨皮亚·帕拉蒂诺（蜡像）就站在罗杰·培根及浮士德医生的身后，最终的结果绝对像做梦一样”……[1]

欧萨皮亚·帕拉蒂诺本人大概从未读过《浮士德》。1854年，她出生在意大利巴里的一个农民家庭里，长大后没有上过学，也不识字，只会写自己的名字。她在那不勒斯通神灵的小圈子里学会了通灵术，不过她很有天赋，很快就赢得极高的声望。1891年，犯罪学家塞萨尔·隆布罗索与一组科学家对她进行了研究分析，确信她的能力是真实的。他把欧萨皮亚介绍给法国生理学家夏尔·里歇特，里歇特因发现抗原过敏性（与过敏有关的现象）而获得1913年的诺贝尔生理学或医学奖。尽管里歇特很容易轻信他人，但他认为隆布罗索及其同事让人给愚弄了。不过，他最终还是在自己的感觉面前认了输，因为欧萨皮亚身旁的现象确实极不正常，所有的物体，不论是经过鉴别的，还是未经鉴别的，都违背了万有引力定律而飞起来，桌子也漂浮起来，冷空气从她的头部或胳膊处冒出来，她还露出甩动的手，预言亚当斯②家族肯定能“发达”。她甚至能在瞬间减轻自己的体重，而不需任何特殊食物，只需往体重秤上一站就行了！

---

① 亨利·柏格森（1859—1941），法国哲学家，写了许多反唯物主义的哲学论述。卡米耶·弗拉马里翁（1842—1925），法国天文学家和优秀的科普作家。——译者注

② 珍妮·亚当斯（1860—1935），美国社会学家，1931年获诺贝尔和平奖。——译者注

里歇特极想把这件事弄清楚。1894 年 7 月，他决定对欧萨皮亚重做实验，实验安排在他家里进行，他家就建在法国耶尔附近的鲁博岛上，实验的监控条件十分严格。他还特意请来三位专家，他们是奥利弗·罗治、弗雷德里克·麦耶尔以及朱利詹·奥科罗维茨。他们三位熟知通灵术及其各种手法。罗治是一位著名的物理学家；麦耶尔是英国心灵研究协会的成员；奥科罗维茨是波兰心理学家，受聘来做心灵研究。在实验过程中，奥科罗维茨在室外站岗，而罗治、麦耶尔和里歇特则使劲地抓住欧萨皮亚的手脚。尽管采取了谨慎的措施，但令人称奇的景象很快就显露出来，那景象与最佳荒诞电影的效果相比真是有过之而无不及。

在最近出版的一本书中，哲学家贝特朗·梅厄斯特所做的描述给人留下了深刻的印象："放在旁边桌子上的一架手风琴滑到地上，发出二十几个音符；那张桌子也开始自行移动起来；房间另一端的一只烟灰缸在空中飞起来，飞到麦耶尔的手中；在场的人还听见门锁里有铁器的碰撞声，用于锁门的钥匙这时出现在桌子上，然后又到门锁处弄出声响——把大家都锁在屋里了，接着又飞到里歇特的手里；一根电池的电源线缠绕在欧萨皮亚和里歇特的头上，然后在通灵人的指令下又松开；一把扶手椅也自行移动起来。"[2] 在另一次实验中，出现了一个更让人震惊的壮举，一张重达 24 千克的桌子从地面上飞起，然后完全翻了过来，而麦耶尔这时就站在欧萨皮亚和桌子之间！

4 位观察者显得有些心神不宁，他们认为欧萨皮亚所引发的现象是超自然的。"这绝对是荒谬的，但却是真的。"里歇特概述道。对我们的专家而言，在不求助于任何外力的情况下，桌子浮起来是无法解释的。英国心灵研究协会的理查德·霍奇森对结果的性质提出质疑。据梅厄斯特介绍，在 10 年前，霍奇森就是"不可救药的怀疑派"，他曾让另一位通灵人布拉塔夫斯基夫人承认自己在作弊，而布拉塔夫斯基夫人正是神智学的创始人。更有甚者，欧萨皮亚在作弊时曾被逮个正着，霍奇森竭力要证明欧萨皮亚的壮举并不需要其他的外力，只要抖抖手腕就行。

1895 年夏末，欧萨皮亚在剑桥做了一系列实验，但这次是在霍奇森的监控之下进行的。结果令人大失所望，欧萨皮亚的能力显得极不稳定。好几次她正在作弊，均被人突然发现。依照超心理学家约翰·贝洛夫的说法[3]，她的计谋就是一边扭动双手，一边将双手合在一起，以便让她身边的两位监控人员以为每个人都抓住她的一只手，其实他们俩抓的是同一只手，只不过抓的位置不同罢了，这样她便腾出一只手，用这只手制造出各种"超自然"现象。麦耶尔开始怀疑里歇特在鲁博岛上对她的观察。而英国心灵研究协会确信欧萨皮亚是不诚实的，再也不想让人提起她了。

但欧萨皮亚继续引起卓越的大学士和学者们的关注，她还将特异功能的实验演示给柏格森和居里夫妇看，当然还有其他的名人。这究竟是骗局，还是通灵术的真正效果呢？科学界本身也产生了分歧。1908 年，英国心灵研究协会最终还是改变了自己的立场，决定再作调查。还特意指派了三位调查员：埃弗拉德·费尔丁、希尔瓦·卡宁顿以及 W. 贝格雷。他们三人都热衷于通灵术，又爱好魔术，这是他们的优势，以免受欧萨皮亚鬼把戏的蒙骗。那一次，在那不勒斯的维多利亚饭店共进行了 11 场实验。除了敲桌子以示鬼魂来临之外，欧萨皮亚一直在做着各种手势，将她的裙子吹得像一只气球，从她头上的伤疤处发出一股冷风。虽然不时能发现她在作弊，但费尔丁小组认为，至少他们所看到的一部分现象是真实的。1909 年所发表的报告推断，这与一种“力”有关，而这种力“超过了普通的控制能力，超过了最有天赋的魔术师的能力”。

后来欧萨皮亚又到了美国，卡宁顿——这位英国心灵研究协会的调查员此后就成了她的经纪人。他组织了一场活动，结果却演变成灾难。实验人员采用一种此前从未用过的手段让这位意大利女人就范，观察者藏在房间里，不让通灵人知道。1910 年在哥伦比亚大学所做的一系列实验中，两位暗中藏匿的证人可以欣赏到欧萨皮亚那超凡的技巧，她用一只手或一只脚来完成她的壮举。比如，她在帷幕上弄出一个鼓包以模仿“气”的效果，用偷偷腾出的一只手来移动桌子，在腾出左脚后，用脚趾弹乐器，而监察员则以为一直在抓着她的脚……《科学》杂志上发表了一封信，断定缺乏足够的证据以证明通灵现象是真实可信的。卡宁顿则一直相信她，但她的行骗历程已经走到了尽头。然而，即便遭遇了失败，欧萨皮亚依然感到十分自豪，因为她在 20 年内曾让那么多当时最有才华的人为她倾倒。皮埃尔·居里甚至试图要制作一个风速表来检测欧萨皮亚所发出的冷风……

轻信他人的学者、怀疑者及幻觉制造者

欧萨皮亚·帕拉蒂诺的传说将一个三类人搬上舞台，此后在特异功能的历史上总能见到这三个人物，他们是或多或少轻信他人的学者、持怀疑态度的质疑者以及制造幻觉的通灵人。在启蒙时代，理性的科学与愚昧势力势不两立，展开殊死搏斗，但上述三个人物之间的关系与此大相径庭。19 世纪，虽然学者对民间的通灵术颇有

微词，但通灵术还是在民众当中得到飞速发展，不仅如此，当时有些最优秀的学者也热衷于研究招魂用的灵动桌以及鬼魂来临时敲打桌面的声响。尽管有些人（如法拉第）认为这种现象纯属自我幻觉，但另一些人则一生都相信神奇的力量，其中有阿尔弗雷德·华莱士——他与达尔文合作共创了进化论，还有著名的物理学家、冷阴极管发明家威廉·克鲁克斯[①]。虽然已有物证证明通灵人采用某些不可告人的手段，并将那些手段演变成超自然现象，但这些人仍然执迷不悟。

一个世纪以后，贝特朗·梅厄斯特依然在为欧萨皮亚·帕拉蒂诺那超自然的能力辩护。他那部洋洋洒洒的巨著，资料丰富，内容翔实，试图为磁感应及通灵术恢复名誉，梅厄斯特认为它们并未被现代科学驳倒。我们这位作者引用了大量历史资料，但这些博学的论证还是犯了缺乏公信力的错误。说到欧萨皮亚，梅厄斯特笨拙地坚持认为，她所制造的现象十分了不起，但他忘了关键性的一点，一名优秀的魔术师是完全可以再现所有这些壮举的。梅厄斯特列举了弗朗克·帕多摩尔的例子，帕多摩尔是最富洞察力的通灵术分析师。但他忘了说明，1910 年帕多摩尔曾详细地分析过欧萨皮亚的壮举，并推断说，如果她能在演示时腾出一只手或一只脚，几乎所有的结果都能得到合理的解释。同样，梅厄斯特并没有披露这样的事实：欧萨皮亚年轻时曾嫁给一个巡回演出的魔术师，魔术师曾教过她几招。诚然，并不是戏法能变出的东西，特异功能就弄不出来。但依照奥卡姆剃刀的原理，不要拿多余的假设或所谓的实质作依据，来解释人所观察到的事物，这才是正确的科学方法。

只有在满足通灵人要求的古怪环境下，通灵人的能力才能显现出来，那种环境是：四周要黑暗或半明半暗；要摆上桌子及“装饰用橱”，还要用帷幕隔开；所施动的物体要保持相对的稳定等。通灵人为什么一定要设置这样的环境呢？对于怀疑派提出的这个问题，“信服者”回答说，光线及明察秋毫的监控会抑制脆弱的特异功能。假如通灵人真有特殊能力的话，他为什么要作弊呢？在“信服者”看来，他之所以作弊，是因为通灵人不可能总是保持良好的状态，以得到预期的结果，他作弊恐怕只是不想认输罢了。然而，支持通灵术的人则认为：即使事实证明有人确实在使用欺骗人的手法，但在乱石堆中也还有闪亮的钻石，其中也不乏真的特异功能。约翰·贝洛夫在谈到欧萨皮亚·帕拉蒂诺时曾写下这样的文字：“将舞弊与真正的

① 阿尔弗雷德·华莱士（1823—1913），英国探险家和博物学家。威廉·克鲁克斯（1832—1919），英国化学家和物理学家。——译者注

特异功能一视同仁，因此，若真有舞弊而又大力去推广，那总是十分危险的。”这是特异功能现象捍卫者的典型评论。到目前为止尚无任何实验能评定两个阵营孰是孰非，有关神秘能力的争执一直延续至今，这一点也不足为奇。

这种局面还提出了信仰的问题。传统社会承认存在着一个超自然的宇宙，存在一个精神世界。某些人确实有特殊的能力，他们的职责是为精神辩护，这些人是巫师、萨满教巫师、江湖医生、施咒术者、魔术师、先知、法师，等等。他们并不是独立于尘世的人物，而是尘世与冥界之间的中介及代表。从那时起，在传统社会里，超自然并不属于信仰的范畴，它完全融入知识与文化之中。有一次我到中非出差，我的司机是班图人，他说自己从小接受的是新式教育。他十分严肃地说，当一个俾格米人[①]进入热带雨林纵深处时，他能“跑得很快”，因为他已变成了一只豹子。这个想法在他看来并不荒谬，况且他本人还是一个优秀的机械师，但却从未想过用魔法开动他的汽车。

一个理性、客观的宇宙是可以用科学术语来描绘的，在这个宇宙与超自然的世界之间，西方文化设立起一道屏障，将超自然的世界抛向个人信仰的领域。将敏感世界“世俗化”的过程是一个痛苦的过程，因为世俗化从未真正实现过。巫术与科学一直到很晚才分离出来。16 世纪上半叶，帕拉切尔苏斯[②]曾批评传统医学，为化学疗法开创出一条新路，但他本人其实就是魔术师兼炼金师。第谷・布拉赫（1546—1601）以及开普勒（1571—1630）曾经极为重视占星术。后来，艾萨克・牛顿曾醉心于炼金术，那时他刚开始用三棱镜做分解太阳光的实验，直至 1687 年他发表《自然哲学的数学原理》一书为止。直到法国大革命的初期，拉瓦锡才提出质量守恒定律，将“燃素说”及炼金术击得粉碎，而他本人却被国民公会推上了断头台。我们还需补充说明，炼金师一直未能将铅块炼成金子，其中的原因只是到后来才真相大白，而门捷列夫在 1869 年所发明的化学元素周期表厥功至伟。

依照唯物主义的观点，人所能观察到的现象是可以做出解释的，而不需要求助于超自然能力，或求助于一个“扭转乾坤的神”，但这种观点曾让人难以接受。1784 年，拉瓦锡领导一个调查小组对动物磁感应进行调查，因为麦斯麦[③]把动物磁感

① 俾格米人的特征是身材矮小，主要分布在中非、东南亚及大洋洲诸岛屿。——译者注

② 帕拉切尔苏斯（1493—1541），瑞士医生和炼金师。——译者注

③ 麦斯麦（1734—1815），奥地利精神科医生，他声称发现了动物磁感应，并将其作为药方开给所有找他治病的病人。——译者注

应捧为万能药。调查小组宣称，麦斯麦的通磁术（或催眠术）治疗法是没有科学依据的。两个多世纪之后，动物磁感应依然是准科学及新时代永不过时的大题材。

19 世纪下半叶，科学与非理性力量之间的对抗已土崩瓦解，风靡一时的通灵术让众多的科学家及哲学家为之倾倒。“大家极想证明特异功能确实是存在的，这是推动科学家关注此类现象的部分原因。”哲学教授保罗・库茨这样写道，他领导着美国特异功能科学调查委员会[4]，这是美国最著名的“怀疑派”小组。“达尔文于 1859 年所发表的《物种起源》已将人类从宇宙的中心赶了下来，唯灵论者对此感到极为不安，认为这是对他们的沉重打击。假如能证明人在心理及精神方面还有其他能力，而且这种能力可以超越科学唯物主义所设定的界限，这对宗教信仰来说会是多么意外的收获呀。从此，在经过认证的科学基础之上，人又获得了‘信仰的权利’。”[5]

因此，正是出于反抗唯物主义的需要，出于让科学与宗教再次联手的需要，后来被人称为“科学的超心理学”的学科才得以问世。英国心灵研究协会于 1882 年成立于伦敦，是由哲学家亨利・希基维克创立的。3 年之后，其姊妹协会美国心灵研究协会宣布成立，而法国玄学研究所则创办于 1900 年。尽管这些组织的本意是好的，但它们并未真的弄清玄学的秘密，与启蒙时代哲学家的思想不同的是，在与非理性信仰做斗争时，纯粹的知识显得底气不足。正如我们在本讲所看到的那样，科学家通常并不是特异功能现象的“揭穿骗局的人”。事实上，科学家常常会比普通老百姓更容易上当受骗。科学家已习惯于实验室那严谨、精确的规则，常常会高估其他人的人品，绝对想不到自己的好心会被人利用，江湖骗子略施小计就能骗倒他。而他又趋于低估训练有素的幻术师的能力，这一能力堪与电影最佳特技镜头相媲美。他不明白这样或那样的效果是怎么搞出来的，这时，他就会去猜想其原因，其实那根本毫无超自然力可言，虽然表面看来神乎其神的。

信服者常常会推断说，良好的科学态度应当是开放的，现实中确实存在着尚未探索过的领域，不应将其排除在科学之外。他们认为，只要没有揭示通灵人所采用的手段，那么就应当给他怀疑的权利。何况，他们认为，大家不会考虑一个怀疑派的推论，因为怀疑派是凭经验将某一现象再次演示出来的，虽然此前他根本就没见过那个现象。保罗・库茨对此观点持有异议：“证据确凿与否难道与怀疑者在场或不在场有关吗？怀疑者难道应该详细、透彻地证明通灵人作弊的手法吗？除非怀疑者能马上再现当时的场景，并指明通灵人是如何作弊的，否则信服者有充分的理由认为真正的效果确实出现过，难道这正确吗？我并不这么认为。”[6]

信服者的立场兴许看上去是符合逻辑的，但这却是一个有悖于常识的逻辑。即使常识有它的局限性，可常识要是隔 5 分钟就被人轻易驳倒了，那它也就称不上是“常识”了。要是有一个家伙坚持说，在南极洲的冰山上有穿着红色比基尼的独角兽在玩扑克牌，可你让他拿出证据时，他却反驳说你无法证明他说错了，你能相信这家伙吗？目前尚无任何手段证明奇迹并不存在，但每当有人因无法理解某一现象而惊叹不已时，这能证明的确存在奇迹吗？与其设法回答这个真正的问题，倒不如看看自从欧萨皮亚·帕拉蒂诺取得惊人的影响力之后，这个问题产生了怎样的变化。

约瑟夫·莱因和科学的超心理学

神秘科学的历史被分割为两个难以类比的阶段：在约瑟夫·莱因之前和在他之后。在他之前，招魂的巫师只迷信幽灵、招魂术、通灵人、灵动桌以及神动杯。20 世纪 20—30 年代，莱因用更令人信服的学科代替这种已陈旧过时的民间迷信，那就是“意念”力、超感官知觉、意识影响客观事物的能力、意念移动物体的能力、超心理学等。他是一位严谨的科学家，将实验室的规则用到这个无法检验的领域。“只要调查员到现场观察，招鬼唤魔的活动常常即刻就会停下来”，这承认的语气倒是极为坦率。

这真是一项艰难的任务，但约瑟夫·莱因是那种面对困难绝不退缩的人。他是一位很讲信义的人，原本想去当牧师，后于 1925 年在芝加哥大学获得植物生理学博士学位。但在此学科领域，他只教了两年课。他既不热衷于宗教信仰，也不信奉科学唯物主义，在亚瑟·柯南·道尔爵士所做的有关通灵论的讲座上，他发现了自己真正的志向。从此，他抱着坚定不移的信念，着手对神秘学进行科学论证。“莱因极有个性，他将两种特质融合在一起：一方面，他做事精益求精，像做实验一样，且又熟悉反证及实验检验的方法；另一方面，他对意念力抱着绝对的、超出理性的信心[7]。”记者米歇尔·鲁泽写道。

莱因极为幼稚，甚至作反证时都显得十分天真，他的合作者总是不择手段欺骗他。玛杰里是他最早的研究对象，在招鬼唤魔的过程中，玛杰里将灵媒身上的显现物吐了出来，其实那并不是神灵的躯体，而是她在邻居那里买来的下水。“温德小姐”的插曲更有启示意义，用鲁泽的话来说，“奇怪地去拒绝一切质疑的声音其实不过是盲目信从的态度使然”。“温德小姐”是一匹有心灵感应的未成年牝马，它能“猜出”莱因写在本子上的数字。莱因写上一个数目，它就用蹄子在地面上敲出与之相吻合的数目。莱因对此感到极为震惊，发表了一篇论文，题目为“对解读思想之马的调查”。

但莱因却发现，当小马的女主人芳达女士站在远离他的地方，或者当他本人站在女主人身后时，“温德小姐”就会失败。面对这种现象，他却给不出任何合理的解释。一位职业魔术师墨尔本·克里斯托弗很快便揭穿了这个秘密。克里斯托弗也去看“温德小姐”的表演，但他并未暴露自己的身份。他当时就明白这不是一场心灵感应的表演，而是马戏团的老套路。“温德小姐”的天赋纯粹是训练的结果。芳达女士按铅笔的走向读出数目，再向小马发出秘密的手势，小马便照此做出反应。当芳达女士判断不出莱因写了什么字时，小马也就无法表现它那神奇的功能了，这不值得大惊小怪。

1927—1965 年，在近 40 年时间内，莱因在他的实验室做了无数次猜纸牌实验，他的实验室就设在位于北卡罗来纳州的杜克大学里。他的实验结果依然被人视为“科学特异功能论”的试金石。莱因所采用的并不是传统的纸牌游戏，而是“泽内”的纸牌，它由 5 副纸牌组成，每副里有 5 张同花色的牌。每张纸牌上都画着一幅简单的几何图案：圆形、十字形、三角形等。接受测试的对象应猜出纸牌上所画的图案。当然不许看牌！随便瞎猜的话，测试对象有 1/5 的机会可以猜中，比猜中传统 54 张纸牌的机会多了 10 倍，但比猜中硬币正反面的机会要少得多。平均来看，在每副纸牌中能猜中 5 个正确答案。如果指定抽牌，接受测试的对象可以猜中 7 张或 3 张牌，但要连续抽牌的话，平均超过 5 个正确答案的可能性是很低的。莱因的最佳研究对象是一个叫休伯特·皮尔斯的人，他在 1930 年取得非凡的成果，总共连续抽了 690 张纸牌，平均每副牌能猜中 8 个。这辉煌成绩完全出于偶然的可能性是微乎其微的。依照莱因的说法，也许哪一天皮尔斯会连续猜中 25 张纸牌呢！这个成绩堪称奇迹。

莱因掌握着“意念效应”的证据。1934 年，他发表了第一篇有关超感官知觉（即第六感）的报告。好几个美国研究人员对他的实验感兴趣，试图再现他的结果。总之，在美国的 5 所大学里，其中包括著名的普林斯顿大学，研究人员让学生抽了 298 814 张泽内纸牌。但接受测试的对象没有一个人能做到优于偶然抽牌的结果。于是，便传出各种流言蜚语，说皮尔斯在作弊。没有人能证明他确实作过弊。但莱因的实验还是有偏差的。皮尔斯取 5 张牌为一组，然后一组一组地猜，猜完后和实验员一起看，接着再把牌放回去。实验员洗牌后，再接着猜。任何一个熟悉纸牌玩法的人都会告诉你，这样皮尔斯肯定会增加他成功的概率，因为放回去的一组纸牌往往会放在那副牌的上面，或者下面，这些纸牌是皮尔斯事先已经看过的。而且这种玩法还是他本人建议的呢。

在另一次实验中，皮尔斯站在距实验者 90 米远的地方。但结果依然引人注目。这次恐怕不会有作弊举动，至少大家是这么认为的。一位叫马克·汉塞尔的调查员有一种不屈不挠的精神，他终于发现皮尔斯可以透过玻璃门观察实验员的举动，但又不让实验员察觉到。

1965 年，莱因退休了。他的继任人瓦尔特·勒维则擅长研究动物特异功能。他所获得的神奇成果让人对老鼠的意念力刮目相看。不巧的是，当勒维在偷偷安置录音设备时，被他的助手逮了个正着。莱因马上就把他辞退了，但并未因此而推翻他此前所获得的实验成果。

欧萨皮亚故事中的基本要素在此都无一遗漏地显现出来：其中有容易轻信他人的莱因，有做了手脚的实验对象，当然还有魔术师强大的意念力。难道什么也没变吗？不，有一件事确实在变，尽管特异功能的支持者穷尽各种努力，但意念力自 19 世纪以来一直在不断削弱，更不要说很早以前靠意念移动大山的事了。我们那超自然的能力究竟怎么了？

意念力的衰退

物理学家亨利·布罗克是研究特异功能的专家，他的态度很明确：随着时代的发展，意念效应的强度在减弱，这在靠意念移动物体能力方面尤为显著，布罗克在其《超自然现象》一书中就作过详细的描述，该书堪称此领域的教科书[8]：“几个世纪前，据说‘超自然神力’能移动几吨重的物体，比如像复活节岛上那重达 10 吨的巨石雕像。1850 年，同样的神力能移动硬木桌子（仅相当于巨石雕像的百分之一）；几十年之后，同样的神力只能移动 1 千克重的锅；到了 20 世纪 70 年代，同样的神力却只能移动非常微小的物体，比如小顶针或碎纸头，即只有十几克重的物体。随着时间的流逝，同样的能力竟然缩小至百万分之一！”

布罗克的分析得到了最佳心理测试来源的印证。欧萨皮亚·帕拉蒂诺曾靠意念掀翻过一张重达 24 千克的桌子。尼娜·库拉金娜，这位在 20 世纪 40—50 年代风靡全苏联的著名通灵人，被绑在扶手椅上，靠意念将打碎在玻璃鱼缸里的鸡蛋黄与蛋清分开，前后竟用了半个小时[9]。这项费力的工作竟让她的脉搏跳动高达每分钟 240 次，而且掉了 1 千克的体重！在靠意念移动物体方面，莱因几乎没有获得任何显著的成果。有一次他在实验中偶然使用了摇骰子皮杯，实验对象要集中意念投出双六点来。即使一切进展顺利，莱因也只能获得统计数字上的波动值，这绝不足以移动复活节岛上的巨石雕像。

法国电力总公司的前总裁安布鲁瓦兹·鲁曾在 20 世纪 80 年代展示过他在心理现象方面的能力。他写下了《科学与人的心理能力》[10] 一书，这是一部令人钦佩的著作，虽然他本人只在这部 280 页的书中写了区区 9 页（另两名作者是美国超心理学者斯坦利·克瑞普纳和杰勒德·索尔凡，他们俩的名字在封面上刊印得很小）。质量取代了数量，总裁先生言简意赅地道出实质性的内容："毫无疑问，心理力量是很弱的。倘若不是这样的话，那么在很早以前就能观察到靠意念移动物体的神奇场面了……唯有苏联人的实验表明接受实验的对象能按要求移动不同类型的物体。但与此有关的信息似乎并非建立在严谨的观察基础之上。"

不论安布鲁瓦兹·鲁采取何种狭隘的反苏立场，我们还是应当相信他这位专家的评论。总裁先生描述了在电力公司专门的电子实验室里所做的实验。"我认为心灵感应得到充分的证明，相反，靠意念移动物体的能力值得花费更多的时间去研究。然而，一种革命性的仪器使该领域的研究成为可能，这仪器就是第谷镜，其基本设计出自法国优秀的工程师皮埃尔·雅南之手。"

这项设计确实十分巧妙。鉴于意念力很弱，"相对于一个处于静止状态的移动体（原文如此）而言，意念力很难表现出来，因为首先要克服摩擦力，因此做一个恒定、随机移动体的设想便应运而生，施动于该移动体的意念力便可改变其轨迹，因为摩擦力已预先被克服了。"说得明确一点，别再用意念去转动木桌，要设法让第谷镜去滑动，它在桌面上滑动时能"随机"画出一条曲线。实验员要求实验对象"去看着那台仪器，然后，让它运动，比如把它拉过来"。

从词源学上看，"第谷镜"意味着"解读命运的仪器"。这个神奇的玩意儿显然更应划到玄学领域内，而不属于物理学的范畴，不管怎么说，意念对可自我移动的物体发生作用，人们对此已不再感到惊讶了。然而，按照安布鲁瓦兹·鲁的说法，唯有出色的研究对象才能产生显著的效果。总裁先生列举了一个姑娘的例子，她颇有天赋，刚一到场，就让那台仪器在桌面上滑行了 3.5 米，然后落在她的膝盖上（是落在姑娘的膝盖上，而不是落在总裁先生的膝上）。总裁先生认为：“我们看到这类实验时，不相信存在特异功能是很难的。”然而，这番动听的话语并不能弥补意念致动能力的不足，可意念力的衰退又该怎么解释呢？

观察者的作用

布罗克注意到衰退局面的出现是“与日益复杂的监控手段并行的”。这也印证了莱因的意见：只要有人竭力去观察，那么招鬼魂显灵的活动便会顿时停下来。仿佛观察者与被观察现象之间有一种神秘的相互作用力，结果造成心理效应的崩溃。我们怎么能相信如此敏感、如此变幻不定的现象呢？

对特异功能现象最不利的观察者就是魔术师。但道高一尺，魔高一丈，欧萨皮亚・帕拉蒂诺曾经成功地愚弄了费尔丁调查委员会的成员，他们都是优秀的魔术爱好者。如同其他领域一样，著名职业魔术师在识别把戏方面还是应该优于其他人。总而言之，英国心灵研究协会总以为不会上当受骗，其实他们更容易受人愚弄。这就促使心理现象的观察者相信有特殊能力的研究对象在耍手腕，他们根本就不相信那现象本身的特性。

20 世纪 70—80 年代，魔术师詹姆斯・兰迪成为“心理世界中最令人畏惧的人”。在他所封杀的名单中，尤里・盖勒赫然在目，盖勒常常靠意念把勺子拧弯，我们在前言中已和他碰过面。尤里・盖勒 1946 年生于特拉维夫，小时候就意识到自己有特异功能。在自传中[11]，他讲述了自己在 4 岁时曾见过飞碟，当时他正独自一人在离家不远的草坪上玩耍。接着，在 17 岁时，他发现自己能凭意念转动手表的表针。当然这一成果微不足道，即便庸才也会在很小的时候初露锋芒。到 20 多岁时，尤里在马戏团里上演了一个节目，很快便在以色列的剧院及夜总会里取得极大的成功。他的节目依照某种不变的模式进行。他先向观众自我介绍，说自己有特异功能，向他们解释说观众意念的能量对他的成功是至关重要的，“负振动”将会妨碍他获得成功。这样一旦失败的话，他也就有了退路，他先做几个猜谜游戏，比如让一位观众任选一个国家的首都，他来猜名字。接着，他做起意念致动的实验，就是将金属物体拧弯——刀片、钥匙、小勺等，再不然就让停摆的表重新走起来。

所有这些表演任何一位魔术师都能做得到，而根本不需要去借助超自然能力。依照编创者的说法，假如不演示神奇的心理能力，这类节目真是一钱不值，因为相比之下，魔术师表演的节目恐怕会比尤里的节目还要神奇。我们注意到神秘的意念力是非常弱的，这与亨利·布罗克的分析不谋而合。虽然尤里·盖勒真的能折弯一把高尔夫球杆——但愿这只是恰好放在那里的道具，但他并未去攻击金门大桥的桥头柱，也未去破坏埃菲尔铁塔的大梁。但不管怎么说，即使心理效应很弱，假如这是真的话，那倒也值得花费精力去研究。因此，科学家关注“盖勒效应”也就不足为奇了。1972—1973 年，以色列的通灵人在拉塞尔·塔格和哈罗德·普索夫的实验室里做了一系列实验，这两位物理学家热衷于研究特异功能，他们的实验室坐落在位于加利福尼亚曼罗公园的斯坦福研究所里。但尤里·盖勒靠意念移动物体的能力却显得十分脆弱，拧弯勺子的实验难以令人信服。

相反，他的心灵感应能力却让塔格及普索夫为之折服，他们认为他是一个特殊的实验对象。他们在《自然》杂志上发表了一份研究报告，超心理学的信奉者将《自然》杂志视为对该学科的科学认证，尽管杂志社为那份报告所配发的社论带着极大的怀疑口气[12]。我们不妨引用报告中意味深长的一个片段：“这次实验是双盲的，将一只 3/4 英寸的骰子放在一个 3×4×5 英寸大的钢盒里。一位实验人员用力摇动钢盒，然后将其放在桌子上。实验结果表明，用这一方法掷出的骰子面具有很大的随机性。此时，实验人员不知钢盒里骰子的方向，盖勒却将骰子朝上那一面的数字记下来……实验连续做了 10 次。有两次，盖勒拒绝回答，另外 8 次他都给出了答案——那 8 次的答案全部正确。他所回答的数字是：三次是 2，一次是 4，两次是 6。然而，倘若用随机任选的方式，获得这一结果的可能性是百万分之一。”

这项实验显然应在科学特异功能的编年史上占有一席之地，绝对不逊于皮尔斯在约瑟夫·莱因实验室里猜“泽内”纸牌的辉煌成绩。然而，尽管塔格及普索夫的报告表面看来十分严谨，但却不乏令人感到遗憾的缺陷。“报告者并未向我们指明是谁摇动的钢盒，实验是在何时何处进行的，是谁在观察，盖勒猜测时用了多长时间，他是否获准动过钢盒，在此前后是否与盖勒一起做过骰子盒的其他实验，以及实验过程是否录过像。”[13] 马丁·加德纳注意到这几点，他是著名的数学游戏编创者，还是美国特异功能科学调查委员会的创始人。

然而，兰迪经过调查发现，盖勒不仅动过钢盒，而且是他亲手摇动，以便让骰子呈现“随机”状态，他发动意念时，就将盒子拿在自己手里，而且至少有一次，是他把盒子打开来验证哪个字面朝上！另外，塔格及普索夫还拍摄了一部他们与盖勒共同做研究的影片，让大家传看，但兰迪后来发现，这部影片所展现的并不是他们在《自然》杂志上所描述的那场实验，而是后来所做的模拟实验。总之，兰迪认为“我们永远也不会知道实验的真实过程，这种混乱的局面是盖勒强加给这两位天真的科学家的”[14]。

美国电视台的一个著名节目《约尼·卡森秀》邀请盖勒前来表演，电视台在制作节目之前向兰迪咨询。他给节目负责人提了一些建议，以便让盖勒的把戏玩不转，除非他真有特异功能。结果是，尤里·盖勒一向拿手的好戏全都失败了，他连连道歉，以身体状态不佳为由来掩饰自己的窘境。正如我们在前言中看到的那样，在法国，盖勒在米歇尔·波拉克主持的节目中同样被热拉尔·马雅克斯弄得下不来台。从兰迪及马雅克斯的介入中我们可以得出结论，而且是唯一合乎情理的结论：对像盖勒这样级别的研究对象而言，将勺子折成两截的最佳方式就是将心理力量与肌肉力量结合起来。特异功能的天赋取决于通灵人加魔术师的才干，他能在转移观众注意力的同时，将拇指弹向命运——弹向金属勺子。为了奖励每年在这场游戏中涌现出的最巧妙的高手，兰迪创立了一项“尤里奖金”，奖品是一把置于塑料底托上被拧弯的小勺。

阿尔法计划

对心理能力最沉重的打击当属兰迪策划的“阿尔法计划”，亨利·布罗克生动地描述了这项计划的细节。1979 年，麦道飞机制造公司的总裁詹姆斯·麦克道纳向密苏里州圣路易市的华盛顿大学捐赠了 50 万美元，以资助建立一座用于研究特异功能的实验室。物理学教授彼得·菲利普长期以来一直关注特异功能现象，他挑起这个项目的重担。兰迪当时曾向他建议，可以助他一臂之力以揭穿可能出现的骗子。菲利普对他的建议置若罔闻，认为自己早已不是小孩子了，能应付各种局面。他发了小广告，聘用了两名年轻人作为心理测试对象，他们是史蒂文·肖和迈克尔·爱德华，接着便开始对他们进行测试。

肖和爱德华表现得极为出色。他们凭心灵感应能读出信封里的内容，即使手不碰铁杆也能把它拧弯，单凭意念就能把保险丝烧断。一天，史蒂文只行了一个按手礼就改变了摄像机的画面。还有一次，参加实验的人员将各种不同的物品放在一只倒扣过来的鱼缸里，加上锁，再用螺栓封在一张桌子上，然后将存放这些东西的房间用锁锁住（在特异功能的研究中，鱼缸似乎是一种十分重要的道具）。菲利普将鱼缸锁和房间的钥匙收起来，挂在自己的脖子上。第二天，实验室工作人员发现鱼缸里的东西有的被拧弯了，有的被弄碎了，有的被移了位，所有这一切全是凭意念完成的。魔术般的符号甚至留在一层咖啡粉末上，有些物品就放在这层粉末上！

其实肖和爱德华是兰迪的同事，他俩也是魔术师，菲利普对此却浑然不知。这次行动被称为“阿尔法计划”，以证明职业的作弊高手完全可以欺骗科学家。菲利普和他的同事毫无戒备，这倒给兰迪手下的人提供了不少便利条件。他们相信这些现象是真实可信的，因此而忽略了最基本的谨慎措施。用于作心灵感应的信封其实只是拿钉书钉“封”住的（我们在第三讲里已经看到兰迪是如何保护装着实验成果的信封的，实验是在邦维尼斯特实验室里进行的，成果要编成密码）。肖和爱德华只要小心地拆下书钉，扫一眼就能知道信封里的图案，将书钉再沿原孔钉好，那么这个把戏便不会留下任何痕迹。

鱼缸那场戏演得更大，两位魔术师设法让一扇窗户不要关死，他们趁着黑夜溜进这间被认为无法进入的房间，打开加锁的鱼缸，耍弄起他们常用的把戏来。

在将近 4 年时间内，肖和爱德华一直在菲利普的眼皮底下作弊，但他竟然什么也没有察觉出来。兰迪试图让人风传“阿尔法计划”，以便向菲利普发出警报。他甚至给菲利普寄去一盘录像带，向他解释如何获取意念致动的假效果。他还寄去另一盘录像带，是在麦克道纳实验室拍摄的，在录像中兰迪向菲利普指明接受实验的对象是如何作弊的。菲利普看后深受震撼，但却依然继续他的实验。世界上恐怕没有比视而不见者更眼瞎的人了。

1983 年年初，兰迪揭穿了其中的奥妙。当时有些超心理学者甚至提出荒谬的论据：肖和爱德华声称自己在作弊，这不是真的，他们在撒谎！至于菲利普本人，他在给兰迪的一封信中宣称他“极为尊重执行‘阿尔法计划’时所采用的方式”。但后来他又指责兰迪将几个捣蛋分子派到他的实验室里。我们得到的最新消息是，实验依然在继续……

拯救“普西教派”①

超自然的历史总是在重演。从欧萨皮亚·帕拉蒂诺那时起，心理效应经不起高水平观察者的审查，这是不争的事实。尽管如此，心理效应的强度却丝毫也未减弱。甚至像约翰·贝洛夫这样的超心理学家也承认，当今的超自然现象已不同于以往了，应该不会有人责备他是个狭隘的怀疑分子吧：“严峻的现实是，欧萨皮亚已不存在了。据我所知，幽灵显现的现象也消失了，而且绝不会再出现。闹恶作剧的鬼则另当别论，我们甚至不知道是否真有难以置信的现象[15]。”这份凄惨的总结并未让超科学的捍卫者打退堂鼓，虽然他们战绩不佳，却依然在坚定不移地搞实验。

最近几年，许多国家都在制订有关特异功能的研究计划。从事这一研究的主要有：苏格兰的爱丁堡大学、德国的弗莱堡大学、英国的剑桥大学、荷兰的阿姆斯特丹大学、印度的安德赫拉大学以及美国的几所著名的大学。在爱丁堡大学，甚至还有一个超心理学讲坛，目前讲坛的坛主是罗伯特·莫里斯教授，他所在的科室被命名为“凯斯特勒特异功能研究室”，以纪念著名的作家凯斯特勒②，这位作家过去也是一名出色的超心理学家。我们在此向大家指出，访问凯斯勒特异功能研究室互联网站的人可应邀参加“远程”意念致动的实验，这个项目的名称为“WebREG”，就是要去影响一个电子的“偶然事件发生器”[16]。你点击“继续”键，屏幕向你展现出一张“偶然事件发生器”的照片，屏幕上方有指令，问你是增大还是减弱发生器的强度。你只要在 30 秒钟内全神贯注地去影响发生器就行了。靠你的意念力所取得的成果就会显示在屏幕上。科学真的是在进步，但欧萨皮亚根本不需要互联网，也照样可以同精神进行交流！

尽管如此，一项重要的革新让有关科学超心理学的讨论又活跃起来，那就是将量子力学的理论引入心理学领域。量子力学是现代物理学诸多理论中最令人困惑的理论，依照帕特里夏·凡·伊塞尔的说法，该理论“给世界的旧幻象撕开一个巨大的缺口”，伊塞尔就是那位在《时报》上讲述荒诞故事的记者。1979 年在科尔多瓦举办的研讨会（参见第七讲）上，学者将灵动桌与描述基本粒子如电子和光子习性

① 原文所用的词是 psirite，这是作者杜撰的词汇，取表示心理活动及波函数的字母普西为词头，再加表示宗教活动的词尾结合而成。根据作者在此段文字里表达的意思，将其译为“普西教派”。——译者注

② 阿瑟·凯斯特勒（1905—1983），匈牙利作家，后入英国籍，其最著名的作品为《正午的黑暗》。——译者注

的理论融合在一起，这真是出人意料。其实，将两者结合在一起的历史要更为久远。它至少可以追溯到第 23 届国际特异功能理论依据大会上，那次会议是 1974 年在日内瓦召开的。在那次国际大会期间，在阿瑟·凯斯特勒——又是这个人——的倡议下，召开了一次有关量子力学与心理学之关联的圆桌会议，起码不是灵动桌会议。然而惊人的巧合是（难道这真是一种巧合吗），Ψ 这个希腊字母亦用于量子力学，特指粒子波函数，虽然折小勺的特异功能者十分喜爱这个字母。粒子波函数用概率的术语描述了粒子的习性。欧文·哈里斯·沃克，这位约翰斯·霍普金斯大学的“超物理学家”曾设想过，通灵人与具有特异功能的实验对象可联手靠他们的天赋去影响量子物理学的粒子波函数，以便对粒子产生作用，并取得超自然现象的心理效果！

在日内瓦，夏尔·帕纳迪是一位支持尤里·盖勒的作家，他说塔格及普索夫的实验给他留下深刻的印象，这两位物理学家曾对这位以色列通灵人做过测试。在实验中，另一个实验对象尹格·斯宛成功地“影响”了一只磁强计。面对热情的观众，埃文·沃克解释他的理论是如何验证尹格·斯宛那了不起的壮举的。他甚至考虑要举办一次国际会议，让尹格·斯宛反复去演示他那赫赫成果，以此来证明“量子心理效果”是真实的。接着，沃克又提醒大家注意，演示可能会受到场内怀疑派的破坏，因为他们会影响粒子波功能，以阻止实验取得成功。拉塞尔·塔格用一句令人难忘的话做出结论：“即使盖勒在旧金山贝克雷湖面上行走，怀疑派也会说‘噢，在水面上行走早就是老掉牙的玩意了’。”[17]

然而，怀疑派既未能阻止沃克的理论向前发展，也未能阻止其他物理学家去支持他，因为这些物理学家深信，心灵感应及意念致动被推断成量子力学的方程式。让 - 马克·勒维 - 勒布隆也是物理学家，但对这种推论持反对意见，依照他的说法，我们将威廉·克鲁克斯及约瑟夫·莱因之流的一族新人称为“普西教派”。他们与神秘主义者（参见第七讲）极为相似，他们的阵营中不乏著名的物理学家，甚至还有诺贝尔物理学奖获得者，如英国人布赖恩·约瑟夫森，他是剑桥大学的教授，因在超导领域的研究成就而于 1973 年被斯德哥尔摩评审团授予诺贝尔物理学奖。在科尔多瓦，约瑟夫森抛出“星气体”的概念，星气体可跨越时间和空间向外延伸，这对心灵感应是极为便利的。此后，他又发表了多篇文章，不断发展他的概念，认为意识可以作用于某一量子体系，以实现远程的相互作用力。这项推测由一位诺贝尔奖获得者提出来，便赢得大家的信任，其实它根本不配得到这样的信任。

“普西教派”依据的是观察者与其所观察事物相互依赖的概念，正如弗里乔夫·卡普拉所解释的："就观察电子的方式而言，在用这样或那样的方式使用我的工具时，我下意识所做的决定将在某种程度上决定着电子的特性。换句话说，电子并不包含那种依赖于我精神的特性。在原子物理领域，笛卡尔在精神与物质、自我与世界之间那明显的界限已不时兴了。"[18]既然观察者能够修改他所观察到的现实，那么超自然现象肯定是存在的。不论这个推论看上去多么令人震惊，"普西教派"以沃克为榜样，认为精神可直接作用于一个像电子这样的粒子。从意念致动的角度来看，这似乎并未取得多大的进展。电子的质量只相当于 10^{-27} 克。亨利·布罗克所揭示的缩小到百万分之一的能力竟被碾得如此粉碎！意念致动的能力是如此微不足道，复活节岛上的巨石雕像可以高枕无忧了。

的确如此，但是……不论量子心理效应多么微弱，它还是开辟了通向超自然"科学理论"的道路。我们可别忘了，不论是小勺，还是复活节岛上的巨石雕像，或是我们的躯体，它们都是由粒子组成的。只要精神力量可移动一个粒子，那么也就没什么能阻挡它去移动好几个粒子，甚至想移动多少就能移动多少。总而言之，万事开头难嘛。

丹麦人理查德·马塔克是哥本哈根大学物理学教授，他设想出一种"意识与物质相互作用的量子理论"。马塔克认为超自然效果具有坚实的现实基础。况且他在意念致动方面亲自做过调查："我在丹麦发现一个小姑娘，她能靠意念对体温表产生明显的作用，实验时的监控环境也是很严格的。她用手指尖拿着体温表的上端，20 分钟后，水银柱从 36 ℃上升到 40 ℃。我在距她一米的地方一直观察着她。当她把体温表还给我时，水银柱又上升了 1/20 ℃，这与常识相反，通常由于高温、晃动或其他物理处理方式而造成水银柱上升后，都会有一个小幅度的下降现象。"[19]

如果这位小姑娘按正常方式使用体温表的话，真不敢想象到底会发生什么情况……总之，这个实验似乎不足以证明意念在对物质起作用。其他研究人员，比如大卫·玻姆（参见第七讲），也同样对"普西教派"的物理学做出了贡献。玻姆认为存在着"亚量子"级，在这一级中，所有粒子相互连在一起，这说明我们的精神是完全可以作用于粒子的——这就是"全息宇宙"的设想。玻姆的理论和其他的"普西教派"理论一样令人费解。

法国物理学家奥利维耶·科斯塔·博勒加尔曾是路易·德布罗意的门生，后来转信"普西教派"，他发明了"时空电报术"，而且设想用量子纠缠向过去或未来发送信号！这种令人眩晕的观点招致让-马克·莱维-勒布隆的怀疑[20]，他将博勒加尔的胡言乱语比作马戏团里的节目："科学的推论超出科学范畴时，不禁让我想起……某种另类的模仿节目：艺术家在模仿说外语。这位艺术家能讲好几种语言，但所有的词语没有一个是真的，他在玩弄声音、韵律、语调的把戏……然而，让人感受最强烈的地方，是他说法语的时候，我完全能辨别出他的确是在说法语，但却意识到他似乎什么也没说。那么像博勒加尔这样的人，在公开谈论特异功能时，所采用的正是这种手法，他们制造出的声音与他们'谈论物理学'时发出的声响如出一辙，对于不研究物理学的人而言，这和一篇地道的科学论文完全相同。"

莫非"普西教派"是概念中的尤里·盖勒吗？这个把戏竟然连兰迪都没想到！为了弄清这件事，还是让我们仔细关注一下这个著名的量子力学吧，不过得当心，以免落入"物理学给世界旧幻象撕开的巨大缺口"之中！

物理学领域的荒唐之举

量子力学与相对论是当代物理学的两大支柱。相对论是阿尔伯特·爱因斯坦的代表作，它描述了广袤的宇宙，即星云及银河系的宇宙。量子理论则适用于基本粒子的范畴，它描述了光及物质内部的构成结果，证明电流在铜线中的传导性，证明玻璃的绝缘特性，证明超流体氦的超导现象或称奇特的习性——在温度极低的情况下，超流体氦可以沿着容器内壁向上攀爬，并流到容器外面去。量子的应用范围和我们的日常生活息息相关，半导体、激光、电视、电话、微型计算机、全息摄影或者一只电灯泡，从某种意义上说，它们都是"量子机器"。

尽管量子物理无处不在，但它却保持着令人难以理解的特性，因为它很难懂。经典力学甚至相对论都可以用我们日常所熟悉的图像来加以说明[21]，而量子力学的作用对象与我们平常所看到任何东西都不同。一个电子或其他亚原子粒子可以从这一点到那一点，但竟然同时经过两条路径！它可以不费吹灰之力越过"原子障碍"，就像你朝玻璃窗扔一块石头，石头穿过玻璃窗，但玻璃却完好无损一样！它的习性尤其难以预料。你玩台球的时候，游戏的趣味在于你用球杆击球时，能相当准确地预料球所走的线路，同样你也能预料你的球与其他球相碰后所走的线路（至少你得是个出色的玩家）。现在不妨想象你用电子来玩台球，电子所走的线路是无法预料的，游戏就像一场六合彩赌博。当发生碰撞时，电子到处乱跑[22]。你所能知道的，是这样或那样一条线路。拉普拉斯曾给予经典物理学一种完美的描述，而量子力学则与之相反，它是不可决定的。在拉普拉斯决定论的世界里，只要了解一种体系在某一时间段的状态，就能预料它在以后时段里将会呈何种状况[23]。但是在量子理论的世界里，这种美妙的因果秩序彻底消失了，人们只能指出种种可能性，说明体系的状态或者是 X，或者是 Y。

物理学家不再相信 19 世纪那种决定论，即使放弃这样的信念也绝不是心甘情愿的。他们创造出这幽灵般的粒子世界，创造出粒子无所不在的世界，不禁让人想起《爱丽丝漫游奇境记》，然而他们的创举绝非出于恶意，那是因为他们没有别的选择，不得不面对决定论那无法解释的现实。科学家发现能量是非连续性的，这个发现让麻烦接踵而至。19 世纪，刻板的二元论将物质与能量对立起来。物质是由不可分的原子构成的，其结构是非连续性的，而光和能量通常都是非连续性的。

20 世纪初，德国物理学家马克斯·普朗克①，特别是阿尔伯特·爱因斯坦推翻了二元论的理论。1900 年，普朗克提出，从微观上看，能量是以“集束”或“定量”方式进行交换的，集束是由许多微小的基本量组成的，基本量用字母 h 来表示，被称为“普朗克常数”，量子物理一词就由此而来。1905 年，爱因斯坦又向前推进了一步，辐射本身也是非连续性的。光不但不是波流，而且是由能量“粒子”组成的，后来这些粒子就被称为光子。这样爱因斯坦就可以解释光电效应，这在传统的概念中是无法理解的（这个效应用在光敏管里以启动自动门）。值得注意的是，1921 年，爱因斯坦获得诺贝尔物理学奖，那是因为他对光电效应研究做出了贡献，而不是因为他提出了相对论，当时大家对他的相对论还是颇有争议的，但爱因斯坦在相对论研究上的影响已远远超过了光电效应。从这方面来看，爱因斯坦到底是相对论之父还是量子力学的缔造者呢[24]。

量子力学的第三阶段是丹麦人尼尔斯·玻尔②的杰作。1913 年，玻尔修改了卢瑟福③的原子行星模型。在卢瑟福的模型中，电子围绕着原子核沿一定的轨道运转，仿佛是在一个微型太阳系里。在玻尔的原子里，电子不能沿着任何一个轨道运转，那里有一系列特定的轨道，它们距原子核的位置都十分精确，而电子只能在那一系列轨道中的某一条上运转。一个电子可从一条轨道跃迁到其他轨道上，但它总是停

① 马克斯·普朗克（1858—1947），德国物理学家，量子论的创立者。——译者注
② 尼尔斯·玻尔（1885—1962），丹麦物理学家，提出量子化的原子结构理论。——译者注
③ 卢瑟福（1871—1937），新西兰物理学家，提出原子的有核模型。——译者注

留在与原子相关的轨道段上。这些轨道与能量的级别相适应，当一个电子从远轨跃迁到近轨上时，它便进入低能级并发射一个光子；相反，当原子吸收一个光子时，那么这个光子便给电子足够的能量，让它从低能级升入高能级。某一原子的光谱就是由其轨道的分布所决定的，换句话说，是由电子能量级决定的。因此，玻尔的原子可使人理解氢原子的光谱为何有四条谱线，一条红色的、一条蓝色的，还有两条紫色的。每一元素都是这种类型的排列，这是由它所特有的光谱线组成的。

依照玻尔的描述，原子把量子的非连续性引入原子辐射之中。1924 年，法国人路易·德·布罗意提出一种设想，从某种意义上说，该设想与光子是相对称的，微观粒子的习性也和光的习性一样。不仅光具有波粒二象性，一切实物粒子如电子、原子、分子都具有波粒二象性。接着，在 1926 年，奥地利人埃尔温·薛定谔[①]为德·布罗意的直觉提供了一个严密的数学基础。他提出一种基本的方程，现在这个方程就是用他的名字命名的，它支配着整个量子体系的行为。在薛定谔方程中起作用的恰好是与电子或其他粒子相关的波函数，也就是说是那著名的“psi”（波）函数在起作用。用非数学语言来表述，薛定谔方程式描述了某一粒子波依时间而发生变化的方式。

确切地说，这个波到底是什么呢？德·布罗意的“物质波”与传统的波，如声波、水面上的波浪毫无相似之处。假如用很高的速度将一束电子束投射到原子上，那一束电子就可以描述成一个波束。依照薛定谔方程，当发生碰撞时，波束便粉碎成小波粒，向各个方向分散开来。然而，电子却不会粉碎成千百个碎片。因此，“物质波”并非真的物质。那么它们究竟是什么呢？德国物理学家马克斯·玻恩[②]对波提出一种数学解释，从而解决了这个问题：依照玻恩的说法，粒子波并非有形的波，它是一个抽象的量，表示粒子有可能处在某一点上（这个可能性与某一点上的波函数值的平方成正比）。

薛定谔方程式及玻恩对该方程式所做的概率性解释表明某种令人生畏的实用性。凭借着这个强大的数学工具，物理学家可以计算出原子的能级，分析分子结构，而且同所观察的结果完全吻合。郑春顺将此称为“量子力学的黄金时代”。假如该理论有一种预报价值的话，那么它本身在概念方面还是有许多难点，这与在新情况下

① 埃尔温·薛定谔（1887—1961），奥地利物理学家，创立了量子力学的薛定谔方程。——译者注
② 马克斯·玻恩（1882—1970），德国犹太裔物理学家。——译者注

依然使用传统的波及微粒概念有关。况且，该理论不受传统决定论的支配，这让许多科学家感到极为困惑。1927 年，年轻的德国物理学家沃纳·海森堡证明，要想同时了解粒子的位置及速度，那是不可能的。当你驾车时，你开到什么位置上，很容易就知道了，而且你还能瞟一眼时速表，了解自己驾车的速度。但当你观察一个电子时，若不妨碍其运动的话，你根本无法准确地确定它所处的位置，因此，也就无法了解它的速度。这与你在驾车时，若不刹车就看不清时速表有点相似，可要刹车肯定会降低你的车速。同样的道理，为了测量电子的速度，你就得做实验，这会妨碍你准确地了解电子所处的位置。这种无法了解粒子准确状态的特性就是“海森堡不确定性原理”，又称“测不准原理”。根据该原理，测量粒子参数的精确度是受与普朗克常数相等固定量的限制，该常数用 2π 来除。因此，普朗克的常数对量子世界的知识还是有一定限制的。

况且，量子不确定性还会引发荒谬的局面。因此，我们得考虑电子是在空间区域里演变的。波函数则表明，对每一点来说，电子都有可能在那一点上。电子在整个空间“全面展开”。但假如在某一检测器上捕捉到一个电子，那么也就是在这确切的位置上将检测到它。在观察之前那一时刻，电子极有可能占满了整个空间。突然，它在一个点上收缩了，波函数便坍缩了：物理学家将此称为“波束坍缩”，而“普西教派”则在谈论“心理衰退”。

究竟是什么原因造成这种衰退呢？在“普西教派”看来，观察电子本身就改变了它的习性，因为观察者的意识会对粒子起作用，在一个有天赋的测试对象的控制之下，这种效应能够随意折弯一把小勺，因为小勺是由几十亿粒子波束构成的……

这种诠释还真让人有点摸不着头脑，难道除了接受这个诠释就别无选择了吗？即使在经典物理学领域里，观察某一现象也会影响其变化，我把一支很凉的温度计放在一只水杯里，温度计与水的热交换会从液体里取得一些热量，因此，温度计上所显示的温度会低于我本应测得的温度。这并不意味着我的意识会对水温造成直接的影响！况且，我完全可以发明一种不计干扰的温度计。然而在量子物理学领域，这要复杂得多，因为最好的仪器也会造成不可忽略的干扰，这是海森堡原理所致。那么就应该因此而接受“普西教派”的解释吗？量子力学真的是超自然现象的康庄大道吗？

为一只大猫所谱的安魂曲

在绝大多数物理学家看来，“普西教派”的推测是没有任何科学依据的。实验者的意念可直接影响测量仪的刻度盘，这不过是19世纪灵动桌之现代版的说法罢了。从实验员的角度来看，最重要的是要让理论的预测与观察的结果相吻合，其余的就都是想象了。

这种狭隘的实用主义会与常识相抵触，在量子力学的开拓阶段，它与常识的抵触更为严重。传统物理学为现实做出抽象的描述，但依然可以用直觉的术语来表达，能与人的日常生活产生关联。相对论即使在其问世初期也很难让人理解，可它依然是牛顿物理学的延伸。随着量子力学的问世，科学家掌握了一套工具，凭借这套工具就能描述意识及直觉所无法理解的物体，就像计算延伸了人的思维、伽利略的天文望远镜延伸了人的视线一样。虽然一部分物理学家对新理论的成果欣喜若狂，但也有一部分物理学家则认为物理学的首要目的是让世界变得可以理解，比如爱因斯坦就是这样想的。物理学不应只局限于计算公式，不论这些公式是多么有效。

1927年，第五届“索尔维会议”在布鲁塞尔举行，当时全世界所有知名的物理学家都聚集在一起[25]。尼尔斯·玻尔在会上提出一个概念，从此被称为“量子力学哥本哈根诠释”，科学界的大多数人都同意这个名称。依照哥本哈根诠释，不管观察的结果如何，去琢磨何为现实，那是徒劳无益的。玻尔解释说：“量子世界是不存在的，只存在一个抽象的量子描述，以为物理学的目的是证明何为自然，那是错误的。物理学仅与我们所描述的自然有关。”[26]

阿尔伯特·爱因斯坦与埃尔温·薛定谔并不满足于这种看法。他们认为，哥本哈根诠释将物理学简略为一整套数学公式，计算量子体系处于某种状态的概率。他们觉得这类可能的描述好像显得十分贫乏，它会引起奇怪的局面，正如薛定谔的猫的著名悖论所阐明的那样。薛定谔想象出一种相当残忍的“思维实验”。你不妨设想，把一只猫放在一个密封的箱子里，里面再放一只小玻璃瓶，瓶子里装满挥发性致命毒药。一只重锤可以打碎小瓶，这只重锤由一个“量子开关”控制，其实这就是一个杠杆装置，由一个放射性原子来启动。当原子发射出一个阿尔法粒子时，开关开启并驱动重锤去打碎小瓶，猫就被毒死了。

但原子核的衰变是个随机事件，可在一秒钟内完成，也可能要等107年之后才会发生。什么时候会衰变，谁也无法预测。大家只知道释放期的每一数值都包含着一种可能性，而这可能性是由整个体系的波函数决定的。

你轻轻地抚摸着猫，把它放在箱子里，然后盖上箱子，接着你出去转一圈，希望这事别让碧姬·芭铎知道。一小时之后你回来时，那只猫会怎么样了呢？按照常识，那只猫可能死了也可能还活着，这要看在你出去转的时候，粒子是否被释放出来。以量子力学的观点来看，事情就不那么简单了。只要你不打开箱子，你就只知道波函数，它描述了几种可能性，粒子或者释放了，或者尚未释放，没有任何手段可以帮你解决这个问题。你只能说，这个箱子里包含着一种活猫—死猫的重叠状态。奇怪，太奇怪了……

但当你打开箱子时，你就会发现一只很普通的猫，不管它是活的还是死的。被波函数描述为幽灵似的混合物转眼就成了与日常生活更贴切的猫，大家怎么能接受这种转换呢？依照哥本哈根诠释，打开箱子就会减少波束，至于箱子未打开之前那猫的状态如何，你不必担心。这真有点过分了，但“实际上确实是这么回事”。不过还应强调指出，哥本哈根诠释并未断言观察者可以随意对所观察的现实产生影响，只是说不能在实验环境之外去谈论现实。按照“普西教派”的说法，观察者不但掌握着猫的命运，而且观察者的意识还直接影响量子参数。理查德·马塔克断言“正是物质体系及意识的相互作用才造成波函数的坍缩[27]”。所谓的物质体系，马塔克是指这个实验的整体，即猫、箱子、装有毒药的小瓶、重锤以及触发开关装置。

那么问题来了：你不妨想象有人在箱子里还装上摄像机和一只钟。猫在箱子里的活动都被拍摄下来，这样人就知道每一时刻所发生的事。这次，你给猫留下水和食物，就可以出门休假一周。等你回来的时候，发现猫已经死了。录像资料显示猫是在箱子被打开前 48 小时 22 分钟时死去的。因此，假如你的意识能干预的话，那也只能在波函数坍缩之后才能干预。你怎么能对过去发生的事进行干预呢？马塔克和博勒加尔会回答说，你的意识与波函数的相互作用可追溯到过去。你今天 10 点钟所做的观察竟会在两天前造成波函数坍缩！真是越来越厉害了……

爱因斯坦批评量子理论

像诸多悖论一样，薛定谔的猫的悖论要点是它的公式。有人总是试图在量子描述与常识的表述上建立起联系，因而才导致这个问题。我们不能像理解普通物体那样简单地领会量子物体。如果坚持哥本哈根诠释，即使在箱子里放置摄像机，谁也不会去联想精神对波函数的影响。我们可以对整个故事做一个概述，那只猫是俄式决斗法的牺牲品。除非参与决斗者在开枪前知道哪个弹巢面对着撞针，否则谁也无法预料结果。而那只猫却无法去瞧量子弹巢，实际上，量子弹巢的反应完全是偶然的（在一般的俄式决斗法中，决斗者的手决定着他自己的命运，因为他在某一弹巢里压上子弹）。

在爱因斯坦看来，宇宙的量子描述是概率型的，并未反映出自然本质的特性，只描述出理论的暂时阶段。他认为，之所以无法确切地为电子状态下定义，那是因为该理论是不完备的。1931 年，他在给尼尔斯·玻尔的信中写道："我一直认为总有一天我们还会回到物理现象因果论的描述上，尽管我对统计学理论的成就极为钦佩，但我依然这么认为。"[28]1935 年，爱因斯坦与朋友鲍里斯·波多尔斯基和纳森·罗森合作发表了一篇文章，将自己的批评意见作了概述，这篇文章为薛定谔的猫的故事作了延伸。该文所详述的论据被称为"EPR 佯谬"，EPR 是取三位作者姓名的第一个字母。

爱因斯坦设想一个由两个粒子组成的体系，即 A 和 B，它们在某一时刻 T 之前一直相互起作用，从这一时刻起，两个粒子便分开了，而且再也没有任何关联。当辐射被吸收后便去"刺激"一个原子，这时就会产生这样一种局面：电子会从一个能级升到更高的能级；而恢复到稳定状态要经过两个阶段，也就是说，电子要经过一个中间级才能回到原始能级，这时原子发射出一对"连锁式"光子。这些"纠缠"光子起初是连在一起的，接着便分开了，朝各自的方向散去。唯一的波函数将它们结合在一起。粒子的位置与速度或另一种被称作粒子"时刻"的参数可描述出每一粒子的状态。时刻与速度相关，同时依照海森堡原理，它也和速度一样是由位置决定的。

假设在时间 T 之后的 T’瞬间，我们去测量 A 时值，假如不采取任何其他措施，波函数应由此而推断出 B 时值。同理，如果我们测量出 A 位置值，那么波函数就能预测出 B 位置值。在爱因斯坦看来，这意味着 B 的时值与位置值与实际物理学的两个量值相吻合。其实，正如爱因斯坦、波多尔斯基和罗森所写的那样："假如**在毫不干扰整个体系的情况下，我们能确切地预测某一物理量的数值，那么就应该存在一种与该物理量值相吻合的实质物理元素**[29]。"由于粒子 B 并未受到在 A 上所作测量的干扰，那么就应有一个实质物理元素，与它的位置值相吻合，另一个则与它的时值相吻合。但依照海森堡原理，这两个量值不能同时兼有实在性。然而，依照我们这三位作者的说法，要想谈论完备的理论，“实质物理的每一元素都应在理论物理中有一个对应值”。文章最后得出结论：“波函数所给出的实质物理的描述是不完备的。”

论据主要建立在物理学“实质”一词的基础上，取决于爱因斯坦到底给予这个词什么含义。玻尔的观点则与之相反。对玻尔来说，拿无法测量的值来推论，已不属于物理学的研究规范，而是玄学的做法。然而，爱因斯坦的立场比玻尔的更接近常识。假如一棵树在森林中倒下，它会发出声响，即使林中没有人去听那声响。爱因斯坦也正是这样推论的。玻尔则认为，只有当声响被人听到了，人才能去谈论那声响。这显得有些离奇，但量子世界本身就很离奇，因此量子世界便与常识分道扬镳了。爱因斯坦对这种决裂一直很反感。在爱因斯坦看来，哥本哈根诠释是一种专为此而搭建的结构，我们对现实的认识本来就不完备，它却给我们的认识遮上了一层虚无的面纱。他曾用一句著名的俏皮话来表达这种心境：“上帝不是在掷骰子。”但历史似乎并不认为爱因斯坦有道理。只要不发生新情况，量子力学中概率论的描述就是正确的，而且也不可能再改变为决定论的描述。

有些物理学家，如路易·德布罗意及其后继者让－皮埃尔·维吉耶，以及属于另一阵营中的大卫·玻姆，也像爱因斯坦一样认为量子理论是不完备的。路易·德布罗意提出“隐变量”的设想，隐变量完全可以决定粒子的状态，但在实验中却无法得到确认。爱因斯坦对这种幽灵般的变量一直没有好感，觉得这种假设太幼稚了。由于无法测到隐变量，科学界也就不再关注它了。不论隐变量是否存在，粒子的习性都是同样的。既然如此，那么为什么还要去担心呢？

后来，到了 1964 年，爱尔兰物理学家约翰·贝尔证明在某些实验条件下，根据隐变量存在的状态，实验人员所观测的结果是不一样的。

纠缠光子对的心灵感应

在贝尔的研究结果公布之后[30]，很多科学家都开始着手实验以检测隐变量的假设。其中最复杂、最著名的实验是 1975—1981 年由法国人阿兰·阿斯拜完成的，他是奥尔赛光学研究所的研究员。我们在此给大家做一个概括性的描述，尽管如此，这一段文字对理解整个推论并非不可或缺的，不喜欢技术细节的读者可直接去读下一节。

阿兰·阿斯拜装置的核心部分是一个真空缸，研究人员向里面投入钙原子，在激光束的刺激下，原子放射出一对对的纠缠光子，起初这些光子都是相互连接的，正如 EPR 佯谬所指出的那样。光子都发射到各个方向上去，但同一对纠缠光子总是朝各自相反的方向奔去。真空缸的两端各设两个电场管，将其导入极化器中，顾名思义，极化器就是测量光子极化现象的仪器。总共有四只极化器，每根电场管的两端各设两只。在所发射的不计其数的光子中，有些光子进入电场管中，并最终来到这端或那端的极化器里，这种分布完全是偶然的。

每当一个光子最终进入极化器时，测量结果就被记录下来。极化可沿三个轴线测量，我们将其称作 A、B、C。极化可以是正极，也可以是负极。假如一个光子沿某一轴线呈正极化，那么另一纠缠光子在同一轴线必然呈负极化。我们不妨举个例子，如果一个光子的测量值为 A^+，那么另一纠缠光子的测量值就为 A^-。极化器事先经过调整，左电场管的两个极化器只能测到 A^+ 或 B^+ 光子。而右电场管的两个极化器只能测到 B^- 或 C^- 光子。实验的目的是统计出进入极化器的纠缠光子的对数，事实是两个纠缠光子的极化总是相逆的。这样，如果一个光子来到 A^+ 极化器，而另一纠缠光子来到 B^- 极化器，那么研究人员就知道第一个光子是 A^+B^+，而第二个光子是 A^-B^-。

关键的一点是，依照贝尔的说法，假如隐变量确实存在的话，那么就必须去证实各种不同测量数值是否存在某种关联。说得更明确些，就要去证实不等式：A^+B^+ 纠缠光子数量应小于 A^+C^+ 与 B^+C^+ 纠缠光子对之和的数量。用数学公式来表示：

$$n(A^+B^+) \leqslant n(A^+C^+) + n(B^+C^+)$$

这个关系式被称作“贝尔不等式”。

这可能有些复杂。但要想跟得上推论，你只要记住下面一点就行了：如果存在隐变量，就要遵守贝尔不等式。然而，量子力学预示在某些条件下，不等式会遭到破坏。这也正是阿兰·阿斯拜所证实的，前面我们已经描述了他的实验。因此，隐变量是不存在的。至少如 EPR 佯谬所表明的那样，应当承认纠缠光子对一旦分开，它们就再也没有任何关联了。

普西教派的大师却把这段历史演绎成假说，称光子在分开之后依然有联系，因为来到极化器的纠缠光子对另一纠缠光子的命运很“敏感”，它可以“调整”自己的极化，这一调整过程必然会违背贝尔的不等式。但光子是怎么相互联系的呢？应当设想它们之间可交换携带信息的信号。麻烦是阿斯拜的两个电场管相距好几米远呢。这个距离虽然并不算长，但在这种情况下，它们的距离就像从巴黎到纽约那么遥远。况且，阿斯拜还在其装置里增设了一个小玩意儿，在每个电场管的顶端，即在光子转向任何一个极化器的位置上放置了一个分路器，它以随机方式运行，也就是说，光子在一分秒时间内，完全以不可预见的方式被发送到极化器里。这样，为了让光子能将自己的遭遇适时地“通知”给另一纠缠光子，前一个光子就应发射出比光速还要快的信号。然而，在物理学领域里，尚无任何可携带信息的信号能比光速跑得更快。放弃这个原理就意味着抛弃相对论、抛弃量子理论，也就意味着放弃了所有的讨论。因此，在阿斯拜的装置里，纠缠光子对的任何“心灵感应”都无法“挽救”隐变量。我们由此得出推论，光子之间并无联系，量子理论的预测是正确的。

阿兰·阿斯拜是不是另一个泰克斯·艾弗里[①]？

阿斯拜的实验证明，虽然隐变量并不存在，但纠缠光子对的某些特性之间还是有“联系”的，不论分隔开的光子相距多远。这意味着量子现象从某种意义上说是“非定域性”的，因为纠缠光子对的举止并非真的像被分开一样。然而，这并不表明某一光子会对另一光子产生神秘的影响，只是人们无法把它们当作两个分开的物体，其中一个在巴黎，另一个在纽约。它们构成一个“不可分开”的整体。假如我们拿光子与日常生活中的事物做对比，这种“不可分开性”就会令人感到困惑。摆脱困惑的唯一方式是彻底承认量子世界有其自己的规则，试图拿符合常识和直觉的术语来对这些规则进行解释是行不通的。无论是光子，还是电子，它们都不是微型台球，而是另一种东西。

“普西教派”并不会屈从于这种思维限制。因此，大卫·玻姆试图用“隐秩序”的理论来解决不可分性的悖论，并解释说某一神秘的域将粒子与“亚量子”级连接起来。但这个解释只是把局面搅得更加混乱。“隐秩序”无法通过实验进行验证，和其他有关电子或质子的深层次思辨一样，它隶属于玄学，甚至属于幻想科学的范畴。但它却引起超自然现象追随者的关注，正如约翰·布里格斯和大卫·皮特在《宇宙之镜》一书中所强调的那样：“虽然玻姆并不赞同其他同事的看法，但他的理论

---

① 泰克斯·艾弗里（1908—1980），美国著名动画片导演，是兔八哥等动画人物的缔造者。——译者注

却推动了研究领域里的某些专业的发展，比如对超自然现象的研究，非定域性隐形状态的概念……似乎与心灵现实及超感觉的研究不谋而合。”[31]他们俩的这部著作读起来会让人耳目一新，因为这本书根本不关注科学的准确性。依照他们的说法，大卫·玻姆好像也参与了盖勒的实验，并断言这类实验是在冒“自我幻觉的危险”。我们真不知该说什么好。

至于说奥利维耶·博勒加尔的“神灵”理论，它宣称人可以“间接地将电报发到别处去，或者采用过去的中继站，或者利用将来的中继站”。[32]这种时空弯曲不禁让人联想到泰克斯·艾弗里的卡通影片，在影片中，两只动物拼命地你追我赶，越过“终点”路牌，刹住四个蹄子之后，“再回到画面之中”。

假如把观察者和波束坍缩融合在一起，大家会看到更疯狂的剧情。莫非观察者的意识会引发心理能力的衰退吗？这就仿佛你正在屏幕上看泰克斯·艾弗里的兔子，可你突然一下子跑到画面里去了，而且有一只发疯的熊正在追你。要是参照阿斯拜的实验，他动用了两种测量方式，因此就有两个观察者，这样局面也就变得更复杂了，投映在伦敦屏幕上的熊在一家巴黎的电影院里追你，而那只兔子却在伦敦电影院里悠闲自得地和放映员聊着天。真实的世界会和泰克斯·艾弗里的卡通片一样吗？

追逐疯狂的松鼠

在一部优秀的卡通片里，泰克斯·艾弗里拍摄了一只疯狂的松鼠，有一只“捕捉疯松鼠”的狗在追逐它。在此之前一切都很正常，但松鼠在被捉住的一瞬间却变成两只一模一样的松鼠，分别朝相反的方向跑去。狗一时惊呆了，接着，它也变成两只狗，这样，现在就有两只狗在追两只松鼠。最后，这两个分身又结合在一起，一切问题都解决了。

我们完全可以想象这两个分身结合不到一起，这正是平行宇宙理论，是一种最大胆的推测，以解决量子力学中的悖论。这个理论的倡导者有美国物理学家休·艾弗雷特、格拉汉姆、惠勒及狄维特，根据他们的设想，波束坍缩根本就没有出现过，因为当你打开关着薛定谔猫的那只箱子时，那里被分成两个时空。在其中一个时空里，猫已经死了；而在另一时空里，猫正在平静地酣睡着。从这两者的交叉点开始，每一时空都在追逐自己的分身，而不会干扰另一时空。

虽然这个概念看上去比所有的概念都荒唐，但它也有自己的优点，它和量子理论是和谐一致的，并不需要人们有意识地去怀疑一切，虽然那是哥本哈根诠释所要求的。依照哥本哈根诠释，从某种意义上说，观察者不得不选择猫已经死去的那个时空。物理学家马塞尔·弗鲁瓦萨尔写道："这就像一种作弊行为，目的是避开猫还活着的那个时空。观察者不可能是超然的。他应当属于他所观察物体的一部分。如果猫死了，这就意味着观察者处于猫已死去的那个时空。"

这一设想既不影响在时空中旅行，也不会产生超自然的效果。我们本身的感觉结构只容我们经历一个历史。记忆力只能记住从前的往事。我们沿着世俗的方向前进，就像列车在轨道上行驶一样。列车经过岔道口可转换到另一条轨道上，但同一列火车只能在一条轨道上行驶。你总不能倒退到60年前，去刺杀你的祖父吧，那会儿你父亲可还没出生呢……要真是那样的话，你不是在时空里拆自己的台嘛？

将世界划分为若干时空的理论可以让我们甩掉几个令人尴尬的悖论。它最大的局限是该理论不能验证，因为任何一个观察者都不能同时处于两个时空里。况且，它还展示出令人担心的前景。目前，可能存在另外一个世界，在那里丽伽·扎拉伊因发现根治痔疮的神药而获得诺贝尔生理学或医学奖[33]。总之，我倒宁愿坚信只有一个世界，即使这在概念上会遇到很多困难。

偶然、因果关系及魔术

上述的很多困难就是量子理论的概率特性。许多人很难认定某一事件纯粹是偶然的结果，不管他们是不是物理学家。"这绝不是偶然的"也是我们喜欢说的一句话。对超自然现象的追随者来说，某种神秘的力量在发挥作用，这是无可指摘的。这类思想之所以如此根深蒂固，不仅仅因为有人什么都相信，而是因为人类的思想会自然而然地寻找原因，去寻找一种解释。阿尔伯特·爱因斯坦认为，最佳的统计理论尚不如一个因果解释更有价值。话说到这儿，爱因斯坦不会错误地拿一个假因果解释去替代一个正确的概率理论。

但神秘主义者就是这么做的。他们以自己的方式为迷信思想恢复名誉。人们常常以为，与迷信思想相比，科学所能解释的现象要多得多，但真实情况是只有在特定范围内才是如此。相反，从整体上看，科学在提供解释方面似乎显得很吝啬，远不如迷信思想那么慷慨大方。科学的进步往往并不在于它证明现象A是现象B的原因，而是确信A与B之间不存在因果关系。在《野性的思维》一书中，克洛德·列维－斯特劳斯注意到，传统部族总想把所观察到的现象之间的关联系统地记录下来，而且他们有时做得非常成功。比如在黑足印第安人的例子里，“他们根据被猎杀的母野牛肚中胚胎的发育状况来判断春天是否即将来临”[34]。

亚古特人①让人去摸啄木鸟的尖嘴来治牙痛，科学认为这类风马牛不相及的做法是虚幻的，但为什么这种虚幻的做法总能奏效呢？列维－斯特劳斯曾写道：“迷信思想，这个‘因果原理的巨大变异’与科学的区别不在于它轻视决定论或对决定论一无所知，而在于它要求决定论更专横、更强硬；科学至多只能认为它的要求是不理智的，而且是草率的。”在列维－斯特劳斯看来，科学思想从某种意义上说是一种守规矩的思想：“因此，从这个视角上看，迷信思想与现代科学之间最大的区别是，迷信假设出一种整体的决定论，而科学在做出因果推断时要分清不同的层次，其中有的层次只接受某种形式的决定论，而这种形式在其他层次是不适用的，难道就不能再向前推进一步吗？迷信思想及惯常做法还是表现得十分严谨和精确的，难道就不能把它看作对决定论真理的一种无意识感知吗？这种无意识感知就像是科学现象存在的形式，以致从整体上看，决定论在未被人所熟识并得到尊重之前总是受人怀疑、受人排挤。而仪式和信仰看上去反倒更像虔诚的表达方式，这门科学有待开发。”

按照列维－斯特劳斯的思路，有人大概会说，传统物理学设置了这个“被人熟识并得到尊重”的决定论，拉普拉斯早就把它神化了。不论拉普拉斯的决定论有多么强大，它也要分出各个不同的层次，正如列维－斯特劳斯所说的那样，总体不可能影响全部，全体论体系早已不复存在了。接下来的阶段——量子概率物理学阶段，它并未放弃决定论，只不过提出比传统物理学更严格的限制条件，即粒子的各种状态并不是限定的，但波函数是限定的。从某种意义上讲，量子决定论只能在二线上发挥作用，起作用不是影响物体本身，而是影响描述物体习性的抽象数学函数。

从迷信思想那“饥不择食”的决定论，再到量子物理学那“孱弱的决定论”，科学的进步是经过循序渐进的抽象过程才取得的。每一阶段所取得的成果就是出现一种新的理论，进而将“思想的视野延伸到”直觉与常识之外。这种进步让人得以领会距离感越来越遥远的现实，因为人手中有了复杂的概念工具。只有放弃迷信思想那简单的因果解释，人才能获得如此大的能力。从这个意义上说，科学进步要求

① 亚古特人为俄罗斯的少数民族。——译者注

人们在精神上作修行，并彻底摒弃我们所熟悉的各种图示，而我们恰好采用这些图示来描述日常世界。即使这种二元对立论让人感觉很不舒服，但想避开它也是不可能的，除非你连科学本身都摒弃掉。我们的思想总是更偏爱最容易理解的思想形式，但某一思想是否正确，可不能仅凭对该思想感兴趣的人数多寡来衡量。

回到“地球平坦说”的概念上

“普西教派”最主要的错误理念是认为他们的研究会带来新的发现。卡普拉、科斯塔·博勒加尔、约瑟夫森和马塔克不过是给那些陈旧的荒唐想法蒙上了一层科学的面纱，正如马丁·加德纳在评论欧文·沃克时所阐述的那样：“对于不熟悉量子力学的读者来说，沃克的文章似乎给人留下很深刻的印象，因为文章中充满了方程式和科学术语，只有物理学家才能看得懂，但诠释他的文章，琢磨他究竟想说什么时，却发现他的那套‘理论’不过是种种虔诚意愿的大杂烩。假如我们的精神可受量子突变的影响，假如宇宙各部分都与亚量子一级相连，假如人的意志可以改变相隔物体的波束，假如我们能修改波束以产生所期盼的状态，那么我们就能‘解释’尤里·盖勒是如何折弯小勺的。这并不是一种理论，而是理论的一幅漫画[35]。”

我们根本不需要去求助波函数以解释折弯小勺的现象，或是解释尼娜·库拉金娜的把戏——这个女人靠意念将鸡蛋黄与蛋清分开。绝不是因为纠缠光子对是“不可分的”，我们才能给查理大帝发电报！再不然，我们还依然保留着克罗马农人的记忆。

不论量子多么怪异、多么令人困惑，但人并不能清楚地感觉到量子的怪异性。阐明它的机制也是十分困难的。人类虽已进入 21 世纪，但竟未意识到光是非连续的，也未察觉到光子可形成“非定域性”的光子对。以为这种微妙的特性可以用顽童式的实验来验证，像超自然的专家所做的实验那样，或者让尤里·盖勒那样的“普西教派”来阐明其原理，这是非常幼稚的。正像马塞尔·弗鲁瓦萨尔所强调的那样：“要想阐明贝尔不等式的不可分性及违背这一不等式的事实，那非得起个大早不可。”

在物理学领域，所有一切均与测量有关。一位在博斯散步的人可能会认为地球是平坦的。严格地说，地球是圆的。但如果要选一条从夏特勒到吕塞①的最佳路线，也要考虑地球是圆的，这未免也太荒唐了。然而，在另一比例上，在近地轨道上观望地球的宇航员是不会不知道地球那弯曲的弧线的。

普朗克常数在物理学里引发的错乱并未影响我们的日常生活。待到泰克斯·艾弗里的兔子从卡通片里走出来和我们握手那一天，我们就可以拿“普西教派”当真了。在这一天到来之前，我们还是应该踏踏实实地过日子，仿佛这地球就是平的，仿佛普朗克常数就等于零。

练　习

1. 发明一台可以增加普朗克常数的机器，以便让我们平常所看到的现象屈从于量子力学那滑稽的定律（真正的常数等于 6.626×10^{-27}）。

   说明：这个设想为一部很有趣的科幻小说提供了素材，小说的标题是《空间与时间的主人》，作者名叫鲁迪·拉克[36]。

2. 如果你不知道该怎么做这台机器，请用科斯塔·博勒加尔的时空电报术。向未来发去音信，那时候机器已经造出来了；你去寻找制造的地址，而且要找到建造该机器的合作者，你要他用同样的渠道将图纸寄给你。接着，你去申请专利保护，然后把机器造出来。

   说明：这个练习是一道法律题。乍一看，你无权对不是由你发明的机器申请专利保护。另一方面，你的专利申请一定要抢在真正的发明者之前提出来，这样你才有优先权。现在，假如冒出一个第三者抢在你的前面，那会怎么样呢？总之，怎样保护尚未问世的发明专利呢？你别担心，肯定有一位美国律师知道该怎么解决这个问题。

3. 这类时间悖论能否出现在格拉汉姆及狄维特的多重宇宙论中吗？如果你的答复是肯定的，请将本讲再读一遍。

① 博斯地区位于巴黎盆地的西南部，夏特勒为那一地区的重要城市，吕塞是距夏特勒不远的小城。——译者注

第九讲　语言的陷阱，任由你去摆布

格劳乔尚未走出少年时代，就已经是兄弟们的老师了；他还没完全掌握拼写法呢，就已开始接触地理知识了，而且学得颇有心得。

当他问哈波地球是什么形状时，哈波（他尚未完全倾心于哑剧）老实地回答说他不知道。闻此言，格劳乔试图向他暗示答案："好了，我衬衣袖口的链扣是什么形状的呀？"

"是方的。"哈波答道。

"我是说，我星期天穿的那件衬衣袖口的链扣，不是我平时穿的那件衬衣？嗯？那么地球是什么形状的呢？"

"星期天是圆的，平时每天是方的。"哈波答道。此后不久，他就当上了职业哑剧演员[1]。

哈波的认识论

上述逸事摘自亚瑟·谢尔曼①为《格劳乔·马克斯②通信录》一书所撰写的前言，这本书道德及哲学格调颇高，可推荐给无愧于人这一称号的所有人，甚至亦可推荐给其他人去拜读。谢尔曼仿佛是在隐喻，在听格劳乔这么一段明显具有诱导性的话语之后，哈波别无他法，只有一劳永逸地闭上嘴巴。这是不公正的。事实上，哈波应当获得劣等生国际大学名誉教授的头衔，甚至摘取认识论的诺贝尔奖，因为他的答复具体体现了这个最重要的问题：如果不经过抽象的过程，不抛弃原有的直

① 亚瑟·谢尔曼（1901—1978），美国影剧评论家、专栏作家兼剧作家。——译者注

② 格劳乔·马克斯（1890—1977），美国著名电影演员、作家。马克斯兄弟五人，格劳乔排行第三；大哥契柯、二哥哈波和格劳乔本人都投身于演艺事业，是演艺界著名的马克斯三兄弟。——译者注

觉及直观认识的话，那么你就无法获得最基本的科学知识。这种决裂不仅体现在精神上、体现在概念中，还体现在语言中，体现在你用来表达概念的词汇及符号上。这两个方面既相互衔接，又有所不同，哈波那寓意深刻的谬误就是其具体的表现形式。首先，他根本不知道这个该死的地球到底像什么，其次，他也不知道评价星球不能像评价日常事物那样，因为我们这个星球的形状是不能改变的，可不像格劳乔衬衣袖口的链扣那样，说变就变的。

然而，哈波并未被迫缄口不语，命他回答时，他便做出意味深长的描述，虽然这段描述明显是错误的。在此，意义不在于答案是否与事实相符，而在于答案本身是否合乎逻辑。为了表达某一意思，普通的一句话并不需要与事实相符，在此也不需要与地理的实际相符。语言的职责就是让他人听懂，而哈波的话是完全能听得懂的，即使它显得有点荒诞。大家还可以据此编出一段童话故事，开篇可以这样写："从前有一个星球，人们称它地球；它平常的时候都是方的，可每到星期天早晨就变成圆的了……"

诚然，假如用现实的手法来描述地球的几何形状，这一描述恐怕又变成另一副袖口链扣了。首先，要明确说明是以哪种视角来看。正像我们在上一讲所强调的那样，在博斯散步的人在现实生活中可视地球为平坦的，而处在太平洋上的航海家，在风和日丽、万里无云的天气下，把海洋看作一个广袤的蓝盘，四周是一望无际的地平线。在长达几千年的漫长过程中，人们一直误将地球表面视为一个平面或是平坦的形状，但这并不妨碍大家到世界各地去旅行。

在美国物理学家贝内什·霍夫曼看来，从地球是平的到地球是圆形的需要一种认知模式上的转变，其转变就像从经典物理学到量子物理学那么大："当有人第一次宣布地球不是平的的时候，他们所提出的这个悖论难道不是和我们在量子研究史上所碰到的任何一种悖论一样奇怪吗？起初，这个概念也许在大多数人看来都显得很荒诞，现在，这个概念却已被孩子们轻松而又不假思索地接受了，而不管他们在直观的感觉上是否意识到这一点。要是哪个固执的家伙依然坚持认为地球是平的，他很快就会遭到小伙伴的嘲讽。他们唯一的忧虑（如果真有忧虑的话），就是住在地球另一面的人是怎么生活的，依照他们那丰富的想象力，那儿的人整个一生都要头朝下生活。"[2]

要让"地球是圆的"概念化，就必须以某一代表体系为前提，这一体系要与"直观的感觉意识"相决裂。关心生活在地球另一面的人恰恰表明，决裂并非轻而易举就可以实现的。孩子们之所以去嘲讽“坚持认为地球是平的”固执己见者，倒并不是因为他们真的明白他搞错了，而是因为那家伙不合群。正如贝内什·霍夫曼自己所说，孩子们不假思索地接受了这个概念。格劳乔教学上的失败并非由于他的隐喻很笨拙，而是因为日常用语中任何一种隐喻都不足以“搭建”出一种清晰的描述，以把地球描绘成圆形。即使格劳乔知道自己在说什么——这一点没人敢肯定，他所能得到的最佳结果无非是让哈波回答他“地球是圆的”。

然而，这个正确答案——取广播电台游戏档节目所用的词义——并未告诉我们更多有关地球几何形状的信息。如果地球真是圆的，那么这一点为什么不能一目了然呢？为什么我们感觉不到地球圆形的弧线呢？在马戏团大球上行走的杂技演员难道也意识不到脚下的球是圆的吗？面对这最后一个问题，大家能推测出哈波真的无话可说了。我们不妨帮帮他，马戏团的球是按人的比例做的，而地球的半径长达6 000多千米，这意味着我们的目光只能看到地球极小的一部分，而看不到整个地球的全貌。但为什么我们所看到的部分似乎是平的呢——至少在平原地区是如此？

事情变得复杂了，这是巴斯蒂亚[①]人常说的一句话。用几何学术语来表达的话，假如我在地球的某一点，比如在夏特勒大教堂前的广场上，我可以把围绕我的这个地区比作一块平地。为什么？因为在我目之所及范围内，地球的弧线太微弱了，这与马戏团那大球的弧线截然不同。如果我在马戏团的球上标出两点，然后画一段圆弧将这两个点连起来，我凭眼睛便可看出这个圆弧要比将两点连起来的绳子要长（大家还可以设想用一根长针从球的某一点刺进去，再从另一点穿出来）。现在，如果我察看一个表面圆周长为4万千米的星球，即像地球那么大，我在这个大球上选择两个相距1千米的点，那么与这两点相对应的直线与弧线之间几乎没有任何差别（我的计算器表明两者之间的差距不足1毫米）。换句话说，当我认为自己四周的地球局部是平坦的时候，我不过犯了个小错误。这个推论同样适用于奥克兰（与法国对跖的地区）的观察者。而新西兰人和我一样，也把他们周围的环境比作一块平地。

到此为止，我们还只是泛泛地谈论这个问题。如果将地球的局部地区比作一小块平地，那么这块平地的边缘又会是什么样子呢？如果我将此平地延伸到更广的范围，我得到的是一个平面，而不是一个球体。事实上，从地球这个广度上，我应当考虑到球体是由许多平坦的“小平面”组成的，这有点像苍蝇的复眼。但这样的形

① 巴斯蒂亚为法国科西嘉岛上科西嘉省省会。——译者注

状并非一个真正的球体，而是一个多面体。难道我能断定地球这个球体的表面大致等于一个多面体的表面吗？我当然能，因为我们能证明一个球面是由多面体的表面组成的，而那个球面又内切于球体，这样，多面体每一个面的面积接近于零[3]。换句话说，在多面体上提取的平面越小，多面体就越接近于人所期望的完美球体。对这个结果进行严谨的论证则需要采用积分学的方法，格劳乔的概念知识库里是否真的包括积分学的方法，有人对此表示怀疑。

到目前为止，我们只解决了几何形状的问题。我们尚未解释为什么新西兰人不用头走路，新西兰是与法国对跖的国家。“上”和“下”的概念是相对于观察者而言的，因为在观察者看来，下面就是指脚下。事实上，这个“下”就是指地球的中心方向。问题出在“球形对称”上，相对于我是上方的，对于地球另一端国家的人就是下方。我们所有人都被地心吸住，为什么？答案恐怕就得求助于地心引力和万有引力的理论了。我们能感觉到万有引力，所以我们有了体重及上、下的感觉。可是垂直的直感又怎么解释呢？那是人内耳中的平衡感觉器官使然。新西兰人不用头走路，因为凭借内耳前庭器官，他们也能感觉到万有引力，奥克兰和巴黎的地心吸力方向是相反的。

亲爱的读者，希望我已经把你说服了，地球是球体的问题远非那么简单（我肯定还遗漏了什么）。至于说哈波的小错误，虽然它让我们发笑，但却同样极有教育意义。

语言的双重性

诚然，哈波并未明白格劳乔想对他表达什么意思（或许格劳乔本人也不知道要表达什么意思）。但请大家注意，既然哈波回答了问题，那他还是听懂了点儿意思。袖口链扣的隐喻也并不是骗人的，它还是“表达”了一些意思。字词都是有其含义的，这正是字词的神奇之处，即使其含义对所有对话者来说并不是同样的。“自然语言”，如英语、法语或斯瓦希里语①是效率极高的交流工具。如果语言学家使用“自然语言”这一称呼，我们完全可以提出异议，因为语言不是自然产物，它是人的创造，经文化的传承保留下来。但这个词组却能明确地表达出我们与语言

① 斯瓦希里语，非洲东部斯瓦希里人所讲的语言。——译者注

所保留的直接及亲近的关系，它和我们的关系如此密切，俨然已成为我们自己的一部分了。

虽然“自然语言”的交流效率极高，但它却含混、不精确。它的表述有时是多义的。许多单词一词多义，可供人去想象，去打比喻，去做同音异义或其他类型的文字游戏，我们可用含混不清的语义来玩幽默或表达复杂的情感。但在为某一事物下定义或以精确、毫不含糊的方式提出某一概念时，日常交流的语言便会成为一种障碍，解释数学、物理或哲学问题时就是这种情况。况且，日常用语的词汇无法表达抽象的概念，例如“实数”或“解析函数”，所以科学家便创造出“人工”语言，这类语言不再具有自然语言那种含混不清的风格。比如像 $F=m\gamma$ 这样的力学方程式，一旦用这三个字母确定下来，它的含义就只有一种。但要理解其中的含义，就得首先掌握力、加速度及导数的概念，掌握这些知识与学法语或英语完全是两码事。

因此，自然语言与人工语言有着明显的差异。如果这两个系统是完全隔开的，那么这种差异倒也并不碍事。总之，即使不了解开普勒定律，不了解相对论，人也照样可以生活得很好。不是有拿薪水的专家在研究这些难懂的公式吗？各司其职嘛。还是把方程式留给有数学天赋的人，把夏多布里昂[①]的名言留给文学家吧，让门窗制造商去安玻璃，让牧人去看管奶牛吧……

让各人干各自的职业对社会分工及观念类的问题并无害处。但各司其职却给科学骗子创造了便利，他们肆无忌惮地利用科学知识不被大家所熟识的局面。虽然并非所有人都掌握数学知识，但他们多少还懂一点数学的陈述，就像哈波能听懂格劳乔的问题那样。很多人都会这样说：“数学对我来说就像是汉语。”[②]然而，这种说法是错误的——至少说这话的不是北京人。实际上，数学除了使用难理解的符号，如 Σ，$\emptyset$，∞ 之外，还使用日常用语。这样，法国数学家所用的都是法语词汇，只不过“改变”了词汇的原义，这会带来非常可怕的后果。

对我来说，我一句汉语也不会说，一个汉字也不认识。我手里拿着一份原版的《人民日报》，就和海豹面对一辆自行车一样感到束手无策。一个笨学生面对因式分解 $(a+b)^2=a^2+2ab+b^2$ 时，恐怕也会同样感到束手无策。在这种情况下，在数学家

① 夏多布里昂（1768—1848），法国早期浪漫主义的代表作家，他反对科学思想而强调宗教对内心的作用，《基督教真谛》为其成名之作。——译者注

② 作者针对的对象是法国读者。——译者注

“学术性”用语与日常用语之间并无相互渗透的可能。

但你不妨看看下面这句话：“已知任意递归函数可由一递归过程做出定义，其必要和足够的条件表明该函数拥有一套有限的母函数系统。”[4]这句话并非摘自雷蒙・德沃的滑稽短剧，这是递归函数理论的基本定理，我不再进一步阐述该定理了。定理中的每一个词在日常法语中都有其本义。如果有点想象力的话，即使不懂递归函数的人也能懂点其中的意思。“阴谋”和“发生器”隐喻着一群电气技术员在策划恐怖活动……诚然，“东西”及“阴谋”在数学中的含义与在日常用语中的意思截然不同，这与电气技术员搞阴谋并无任何关联①。但这种局面与不懂汉语的法国人面对一篇中文时的处境完全不同：这个命题并非毫无意思，它甚至会让外行人得出虚假、荒诞或发狂的解释。

数学家、物理学家、化学家或生物学家可不是外星人，为了制造人工语言，他们从日常用语中借用了许多词汇。在数学中“族”“集合”“组”“体”“队列”等词汇屡见不鲜。粒子物理学中充满了“色”“味”“魔力”和“美”。化学中包含着“根源性”，但与法国社会党人毫无关系②。在分子生物学中，不少人都会大谈特谈“退化码”“隔离”“遗传负荷”或“遗传漂变”。所有这些词汇在科学界都有确切的含义，但它们同样也带有大家都知道的一般含义。因此，尽管微分三元方程式很难懂，但在科技用语及日常用语之间依然存在着可沟通的桥梁，只是这桥梁往往会把人引上歧途。它会让人产生歧义，会让语义难以理解。

著名的海森堡“测不准原理”（参见第八讲）就是一个典型的例子：在物理学中，测不准是指误差范围及数值范围，该范围的矢量值是可测量的，这和疑虑及不安没有任何关系。但是在日常生活中，词组“不确定”则带有疑虑及不安的意思（因此，最好称海森堡的原理为“不确定性原理”）。借用了这种含混不清的词组，使得在量子物理学的世俗概念中，海森堡不确定性原理表达出物理学家面对宇宙的情感，而并非在表达数学在测量方面的不确定性[5]。

微分方程并不会让别人对自己的能力产生错觉：正像一个汉字一样，你要么会

---

① 在数学中，在表达“递归函数”和“递归过程”时，法语采用的词汇分别为“machin”和“machination”，而这两个词在日常用语中则分别意为：“东西”和“阴谋”，而“发生器”在数学里的含义为“母函数”。——译者注

② 法国人在指称社会党人时常常会用“radical”一词，它与化学中的“根源性”为同一个词。——译者注

读，要么根本就不认识（诚然，一个中国人面对拉丁字母时也会这么说）。相反，科学家所借用的词却是“双词义”的，而词的双重性会让没有这方面知识背景的人产生错觉。物理学家让－马克·莱维－勒布隆不无幽默地说：“如果一个小工将一袋水泥搬到六楼，然后再搬下来，你不妨试着向他解释，说他其实在克服重力方面未做任何功，他会用奇异的眼光看着你！如果将物理学的概念照搬到物理学之外，同时采用具有双重性的词，这类词一方面可指物理学理论的某一概念，另一方面亦可指日常生活中的某一现实，这肯定会将人引入歧途。”[6]

避免误入歧途的唯一方法就是了解物理学家使用“功”这个词的背景，这就首先要去学习物理。同理，我们前面讲过“递归过程”，要理解这个词的含义，就需要有一定的数学知识。语言双重性所造成的模糊感在无形中给那些科学骗子带来好处。词语本身既复杂，又无法选择所派的用场，科学骗子便按他们的语义来编造“一千零一夜”的故事。科学的“真实价值”会让有些人的论点变得真实可信，其实他们的论点不过是貌似科学，实际上却是毫无价值的空话。

在法国，由于崇尚唯科学的观念，由于教育体制只注重学生的数学能力，因此问题就变得更严重。掌握各种概念及抽象理论的科学家会在社会上得到重用，而不像英国人那样更注重具有实践经验的科学家。埃皮纳尔画派为“理想的学者”描绘出这样一幅画像，他要同时兼有这些人的优点：先于其他人“发现”病毒的巴斯德，毕业于综合工科大学、脾气古怪的科西尼斯——他在黑板上写满了难懂的方程式，将整个宇宙锁在神圣的 $E=mc^2$ 公式中的爱因斯坦。总之，这是一个才思敏捷、被理想化了的代表人物，自从孩子们上小学起，老师就向他们灌输这些人物的事迹，法国人一向自称是笛卡尔的后代，这个人物会把法国人培养成各类芦笛吹奏者的理想听众。

船长多大年纪?

凭数学成绩的优劣进行筛选会造成一种强人所难的局面，很大一部分法国人因此无法接触到真正的科学文化。一旦被打上“数学很差”的印记，学生便会像仰视《福音书》的格言一样，对所有科学论点或著名的观点敬而远之。最差的结局是，有人会因此而抛弃那些论点，不去认真严肃地对待它。况且，由于语义的双重性，从小学时起，数学教育就给人带来困惑感。在数学教学中，词义的含义问题几乎没有得到重视，许多年轻人在很长一段时间内都会受词义不清的影响，只有极少数数学老师会留意消除这种影响。

30 年来，有一位名叫斯泰拉·巴吕克的数学老师一直在同这种强人所难、难为孩子们的体制做斗争。她写了好几本书，来证明这种机制是对孩子们智慧的迫害。“在数学上遭受失败的孩子往往是因为大人让他们难堪而造成的。”斯泰拉·巴吕克这样说道。在《船长的年纪》[7] 一书中，她强调了两个主题。

1. **痛斥孩子们的错误会让他们产生恐惧的心理。**面对用红笔写着侮辱性评语的数学卷子，哪位家长不震惊呢？斯泰拉·巴吕克列举了无数真实的例子，其中有“荒谬”“毫无意义”“写这些蠢话前先想想”“想想呀”“眼睛睁大点儿”“这是巫术”，或者是“笨蛋！你得用定理呀”……这类评语表明，在数学领域，弄明白题目所表达的意思已变得极为关键。但老师似乎没有耐心去讲，至少在最近一段时间是这样。尽管“现代”教育学大师表现得更为宽容，但他们并未认真去思索学生们为什么弄不懂。总之，不论采用什么样的教育方法，法国的数学教育实际上就好似一种驯兽的方式，答对了给予奖赏，答错了就遭受处罚。虽然这种训练方法相当柔和，但却是在避重就轻，如果孩子搞错了，常常是因为他没明白老师的要求，然而在数学课堂上，很少有人关注孩子们到底是听懂了还是没听懂。

   思维活跃的人容易出错，这是很自然的。人在学会走路之前，常常会跌跟头。认真对待错误，弄懂孩子出错的原因是防止数学教学遭受失败的最佳手段。当然，推广这种做法有可能会造成令人难堪的后果，因为它表明孩子在数学上的失败是对现有教学方式不适应的结果，它会让大部分“数学劣等生”变为好学生，让社会失去一种“得力”的筛选工具。况且，一个摒弃数学才能神话的社会也许就不会对伪科学那种忽悠人的话语感兴趣了。

   “恐惧错误”的心理总是被科学骗局所利用，有时还会以夸张讽刺的形式来利用，注意到这一点是很有意思的。无论是不被大家所熟识的错误，还是无人承担的错误，或是难以纠正的错误，科学骗子都会将此提炼成“神圣”的论点，那是谁也“批评不得”的。当科学骗子走向极端时，他会动用所有的辩术，以否定现实，而且到了近乎疯狂的地步，但他绝不会承认自己错了。面对批评，他只会采取更偏执的态度：不同意我观点的人就是在反对我，就是在阴谋反对真理。

2. **不明白专业术语。**在数学教学中，对于错误，首先要考虑的因素是，数学术语采用了大量的双重语义的词语。老师并未给孩子们解释清楚，这些日常生活用语在数学里有另外一层意思，要和一般的词义区分开。一个孩子刚刚接触“集合”“相”“关系”“平方根”时，这些词汇在自然语言中已经有其含义了。然而，孩子是很敏感的语义学家，他们需要弄明白这些词的实际意义。面对一个意义不清的句子，他们会到学习数学之前积累的知识中汲取养料，给它制造出意思来。你不妨去问一个小家伙“集合”是什么意思。他会这样答复你：“那就是说让我们待在一起。”但在康托尔[①]和数学老师看来可不是这个意思。

“集合”不是要将先前分散在各处的人汇合在一起吗？乘法口诀表有几条腿呢？平方根要种到什么土壤里呢？况且，根是从什么时候开始变“方”的呢？为什么（$a+b$）的立方不是立方体呢？最后，为什么与数学世界保持“二项关系”却显示不出任何友好的迹象呢？

然而，面对数学词义的问题，孩子们的智慧并非显得无能为力。斯泰拉·巴吕克非常喜欢讲述下面这段故事，而故事恰好证明这一点：让内特是个 8 岁的小姑娘，老师问她 5 的两倍是多少，她回答是 6。斯泰拉·巴吕克在其论著中写道：“老师感到很惊奇，再问她 10 的两倍是多少，让内特回答是 11。毫无疑问，这孩子将‘两倍’和‘下一个’搞混淆了。老师对这个不寻常的答复还是感到很好奇，于是便顺着她的答案问道：‘那你为什么说 5 的两倍是 6 呢？’让内特平时是个很文静的小姑娘，这时却滔滔不绝地说起来，边说还边打着手势：‘我说 6，你知道吗，因为 6 超过了 5[②]，它正好从 5 前面越过。’”[8]

这段话不仅十分有趣，而且还很有启发意义。斯泰拉·巴吕克接着写道：“即便‘double’这个词不是一把双刃剑，那它至少有双重意思，它让人对词语的双重性有一个肤浅的认识。让内特的错误并不是因为她的智力有问题，恰恰相反，这一结果是汽车文化的直接反映，而且在很大程度上是受这一文

① 康托尔（1845—1918），德国数学家。——译者注

② 在法文里，表示两倍（double）一词的动词形式又包含“超过”的意思。——译者注

化的影响。诚然，孩子学语文时，老师会教他们‘有人超过一辆汽车’，但也可以教他们认识数字5的‘两倍’是多少。只不过有人说‘我超过了他（它）’时，既可以指卡车，也可以指数字5，甚至还可以指海峡、坎肩、演员、匪徒，以及其他的词。”[9]

总之，我们无法阻止孩子作另一番理解，如果老师不事先告诉孩子们上数学课时语境已转换了，那么他们还是要用自己的语言去理解，拿语言符号去套其数学意义，这绝不是数学老师所期望的。到了后一阶段，听到他们不断重复错误的答案，老师才知道他们把一切都混淆了，却一直以为自己明白了，这显得十分荒谬。孩子也同样会得出结论：学数学时，题目所给定的条件没有任何意义。依照斯泰拉·巴吕克的说法，孩子将自己转变成“唯我数学”。见到无法理解的数学题时，他们便拒绝动脑筋思索。最终，他们会把一个荒唐的给定条件看作可以接受的，就像接受合乎情理的建议一样。

1980年的一天，法国格勒诺布尔市的一位老师想向一二年级的小学生（7～8岁）提这样一个问题，这道题据说还是居斯塔夫·福楼拜最先提出来的呢：“在一艘船上，有26只绵羊和10只山羊，那么船长的年纪到底有多大呢？”在被提问的97名孩子中，76人的答案是将题目中的数字相加得出来的。“这些孩子们像过去的我们，也像我们的孩子。他们是20世纪最后25年里成长的孩子，他们既未住进寄托医院①，也非被收治于精神病院，他们是‘正常的孩子’，将会成为21世纪的公民，但为了得出船长的年纪，却将绵羊和山羊的数目加在一起。”[10] 斯泰拉·巴吕克这样评论道。

怎样才能理顺这种违反自然法则的关系呢？那就欲擒故纵吧。“意思就摆在那儿，空间是明确的，也是令人放心的；给孩子们鼓励，再加上耐心、优秀教师的品质及职业道德，所有智力正常的孩子最终都能理解那些词语的意思，这也是我们所希望的。”斯泰拉·巴吕克接着说道，“至于那些总是理解不了词义的孩子，虽然他们也想学会那些知识，而且大家竭尽全力让他们理解，但都没有成功，那又有什么办法呢，不要以为所有人都能考上综合工科大学，这里有命运，也有天赋……总

① 这是法国对有性格及智力障碍的未成年人所设立的机构，类似幼稚园，家长晚上将孩子接回家。——译者注

得有人去当工人吧，这世上没有愚蠢的职业。”

但欲擒故纵的手法会让漏网之鱼形成大气候。丽伽·扎拉伊或神秘主义者的胜利（其实后者往往不是笨学生）便是笨学生对这种教育方式的回报。“唯我数学”对科学骗局起着催化作用。由于一再否定孩子的智力，学校不得不收获自己种下的苦果。孩子们把整个儿童时代都用来做胡萝卜加萝卜的运算，用来做无意义的立方的乘法运算，长大后不论遇到什么事也就都能忍受了。地球完全可以在周末时换个形状，布拉格的女面包师可以变成喀尔巴阡山里的黑熊，低频可以把我们猛然抛向第七维。假如科学是这么说的，我们可以接受所有这一切，因为以前所学过的科学告诉我们，科学讲的都是真理，科学的给定条件没有任何意义，总之是很难懂的。

我们完全有理由提出异议，因为科学骗局不仅在笛卡尔的故乡盛行。单凭法国教育制度是不足以证明这种文化现象的，不论在美国，还是在英国，不论在苏联，还是在意大利或比利时，科学骗局都很盛行。更为广泛的分析表明，美国的教育体系或欧洲的教育制度都存在着弊端。我们完全有理由相信在数学中、在科学领域的各个学科里，词义的问题几乎都没有得到很好的解决，其他地区并不比法国强多少。况且，学校的无能并不是培植无聊废话沃土的根源，需要对此负起责任的应当是整个文化背景。然而，法国的特殊性应引起大家的注意，因为在启蒙运动的中心及奥古斯特·孔德[①]实证主义的诞生地——法国，居然也像其他国家一样受到迷信思想的干扰，这真令人吃惊，而其他国家在抗击非理性的科学方面似乎显得更薄弱。

当然，词义问题是普遍性的。操纵这些词义的艺术是无国界的。新时代“普西教派”的鬼怪显灵说、神奇的发现，以及了不起的机器，似乎都放出夺目的光彩，而这光彩还是最强大的神奇之力所赋予的，因为这种神奇之力就是语言，是用通鬼神的术语，用晦涩的俏皮话，用寓言性的隐喻，用夸张的类比所构成的语言。

怎样在同音异义词的基础上建立一种理论

小让内特出于本能而又十分天真地把玩了一次语义的双关性，发明了她自己的算术。一个有才能的骗子凭借自己的方法及坚持不懈的努力，也完全可以利用语义的双重性成为一名伪科学理论的缔造者，而且这种理论还绝不会过时，他本人也因

① 奥古斯特·孔德（1798—1857），法国实证主义哲学家。——译者注

此获得显赫的名声。这个成绩就是让·沙隆创造的。加拿大电台记者雅克·朗吉朗在其《四通八达》的节目中采访过沙隆，从节目的介绍来看，沙隆是一位“蜚声世界”的物理学家，是“复杂相对论”的创造者，在40多年间，他一直致力于推广这个理论。在其职业生涯中，他写下了多部著作，然后风光地退休，荣归故里。他为我们留下了几部令人难忘的作品，其中有《死亡，这就是你的失败》《始源的永恒世界》《我活了150亿年》[11]。在最后这本书中，依照雅克·朗吉朗的说法，作者在“以粒子的名义来表达，而粒子构成了人，粒子其实就是生物，是精神，是语言”……

换句话说，精神就存在于基本粒子之中，沙隆将其称为“始源”。难道正是由于这个原因，智慧才如此难寻觅吗？面对这个问题，我们的物理学家倒情愿缄默不语。在他那部堪称“精神遗嘱”的著作《神无所不在吗？》中，他引用了德日进的一句话：“从逻辑上讲，我要推测，在所有的粒子中存在着最基本的精神现象（处于无限小的状态，也就是说无限模糊的状态）。”让·沙隆声称微观世界以“严谨的形式”对这种精神现象做出解释。沙隆的理论，即“复杂相对论”确实是建立在形式独特的基础之上，其实就是在玩弄文字游戏，让人感到有些莫名其妙，这不过是数学中同音异义的游戏罢了。

那么它到底是什么东西呢？在数学中，某些数由“实数”和“虚数”组成时，人们便将这些数称为“复数”。这个称谓有其历史原因，而不应照字面意思去生搬。有关这段故事，我们可在斯泰拉·巴吕克的《基本数学字典》中找到有趣的解释[12]。笛卡尔首先使用了“虚”（想象的）这个词，以此来修饰方程式的解法，因为这种解法与“现实”毫无相符之处，特别是负数的平方根在现实中根本不存在。在我们现在所用的术语中，“实数”包括有理数和无理数，比如2的平方根，以及超越数，比如π。从拓扑学上讲，实数构成一个相当于直线的集，它们是不可数的，也就是说，不能像计算整数、有理数甚至无理数那样一个一个地去数。所以说实数的集具备“连续基数”的特性，这个概念是19世纪末由康托尔及戴德金①确定的。

实数的平方总是正数，因为正正得正，负负也得正。然而，用代数的术语讲，“虚设”一个负数是完全可能的，但这种设想十分荒唐，所以数学家将其弃置于想象的渺茫状态。-1的平方根可写成i，这个字母便是“想象”一词的词首字母。复数

① 戴德金（1831—1916），德国数学家。——译者注

可用这种形式来写：a+*i*b，其中 a 和 b 就是实数。也可以说 a 是实数部分，*i*b 是虚数部分；比如 -3+2*i* 就是一个复数，其中 -3 是实数，2*i* 是虚数。但我们再次强调，今天，这种称谓只不过是语言上约定俗成的用法罢了。

言归正传，沙隆从他的“复杂相对论”中得出神奇的公式：宇宙 = 现实 + 想象，恐怕只有他一个人是这么想的。在其理论中，他采用了复变数，其中实部相当于物质宇宙，虚部相当于精神现象；依照德日进的说法，精神现象存在于极微小的粒子中。这样，物质粒子可以包含着想象、记忆力、直觉。沙隆将他那部最令人肃然起敬的作品《神秘世界之光》展现在我们眼前，带我们“跨上心灵物质之背去旅行”，如果需要的话，他还可向我们证明，无生命的物体也是有灵魂的（但很微小）。

德日进的设想是，在物质所有组成部分中都有精神现象的形式，他的这一设想可以归附于某种神秘主义的传统，归附于泛神论。科学史学家皮埃尔·蒂理耶评论道：“尽管如此，在一个绝对属于科学的范畴内去解释这类‘神秘主义’思想，这正是沙隆独出心裁的设想。时空总有‘内’‘外’之分，质子和中子在时空之外，而电子则位于时空之内。然而，‘内’就是精神领域，这就意味着电子是没有域的，它本身的特性就是精神。”[13] 至于说人的精神，可以说它是不朽的，因为人的精神是由电子之精神组成的，其年龄已达 150 亿年，估计宇宙就是这个年纪。

这一切显得极富诗意。用数学的术语来说，就差用“虚”和“实”来相加了，这和把胡萝卜和萝卜加起来差不多。这种运作方式相当复杂，其最佳结果不过是得到一锅概念上的“大杂烩”。

怎样编织隐喻

吹芦笛者的空话里充满了各种隐喻和启发性的比喻。在《当轮回转世成为科学事实时》一书当中，弗兰克·阿坦（参见第一讲）将爱的激情比作正负磁极相互吸引；莱尔·沃森和帕特里夏·凡·伊塞尔把人的大脑比作某种振荡器，它能回应来自时空各点的声波；在谈到分子有可能在液体中留下的痕迹时，雅克·邦维尼斯特则大谈特谈“水的记忆”；罗伯特·谢尔德雷克将他的“形态发生场”比作一座房子的建筑图；大卫·玻姆在描述宇宙时，将其比作全息图；等等不一而足。

伪科学理论的创立者并不去解释，他们只是一味地举例说明。物理学家兼哲学家、阿根廷人马里奥·邦格写道：“对任何一个科学概念的解释都可能是隐喻的，这同将科学理论比作圣经道德说教的寓言如出一辙。”[14] 这段论述会让人感到惊讶，因为它是在说科学就是隐喻的制造者。卢瑟福将原子描述成一个微型的太阳系。物理教材编者或者老师们在描述电子时将其比喻成小球，当他们解释何为“波”时，便用海浪来做比喻。这样的例子不胜枚举。

然而，科学地使用隐喻是一码事，而吹芦笛者采用隐喻则是另一码事，这两者之间存在着关键性的差别。对科学家来说，隐喻是教育的一种手段，可让人形象地了解某种不寻常、抽象的物体，好让该物体更易于被人接受。它和一幅图表起着同样的作用。在数学领域，“幻想形态”的图表被拿来描述集合理论的基本概念，其实这些图表本身并不是集合体。它们只不过是一幅幅图表，用来帮助学生理解集合和相交的特性。数学家知道一幅图表只是一种隐喻，不应过分地依赖它。如果我画一个等边三角形，再画三角形的三根中线，那么每一根中线既是三角形的高度，又是它的垂直平分线。然而这种特性并非对任何一种三角形都是有效的。因此，图表会促使我拿一个特殊例子作为一般例子来讲解。

同理，在物理学领域，并不是所有的“波”都像湖面的波浪那样：波浪只是一种横向的波，但还有许多波是纵向的，如声波。

一位科学家使用隐喻时，绝不会生搬硬套。他知道隐喻并不能说明它所代表、所启示或所象征的东西。还是用地球的球面来做例子：我们曾把地球的球面比作一个多面体，并凭自己的意愿把那多面体的各个面想象得很小，当每一个面的面积接近于零时，多面体也就接近于球面了。但转向极限的过程是无法显现的，因为，这需要为多面体画出无数张图形，而且多面体的各个面越来越小。向局限转变的过程只能用数学公式来证明，用日常用语则无法完整地表达这一证明过程。

当然还有其他例子，比如根据量子力学的原理，光子的习性有时像波，有时像粒子。我们已看到这种特性会引发许多概念上的难点和偶然的推论（参见第八讲）。把薛定谔方程写下来时，并未显示出波与粒子相对抗的图像，而只是体现出一种数学关系，这是研究人员通过实验所能控制的，而且它可以自我检验。总之，隐喻并不属于科学语言，它不过是用来描述概念的一种载体，如果它不借助“想象”来理解其相似性，那么就很难发挥其效用。正如菲利普·罗格普罗所说：“说实在的，科学语言词汇与‘任何事物’都无关，且没有任何‘实质性内容’，它只不过是嵌入某一语境中，只有通过应用才能理解其完整意义。然而，这是不能容忍的，不论出于什么样的原因，我们需要词汇去表示‘某些意思’。”[15]

我们不能像理解“小红帽的故事”那样去“理解”物理学理论。我们只能检验那些理论，拿它同观测结果进行比较，感受它预测的能力。隐喻是一种解释的手段，它可以帮助我们给出实际含义。它为科学语言的逻辑骨架增添了血肉。隐喻对于理论来说并不是必不可少的，它只是特别有助于让我们从思想上去理解那些理论。如果没有图像的直觉支持，没有大家所熟悉的描述，那么用运算术语严格地来思考是非常困难的，甚至是不可能的。即使在从事纯抽象研究时，数学家也会采用图像（尽管如此，那并不是从日常生活中提取的图像，比如，他可以利用大家较为熟悉的简单结构来描述复杂的结构）。新生理论所制造的隐喻要多于已走向成熟的理论。量子力学的例子颇有说服力。今天，有关量子理论解释的辩论实际上已经偃旗息鼓了，玻尔和爱因斯坦之间的论战只会引起科学史学家的兴趣（当然还有那些“普西教派”）。一种新生理论总包含着思辨的特性，对于日后它是否有极强的生命力，我们不得而知。接着，人们不断地积累观察经验，后来便把隐喻扔进垃圾箱里。然而这些废料并非就这样废弃不用了。科学骗子又将其重新捡起来，从中得出伪科学的理论，编成“模糊科学的故事”，以模仿沟口健二那部著名影片的标题[①]。

对一名科学家来说，“认真地对待”一种隐喻，就会落入格劳乔那袖口链扣式的陷阱之中。科学骗子就会纷纷跳入这陷阱里。他们受语言的牵制，根本不去设法搭建严谨的逻辑结构。模糊科学的故事都是利用过时的隐喻，或采用与现实不着边的隐喻，但这些隐喻却极富暗示力。

阿瑟·凯斯特勒一直致力于推广三位一体脑的理论，他的做法就是一个绝佳的例子。根据这个理论，人有三个大脑结构：一个爬行动物脑，是自史前遗传来的，蛇对自己有这样一个大脑已经很知足了；一个嗅脑或称边缘系统脑，即“情绪脑”；一个新皮质，即“智慧及推理的大脑”，这是高等哺乳动物所特有的。这个理论与解剖学的划分相符合，反映了进化过程的几大阶段。依照凯斯特勒的说法，人的大脑增长得非常快，以致新皮质，这个理性与智慧的中枢已无法控制边缘系统大脑的情感中心。隐藏在人大脑沟回中的原始兽性时刻会冒出来，让人们去残杀、去自杀、去打仗并做出各种暴力的举动。

顺着凯斯特勒三位一体脑理论的思路，我们是否可以这样想象：人在地下室是

① 沟口健二（1898—1956），日本导演，此指获第18届威尼斯国际电影节银狮奖的影片《雨月物语》。——译者注

爬行动物，在一楼就是有本能意识的哺乳动物了，而到二楼就成为有理性的动物了。凯斯特勒的理论将我们的大脑变成类似地质学的沉积地层系统了，变成被进化抛弃的“沉积物”了。但器官的进化绝不同于地质的演变过程。我们人类进化成今天的样子并不是将自己的祖先简单相加形成的。诚然，我们常常会在已进化的动物身上观察到其继承于原始祖先的结构。但这些结构是随进化过程一点点地从原始状态中找回的，而且为适应新的机体已有所改变。从词源学上看，“嗅脑”就是“鼻子的大脑”，它起初是与嗅觉密切相关的。在人身上，嗅脑还有其他功能。由于人有新皮质，所以人嗅脑的作用与动物的并不完全相同，在动物身上，嗅脑的作用呈优势结构。正如生物学家让-迪迪埃·樊尚所指出的那样：“认为一个人的爬行动物脑要去打仗，而新哺乳级的大脑却大唱和平颂歌，这未免太幼稚了吧。”大脑可是一个整体噢[16]。

三个大脑的比喻并未明确说明什么是人的大脑。这个隐喻只向凯斯特勒提供了伪科学论说的线索，这种论说似乎为邪恶行为提供了生物学上的解释。将大脑划分成不同层次的描述所表达的并不是科学知识，这种将社会与历史相互移位的做法是在滥用隐喻的解释。不论从生物学上看，还是从历史角度上看，凯斯特勒有时是在原地踏步，而不是在追求无止境的境界。

说实在的，大脑曾激发出无数种隐喻，有人将它比作挂钟，比作电话交换台，还有人将其比作计算机。许多神经生物学家以及人工智能和机器人方面的专家一直将人的大脑比作一台机器，尽管大量的证据都在与这种观点唱反调。卡尔·普里布拉姆则提出全息大脑的观点。然而，大脑中的任何思维过程都不同于全息图，不管其相似程度是高还是低。但这种隐喻一旦贴在想象的大脑中，就有可能发展成一种论说，称人的记忆力有全息图的特性。从科学骗子的视角来看，这种方式还是颇有好处的。它可以避免去探讨什么是大脑，确切地说这是一个很难回答的问题。它还可以让人凭着一幅富有想象力的图像，想怎么说就怎么说。最后，它还让人以为自己弄懂了什么是大脑。这就要求我们要格外小心去提防：哈波难道不是觉得听懂了格劳乔所表达的意思吗？

如何玩转类比

类比推论是科学发现的绝佳催化剂。当路易·德·布罗意将波函数与光子相结合时，他的那种方法就是类比，既然光波是呈微粒子型的，那么质粒子为什么不能呈波型呢？

但在科学领域，类比和隐喻相同，都是一次性用过即扔的手段。类比要根据理论的背景适当选用。倘若不管不顾地使用，类比推论就会变成荒谬的推论，“向地性理论”就是一个假想的例子。

石头为什么会落下来呢？因为石头受地球的吸引。它们为什么会受地球的吸引呢？因为它们具备一种特性，即“向地性”，所以受我们这个星球的吸引。并非所有的石头都有这种特性，但“非向地性”的石头会飞向空间。那些落下来的石头是被向地性筛选过的。地球引力就是这样靠自然选择来解释的。

这个推论从形式上看是合乎逻辑的，但其用法却与自然选择的概念脱节甚远。自然选择所涉及的是遗传特性，假如让自然选择也能对向地性起作用，那么就非得把石头变成生物不可。这个例子很滑稽，但与谢尔德雷克形态发生场的类比推论相比，那真是小巫见大巫 ，正如物体的质量决定其引力场，静止电荷决定其静电场一样，“形态发生场的萌芽”形式决定其活动场。

这个推论纯粹是形式上的，此话说得真是恰到好处。这种类比不起作用，因为它是用日常用语提出来的。质量是一个物理量值，它是在一个明确的理论框架内确定的。在牛顿物理学中，物体 A 的引力场并不仅仅是一个好听的词，它带有特殊的数学特性。物体 A 对物体 B 的引力同 A 和 B 的质量成正比，与 A 和 B 之间距的平方成反比。用方程式表示：$F=Gmm'/d^2$，G 是引力常数，m 和 m' 分别是 A 和 B 的质量，d 为间距。

在谢尔德雷克的形态场中却没有与该数学关系式相同或相似的公式。这个场又怎样与某一形式成正比呢？谢尔德雷克曾说他的“M 场”与物理学所指的场都不相同，他这话还是颇有道理的，不过他得补充说明，那个“M 场”与任何事物都不相同。除非它与该理论发明者的意识场的推测相符……

滥用类比的另一种方式是将某一名副其实的科学理论应用于它所不适用的领域，很多人经常会采用这种方式。最典型的例子是法国数学家勒内·托姆①，他全方位地使用了“突变理论”。1958 年，托姆曾因可微分的变元研究而获得数学最高奖菲尔兹奖，这是数学界的诺贝尔奖，因为诺贝尔奖里没有数学奖。他的研究是完全值得

① 勒内·托姆（1923—2002），法国数学家，从 20 世纪 60 年代开始研究突变现象。——译者注

敬重的，虽然一般人很难欣赏他的研究。托姆发展了后来成为“突变理论”的概念，用技术术语来说，就是某些微分方程式“独特性”的理论。

简单地说，托姆的“突变理论”可被比作形式的变化，比如一块布料中的褶皱。假如在四维时空中里“形式”被认为是确定的，那么某一独特性就可解释为这一过程发生了骤然变化，平衡遭到了破坏，总之，这是一种突变。托姆证明在四维空间里，只有七种独特的可能性，他为这七种可能起了富有诗意的名字：褶皱、折裥、燕尾、蝴蝶……

托姆的成果十分卓著，但它所能应用的范围却相当狭窄，因为若想把某一过程纳入他的理论范畴，那么这一过程就应能用四个变量的微分方程式来描述，即三个空间变量和一个时间变量，该方程式应符合明确的数学标准。与数学家所下的定义相比，“突变”一词的普通含义要模糊得多①，数学家的定义是：某一突发事件搅乱了事物的正常进程。然而，满怀激情的科普人员将“突变理论”应用于各种领域。应当说正是勒内・托姆本人为他们开辟出这样一条道路，他将该理论用来描述生物形态的产生或进化过程，我个人认为他在滥用这个理论。在他的带领下，不论遇到什么样的局面，不管是监狱中的暴动，还是经济危机，不管是绽开的花朵，还是爱的激情，只要是骤然的变化，就能看到褶皱或燕尾的形式。雷诺・德拉塔耶不无揶揄地写道：“甚至连男女邂逅都成了触发器般的简单模式，假如双方马上做出亲昵的表示，那么有人会说是‘一见钟情’；而在邂逅之外的其他时候，俩人到底是相互接近，还是避开呢，这就生出两个控制变量，于是平衡点便在褶皱之间滑动。”[17]

诚然，爱的激情远不是灾难，但在类比的范畴内，最好别有过激的表现。

如何筹划模糊的推论

《轻松学习罗兰・巴特②》是米歇尔–安托万・比尔尼耶和帕特里克・朗博合写的一本十分滑稽而又不失公允的小册子，他们俩在这本书中毫不留情地讥讽了《神

① 托姆所用的词是“catastrophe”，意为“灾难”。——译者注

② 罗兰・巴特（1915—1980），法国文学评论家、社会学家、符号学家。在《神话学》一书中，他不仅分析了人所迷恋、迷信的东西（广告、明星等），还用丰富多彩的语言加以描述。——译者注

话学》一书作者那矫揉造作的文笔，尤其是讽刺了那些模仿此书风格的追风者。他们俩所嘲弄的那种手法，就是“超标点法”。该手法采用“大量的装饰标点和修饰符号，如斜体字、引号、括号、横线、问号、大写字母，等等”[18]。

我们不妨选 H.G. 威尔斯①的小说《月球上的第一批人》中的一段来做尝试：“一堆浓厚的烟雾和灰尘，一块四方形淡蓝色的闪亮物质冲向天穹。”若加超标点，就变为：“一堆烟雾（及灰尘?）和一块四方形（淡蓝色的）闪亮‘物质’，冲（向）天穹。”

超标点又有什么用呢？首先，它让文字看上去很美；其次，它会给一个简单的句子蒙上一层雾水：“超标点不但为句子作装饰，还将巴特体系中的句子变得含混不清，而且还为整篇文章提供模糊的素材。”在某些心理分析及人文科学的文学作品中，这种手法屡见不鲜。有人用超标点来“丰富”那些所谓需要粉饰的文章。超标点会让读者望而却步，但也让读者感觉到作者的说法新颖独特。在伪科学的推论中，超标点并不常用，但其他手段还是很盛行的，其实万变不离其宗，就是要“为整篇文章提供模糊的素材”。最常用的手法是大量使用行话、深奥的术语，甚至使用数学公式，其实那个数学公式不过是个摆设，就是为了给人言之有物的印象。

作为典型例子，罗伯特·谢尔德雷克的一段文字颇有说服力：“比如让我们来看看食物驱动场。这个过程（捕食和消化食物）其实就是聚合作用下形态起源的一种特殊类型。饥饿的动物是源头结构，它与该驱动场此前的最终形式产生形态共鸣，也就是说与此前相类似的动物，包括处于极佳营养状态的自身产生共鸣。对于一个食肉动物来说，那种最终形态取决于是否能捕获到猎物及对猎物进行消化。当某一接近于该状态的实体靠近食肉动物时，这种假想的形态也就结束了，因为猎物被辨别出来，捕获物也被消化掉了。从理论上看，驱动场会影响任何一种系统中的概率演变，其中包括感官、肌肉和猎物。但在大多数情况下，它的影响似乎只涉及中枢神经系统概率的演变；在抓到猎物的情况下，中枢神经系统则引导动物对其最终形式进行更正。”[19]

凭借他的实际经验，谢尔德雷克到底想向我们表达什么意思呢？那就是：①当动物饥饿时，它要吃东西；②如果该动物是食肉动物，那么它就要寻找猎物；③要想吃到猎物，就要先捕捉到猎物；④填饱肚子以后，它比此前好受多了。

① H.G. 威尔斯（1866—1946），英国作家，小说《月球上的第一批人》创作于 1901 年。——译者注

我把这个问题留给大家讨论，到底有没有必要写出整整一本书来列举世人皆知的琐事？可以肯定的是，一旦贴上驱动场、概率演变的标签，谢尔德雷克那平淡无奇的文章就会露出科学论文的模样。在这里，行话的首要功能并不是去表意，而是与日常用语拉开距离，显示出谢尔德雷克的“理论”高出常识十万八千里。在一篇名副其实的科学论文中，这个差距是确实存在的。而谢尔德雷克呢，却用含混不清的术语和句子为自己的文章蒙上一层雾水，以掩盖其平庸的论点。

谢尔德雷克所用的辞令让人摸不着头脑，给人一种高深玄奥的感觉，其实它并不仅仅属于知识或假知识的范畴，因为“模糊的素材”同样具有社会影响力。诚如罗兰·巴特在其《写作的零度》之开篇所表明的：“阿贝尔在《杜歇老爹报》①小册子上每一期的开篇，总要先写上几句‘活见鬼’，骂上两句‘他妈的’。这些粗话没有任何意义，不过是要引人注意罢了。是吧？这完全是一场革命。因此，这就是文字的典范，其功能不仅仅是通告或表达，而是把来世的语言强加在别人头上，这语言既是历史，又是他所表达的意见。”[20]

在另一截然不同的局面中，伪科学的行话同样显示出是一种“来世的语言”，这种语言是根据科学骗子及其听众在面对科学时所采取的态度而形成的（早在比尔尼耶和朗博弄明白之前，罗兰·巴特就了解到超标点及类比手法的作用）。科学骗子使用深奥的语言，因为他掌握或声称掌握着一种知识，而普通老百姓是没有这方面知识的。诚然，阿贝尔是一个真正的革命者，而科学骗子与阿贝尔不同，骗子的特长是造假。但假象将某种现实展现出来，因为在学者与“普通老百姓”之间存在着很大的社会差距。我们甚至可以说科学骗子总是参照一种社会模式，在该模式中，掌握知识的人占着主导地位。确切地说，从孩子们一入学，教育体系优胜劣汰的模式便将成功者同其他人分离开，他们是普通人中的精英。从这层意义上来讲，科学骗子肯定不是伟大的革命者。

量子引力的解释学

科学骗子故意用难懂的话语来忽悠人，这些话语在先进的知识与常识之间画出

① 雅克·阿贝尔（1757—1794），法国政治家兼记者，1790 年创办了期刊《杜歇老爹报》，这份期刊的风格深受大众喜爱，言辞也很过激，成为当时激进革命党的喉舌。——译者注

界限，不仅如此，它还在有知识的人和其他人之间画出社会差距。纽约大学物理学教授阿兰·索卡尔所做的“实验型骗局”将难懂话语的双重功能表现得惟妙惟肖。1996 年春，美国一家受人尊敬的杂志《社会文本》发表了索卡尔的一篇论文，文章的题目极为怪异：“超越界限：走向量子引力的超形式的解释学”[21]，此后不久，索卡尔披露说，他的论文就是一场恶作剧，他是在滑稽地模仿时尚文化杂志上发表的文章。

那篇论文里有许多段落既荒谬又无条理，仅凭名人语录来支撑门面，这些语录都是真的，作者将其巧妙地糅合在一起。语录都摘自法国著名的知识分子，如吉勒·德勒兹、雅克·德里达、菲利克斯·加塔利、雅克·拉康、布吕诺·拉图尔、埃德加·莫兰、保罗·维利里奥等①。对这篇杂乱无章、荒诞无稽的文章做一番描述是十分困难的，但该文的中心思想与第八讲中“普西教派”的思想有异曲同工之妙（况且，玻姆、卡普拉及谢尔德雷克在已引述过的作者中名列前茅）。大体上讲，索卡尔断定客观现实就是一种社会约定。他嘲笑已过时的“信条”，按那种信条的说法，“在我们的意识之外，存在着另一个世界，其各种特性不受任何人的约束，甚至不受整个人类的制约”，相反，他又说“物理学的‘现实’同社会现实一样，从根本上看，是语言及社会的结构”。

简单概括起来说，其实根本就不存在什么现实。经过荒谬的逻辑推理之后，索卡尔得出结论：“观察者与被观察物之间的差别已逐渐消失了，以至于欧几里得的 π 以及牛顿的 G 已被不可避免地载入史册，而过去人们一直以为这两个定律是恒定的，是具有普遍意义的”。数值 π 也并不像我们在学校中所学的那样，圆周长度与直径长度之比是不变的，其小数点后的一系列数字，或确切地说这一系列数字最前面的数字就画满了科技馆的整个一间展室，它的近似值是 3.14。这个“常常用作记忆力训练”的数字[22]、这个神秘的数字其实不过是历史的偶然数字，它取决于过去的时代、地点、政治制度，甚至取决于船长的年纪——为什么不能呢！索卡尔对这种观点丝毫不感到震惊，他极巧妙地绕开这个观点，接着，又证明谢尔德雷克的形态发生场是对“爱因斯坦引力场的量子补偿”。

① 吉勒·德勒兹（1925—1995）法国哲学家；雅克·德里达（1930—2004）法国哲学家；菲利克斯·加塔利（1930—1992）法国精神分析家；雅克·拉康（1901—1981）法国精神病学家兼精神分析家；埃德加·莫兰（1921—　）法国社会学家。——译者注

严格地说，这些话没有任何意义，但索卡尔却写了十几页，所采用的手法也是同样的，他断章取义，东摘一段含混不清的语录，西抄一行很容易引起争议的话语，接着又把这些大杂烩嵌入一篇论文里，将各种最难懂的概念罗列在一起，从中得出结论，用深奥的公式来缓和命题中的荒谬之词。对于用心阅读的读者来说，他的文章不仅站不住脚，而且字里行间还点缀着揶揄之语，让人对其滑稽的模仿风格深信不疑。在一段文字中他强调指出，高能物理学家不愿意让生物学家“来侵犯他们的利益”，于是便在脚注中写道：“有关侵犯他人利益而造成影响的另一例子，请参见乔姆斯基的文章（1977，pp.35—36）。”乔姆斯基的这篇文章的确存在，但内容却与上述荒唐之语所暗示的截然相反，这就更加令人感觉回味无穷（事实上，所有摘录的出处倒都是准确的，但多看两眼还是能发现差别的：一篇文章原本应是雅克·图邦“出版”的，而另一篇却由卡塔卢尼亚[①]民族主义者出版）。

此外，索卡尔还注意到：“拉康的《主体论述方法》被富有成效地应用于电影批评及对艾滋病患者的心理分析中。用数学的术语来说，拉康在此表明，球体第一同调群是平凡的，而其他面的同调群都是深奥的。”我们的确看不出它们之间有什么联系，但他所引用的出处是正确的。

索卡尔还对自己引用的语录做了评论，历史学家罗伯特·马克雷将复数理论与混沌理论混为一谈，显然他没有意识到前一种理论可追溯到 19 世纪初，而后一种理论直到 1970 年才问世。在一项充满讽刺性的注解中，索卡尔写道，复数理论“是数学物理学的一门新学科，依然带有推测性”，这显然是错误的。在另一注解中，索卡尔就数学家洛朗·施瓦茨的著作《拉东的测度》发表评论，他拿出后现代派科学社会学家的腔调：“虽然从技术上讲，这本书很有意思，但正如该书标题所显示的那样，它表达了对世界的看法，这个世界在积极开发核能，而这正是 20 世纪 60 年代法国左派的特征。”该文荒唐可笑的风格再次暴露无遗。实际上，施瓦茨那部著作与核能没有任何关联。“测度”不过是纯数学的一种概念，拉东则是一位数学家的名字。

其实，具有一定科学文化知识的读者都有可能看出来，这篇文章纯粹是一个恶作剧。然而，文章竟然被杂志社接受了，而且还发表出来！更离谱的是，该文甚至刊载在一期特刊上，而那期特刊的目的是回应某些科学家对“后现代主义”的批评。后现代主义是一种时髦的知识潮流，其特点是抛弃思想启蒙运动以来的理性传统，

① 卡塔卢尼亚位于西班牙东北部地区。——译者注

推崇极端的相对主义，简言之，其中心思想是，科学的理论是“社会的结构”，既无客观性，又与提出该理论的社会团体没有任何关联。索卡尔反对后现代潮流，于是便写出荒唐的文章来嘲弄那股思潮。然而，《社会文本》杂志发表了该文，因为这篇文章似乎在捍卫杂志社的观点，其实那不过是作者用来嘲笑该杂志的恶作剧罢了。“对于《社会文本》杂志的编辑来说，做出切合实际的自我辩驳是很难的，恐怕这比在一期特刊上发表该文更激进！”[23]索卡尔写道。

最令人感到吃惊的是这个恶作剧居然成功了。这又如何解释呢？该文引用了那么多受人尊重的作家的语录，从而让人对文章产生信任感。它那模糊不清的风格让人很难对它提出质疑，尽管有些命题明显是荒谬的，但其他命题却写得很有特色，你无法知道作者到底在表达什么。虽然该文论点并不十分明确，但大方向正是编辑们所期待的。文章的开篇就是一曲颂歌，对物理学进行“后现代主义”的分析，对“笛卡尔－牛顿的玄学”进行批判。他的话题与帕特里夏·凡·伊塞尔的十分相似，但他的风格更有学究气，况且还有《社会文本》杂志某位编辑的按语以及与杂志社思想相似的作家的语录陪伴左右。索卡尔引用了大量的名人语录，以表示对那些作家的敬意，精心地摘录后现代派针对自然科学的所有陈词滥调，比如，“文化氛围”的作用，“客观性”的流失，时空的“政治影响”，“非线性”思想的重要性，数学中的“性别歧视”。由于事先在开篇宣称将支持自己所要迷惑的人，索卡尔可以开各种玩笑，而不会与编辑发生冲突，这对那些自命不凡的学院派学者来说可谓意味深长。所摘录的名人名言显然要比该文重要得多，即使该文只是准确地叙述事实，正如拉东或复数的例子所表明的那样（当然还有其他例子）。

总之，“整篇文章展现出被大卫·洛奇称为‘学院派生活法则’的东西：当你奉承同类人时，再去夸口那是不可能的”[24]。

论数学里的勃起器官

在写完那篇恶作剧的文章之后，索卡尔又趁势与让·布雷克蒙合作写出《知识的骗局》一书。这是一部令人振奋、耳目一新的著作，它揭露了滥用物理学及数学词汇的现象，而许多作家都曾滥用过那些词汇，比如让·波德里亚①、吉勒·德勒

---

① 让·波德里亚（1929—2007），法国哲学家、社会学家、后现代理论家。——译者注

兹、菲利克斯·加塔利、朱莉娅·克里斯特娃、雅克·拉康、保罗·维利里奥[25]。他们都是“法国当代最著名的知识分子”，他们的作品“是极其重要的出口产品，尤其是出口到美国”。我们注意到这些权威使用了复杂的科学词汇，所做的描述让人觉得不知所云，依照索卡尔和布雷克蒙的说法，他们已达到“骗子一级”的水平，让我们深感汗颜。各类复杂的理论都能派上用场：突变理论、混沌理论、复杂性理论（马克斯坦将其与复数混淆起来）、相对论、拓扑学、选择公理、哥德尔①定理……他们所采用的修辞方式也和“普西教派”或和谢尔德雷克的完全相同，他们断章取义，拿科学语言的词汇为某一推论服务，而推论则在玩弄双关语，使用同音异义词，借用隐喻和类比。即使该推论有可能被赋予一层含义，但与他所借用的概念没有任何关联。

我们拿朱莉娅·克里斯特娃的一段文字作为例子，她断定诗的语言是一种形式体系，并将其称为“lp”，属于集合的范畴：“因此，lp 并不是一个分码。它是一个无限的有序编码，一种编码的辅助系统，不能将其孤立起来（采用抽象的运算并以定理的方式来证明）；它还是一种日常用语，一种科学的逻辑元语言，所有的人工符号系统都不过是这无限编码的分集，在一个有限的空间内将该编码的规则展现出来（规则的基数要小于映射给规则的 lp 的基数）。”[26]

这段话严格地说一点意思也没有，但正是这一点能让它免于陷入谬误。在那篇文字的后面，克里斯特娃还引述了哥德尔-柏奈斯集合理论定理，这一理论是在1937—1940 年发展起来的，她接着说道：“洛特雷阿蒙②是最先自觉采用该定理的人。”

“选择公理所包含的可构成性概念表明，在诗语言的空间内设立矛盾是完全不可能的，这一选择公理与我们刚才为诗语言所下的定义密切相关。这个评价与哥德尔的评价十分相似，哥德尔认为，在此系统中采用形式手段是无法设立矛盾的。”

请注意，洛特雷阿蒙早在 1870 年就去世了，克里斯特娃所引述的定理是在他死后 60 年才提出来的。况且，“选择公理”与可构成性没有任何关系，假如有一组集合，其中每一集合至少含一个元素，那么在那一组当中就应有一个集合，我们不妨

① 库尔特·哥德尔（1906—1978），出生在奥地利的美国数学家、逻辑学家。哥德尔定理的内容是：在任何一个严格的数学系统中，必含有本系统内的公理不能证明其是否成立的命题。——译者注

② 洛特雷阿蒙（1846—1870），法国作家兼诗人，是对 20 世纪兴起的超现实主义影响颇深的作家。——译者注

将其称为 C，它包含每一集合中的一个元素。选择公理断定 C 集合是确实存在的，即使不知道该如何建造它，那也和克里斯特娃所写的完全不是一码事。至于说哥德尔，他证明所有的数学理论，至少像算术这么复杂的数学理论都包含“不可判定的”命题，也就是说，这些命题无法用理论的公理来证明。这些不可判定的命题与理论的公理背道而驰，人们对此无法证明，因为不能设立的是不矛盾性，而非矛盾性，这又与克里斯特娃所写的完全相反（使用双重否定是可怕的逻辑陷阱，读者不会不知道……）。

朱莉娅·克里斯特娃的这篇论文之所以遭到索卡尔和布雷克蒙的批评，是因为该文还包含其他谬误。站在公正的立场上，我们应补充说明，克里斯特娃早已放弃用数学方法对诗语言进行研究。或许那只是她年轻时犯下的错误而已。然而，哥德尔定理以及集合理论依然是滥用知识时取之不尽的源泉。在继续探讨该话题之前，让我们先来看看雅克·拉康有关数学方面的胡言乱语，或许在知识戏谑方面，他的业绩无人能比拟。下面是两段颇为令人回味的文字：

第一段是节录于 1959 年在某一研讨上的演讲：“请允许我使用一个公式，这是我在记笔记时想起来的。人的生命可以像数学公式那样来定义，在这个公式中数字零是非理性的。该公式不过是一幅图像、一种数学比喻罢了。我所说的‘非理性’，并不是指深奥的情感状态，但确实是指所谓的虚数。负一（-1）的平方根与我们直觉的对象极不相符，毫不切合实际——这是取该词在数学上的词义，尽管如此，它还是将其功能保留下来。”在此，著名的精神分析家将无理数与虚数混淆起来，可他却声称自己表达得多么精确。2 的平方根是无理数，-1 的平方根是虚数。数字零则既不是无理数，也不是虚数，有谁能解释清楚拉康想表达的意思，出版社将奖给他一瓶香槟酒。

第二段文字节录于 1960 年的一次研讨会，我们这位作者发现 -1 的平方根那意想不到的意思：“这样的勃起器官象征着欢乐的地方，但它所象征的既非它自己，也非一幅图像，它象征的是所期盼的图像中缺失的那部分，因此，它可以与所产生的更高意义关系的 $\sqrt{-1}$ 相媲美，可以与通过已知条件系数而恢复的快乐相媲美，进而弥补词音功能的缺陷：（-1）。”索卡尔和布雷克蒙对这段文字的评语是：“在此，我们得承认，拿我们的勃起器官同 $\sqrt{-1}$ 作类比真让人忧虑不已。这不禁让我们想起伍迪·艾伦，他在《伍迪与机器人》一书中，反对别人对他的大脑进行再编程：‘你们别碰我的大脑，那是我最喜欢的第二个器官！’”

除了他那滑稽的风格之外，拉康还将法国学术权威的种种弊端推向荒谬的极点。他那离奇的公式纯粹是文字游戏。那些公式没有任何意义，只意味着：“我是大师，你们是弟子，作为大师，我脑子里怎么想便怎么说。”拉康的弟子极为崇拜大师的思想，已达到近乎虔诚的地步，这给精神分析带来严重的后果，但这是另外一码事了。

现在让我们来看看最近的作者，一位专门研究技术、通信及速度的思想家保罗·维利里奥。在《临界空间》一书中，他指出“球面场空间，即速度－空间”的特性，该空间“其实是由所谓的‘逻辑方程式’来描述的，是速度推动质量的结果（M×V）”。唯一的问题是：逻辑方程式主要应用于人口理论中，与M×V没有任何关联，这一公式在经典力学中表示“动量”……然后他笔锋一转，又和哥德尔定理套起了近乎：“带着图形和实测形态的偏差，带着对量纲的侵害及先验数学的手段，我们到达科学理论‘超现实主义’的顶峰，我觉得库尔特·哥德尔定理堪称那顶峰的峰尖，因为《存在的证据》正是一种好方法，能在数学上证明物体的存在，而不需生成该物体。”

然而，哥德尔定理的意义在于，它非常明确地指出，在数学系统中存在着既无法证明，也不能撤销的命题。从某种意义上讲，这与选择公理的推论截然相反，选择公理断定C集合确实是存在的，虽然人们并不会建造它。哥德尔是构成主义者，而选择公理却不是。克里斯特娃和维利里奥将一切都颠倒了。显然，我们的这些知识分子和数学没有什么缘分……

数学可以融化在语言中吗？

趁着读者还没把我当作反法国人的急先锋之际，我想在此明确指出，我之所以引用索卡尔和布雷克蒙的著作，倒不是因为他们所抨击的目标是法国人，而是因为他们在书中提及的这些法国知识分子都是世界闻名的人物。尤其是在美国他们常常也是被人引述的对象，后现代潮流也以他们的著作为理论依据（虽然这些法国作者并不都是后现代分子）。因此，对于我们所感兴趣的观点，即澄清伪科学推论的观点，他们这种影响力极具典型意义。我们可以将这种影响力部分地归咎于社会文化因素——如学术的权威性，归咎于固守“虔诚”的唯科学主义，或者归咎于教育的无能。但这些法国知识分子能在美国获得成功，与他们对待——或者坦率地说是虐待科学的方式有很大关系，这种方式令后现代分子信服。

你要是不相信，不妨读一读罗伯特・马克雷的这段文字：“量子物理、‘拔靴带’确证模式、复数理论以及混沌理论都带有基本的命题，即现实无法用线性术语来描述，非线性——及无法解决的方程式是描述复杂、混沌及非决定论现实的唯一手段。这些后现代理论全部都是后批判型的，这一点很说明问题，因此，这些理论倒更像是隐喻，而不像是对现实‘忠实’的描述。”[27]

事实上，混沌理论绝非与决定论不相容，因为混沌理论是在考虑气象现象的基础上制定的，而气象现象则完全是决定论的，是可以预报的（因为精确地了解某一气象体系的原始状况是不可能的）。在马克雷看来，最有意义的一点是“后现代”科学就是隐喻，我们又回到格劳乔・马克斯的袖口链扣上来了。

诚然，假如科学是由隐喻组成的话，那么大家就有充分的理由认为，科学是可以用日常用语、口语及讲故事的方式来描述的。从此，什么也无法阻拦你像平常说话那样去对待科学概念，也不能阻止你从修辞学的帽子里变出语义范畴的兔子来。至此我们发现，伪科学的推论与后现代派的主张不谋而合，后现代派那卖弄学问式的话语不过是旧曲换新调罢了。

为了详细阐明这一点，让我们来看看从《宇宙之镜》一书里摘录的文字，此前我们已经引用过约翰・布里格斯及大卫・皮特的这部著作：

“科学与技术充满了令人意想不到的事物，只不过公众已很难再感到惊奇了。黑洞、遗传工程、微电脑芯片，接下来还有什么呢？我们随时准备接纳这一切。科学理论及产品已在我们的生活中长久坚实地扎下根来，它发展迅速，日新月异，就像天际下的城市轮廓……

“但最近一段时间，大地在有气无力地发出隆隆声，连光线也变了，这是神秘的征象。在地下室工作的人、在城市最深层结构中工作的人给我们发来奇怪的证据，宣布他们可能有新的发现，将尽一切可能彻底改变城市及居民的进程。为我们带来证据的理论家，我们将其称为镜中科学工作者……他们的启事其实相当简单，那流动、旋转的宇宙就是一面镜子……

“通过敞开的缝隙，我们滑落到科学的传统视野中，一直滑到一条狭窄的隧道前，我们将头探到雾蒙蒙的景色中，那景色闪闪发光，极为微妙，给人全新的感受。”

在这雾茫茫的景色中，观察者与被观察物似乎在相互影响，科学工作者好似一个旋涡，他试图去研究水是如何流动的。在此，我们将一个宇宙甩在身后，而在眼前这个宇宙中，观察者在观察着被观察物，以便进入镜子之中，从某种意义上说（那是一个我们很难辨别的区域），在那个宇宙里，观察者也同样被观察着……

“在发现这个宇宙的同时，玻姆还发现地图与地形之间惊人的关系。对于镜子来说，不可能有最终的地图，因为我们的地图就是镜子。我们的地图绘制学会改变地形，而地形也会反过来改变地图。地图、地图绘制学和地形相互围着转，就像河流中的旋涡，一切尽表达于那旋涡之中。”

因为在镜子的世界里，“整体是部分的起因。在一个地方发生的事会影响在其他地方所发生的事”。观察者有过亲身体验，但“观察者本人也就是这种体验。他是被观察物，是镜中的面孔”。

布里格斯和皮特的语气与马克雷及后现代派的语气截然不同。他们的语气倒令人联想起贝尔吉耶及鲍威尔斯那“神奇的现实主义”，那是加上“新时代”调料、配上“先知”辛辣作料的大杂烩（“神奇的征象”宣告将会出现根本性的变革）。此外，布里格斯和皮特不怕隐喻的冲击，因为让镜子去旋转是没有什么风险的，假如观察者只是镜中的面孔，那么他怎么才能避免鼻子碰到镜子上呢？至于说那位科学工作者，那个“试图去研究水是流动漩涡”的人，这个概念也许并不新鲜，从前小学生刚接触数学时，不也是先从水龙头问题开始入手的吗？

事实上，布里格斯和皮特将各种隐喻连在一起，根本不考虑逻辑问题。这样，地图就是镜子，宇宙也同样是镜子，因此，地图也就是宇宙。于是问题就来了，是谁画的这张地图呢？谁去看这地图呢？难道是一位出类拔萃的观察者在宇宙之外看这张地图吗？既然观察者就是他所观察的事物，那么这是不可能的。当然，这篇文章极为含糊不清。可是，其基本概念仍然与后现代派的概念相同，虽然它所提出的方式有些荒谬，因为观察者无法将自己与所观察之物区分开，客观现实是不存在的，科学运作起来就像一种隐喻。

但为什么科学的解释不是一种隐喻呢？为什么要将科学语言同日常用语区分开呢？为什么科学的语序会与世界的秩序完全不同呢？

地图并不是地形

同后现代派一样，布里格斯和皮特描绘出一个图像的世界，一个隐喻的宇宙，它的结构就像一种语言，依照精神分析大师拉康的说法，是效仿无意识而建立的。这个宇宙并不是科学的宇宙，而是神话的宇宙。科学理论并不是一个故事或一则寓言。量子力学并不是要讲述微观粒子的故事。量子力学描述的是微观粒子在某一特定范围内的习性。微观粒子本身是一种抽象的概念，它描述的是一组可经实验鉴别的物体，比如，“橡树”的概念并不是指某一棵特定橡树，而是指所有橡树。科学理论就是一张地图，我们凭此可在宇宙中去解读某种秩序。要画出这张地图，就得去量地形，做出准确的描述，然后再将此描述转换成平面形式。因此，科学“地图”是第二等级的描述，是某一描述之描述。要想画出这样一张图，就需要搭建一个逻辑、数学、实验的架子。科学语言描述的是那幅图，而非世界本身。

将第二等级的图推向第一等级，就是将地图与地形混淆起来，将现实与理论教我们所识别的事实混同在一起。在布里格斯和皮特的体系中，地图就是地形。那么这就意味着现实是由文字堆砌成的。“现实为什么不能由文字堆砌而成呢？”布里格斯和皮特也许会这样来反问。一个推论严密地封闭在自己的悖论中，要想当场找出它的差错是很困难的，它会让所有理性分析都打退堂鼓，不少人只会推说科学“本应”是理性的。然而我们这几位作家预测“理性的科学已走向终结”。难道把理性科学的梯子撤掉就能颠覆理性科学了吗？事情恐怕并不这么简单吧。

据布里格斯和皮特称，宣布理性科学已经终结的迹象可追溯到 1931 年。那一年，逻辑学家库尔特·哥德尔证明了那个著名的定理，我们此前已经介绍过了。正如我们所指出的那样，哥德尔定理表明算术（至少是应与算术同样复杂的数学理论）包含着“不可判定性”的命题，人们无法说这命题到底是成立还是不成立。从数学意义上讲，“不可判定性”意味着：“无法从理论公理上加以证明”。哥德尔定理导致的结果是，算术的已知条件从直觉上看是成立的，但却无法加以证明。尤其是，其中的一个已知条件是，算术自身是不矛盾的。换句话说，人们无法“从算术的内心”证明算术自身并不矛盾。为了证明算术的非矛盾性，就得确定公理之间是不矛盾的，这只有置身于“算术理论”“超算术”当中才有可能实现。

这似乎有点太抽象了，但日常用语的悖论是可以阐明这个问题的，如撒谎者说：“我撒谎了。”假如撒谎者总在说谎，那么他在声称自己撒谎时所说的也不是真话；如果他说的是真话，那他就不是撒谎者。在这里，撒谎者的断言就是“不可判定的”。在提出这个立论的体系之内，我们无法说它到底是真的还是假的。同理，所有自我表述的已知条件，即隐喻其自身的条件都会产生悖论的效果，比如这个已知条件：“这句话并不是你正在读的句子。”或者这一条件：“你正在读的这句话并不是此段文字的最后一句。”

在数学形式语言中，人们可以设立规则以消除这类悖论。在日常用语中，悖论也可以产生意义，即使那个意义是矛盾的。自然语言允许有矛盾，但数学是建立在非矛盾的基础之上的。因此，哥德尔证明人无法证实算术的非矛盾性，至少他借助了算术的公理，当时，这一成果给数学家及数学界带来了深刻的影响。但数学这座大厦并未因此而坍塌，恰恰相反，哥德尔及其他人的研究巩固了数学的逻辑基础。

在布里格斯和皮特那荒唐的修辞中，哥德尔定理变成了饲养兔子的超现实主义方法：“对于科学工作者或接受过传统教育的数学家而言，（哥德尔定理）意味着，假如将一对兔子放在一处封闭的地方饲养，并任其繁殖，那么就会生出好几代小兔子，在这封闭的地方，它们都是兄弟姊妹，但与最原始的那对兔子已没有什么亲族关系了。思索过哥德尔定理的人一定会相信，这是宣告理性科学终结的诸多事实之一。”

布里格斯和皮特怎么会得出这种结论呢？在他们俩的隐喻中，原始的一对兔子就代表着某一理论的公理；兔子的后代就是定理及命题，可从公理中演绎出来；与原始兔子没有亲族关系的小兔子就是不可判定的命题。人们马上就发现了谬误，假如一只小兔的诞生与证明某一定理是相等的，那么这只小兔就肯定是原始兔子或其后代繁殖的，“不可判定的小兔”不会以同样的方式繁殖出来，它们也不可能是住在封闭地方兔子的兄弟姊妹。它们肯定来自其他地方，再不然，就是它们还没出生呢。显然，对于不存在的东西，大家说什么都不为过。总之，布里格斯和皮特给我们提供了滥用隐喻的又一范例，但他们俩并未解释清楚哥德尔定理是如何让理性终结的。

假如真想为哥德尔定理做出直觉的解释，那么只有在理性范围内，这个解释才行得通。哥德尔究竟想告诉我们什么呢？一个形式的、逻辑的系统并非什么都能证明。它有其自身的局限性，它有“内”“外”之分。这种局限性就是最好的栅栏。没有局限的逻辑是一种疯狂的逻辑，它只求助于自己，在自我表述的混乱中原地打转。哥德尔定理就是某种逻辑解毒剂，以消除伪科学的幻觉及“综合性”的谵妄。

哥德尔定理的“寓意”在于，所谓“包罗万象”的推论是不存在的，为现实做出全面解释的万能理论也是不存在的。所有的理论都是不完整的，它们既不能自我描述，也不能证实其自身的真理，只有日常用语才能回答真正的问题，才能演绎出违抗逻辑局限的悖论，但在创立科学理论时，人们并非采用这种方法。

这也说明地图并不是地形，因为地图要将画面上传达的信息反馈给一个能“超越”它的读者。笛卡尔曾对观察者与被观察物做出划分，认为那种划分已终结的论点则碰到了逻辑的限定，因为在所有的物理实验中，不论是经典的，还是量子的，总有一个人在控制实验仪器，记录结果，并对结果做出解释。这个人有能力对实验进行分析，拿出实验报告，讲述实验过程。纠缠光子对的任何戏谑都不能将物理学家阿兰·阿斯拜置于舆论的漩涡中，“在表达一切的河流中”生出无数变化。

所有的河流并不表达任何事情，它们只是在流动。能表达意思的是我们的语言，而那意思是我们思维活动的结果。但表达并不意味着行动。在感觉的世界中，镜子可以盘旋而不会摔碎，兔子可以一代代地自然地冒出来。但在现实中，绝不会出现这种现象。文字具备所有的能力，但唯独没有它所指定的那种能力，正如阿尔弗雷德·科日布斯基[①]所说：“‘狗’字不咬人。”

练　习

1. 请做以下练习：

（1）我右兜里有 4 根棒棒糖，左兜里有 9 块焦糖，我爸爸多大年纪了？

（2）羊圈里有 125 只绵羊和 5 只牧羊犬，牧羊人几岁了？

（3）牧羊人有 360 只绵羊和 10 只牧羊犬，牧羊人多大年纪了？

（4）一个班里有 12 名女生和 13 名男生，老师多大年纪了？

（5）一只船载着 36 只绵羊，其中 10 只掉到水里了，船长多大年纪了？

（6）教室里有 4 列 7 行桌子，老师的年龄有多大？

注：这些练习写成卷子发给小学一年级 7 个班、二年级 6 个班的学生，问卷上标出这个问题：你怎么考虑这个问题？据斯泰拉·巴吕克称，在小学一年级 171 名学生中，有 20 人说这些问题无法回答，小学二年级 118 名学生中有 74 人说无法回答。

2. 将谢尔德雷克有关“食物驱动场”那一段重写一遍，将该段落中所有“形态”一词用“痔疮”来代替。这样一改，这段文字是不是比他原来那段多少有点意思了？

① 阿尔弗雷德·科日布斯基（1879—1950），波兰裔美国哲学家。他提出系统的“普通语义学理论”，这一理论使语言和思维更加逻辑化。——译者注

第十讲　你是不可证伪的

“走，咱们瞧瞧去。”兄弟俩一边叫着，一边一人拉着爱丽丝的一只手，把她领到国王酣睡的地方。

“他这不是挺可爱的吗？”特威丹说。

坦诚地讲，爱丽丝根本就没法说他可爱。国王戴着一顶肥大的红色睡帽，上面还点缀着流苏。他蜷缩在那儿就像一堆垃圾似的。况且，他还大声地打着呼噜，正如特威丹所说：“他简直要把自己帽子上的宝石都震掉了。”

爱丽丝说：“我担心他躺在这潮湿的草地上会着凉的。”她是一个知道体贴人的小姑娘。

“他这会儿正做梦呢，”特威帝说，“你认为他做什么梦呢？”

爱丽丝说：“这个谁也猜不着。”

“好了，他在做关于你的梦呢，”特威帝得意地拍着手叫道，“要是他不再梦到你了，你以为会在什么地方呢？”

“当然是我现在待的这个地方啰！”爱丽丝说。

“算了吧！”特威帝反驳道，脸上露出轻蔑的样子，“那你可就没影了。其实，你不过是他梦里的一件东西罢了！”

“要是国王这会儿醒了，”特威丹补充道，“那你也许就被吹跑了，就像‘噗’的一声吹灭一支蜡烛一样！”

“这不是真的！”爱丽丝气愤地喊道，“况且，如果我不过是他梦里的东西，我倒想知道你们俩又是什么呢？”

“和你一样。”特威丹说。

“一样！一样！一样！”特威帝重复道。

他使劲地喊着，爱丽丝忍不住对他说：“嘘！你闹出那么大声响来，我担心你会把他吵醒的。”

“算了吧！你怎么能说吵醒他呢，”特威丹反驳道，“其实你就是他梦里的一件东西罢了。你明明知道你并不是真人。”

“不，我当然是真人！”爱丽丝反驳道，说着便哭了起来。

“哭也不会让你变得更像真人，”特威帝向她指出，“况且也没什么好哭的呀。”

“如果我不是真人的话，”爱丽丝说着，却从串串的眼泪中流露出一丝笑意，这一切在她看来真是太滑稽了，“我当然也就不会哭啦！”

“你不会把眼中流出来的东西看作眼泪吧？”特威丹问道，那腔调中饱含轻蔑的意味。[1]

梦者的悖论

在刘易斯·卡罗尔的书中经常能看到这种场景，爱丽丝在《爱丽丝镜中奇遇记》里碰到特威丹和特威帝兄弟俩，他们那戏弄人的话语就是一个逻辑悖论，但却以有趣的童话故事展现在读者面前，其实它表示的乃是梦者竭力想摆脱噩梦的问题。梦者所说及所做的一切都处于梦境“之中”。特威丹及特威帝将爱丽丝封闭在一个她无法控制的处境中。她知道自己是真实的，可没有用，她没有任何手段来说服那令人讨厌的兄弟俩。相反，倒是他们俩在向她灌输疑虑，以至于她也开始怀疑红帽国王醒不了了。我们甚至可以想象国王最终醒了，而爱丽丝和那兄弟俩都没有消失，于是她可以得意地断言她是真实的，因为国王醒过来时她并未像蜡烛被吹灭那样消失掉。但我们猜得到那兄弟俩会说，国王“醒”过来也不是真的，那是梦境中的一部分，就像爱丽丝的眼泪一样。依照这个循环推理，他们还会补充说，爱丽丝根本看不到国王醒过来，因为国王梦醒的那一时刻，她也就不存在了。

换个方式说，特威丹和特威帝建立起一种体系，该体系是不会违背事实的，即使在爱丽丝看来有许多真实的因素可以摧毁那两个调皮鬼的“理论”。我们注意到这一理论与菲利普·戈斯的理论有异曲同工之妙，这位博物学家曾断言化石和地质沉积层不过是造物主放在那儿的装饰（参见第七讲）。要是哪位古生物学家与戈斯辩论的话，他肯定会撞到对方那面难以理喻的墙上，就像爱丽丝面对那兄弟俩一样。化石和沉积层是否表明地球不可能在7天之内造出来？是的，戈斯答道，它们那外表古老的样子主要是由于它们已在“先时段”存在很长时间了，也就是说在上帝的思维中存在很久了。经过长期连续的生长，野猪的犬牙才长成弯曲的样子？那种生长并不是在历时段，即感知世界时段内完成的，而是在造物主的大脑里形成的，戈斯反驳道。在沉积层发现的动物粪便不就证明史前时期确实曾有过动物吗？不，那些粪便是上帝放在那儿的，以完善他的“创举”。

菲利普·戈斯的诡辩可能会引人发笑，但某一内容相似却不那么滑稽的逻辑却依然能在现时造物说的文章中大行其道。比如，我们不妨来看看杜安纳·吉士的一段文字，依照斯蒂芬·杰·古尔德的说法，他是造物说的正统派。在一部书中，他否认化石是进化的明证，下文是该书的摘录：“说到造物，我们是指出现在世界上的动植物的基本物种，这些物种是遵照超自然的造物主的命令，在瞬间造出来的。造物主是如何造物的，他采用的是什么方法，我们不得而知，因为他所采用的方法在现时、在自然世界的任何地方都不再采用了。因此我们认为造物是很特殊的。通过科学研究的方法是无法发现造物主造物之方法的。”[2]

任何一个古生物学的事实都无法废除吉士的理论，因为从定义上看，神的方法靠科学研究是发现不了的。然而，这并不妨碍吉士的追随者声称造物说是一种科学的理论，值得花费时间去研究，就像高中生物课程安排学习进化论那样。然而，对于造物说而言，要想证明这是一个科学理论，尚缺少一个基本条件，那就是理论应当可以通过观察和实验来检验，而且经得起事实的检验，这样才能证实那学说与事实相符。换句话说，理论应当是“可以证伪的”。

卡尔·波普尔眼中的科学

特威丹和特威帝兄弟俩的论说、菲利普·戈斯的理论和造物说理论的共同点就是要阻止任何反对意见，正像梦者无法走出自己的梦境一样——至少只要他不醒过来，人们就无法反驳这些理论。对于像牛顿力学那样的物理学而言，则是另一种局面。凭借牛顿万有引力定律和开普勒定律，科学家可计算出太阳系中行星的轨道。根据这些定律，行星的轨道都是椭圆形的，但科学家仍然无法准确地判定行星的各个维度（至少在某种精确度内）。人类之所以能把火箭送上月球，能将探测器送上火星，那是因为天体力学的计算可以预测出在某一特定的时间内，月球及火星相对于地球的位置。假如所有的计算都是准确无误的，但火箭却在距月球 10 万千米的地方绕过月球，那么我们便可得出结论，证明牛顿力学是错误的。

可证人为性是科学必不可少的特性。因此，人们说理论是“可证伪的”，这是奥地利人卡尔·波普尔所采用的术语，他是近代科学哲学大师。波普尔思考的是如何将科学理论同伪科学区分开，确立某一理论的科学地位该用什么样的标准。

波普尔自 1919 年秋便开始研究这个问题。他几乎将全部心血都花在此项研究上，写出了两部十分重要的著作《科学发现的逻辑》及《猜想与反驳》[3]。在后一部著作中，他明确指出其研究的目的：“当时让我忧虑不已的并不是去了解‘某一理论在什么条件下是正确的’，或‘该理论在什么情况下是可以接受的’。我给自己提的是另外一个问题，我要把科学同伪科学区分开，况且我知道科学常常会陷于谬误之中，而伪科学则会意外地碰到真理。”

波普尔注意到传统的逻辑经验主义标准是远远不够的，根据传统标准，科学是建立在观察及实验的基础之上的：“相反，我曾多次重申，在我看来，问题是要将真经验的方法与非经验，甚至是假经验的方法区分开。假经验方法是指不符合科学标准的方法，虽然该方法也注重观察和实验。比如后一种方法就应用于占星术中，将各种建立在观察基础上的经验汇编在一起，那就是占星预言及人物传记，这些汇编总给人一头雾水的感觉。”

科学证据与占星术中的“证据”之间到底有什么区别呢？前者不仅是一种证据，而且还是一种经得起考验的理论。因此，广义相对论预测一个引力场会迫使光线发生偏转，即光束在经过某一天体时会向该天体偏转，发生日全食时拍摄行星的运行轨迹，便会发现这种偏转现象。

爱因斯坦于 1916 年提出的理论预测是否与现实相符呢？为了验证这个预测，伦敦皇家天文学协会在 1919 年将英国最优秀的天文学家召集在一起，其中包括亚瑟·爱丁顿①，组成了两支观测队。1919 年 5 月 29 日，出现了日全食，观测队在两个地点（巴西的索布拉及西非的普林西比岛）分别进行观测，爱丁顿和他的同事拍出十分精准的照片，清楚地证实了爱因斯坦所预测的偏转现象。这个结果并不是经验获得的。假如英国天文学家没有观察到光线的偏转，那么爱因斯坦的理论就有可能被推翻了。除非能够得出结论，认定测量数据是不准确的，否则就得考虑爱因斯坦的预言是错误的。

① 亚瑟·爱丁顿（1882—1944），英国天文学家。——译者注

依照波普尔的说法，最重要的是“这类预言要承担错误的风险”。相反，占星家的预言是没有任何风险的，预言所用的词汇都是含糊不清的，以适应各类不同的解释。如果哪位女占星家在2000年年底预示法国政治制度将在2001年经历重大的变革，她几乎不会搞错。假如这位女占星家宣布双子座的人经济状况将会好转，也几乎没有人去揭穿她的谎言，因为在众多双子座的人中，好多人认为她预测得很准。诚然，如果她宣布父辈为狮子座的所有双子座的人将在2月22日犯痔疮病[4]，她就会冒很大的风险了，但所有占星家都不会做这类预测。查询占星预言的读者只记住了有可能证实的预言，而忘记了其他没有证实的预言，他们在头脑中留下的印象是，所有的占星预言都相当可靠，但不管怎么样，还是不如天气预报可靠……

但是，占星家并不认为一个假预言可以让占星学失效。预言未能应验肯定是有原因的，要么没考虑到土星在冲相，要么忘记了白羊座与金星三角座的合相，要么就是对预言解释得不对，不管怎么样，占星预言只给你一种提示，得由你去抓住那机遇……总之，占星术绝不敢冒风险，比如像广义相对论接受爱丁顿观测、检验那一类的风险。任何一种实验都无法驳倒它，但所有的预言偶然得到验证时，都被视为占星术得到了证实。相反，正如波普尔所说，某一科学理论有可能被证实“那是预言的结果，是要承担一定风险的”。换句话说，还是波普尔的原话，“衡量某一理论科学性的标准，要看是否有可能使其无效、将其驳倒或对其进行检测”。

卡尔·波普尔推翻了传统科学哲学的观点。19世纪，科学家觉得发现了真理，况且，他们的信念并不十分坚定，因为他们发现的不过是近似的真理。波普尔的哲学则强调只存在着“真理场”。问题不再是对真伪做出评定，而是要知道在什么范围内可以谈论某一见解的真理。

波普尔的“可证伪原则”是衡量某一理论科学性的标准。如果某一理论是可证伪的，那么这种理论就不会出现像特威丹兄弟俩的歪论或像造物论者的歪理那种状况了。“‘科学造物说’的表达方法是一种谬误，这个术语本身就是矛盾的，因为那种体系是无法证伪的。”斯蒂芬·杰·古尔德写道，“我能想象有些观测和实验完全可以推翻我所熟知的所有进化论理论，但我绝对看不出有哪些数据可以让造物论的追随者去放弃自己的信念。攻不破的体系是教条，而不是科学。”[5]

罗伯特·谢尔德雷克可以被驳倒吗？

如果科学是在进步，那么科学骗子也不会总穿着自己那双旧木屐。在波普尔之后，有些科学骗子竟然宣称可证伪原则亦可为其所用，以便让人去相信伪科学的理论。谢尔德雷克就声称他的形态共鸣假说就可以拿波普尔的划界标准来衡量！那就让我们来检验一番。

让我们再来看看谢尔德雷克的假设：生物界有形态场，它由已经存在过的生物体给出。由于谢尔德雷克赋予“形态”一词的意思过于含糊，形态共鸣同样适用于行动或某种特殊的技能学习。“比如说在现阶段，学骑自行车、开汽车、弹钢琴或使用打字机，逐渐变得越来越容易了，因为被重复得越多的形态，其形态场越强，后人产生这种形态的概率越高，形态也越稳定，前面一大批人已经掌握了这些本领，所以，后人再学这些本领会简单得多。”[6]谢尔德雷克这样写道。

今天驾驶一辆汽车肯定要比影片《宾虚》所表现的那个时代驾车容易多了（影片结束时，米撒拉因车祸而亡也就不难理解了），对此大家不会提出异议。但对于骑自行车或弹钢琴来说，有人还是颇有微词。我教 5 岁的儿子学骑车时，就非常遗憾地看到，不管有没有形态共鸣，他总是摔跟头，我小时候在他这个年纪也同样会摔跟头，后来他进步神速。假如谢尔德雷克的理论是正确的，那么我们也许会看到比莫扎特更厉害的钢琴家，但这样的钢琴家并未出现。

然而，既然我们有波普尔的划界标准，那么为什么不将形态共鸣假设按此标准做一番检测呢？其实，这种测试早就有人做过了。1986 年，美国纽约州的塔里敦市举办了一次竞赛，以选出对谢尔德雷克理论进行测试的最佳方法。三名获奖者分享了一万美元的奖金。一等奖获得者是加利·施瓦茨，他是耶鲁大学的心理学家，他所做的实验是，把用三个希伯来语字母组成的词展示给不懂希伯来语的学生。那些词语中有一半是有含义的，而另一半则是无任何意义的组合。据施瓦茨称，学生认出有含义的词汇的成功率是无法用偶然来解释的。二等奖的获得者是一位英国研究人员，名叫阿兰·皮克灵，他在实验中采用同样的原理，但用的是波斯语词汇。三等奖的获得者是来自威斯康星州的心理学家阿登·马尔伯格，他所采用的也是同样的模式，但用的是摩尔斯电码。

据谢尔德雷克本人说，这些结果都不是“决定性的”。事实上，不论这些实验的结果如何，对于谢尔德雷克理论，人们很难得出任何一种结论。其实，该理论并未明确说明测试效果的极限值。假定某一严格控制的实验表明有含义的希伯来语词汇被 60% 的测试对象辨别出来，那么这就是一个好的比分。这对谢尔德雷克的理论有利吗？假如该理论预测一半以上的测试对象应辨别出有含义的词汇，那么此比分对该理论就是有利的；假如预测 90% 的测试对象应做出准确的辨别，那么这一比分就是不利的。在第二种情况下，即使实验结果支持假设，预测也是无效的。

爱丁顿在 1919 年拍摄日全食时，确实观察到光线的偏转，但那不是任意一种偏转，观测是分两个时段完成的：当太阳被完全遮住时，他们对行星进行拍摄；过了一会儿，当太阳在天空处于另一位置时，再去拍摄行星。根据爱因斯坦的相对论，在太阳被完全遮住时所拍摄的照片上，行星的图像应当发生径向偏移，偏移量值同参照图像相比是很精确的。经爱丁顿核实，偏移量值不仅存在偏差，而且偏差值非常接近相对论所预测的数值。

由于谢尔德雷克拿不出任何量值数据，所以想凭某一实验去驳倒他的理论，那是不现实的。假如他说每一代人用于学会弹钢琴的平均时间能缩短 10%，那么我们可以推断出经过 7 代之后，这一平均用时即可缩短一半以上。我们还可以计算出经过若干代之后，婴儿一出生，甚至连手指都不能动呢，就会弹钢琴了。我们可以拿这个推论与现实进行比较，所得出的结论是谢尔德雷克不会数数。从另一方面看，假如累积形态共鸣特别慢，要等上 100 亿年才能观察到学弹钢琴用时的明显差别，那么谢尔德雷克也许不会出错。

在这种情况下，即使大家注意到 2000 年的孩子要比 1980 年的孩子学弹琴学得慢，谢尔德雷克也还可以摆脱窘境，因为他的理论并未说累积形态共鸣是否会以同样的强度影响所有测试对象。由于无法拿 1980 年学弹琴的所有孩子同 2000 年学弹琴的所有孩子进行对比，人们只能采取抽样的方法来对比。假设你从 1980 年的孩子里抽出 1 000 人，将他们与 2000 年同等数量的人相对比，但出于某种原因，1980 年的孩子比 2000 年的孩子接收到更多的形态共鸣，那么前一批孩子就会学得更快，尽管总趋势是与此相反的。

谢尔德雷克的假说是不可证伪的，因为该假说没有确定范围。人们无法知道它在哪种条件下应用，也不知它到底在预测什么。为了展示它与真正科学理论的差别，我们不妨举经典力学的例子来说明。假设一列高速火车在铁轨上以每小时 250 千米的速度疾驶，一位乘客沿列车行进方向在车厢里走动，速度为每小时 4 千米。乘客对应于铁轨的时速是多少呢？根据经典力学的原理，只要把两个速度相加就行了，即 254 千米 / 小时。我们不妨想象这位乘客有一套测量系统，当列车从某一车站前不停车疾驶而过时，他能测量出自己对应于站台的速度，即 254 千米 / 小时。

然而，依照相对论，实际上乘客的速度应为 254 千米 / 小时减去一小点。那一小点是因为在相对论看来，速度构成法则并非简单的相加。事实上，相对论的基本假设是，不论选用什么样的参照标准，光速都是不变的。如果所有速度都是简单相加的话，那么高速列车车灯发出的光就比安装在站台上的射灯光要快（假设两股光束是平行的，都朝列车前进方向照射）。但根据爱因斯坦的理论，两股光束的速度应当完全相同。这种情况是有可能的，因为依照相对论，速度构成法则并不是两个速度相加，而是一个相当复杂的过程，那就是洛伦兹①的变换法则，即光速是不变的。

根据洛伦兹变换法则，乘客的速度并不是 254 千米 / 小时，但只比这慢一点点。差别仅有每小时百万分之一毫米，乘客根本就感觉不到。即使有一台非常精确的仪器可以测出这个差别，也不会在实践中产生任何变化。与光速相比，列车和乘客的速度是那么慢，大家感觉不到明显的相对论的影响。在“低速”范围内，经典力学理论所提供的近似值已经足够了。换句话说，用列车的实验是无法驳倒经典力学的。

现在我们不妨来想象——这是一种思维实验，列车以光速的一半行驶，乘客则以 1/4 光速行走。乘客对应于站台的速度是多少呢？照经典力学的算法，就是将两个速度相加，即 3/4 光速，或者说是每秒 22.5 万千米[7]。但如果我们应用洛伦兹变换，那么乘客的速度仅为每秒 20 万千米。这次，相对论的预测明显不同于经典力学的预测。当然，没有任何列车能以每秒 15 万千米的速度飞奔。但不论是电子，还是中子，或其他的基本粒子，把它们放入粒子加速器里时，它们都可以达到很高的速度，相对论的影响就会变得极重要。通过这些加速器，科学家可以做很多实验来驳倒经典力学，并检验相对论的预测。这并不意味着经典力学是错误的，而说明它的有效范围是有限度的。虽然相对论的有效范围更广阔，但它同样也有限度。因此，相对论并不适用于微小的级别，比如在描述夸克之间的相互影响时，相对论就不适用，夸克是电子及质子的构成成分。

检验波普尔划界标准的理论都有一个“内因”和一个“外因”。不论是谢尔德雷克的理论，还是伪科学的理论，它们都不具备这一条件，因为这些理论只是设想应用于某一范围，而这范围除了受想象的限制外，没有任何其他限制。正如一位伟大的思想家所指出的那样，一旦所有的限制都被逾越了，那也就没有界限了。

① 洛伦兹（1853—1928），荷兰物理学家，提出著名的洛伦兹变换模式。——译者注

所有科学理论都是可证伪的吗？

这个问题会让人感到吃惊，因为我在本讲开篇曾强调，人们凭可证伪性将科学与伪科学区分开。然而，波普尔的划界标准同样也有局限性。我们可以拿物理学基本理论的最新产物来举例，那就是超弦理论。该理论的目的就是要将相对论与量子物理结合在一起，这是物理学家企盼了70多年的梦想。它的基本设想是用“线”来代替点状的基本粒子。也就是说，在原子及粒子之外，还有更小的物体，它们以振动的微线形式存在于世。振动的形式决定着粒子的特性。线体并非点状的，却向空间延伸。但它们依然非常短，仅有一个“普朗克长度”，即 1.6×10^{-35} 米。

该理论极为复杂，但同时也是极为简洁的数学理论[8]。它可能是爱因斯坦所梦想的单体结构，爱因斯坦为此倾其生命的最后30年研究这样一种合场理论。只不过到目前为止，它还仅仅是写在黑板上的方程体系，目前尚无任何实验能确认该理论，即使某些物理学家相信首批实验性检验可在2010年实现，对该理论的检验也不会来得那么快。在物理学领域，美学并非唯一的标准，重要的是要与现实相吻合。而这正是超弦理论的弱点，或许可以把它比作一个漂亮的处女，每个人为她的美貌而折服，但却没有人去拥抱她……

在目前这种状况下，超弦理论是不可证伪的，因为要想验证该理论，就得建造比现有粒子加速器功率更强大的加速器。然而，没有哪个科学家会认为这一全新的理论应遭受排斥，因为目前没有办法拿它去和现实做对比。这种“宽容”的原因是，超弦理论的不可证伪性与原理的不可能性并不相符。研究人员完全可以设想出实验手段来检测这个理论，甚至会设想出许多实验手段来，以为这些实验手段将来也实现不了，那是毫无道理的。相反，大家从来没有想过用实验手段来检测杜安纳・吉士的造物说，因为从假设的视角来看，造物说并不是科学调查的对象。

假如在理论诞生之初便要求理论的预测是可检验的，那么很多科学理论也就无法问世了。爱因斯坦以理论设想为基础建立起相对论，而那套理论设想一直到后来才经过实践的检验。他并不是一个经验论者，经验论者往往都是从所观察到的事实中演绎出理论来。爱因斯坦是一位“思辨家”，也就是说，正如物理学家米歇尔・帕蒂所指出的那样，“理论对他而言只是抽象的结构，这一结构并不是从种种经验中归纳而出的，它首先是思维的产物，然后才去与事实进行对比”[9]。爱因斯坦所从事的研究有一个恒定的特性，那就是他所预测的效应要过很久才能得到检验，比如爱丁顿的观测就是一个典型的例子。

然而，这种理论家式、思辨型的研究方法可以任人去证伪。爱因斯坦为自己设立了“科学计划”，该计划是建立在精确的思想基础之上的，他总是试图将该思想的理论及实验后果推向极端。如果某一奇想会带来后果，后经实验证明与事实不符，爱因斯坦就会修改自己的奇想。当他提出宇宙既静止不动，也未再膨胀的观点时，他就是那么做的。后来他承认是自己搞错了，甚至将那段错误称为他职业生涯中“最愚蠢的举动”。因此，虽然爱因斯坦所建立的理论起初并不是可以证伪的，可他始终牢记着理论结构应与实际相吻合。

相反，伪科学的推理方法是建立在模糊思想之上的，不管遭遇多大风浪，不论采用哪种矫揉造作的修辞方式，伪科学都会不顾实际情况顽固地坚持这种方法。

“正面我赢，反面你输”

从某种意义上看，理论可证伪性的概念与哥德尔定理有相似之处：某一理论之所以可以证伪，是因为人们无法以绝对的方式证明该理论不能与现实产生矛盾。同样，哥德尔定理表明，人们无法证明某一数学理论是不矛盾的。对物理学理论来说，“与现实的矛盾”所起的作用，类似于与逻辑学相矛盾对于数学理论的含义。与理论预测不相符的实验会使物理学理论失效，而逻辑学上的矛盾则会推翻数学理论。

伪科学不可证伪性的理论是受某一逻辑的支配，该逻辑并未包含哥德尔定理所设定的限制。这是包罗万象的理论，谁也摆脱不了。不管批评意见怎么说，总有人会找出理由搪塞，叫你再也说不出反对意见。“正面我赢，反面你输”，这句格言概括了虚幻的抉择，谢尔德雷克常常把那些与他争辩的人置于这样的境地，“要么我是对的，要么是你错了”。如果实验成功了，它就印证了我的理论；如果实验失败了，我的理论也不受影响。这是伪科学惯用的手法。在病理交流的方式中也能看到类似的纲领，美国帕洛阿托心理学校曾对这种交流方式做过研究，该校的主任是保罗·瓦茨拉维克，帕洛阿托小组的研究特点是把从数学逻辑里挑选的概念和设想输入到病理学中，以便为人的交流建立数学模型。许多心理冲突都是由逻辑错误、困惑、矛盾或类似撒谎者的悖论等引起的。瓦茨拉维克及其同事们的方法是要改变病理局面，让病人意识到不合理信念的影响方式，并建立起更合理的信念。

科学骗子的交流方式与帕洛阿托小组所研究的病理交流方式有许多相似之处。

正如我们在前面所强调的那样，菲利普·戈斯与反驳者之间那种聋子式的对话不禁让人联想起爱丽丝与那两个坏小子的对话，因为戈斯的话不会给他本人带来任何风险，他既无法摆脱自己的逻辑，也无法从“外部”考虑他的体系。让我们再来看看梦者的悖论，瓦茨拉维克、毕文及杰克森在分析这一悖论时说道：“在某一参照系内提出的任何一个已知条件都无法在‘摆脱’这一范围的同时又去否定它自己。梦者在噩梦中挣扎，仿佛陷入进退两难的境地，他在梦中竭力做的事却没有任何效果。为了摆脱噩梦，他就得醒过来，也就是说他得走出梦境的范围。但醒过来就不再是梦境了，那又变成另一回事了，也就是一个‘非梦’的境地。”[10]

在这样一个范围内，所有的抉择都是虚幻的，因为它受困于由范围所确定的体系之中。保罗·瓦茨拉维克强调，幻觉的抉择也同样会出现在专制制度的交流里。因此，在一次宣传活动中，德国纳粹分子到处张贴大幅海报，上面写着狂妄的口号：“是要民族社会主义，还是要布尔什维克的混乱？”言外之意是没有其他选择。“是要甜薯，还是要土豆？”秘密的反对派将这句话写在纸上，然后贴在某些显眼的地方上，这让盖世太保极为恼火。

瓦茨拉维克写道：“盖世太保的反应并非仅针对那种挑衅举动，独裁国家的箴言竟然被人如此傲慢地戏弄了，它还针对那些‘思想的罪恶’，这种思想已意识到存在着超然的选择，而且试图摆脱那些强加于自己头上的框框。”[11] 所谓“思想的罪恶”就是在隐喻奥威尔的《一九八四》，在那本书中，读者可以读到这样一句话：“自由，就是可以去说 2 加 2 等于 4 的自由。人们一旦被赋予这样的自由，其他的便会随之而来。”

苏联生物学家李森科的疯狂举动能在一个专制制度里蔓延，这丝毫不令人感到吃惊。诚然，将伪科学视为一种专制的形式显然也是错误的，但那些顽固地死抱着某一推论的辩术同样缺乏逻辑，虽然那种推论被视为一个自给自足的整体，因为它不可能去考虑元系统，而元系统是可以摆脱框框的现实选择。

波普尔哲学所提供的远不止于一种区分良莠、识别真伪科学的方法。可证伪性的概念提供了一个防护栏，既可以抗击伪科学的狂热，又能防止滥用过于自信的论据。接受波普尔的标准，就是默认所有的思想体系都是可以超越的，也就是说可以在更广阔的领域里去思索。正如爱因斯坦所说：“对某一理论来说，能为涵盖更广的理论开辟通道，乃是最美好的命运，因为在涵盖更广的理论中，它作为特例依然存在于世。”经典力学正是这种状况，从某种意义上说，它在相对论力学中就是特例，与光速相比，经典力学的速度要低得多。

验证某一种理论，同样是交流的过程，是进行对比、分享对世界各种看法的手段。可证伪性将证据的社会意义引入科学。可证实或证伪某种理论的实验并不是一种孤独的实践。实验结果之所以是有效的，是因为科学界可以感受到它的影响，可以再现那种实验，对其后果进行评估。检验不但要印证实验是真实可信的，而且还要让人能分享其成果，并将成果社会化。不可证伪性的推论是一种孤独的推论，它在镜中孤芳自赏。

为什么科学能成功?

总之，波普尔标准类似一个治安审理员，它可以剔除伪科学的理论，可以“整理内务”，但不能指望它去推出新理论概念、新设计。推出新理论概念需要科学家发挥创造力、理解自然现象的能力以及“完美地演绎事物”的能力，这些能力在爱因斯坦身上都得到了最高水平的体现。

科学理论并不局限于描述自然现象，对观察结果进行归类，它还要做出预测，给自然现象描绘出一定的秩序。接着，这种描述要依照可证伪性标准与现实进行对比。但至此仍有一个问题会提出来，作为人类精神创造的产物，科学理论为什么——至少在其有效的范围内——能与宇宙相吻合呢？为什么这些理论能够运行呢？

这个真正的问题与第七讲中所论述的宇宙意义很相似。世界为什么会服从于定律呢？世界为什么不是一个毫无秩序的混沌体呢？

在《玫瑰的名字》一书中，安伯托·艾柯十分清晰地提出这个问题，此书既是一篇认识论的著作，又是一部小说。这本书讲述了前宗教裁判所法官威廉和他的秘书阿德索进行调查的故事，以查清在本笃会修道院发生的一系列凶杀案的真相。威廉和阿德索——就是中世纪的福尔摩斯和华生，在查找神秘凶手的同时，还非常投入地研究语言与现实、符号与意义、文字与现实之间的关系。

我们要引述的这一段是，威廉丢了眼镜，他依照某一理论来换一副眼镜，可他本人却对这一理论抱有疑虑：

> “既然我一动手指，我的指位与所有物体的关系就全变了，而如果我不动指头又无法探索，那么我怎么才能发现为现实建立秩序的宇宙之联系

呢？我的思想感受着各个独特状态之间的关系，各种状态的联系就是我感受的方式，但我怎么能确保这种方式具有普遍意义而且是稳定的呢？”

“可你知道镜片的厚度与视力有关，正是由于你知道这一点，你现在才能做出跟你丢的那副一样的眼镜，要不然你怎么能做得出来呢？”

“阿德索，你的答复很精辟。我确实已定出这个命题：镜片的厚度与视力有关。我之所以提出这个命题，是因为我以前曾有过类似的直觉。当心，我在说有关现实的命题，而不是说具体到某件事的命题。科学是在同命题及科学术语打交道，而术语所指的就是个例。阿德索，你明白吗，我也许认为我的命题是成立的，因为那是我的经验得来的，但要是真的相信它成立，我还得设想存在着宇宙法则，但我却说不出来，因为即使宇宙法则是存在的，即使各种事物有一定的秩序，或许还意味着上帝也会被法则禁锢起来，然而上帝是绝对自由的，他要是愿意的话，只要他动动意念，世界将会是另一副样子。”

“可是，要是我没理解错的话，你知道自己在做什么，你也知道为什么这么做，但你不知道为什么知道你知道自己在做什么？”

阿德索的这句话看上去很别扭，其实不然。不管你承认不承认“上帝是绝对自由的”这一假设，阿德索的话说得一点都不错。大体上讲，这段话和爱因斯坦的论点极为相似，爱因斯坦认为，最神秘的倒不是我们理解了宇宙，而是宇宙本身是可理解的。不管以什么样的方式去观察现实，令人琢磨不透的是，自然总会屈从于由我们思想所制订的法则。没有任何方案可以解决阿德索提出的悖论：“我不知道为什么知道我知道自己在做什么。”对所有理性的思想来说，这一悖论构成一个永远无法逾越的境域：我们的理性可以提出这个悖论，但却无法做出解答。承认理性无法对所有事物做出解答乃是合理使用理性的唯一方式。我们无法知道为什么“科学能成功”，其实知道科学为什么能运行对于科学的运行并非必要的。

这种局面似乎令人很不舒服，但它并不是荒谬的。这一局面反映出感觉、思想及行动领域与物体及行动领域之间的差异。没有差异的思想是一种疯狂的思想。“唯有精神分裂症患者才有可能把菜单当作菜肴吃下去，甚至还抱怨这道菜的口味太差了。”[12]

到底有没有“非波普尔型”的科学？

除了新生的理论之外，还有其他科学领域或科学知识与波普尔的标准不相符。比如，历史的进程就不受可预料法则的支配，人们无法凭借可预料法则对将来的事件做出预测。那么怎样以实验手法检测历史预测的准确性呢？

卡尔·波普尔在弗洛伊德的精神分析中看到不可证伪理论的实例。还原论的生物学家指责弗洛伊德的理论缺乏科学客观性，责备其概念经受不住严格的检验。不管用什么样的方式观察弗洛伊德的理论，人们几乎无法对它进行检验，即使依照物理学理论可证伪的模式也无济于事。那些“客观”的经验难道就能验证弗洛伊德所指的无意识吗？

其实，弗洛伊德本人早就意识到了这个问题，而这一点往往被人忽略了。起初，作为医生和解剖学家，他发明出一种能分离神经细胞的技术，并在显微镜下长时间地来研究鳗鱼的淋巴和脊髓[13]。他最初的愿望是理解心理现象的生理基础，正像今天的研究人员所做的那样，从某种意义上讲，他是这一学科的先驱。19 世纪末的科研手段让他无法顺利地从事自己的研究，再加上个人原因，他不得不在 1885 年放弃了实验室的研究。

精神分析并不是像量子物理或相对论那样的科学理论，但这并不意味着它在理解大脑方面毫无益处，其实恰恰相反。当代神经生物学的效率是毋庸置疑的，但它所研究的体系极为有限，因为它只研究某种类型的神经元、某一类神经传递系统、某一种离子管等，这些体系并未给整体带来更多的解释。可是，如果不能在整体范围内对局部体系做出解释的话，人们好像无法理解意识或大脑。比如，医生知道抑郁症往往会使患者血液中的复合氨降低，但单凭这一点，并不算是很好地了解患者了。

我不想更深入地探讨这个话题，而只想在此强调，自然科学的模式并不适用于知识及理论的所有形式。我们确信精神分析理论是一种解释型理论，可赋予主观行为一定的意义。经验表明，为自己的生活找到价值所在可以让人生活得更好，或至少生活得不坏。从这个角度来看，经验确认了弗洛伊德的理论是有效的。但这里所说的经验是临床经验、主观经验，而非物理学意义上的科学经验。如果拿患者对精神分析的期待与从物理学、化学或生物学中所学到的知识对应来看的话，那完全没有可比性。

总之，具有揭示意义的是，人们注意到神经生物学与精神分析的对抗已逐渐过时了。有些研究人员，如奥利维耶·萨克斯、让-迪迪埃·樊尚和安东尼奥·达马西奥等则为感情、激情或个性的研究正名，而占主导地位的还原论曾一度拒绝接受这方面的研究，认为它无法接受科学的检验。在当今精神科学世界中，弗洛伊德思想的最大益处是，它或许表明用一种类型的理论是无法对人的方方面面做出解释的。还是不要把人的行为举止对人造成影响的事件简化成某种单一的机制吧。精神分析并不是"客观"的，而历史也只在局部上是客观的，但人并不是物体。

可能有"另类"科学吗?

这个问题贯穿于整个伪科学的问题体系之中。在伪科学的狡辩下，幻觉的抉择常常被介绍成一种有实效的抉择。或许真的存在另一维度、另一种可对比的现实、另一个无疑具有超自然现象的宇宙、另一个"超自然"体、另一个超越于感知之上的无感知世界。这个世界就被称作"另类"科学，这是一种全新的思维模式，是另一种语言。

这个"另类"科学依然想披上科学的外衣，以衬托出科学骗子不入流的处境。这个"另类"其实恰好是科学骗子自己，他要编出格劳乔·马克斯那样的论据，却不想成为任何一个科学俱乐部的成员，虽然这个俱乐部也许已经在考虑接纳他为会员了。通过"另类科学"，通过另一"可替代的科学"，芦笛的演奏者表达出他与"正常"科学的排斥关系，其实他那是自我排斥。

在这一点上，提出伪科学立论的骗子与作弊的科学家极为相似。虽然后者起初就在正常科学阵营中，但他的作弊举动却将自己排除在该阵营之外。他极想找一处怪诞之地，在那儿，他的研究既合法又不受法律约束；在那儿，他能把小灰鼠染成白色的，然后宣布这些小鼠一生出来就是白色的。

不管怎样，是否存在一种科学，它既不是伪科学，又与我们所熟知的科学完全不一样呢？埃皮纳尔的画像似乎让人接受了这一设想，该画像将科学史描绘成一系列的革命，从伽利略到牛顿，从牛顿到爱因斯坦，再从爱因斯坦到玻尔、海森堡及狄拉克[①]。难道还要期待另一场更深刻的革命吗？这场革命不仅会撼动科学思想的内

① 保罗·狄拉克（1902—1984），英国物理学家，对矩阵力学的数学形式做了改进。——译者注

容，而且还会搅乱我们同科学与世界的关系。

我手里可没有被占星师视为法宝的水晶球，因此只能给出一个模棱两可的答复。假如我们来看看科学在社会中的位置及它所起的作用，有一点是毋庸置疑的：西方已经历过好几次革命了。概括起来说，自文艺复兴末期起，科学的地位发生了决定性的变化，历经三个阶段。第一阶段始于伽利略（1564—1642），笛卡尔（1596—1650）和牛顿（1642—1727）发展了这一阶段。那时，科学的见解正在摆脱宗教的专制及亚里士多德哲学思想的桎梏，因此在伽利略，尤其是在克里斯蒂安・惠更斯（1629—1695）的努力下，实验法开始盛行，况且惠更斯还是钟摆理论及离心力定理的提出者，他堪称“是现代科学思想第一位名副其实的代表”[14]。

第二阶段是伴随着 19 世纪工业革命而来的。卡诺（1796—1832）开创了热力学，蒸汽机代替了人力，接着出现了电力；安培（1775—1836）、法拉第（1791—1867）和麦克斯韦（1831—1879）奠定了电力学的理论基础；而爱迪生（1847—1931）则发明了电灯；达尔文（1809—1882）将人类从自然界的中心移走；弗洛伊德（1856—1939）将梦和精神分析变成科学研究的对象。19 世纪的科学是大胆、高傲、乐观的，它毫不怀疑自己控制自然、澄清各类现实问题的能力。“宇宙从此便不会再有秘密了。”化学家马塞兰・贝特洛在 19 世纪末宣布道。

在广岛上空爆炸的原子弹开创了第三阶段，它标志着集体科学的到来，这个科学已融入国家、军事及工业结构之中。它无所不在，与技术密不可分，渗透到现代环境中的各个领域。它既给人带来欢乐，也给人带来痛苦；既带来核摧毁力，又带来治愈癌症的希望。与 19 世纪的科学相比，它更实用，概念及哲学色彩也减弱了许多。尽管它威力无比，但它的确太复杂、太多样化，人们尚不能勾勒出“无秘密”宇宙的图像，即使它那影响世界的能力已大大超过前几个世纪的能力。

详细的分析研究也许还能分辨出更多的阶段，但通过以上描述的三个阶段，我们不难发现科学的作用自现代起已发生深刻的转变。然而，这似乎显得有些矛盾，假如不去观察科学在社会中的地位，而是去观察科学思想的历史，那么科学革命的概念要远胜于一个隐喻，但这一点并非那么显而易见。哈佛大学科学史教授杰拉尔德・霍尔顿证明，科学家并不相信科学革命的概念是贴切的，虽然这种看法听起来令人吃惊。

霍尔顿指出：“对于过去那些有成就的‘革命’特性，有些科学家抱着无所谓的态度接受下来，那些成就都被编入文集之中，相对论也是如此。然而，当他们把注意力从科学的旧文本转向自己的研究或转向同代人的研究时，他们拒不接受革命的模式，反倒情愿接受进化的模式。”[15]

霍尔顿引用了美国物理学家史蒂文·温伯格的话来支持自己的观点：“进步的主要因素是要逐渐意识到革命并不是必需的。”温伯格与其同胞谢尔顿·格拉肖，巴基斯坦人阿卜杜斯·萨拉姆分享了 1979 年的诺贝尔物理学奖，而他们的研究一直被认为是革命性的，因此，他的评论就更加引人注目。这三位物理学家是粒子弱相互作用力理论的主要缔造者，该理论朝爱因斯坦所梦想的电弱一统理论迈出了坚实的一步。

据霍尔顿称，爱因斯坦本人“一直认为相对论不过是对业已存在的时空理论的‘修改’，它与伽利略、牛顿及麦克斯韦过去所建立的理论并无‘根本的区别’”。

到底是革命，还是延续过程中的变化？有人也许会说，科学发现常常是换一种方式去思考业已存在的概念，而不是引入一种“革命”的思想。在杰拉尔德·霍尔顿看来，“主要的倾向过去一直是，而且将来仍然是坚持根本性的观念”。即使有人认为这个论断过于武断，可它也比那些世界末日的预言要强许多，那些预言经常会宣布理性遭受了危机，客观知识将走向终结。至于说革命，它会影响整个社会。科学是社会的一个组成部分，而且是一个越来越重要的组成部分，当其他组成部分也发挥作用时，便会产生革命。炸弹、滥用遗传工程、社会的控制化对我们的威胁要远比理性的破裂大得多。霍尔顿认为：“科学发明的过程并未面临危险，但人类却面临着极大的危险。”

贯穿于本书的幻觉及荒诞的思辨曾让我们焦虑不安，上述论断会将其导入正确的范围之内。当然，我们不应先入为主地将存在着神秘现象的可能性排除在外，肯定还有许多未知世界等待我们去发现。然而，很多奇迹用简单的理论照样能解释得通。思索再三，我觉得最好是遵从物理学家阿纳多尔·亚伯拉罕的建议，他将下面这段箴言贴在自己实验室的墙上：“在将量子力学扔进垃圾箱之前，还是让我们再检查一遍保险丝吧。”

练　习

1. 用 6 根火柴棍搭建 4 个等边三角形，其中任意三角形的一个面要用同一根火柴。不许将火柴棍劈开，也不许用其他类似的方法。

说明：这是“摆脱假象框框”的典型问题。通常情况下，首次碰到这样问题的人会把火柴棍摆在桌子上，然后摆来摆去，发现火柴棍根本就不够，然而……

答案：要搭建一个四棱锥，组成一个包括四个等边三角面的金字塔。

2. 一位阿拉伯游牧人刚刚去世，留下一份遗嘱：“我要把家里那群骆驼中的一半分给长子，其中的 1/3 分给次子，其中的 1/9 分给最小的儿子。”已知这群骆驼的总数是 17 只，怎样在不宰杀骆驼的情况下分割这笔财产呢？

答案：这又是一个“摆脱假象框框”的问题，但要借助于一个技巧。兄弟仨要向叔叔借一头骆驼。这样就有了 18 头骆驼，该数可被 2、3、9 除尽。财产分割后，兄弟仨再将骆驼还回去（9+6+2=17）。

注　释

前　言

[1] Paul Watzlawick, *Le Langage du changement*, Seuil, Paris, 1980.

[2] 系指在法国科学研究中心的协助下，由法国公众舆论研究院就让 - 诺埃尔 • 卡普费尔和 B. 迪布瓦的研究所做的调查。米歇尔 • 鲁泽就调查写了一篇述评“神话的艰难日子”，此文刊载于 1982 年 5 月第 776 期《科学与生活》杂志上。

[3] Voir *La Pensée scientifique et les parasciences*, Actes du colloque de la Villette, 24-25 février 1993, Albin Michel, Paris, 1993.

[4] Paul Feyerabend, *Contre la méthode. Esquisse d' une théorie anarchiste de la connaissance*, traduit de l' anglais par Baudouin Jurdant et Agnès Schlumberger, Seuil, Paris, 1979.

第一讲

[1] Frank Hatem, *Quand la réincarnation devient une certitude scienti-fique*, Ganymède, Neuilly-sur-Marne, 1985.

[2] 有关“超弦理论”的论述，参阅 Brian Greene, *L' Univers élégant*, Robert Laffont, Paris, 1999.

[3] Hubert Reeves, in *Sciences et Symboles*, Albin Michel/France Culture, Paris, 1986.

[4] John Sladek, Sept grands mystères inexpliqués, *Science-fiction*, n°2, juin 1984.

[5] Lyall Watson, *Histoire naturelle du surnaturel*, Albin Michel, Paris, 1974.

[6] Jean Heidmann, *La Vie dans l' univers,* Hachette, Paris, 1990.

[7] Michio Kaku, *Visions*, Albin Michel, Paris, 1999.

[8] 参阅《周末三日》杂志访谈录，2000 年春季特刊“不明飞行物的新证据”。

[9] Henri Broch, *Le Paranormal*, Seuil, Paris, 1985.

[10] Michel Rouzé, «Les OVNI sont-ils pilotés par des extrereretres?», *Science et Vie*, n°770, novembre 1981.

[11] Voir Pilippep Taquet, *L' Empreinte des dinosaures*, Odile Jacob, Paris, 1994.

[12] Stephen Jay Gould, *Le Pouce du panda*, Grasset, Paris, 1982; voir auss, du même auteur, *La Foire aux dinosaures*, Seuil, Paris, 1993.

[13] Rémy Chauvin, *La Biologie de l' esprit*, Le Rocher, Monaco, 1985.

[14] Gaston Bachelard, *Le Nouvel Esprit scientifique*, PUF, Paris, 1934.

[15] Voir Albert Einstein, *La Relativité*, Gauthier-Villars, Paris, 1956. réédité dans la «Petite Bibliothèque Payot».

[16] Voir Charles-Noël Martin, «Ptolémée a triché!», *Science et Vie*, n° 730, juillet 1978.

[17] Voir sur ce point Michio Kaku, *Visions, op. cit.*

[18] Rupert Sheldrake, *Une nouvelle science de la vie*, Le Rocher, Monaco, 1985.

[19] Gaston Bachelard, *Le Nouvel Esprit scientifique, op. cit.*

第二讲

[1] 我知道这个悲摧的同音异义文字游戏会让那些信奉吠陀及东方宗教的信徒们不喜欢本书。好吧，我保证下次或做修改，或干脆不用这字了。

[2] 在使用法语的搜索引擎后，我找到一些网址，它们分别在法国、比利时、瑞士及蒙特利尔，但由于无人支付广告报酬，我在此不便公布。

[3] 我知道，这很俗气。好了，骑马爱好者可将这段文字删去。

[4] Michel Rouzé, «La baignoire à couvercle», *Science et Vie*, n° 805, octobre 1984.

[5] 欲知更多详情，请参阅 John Lilly, *The Deep Self*, Warner Books, New York, 1981; du même, *Programming and Metaprogramming the human biocomputer*, The Julian Press, New York, 1987; *Man and Dolphin*, Doubleday, New York, 1961. En français, Paul Gérome, *Le Vaisseau d' isola-tion sensorielle*, Sand, coll. «Le Corps à vivre», Paris, 1985; Patrice Van Eersel, *Le Cinquième Rêve*, Grasset, Paris, 1993.

[6] Pierre-Yves Pétillon, «Paysages mentaux de la drogue: versions trans-atlantiques», in Alain Ehrenberg (dir.), *Individus sous influence*, Esprit, Paris, 1991.

[7] 同 [6]。

[8] 读者也许会问痔疮在这儿是什么意思。我承认这有点离谱了，但我自有道理……

[9] 养鱼者可以把这段删掉！正是由于这类文字游戏（恐怕圣・安多尼奥[①]也未玩过这类游戏），本书永远也无法获得法国文学院的读者大奖。

[10] Richard C. Lewontin, Steven Rose, Leon J. Kamin, *Nous ne sommes pas programmés*, traduit de l' anglais par Marcel Blanc, Robert Forest et Joëlle Ayats, La Découverte, Paris, 1985.

[11] Cité dans Richard C. Lewontin *et al., op. cit.*

[12] 同 [11]。

[13] Marcel Blanc, Georges Chapouthier et Antoine Danchin, «Les fraudes scientifiques», *La Recherche*, n° 113, juillet-août 1980.

[14] Cité dans Richard C. Lewontin *et al,, op. cit.*

[15] 好了，黑人读者可以把这段文字删掉。

[16] Richard J. Herrnstein et Charles Murray, *The Bell Curve. Intelli-gence and Class Structure in American Life*, The Free Press, New York, 1994.

[17] 在保罗・范赫文导演的这部著名的影片中，面对一群目瞪口呆的警察，莎朗・斯通将交叉的双腿放下，将双腿互换位置后又交叉起来，暴露出她并未穿底裤。

[18] Michel Schiff *et al., Science*, vol. 200, 1978,p. 1504-1530.

[19] Christiane Capron et Michel Duyme, *Nature*, vol. 340, n° 6234, p.552-554.

[20] Dean H. Hamer *et al.*, «A linkage between DNA markers on the X chromosome and male sexual orientation», *Science*, vol. 261, p.321-327.

[21] Simon Le Vay, «A difference in hypothalamic structure between homosexual and heterosexual men», *Science*, vol. 253, p.1034-1037.

[22] Dean Hamer et Peter Copeland, *The Science of Desire. The Search for the Gay Gene and the Biology of Behavior*, Simon & Schuster, New York, 1994.

[23] 事实上，1995 年，他在《自然遗传学》杂志上发表了一篇新论文，专门研究女同性恋，该论文没有提出任何新东西，只不过不再提 Xq28 基因与女同性恋的关联了。

---

① 系列侦探小说的叙事者及主人公，小说的风格是大量采用各类俗语、俚语、行话及文字游戏。——译者注

[24] Bertand Jorlan, *Les Inposteurs de la génétique*, Sulari, Paris, 2000.

[25] 即使这样，也不应该由母亲去吞下同性恋基因这个苦果……好了，同性恋的母亲可将这段文字删掉。

[26] Christophe, *L' Idée fixe du savant Cosinus*, Armand Colin, Paris (réédité d' après l' édition originale de 1899).

[27] Jean-Pierre Bader, *Le Cas Priore: prix Nobel ou imposture ?*, Jean-Claude Lattès, Paris, 1984.

[28] Jean-Michel Graille, *Dossier Priore: une nouvelle affaire Pasteur ?*, Denoël, Paris, 1984.

[29] 这次，我可不是故意的！

[30] Carelman, *Catalogue d' objets introuvables*, Balland, Paris, 1976.

[31] 太过分了……还要继续往下读的读者可将这段文字删掉。

第三讲

[1] Hugh Owen, «The Earth is expanding and we don' t know why», *New Scientist*, 22 novembre 1984. Voir aussi Nicolas Witkowski, «Polémiques autour de l' expansion terrestre», *La Recherche*, n° 171, novembre 1985.

[2] Vincent Courtillot et Gregory Vink «Comment se fracturent les conti-nents», *Pour la science*, n° 71, septembre 1983.

[3] Xavier Le Pichon, *Kaiko. Voyage aux extrémités de la mer*, Odile Jacob-Seuil, Paris, 1986.

[4] Rémy Chauvin, *La Biologie de l' esprit, op. cit.*

[5] Richard Lewontin *et al., Nous me sommes pas programmés, op. cit.*

[6] Robert Wright, *The Moral Animal*, Pantheon Books, New York, 1994 (trad. française : *L' Animal moral*, Michalon, Paris, 1995).

[7] 可参阅 Stephen Jay Gould, *Le Pouce du panda, op. cit.*, ou l' essai n° 9 de *La Foire aux dinosaures, op. cit.* 斯蒂芬・杰・古尔德和理查德・列万廷在其“物竞天择”中引用了伏尔泰的话，*La Recherche*, n° 139, décembre 1982.

[8] François Jacob, *La Logique du vivant*, Gallimard, Paris, 1970.

[9] Renaud de la Taille, «Qui osera réfuter la synergétique ?», *Science et Vie*, n° 698,

novembre 1975.

[10] 我在前一讲已解释过，我有特殊的理由选用这个例子，这个理由会在适当的时机披露出来。

[11] M. Kovacs et J.-M. Lévy-Leblond, «La théorie synergétique», *La Recherche*, n° 69, juillet-août 1976.

[12] 摘自瓦莱于 1986 年 5 月 21 日写给雅克·希拉克的信件，希拉克当时任法国政府总理。

[13] *Le Monde*, édition datée du 30 juin 1988.

[14] 法国国家保健和医学研究所的缩写是“INSERM”。

[15] Lewis Carroll, *Tout Alice*, Garnier-Flammarion, Paris, 1979.

[16] Michel de Pracontal, *Les Mystères de la mémoire de l' eau*, La Décou-verte, Paris, 1990.

[17] Rapporté par Philippe Alfonsi, *Au nom de la science*, Barrault-Taxi, Paris, 1989.

[18] 指 1988 年 7 月 5 日那一期。

[19] 这是我采访兰迪的节录，采访的全文刊载在拙作《水的记忆之秘密》一书中，见 [16]。

[20] John Maddox *et al.*, «High-dilution experiments a delusion» , *Nature*, vol. 334, 28 juillet 1988.

[21] Voir *Les Mystères de la mémoire de l' eau, op. cit.*

[22] Publié dans *Traverses*, revue du Centre Georges-Pompidou, n° 47, novembre 1989.

[23] 若需了解更多信息，请查询雅克·邦维尼斯特在互联网上的网站。

[24] Paul Feyerabend, *Contre la méthode,op. cit.*

[25] 见《科学院简报》，巴黎，1991 年第 312 卷，第二册，461-466 页。在这篇文章上署名的有雅克·邦维尼斯特、伊丽莎白·达弗纳、贝尔纳·普瓦特万、阿尔弗雷德·斯皮拉以及另两位女研究员贝亚特丽丝·科尔尼耶和贝亚特里丝·迪科。此文冠以一个怪异的标题“高稀释液的刺激并未诱发特殊的生物活性”，这篇文章算是回应化学家让·雅克的一纸公文，为了解释高稀释液的效应，让·雅克曾提出假设，在溶液的刺激下，高稀释液会出现氧化还原反应。邦维尼斯特及其同仁的文章驳斥了这一解释，并断定效应并不是人工合成的物质。

[26] *L' Homéopathie européenne*, n° 2, 1997,p.21-24.

第四讲

[1] Martin Fleischmann et Stanley Pons, «Electrochemically induced nuclear fusion of deuterum», *Journal of Electroanalytical Chemistry*, vol. 261, 1989, p.301-308.

[2] 法兰西学院的马塞尔·弗鲁瓦萨尔教授友好地将报告转交给我，莫里森将在那一事件风波过后所写的综合性评论也交给了我。

[3] Steven Jones *et al.*, «Observation of cold nuclear fusion in condensed matter», *Nature*, vol.338, p.737-740.

[4] *Nature*, vol.118, 1926, p.455- 456 et vol. 119, 1927,p. 706.

[5] *New Scientist*, 29 avril 1989, p.22.

[6] Douglas Morrison, «Science pathologique, fusion froide et autres histoires», in *Sciences: raison et déraisons*, Publications de l' université de Lausanne, Payot, Lausanne, 1994.

[7] Alison Abbott, «Scientists lose cold fusion libel case», *Nature*, vol. 380, 4 avril 1996, p.369.

[8] 在网上搜索 multimania。

[9] Voir *Les Mystères de la mémoire de l' eau, op. cit.*

[10] 道格拉斯·莫里森，"回顾冷聚变的进展"。此文为第四届冷聚变国际研讨会上散发的论文，夏威夷，1993 年 12 月。

[11] Philippe Lazar, *Les Explorateurs de la santé*, Odile Jacob, Paris, 1989.

[12] Bertrand Jordan, *Les Imposteurs de la génétique*, op. cit.

[13] *Science et Vie*, avril 1979.

[14] Voir le livre passionnant de Ian Hacking, *L' Âme réécrite. Étude sur la personnalité multiple et les sciences de la mémoire*, Institut Synthélabo, coll. «Les Empêcheurs de penser en rond», Le Plessis-Robinson, 1998.

[15] Rika Zaraï, *Ma médecine naturelle*, Carrère-L afon, Paris, 1985 .

[16] 显然这个隐喻与主题并无太多关联，但正如我在前面所指出的那样，我自有道理……

[17] Pierre Lagrange, *La Rumeur de Roswell*, La Découverte, Paris, 1996.

[18] 利普·克拉斯是特异功能科学调查委员会的成员，有关该委员会的情况，我们将在第八讲里详细介绍。

[19] Umberto Eco, *La Guerre du faux*, Grasset, Paris, 1985.

第五讲

[1] Stephen Jay Gould, *Le Pouce du panda*, op. cit.

[2] 同 [1]。

[3] Voir Stephen Jay Gould, *Le Pouce du panda, op. cit.*, et, pour un compte rendu plus détaillé, *Quand les poules auront des dents*, Fayard, Paris, 1984, réédité au Seuil, Paris, 1991.

[4] 俄国伯爵的故事是在另一场合下讲述出来的：1959 年，美国国家癌症研究所主任阿尔顿·奥诗纳一直想说服他的同事，过量吸烟是导致肺癌的重要原因，对那些总要他提供证据的人，他讲述了这段颇有教育意义的寓言（参阅理 Richard Kluger, *Ashes to Ashes*, Alfred A. Knopf, New York, 1996）。

[5] Pascal Picq, *Les Origines de l' homme. L' odyssée de l' espèce*, Tallandier, Paris, 1999.

[6] Marcel Blanc, Georges Chapouthier et Antoine Danchin, «Les fraudes scientifiques», *La Recherche*, n° 113, juillet-août 1980.

[7] William Broad et Nicholas Wade, *La Souris truquée*, traduit de l' améri-cain par Christian Jeanmougin, Seuil, Paris, 1987.

[8] Marcel Blanc *et al., art. cité.*

[9] Arthur Koestler, *L' Étreinte du crapaud*, Calmann-Lévy, Paris, 1972.

[10] 在此明确说明，“我自有道理”这句话的含义，到时候我会披露真相的。

[11] 若想了解异常水事件的细节，可参阅 Felix Franks, *Polywater*, MIT Press, Boston, 1982.

[12] *Nature*, vol.238, 1972,p. 198-210.

[13] Martine Barrère, «L' affaire Illmensee : fraude ou pas fraude?», *La Recherche*, n°156, juin 1984.

[14] William Broad et Nicholas Wade, *La Souris truquée, op. cit.*

[15] *The New England Journal of Medicine*, vol.304, 1981,p. 129-135.

[16] *Nature*, vol. 325, 1987, p.207-214.

[17] *Nature*, vol. 333, 1988, p. 795.

[18] *Cell*, vol. 45, 1986, p.247.

[19] *Nature*, vol. 333, 1988, p.797.

[20] *Libération*, 3 octobre 2000.

[21] Voir William Broad et Nicholas Wade, *op. cit*.

第六讲

[1] *Cell*, vol. 40, p.9-17, 21 janvier 1985; *Nature*, vol.313, 24 janvier 1985, p.277-284.

[2] Mirko Grmek, *Histoire du sida*, Payot, Paris, 1989.

[3] Voir Bernard Seytre, *Sida : les secrets d' une polémique*, PUF, Paris, 1993.

[4] 我想明确说明，这位海员的确患有痔疮，这并不是我杜撰的。

[5] *The Lancet*, vol. 336, 1990,p.51.

[6] *MMWR (Morbidity and Mortality Weekly Report)*, n° 30, 1981,p.250-252 et p.305-308.

[7] 艾滋病系英文“获得性免疫缺陷综合征”的音译，艾滋病法文缩写名称为“SIDA”，这一缩写名称是在1982年夏季开始正式使用的。

[8] *MMWR*, n° 31, 1982, p.652-654.

[9]Jett, Kuritsky et Katzmann, «Acquired immunodeficiency syndrom associated with blood product transfusion», *Annals of Internal Medicine*, vol.99, 1983, p.621-624.

[10] Robert Gallo. «Le virus du sida», *Pour la science*, n° 3, 1987 p.12-24.

[11] Bernard Seytre, *op. cit*.

[12] *Science*, vol.230, 1er novembre 1985,p. 520.

[13] 即肿瘤细胞生物学实验室。

[14] Voir Jacques Leibowitch, *Un virus étrange venu d' ailleurs*, Grasset, Paris, 1984; Willy Rozenbaum, Didier Seux et Annie Kouchner, *Sida, réalités et fantasmes*, POL, Paris, 1984.

[15] 保罗·普吕内：“关于乙肝与艾滋病，默默无闻者的证言”，此文为限量散发的文件，1994年。

[16] 论文标题：“一位艾滋病患者身上分离出T淋巴细胞病毒”，载于《科学》杂志，第220期，1983年5月20日，第868-871页。此文的三位作者并不是法国巴斯德研究所的研究员。事实上，病毒的发现既应归功于最初的工作小组，也应归功于法国巴斯德研究所。因此，说到“巴斯德的发现”或“巴斯德小组”时，不过是为了省略。我采用这个省略法是为了让名称不至于冗长，但我们应当牢记，如果不是工作小组发起这项研究，“拉夫”病毒还发现不了呢，这项

研究的发起人并不是法国巴斯德研究所。

[17] Robert Gallo *et al., Science*, vol. 224, 4 mai 1984, p.497-500, 500-502, 503-505, et 506-508.

[18] Cité dans Bernard Seytre, *op. cit.*

[19] Omar Sattaur, «How Gallo got credit for Aids discovery», *New Scientist*, 7 février 1985,p. 3-4.

[20] R. s. Tedder, R. A. Weiss *et al.*, «Low prevalence in the UK of HTLV-I and HTLV-II infection in subjects with aids, with extended lympha-denopathy, and at risk of aids», *The Lancet*, 21 juillet 1984, p.125-130.

[21] *Cell*, vol. 40, p.477.

[22] Steven Benn, Rosamund Rutledge *et al., Science*, vol. 230, 22 novembre 1985, p.949-951.

[23] «The virus reveals the naked truth», *New Scientist*, n° 1547, 12 février 1987, p.55-58.

[24] Bernard Seytre, *op. cit.*

[25] Lettre à *Science*, 18 avril 1986, p. 307.

[26] 加洛的信写于 1986 年 2 月 12 日，用的是美国国家癌症研究所的信笺。信是寄给《星期四事件报》社的，共 12 封，其中一封是寄给我的，另外 11 封分别发给编辑部成员及编辑部秘书处。

[27] *Science et Vie*, n° 824, mai 1986.

[28] Martine Barrère et Marcel Blanc, «Sida: Robert Gallo s’explique», *La Recherche*, n° 180, septembre 1986.

[29] *Nature*, vol. 308, 26 avril 1984, p.769.

[30] Propos cité par Bernard Seytre, *op. cit.*

[31] *Science*, vol.224, 4 mai 1984.

[32] *The Lancet*, 30 juin 1984, p.1438-1440.

[33] 大体上讲，这是阿勒格雷蒂与维特科夫律师事务所的分析，该事务所擅长专利法方面的业务，分析是应美国国立卫生研究院的要求而做的。该事务所的结论是“加洛的 113 号专利是有效的”，而“蒙塔尼耶的 818 号专利申请是无效的，第四项申请除外（与疑似艾滋病患者有关）”。咨询一家美国事务所并不意味着该事务所会偏袒加洛，因为美国国立卫生研究院有自己的法律顾问，但它咨

询阿勒格雷蒂事务所是为了了解独立的意见。

[34] *Le Canard enchaîné*, 8 mai 1991.

[35] Aquilino Morelle, *La Défaite de la santé publique*, Flammarion, Paris, 1996.

[36] Anne-Marie Casteret, *L' Affaire du sang*, La Découverte, Paris, 1992.

[37] Michel Setbon, *Pouvoirs contre sida. De la transfusion sanguine au dépistage: décisions et pratiques en France, Grande-Bretagne et Suède*, Seuil, Paris, 1993.

[38] Patrick Champagne et Dominique Marehetti, «L' information médi-cale sous contrainte. À propos du "scandale du sang contaminé" », *Actes de la recherche en sciences sociales*, n° 101-102, mars 1994,p. 40-62.

[39] 公开信的签字者有：贝阿特丽丝·邦曼（《解放报》）、埃莱娜·卡丹（法国广播电台）、安娜-玛丽·卡斯特雷（《星期四事件报》）、科琳娜·德尼（《快报》）、阿兰·盖代（《鸭鸣》）、安尼·库什内（《快报》）、埃莱娜·莫里埃（欧洲广播一台）、让-吕克·诺捷亚（《费加罗报》）、弗朗索瓦兹·帕里诺（卢森堡广播电视）、安娜-皮埃尔·诺埃尔（法国有线电视）、樊尚·奥利维耶（《巴黎人报》）、米歇尔·德普拉孔塔（《新观察家》）、热罗姆·斯特拉祖拉（《费加罗报》）。全法国著名报刊中唯有《世界报》无人在公开信上签字。这绝非偶然。在整个血液污染事件过程中，《世界报》的两位医学专栏编辑让-伊夫·诺及弗朗克·努希不时在报上发表文章，其大方向是减轻加雷塔及其同仁的责任，再不然就把重点放在类似的题材上，诚然那些题材也很有意思，但与问题的焦点并无太大关联。当然，这两位记者做出同情加雷塔的选择并不意味着《世界报》整个编辑部采取同样的立场，但在这一事件中，他们的话很明显还是极有分量的：其他记者所起草的司法专栏并不在同一水准上，司法专栏很难抵消已定位的医学信息。

两位社会学者尚帕涅和马尔谢惕做了研究，他们认为这种偏袒倾向已成为客观公正的典范，而其他报纸的文章都被看作记者之间相互竞争的产物，这些记者摆脱了《世界报》独家新闻的影响，而且在给《世界报》制造麻烦。这个论点是错误的，《世界报》享有可信度很高的声望，这并不意味着它所刊登的所有文章都是准确无误的。

有关媒体在血液污染事件中所起的作用，法国国家科学研究中心的女研究员莫尼卡·斯特芬写了另外一篇分析文章，她的文章被收入美国人编写的文集中，该文集将各国发生的血液污染事件进行了对比。莫尼卡·斯特芬写道："1991 年浮出水面的血液丑闻是一场真正的报界之战，报界参与一项新科技的产权归属……血液污染事件让年轻的记者在竞争激烈的职业圈内站稳了脚跟。"说实在的，猛然间又变成尖牙利齿的小狼真让人感到惬意不已，但坦率地说，我从 1977 年就开始当记者，时至 1991 年，我已不再是刚入此道的新手，无论是安娜 - 玛丽·卡斯特雷，还是任何一名想摆脱有关血液污染事件独家新闻及秘密文件影响的"年轻的记者"，他们都已不再是新手了。或许莫尼卡·斯特芬想说我们的思想还十分幼稚……难道她认为《世界报》的编辑部是由百岁老人组成的？假如研究人员能多少了解一点他们所评论的报纸，那么从社会学角度入手的针对法国媒体的批评就会取得很大的进步。

[40] 布朗蒂娜·克里格尔的《血液、司法及政策》（布隆出版社，巴黎，1999）一书在介绍事实时带有明显的偏见，总是翻来覆去地重复自己的观点，认为血液污染事件不过是极右派报纸制造出来的"丑闻"，可以说是《瞬间报》最先挑起来，接着又被安娜 - 玛丽·卡斯特雷所引用。对于这位女哲学家来说，"媒体是在指控政治家"，"《瞬间报》正是这场指控行动的源头"。布朗蒂娜·克里格尔无视事实真相，除此之外，她竟未注意到启动司法程序是由法国司法机构决定的，而并非由记者们决定的，不论这些记者是否供职于《瞬间报》。人们对此深感震惊……

[41] Olivier Beaud, *Le Sang contaminé*, PUF, Paris, 1999.

[42] Willy Rozenbaum, *La vie est une maladie sexuellement transmissible et constamment mortelle*, Stock, Paris, 1999.

[43] *Le Nouvel Observateur*, n° 1787, 4-10 février 1999.

[44] Paul Prunet, *loc. cit.*

[45] Le texte complet de cette lettr est reproduit dans le livre de Michel Massenet, *La Transmission administrative du sida*, Albin Michel, Paris, 1992.

[46] 罗宾·维斯的原话是："顺便说一句，早在美国国立卫生研究院尚未就其 HTLV-3 及相应的病毒繁殖提出专利保护之前，我们就向你们提供了这项知识产权。"

[47] Anne-Marie Couroucé *et al.*, «Évaluation de trois trousses immuno-enzymatiques de dépistage des anticorps anti-LAV», *Revue française de transfusion et d'immunohématologie*, tome 28, n° 4, 1985. Voir aussi *Annales de l' Institut Pasteur*,

vol. 138, 1987, p.61-66.

[48] Voir *The New England Journal of Medicine*, 11 février 1999.

[49] Simon Wain Hobson *et al.*, «LAV revisited: origin of the early HIV-1 isolates from Institut Pasteur», *Science*, vol.252, 17 mai 1991, p.961 -965.

[50] Stephen Jay Gould, *Le Pouce du panda, op. cit.*

第七讲

[1] Stephen Jay Gould, «Adam' s Navel», *Granta* (New York), n° 16, été 1985. Repris dans *The Flamingo' s Smile* (traduction française: *Le Sourire du flamant rose* , traduit par Dominique Teyssié avec Marcel Blanc, Seuil, Paris,1988).

[2] Cité par K. M. Pierce, *Time*, 16 mars 1981.

[3] Stephen Jay Gould, *Quand les poules auront des dents*, traduit par Marie-France de Paloméra, Fayard, Paris, 1984; nouvelle version établie par Marcel Blanc, Seuil, Paris, 1991.

[4] Stephen Jay Gould, *Le Sourire du flamant rose, op. cit.*

[5] *Science et conscience, les deux lectures de l' univers*, actes du colloque de Cordoue, France Culture/Stock, Paris, 1980.

[6] Trinh Xuan Thuan, *La Mélodie secrète. Et l' homme créa l' univers*, Fayard, Paris, 1988; réédition: Gallimard, Paris, 1991.

[7] Rupert Sheldrake, *Une nouvelle science de la vie, op. cit.*

[8] 在这一点上，我有点过激了，谢尔德雷克并未明确地说痔疮，但言外之意十分清楚。

[9] 关于这个话题，请参见阿尔伯特·阿蒙的《法语词汇》。正如阿蒙所指出的那样，科学一词源于“secare”即“剪开”的意思，而学者的词根则与“sap”有关，如“有滋味的”“乏味的”“智慧”“圣贤”及“味道”等都源于此词根：“学者就是一位圣贤，他有情趣、见识、理解力，还有知识（或许还很有教养）。”

[10] Le Seuil, 27, rue Jacob, 75006 Paris. Merci de joindre un timbre pour la réponse.

[11] Voir le livre de Walter Gehring, *La Drosophile aux yeux rouges*, Odile Jacob, Paris, 1999.

[12] Actes du colloque de Cordoue, *op. cit.*

[13] Joseph Needham, *La Science chinoise et l' Occident*, Seuil, Paris 1973.

[14] 确切地说，李约瑟分析了中文里的三个同音字：第一个字是“礼”，指礼貌，礼仪。第二个字是“理”，这个字与我们的文章有关，它是指自然中的秩序及模式，它存在于宇宙的所有级别中；这是一种“动态模式，它体现在所有有生命的事物中，体现在社会关系中，还体现在人的最高价值中”，这个字的延伸词义是“机理”；第三个字是“历”，是指推算年月节气的科学，是在对天文现象进行观察的基础上建立起来的。

[15] Galileo Galilei, *Dialogue sur les deux grands systèmes du mond*, traduit de l' italien par René Fréreux avec François de Gandt, Seuil, Paris, 1992.

[16] David Bohm, in *Sciences et Symboles, les voies de la connaissance*, actes du colloque de Tsukuba, Albin Michel/France Culture, Paris, 1986.

[17] 同 [16]。

[18] *Science et conscience, op. cit.*

[19] James Lovelock, *La Terre est un être vivant. L' hypothèse Gaïa*, Flam-marion, Paris, 1987 et 1993; *Les Âges de Gaïa*, Odile Jacob, Paris, 1990 et 1997.

[20] Edward O. Wilson, *L' Unicité du savoir. De la biologie à l' art, une même connaissance*, Robert Laffont, Paris, 2000 (titre original: *Consilience*, 1998; traduit de l' américain par Constant Winter).

[21] Trinh Xuan Thuan, *op. cit.*

[22] Stephen Jay Gould, *Quand les poules auront des dents, op. cit.*

[23] John Briggs et David Peat, *L' Univers miroir*, traduit de l' américain par Jacques Polanis, Robert L affont, Paris, 1986.

第八讲

[1] Umberto Eco, *op. cit.*

[2] Bertrand Méheust, *Somnambulisme et médiumnité*, tome 1: *Le défi du magnétisme*, tome 2: *Le choc des sciences psychiques*, Institut Synthélabo, coll. «Les Empêcheurs de penser en rond», Le Plessis- Robinson, 1999.

[3] 约翰 • 贝洛夫：“你又如何反驳呢？”载保罗 • 库茨主编的《超心理学怀疑论者手册》，普罗米修斯书籍出版社，布法罗，纽约，1985 年。对于想了解心灵及超

自然现象历史的读者来说，该书是不可多得的参考读物。这本书的很多篇章都是由特异功能科学调查委员会的成员编写的，这是美国“怀疑派”的团体（参见下一注释），该书还介绍了超自然现象研究者的观点，这些观点还是很公正的。

[4] 美国特异功能科学调查委员会，1976 年成立于纽约州的布法罗，是由作家、哲学家、科学家及魔术师组成的，他们当中有伊撒克 • 阿西莫夫，马丁 • 加德纳，保罗 • 库茨，卡尔 • 萨根及詹姆斯 • 兰迪。该委员会的宗旨是用最客观、最科学的方式研究超自然现象。该团体在许多国家都有代表（在法国是物理学家亨利 • 布罗克），有自己的刊物《怀疑一切的探究者》。

[5] Paul Kurtz, «Spiritualists, mediums and psychics: some evidence of fraud», in *A Skeptic's Handbook of Parapsychology, op. cit.*

[6] 同 [5]。

[7] Michel Rouzé, «La véridique histoire du "père" de la parapsycho-logie», *Science et Vie*, n° 755, août 1980.

[8] 亨利 • 布罗克领导着一个专门研究超自然现象的实验室，即尼斯大学分析实验室。

[9] Cf. Lyall Watson, *op. cit.*

[10] Ambroise Roux, Stanley Krippner et Gerald Solvfin, *La Science et les Pouvoirs psychiques de l' homme*, Sand, Paris, 1986.

[11] Uri Geller, *My Story*, Praeger, New York, 1975.

[12] *Nature*, vol. 251, 18 octobre 1974.

[13] Martin Gardner, *The New Age. Notes of a Fringe Watcher*, Prome-theus Books, Buffalo, New York, 1988.

[14] James Randi, «The role of conjurers in psi research», *in A Skeptic' s Handbook of Parapsychology, op. cit.*

[15] John Beloff, *op. cit.*

[16] 由马丁 • 加德纳引述，见“超心理学与量子力学”，载《超心理学怀疑论者手册》，同 [13]。

[17] 参阅弗里乔夫 • 卡普拉的论文，载《科学与意识》论文集，还可参阅他的另一部著作《物理学之道》，桑德出版社，巴黎，1973 年。

[18] 参阅理查德 • 马塔克的论文，载《科学与意识》论文集。

[19] 米歇尔·埃伯哈德在其“现代物理学的自由射手”一文中引述，载《科学与生活》杂志，第 750 期，1980 年 3 月。

[20] 只要去拜读爱因斯坦那著名的小册子《相对论》，便可心服口服。

[21] 这个比喻借自郑春顺的《混沌与和谐》一书，法亚出版社，巴黎，1998 年，伽里玛出版社以“评论集”版格式再版。

[22] 我们在此要强调，拉普拉斯的著作被曲解了。当拉普拉斯谈到“宇宙决定论”时，那只是一个纯理论性的概念。实际上，我们对自然的了解是有限的，这就要求我们用推测来代替预言。况且正是在《推测的哲学评论》一书中，拉普拉斯提出宇宙决定论：“某一种智慧在特定的时间内大概会了解所有的力，自然界的活力，构成自然的各种生物都受制于该力，况且，假如该力的适用范围相当广，或许它能解释宇宙天体及最小原子的运动规律，因为对于该力及未来而言，没有任何东西是不明确的，如同过去又重现在眼前一样。”拉普拉斯在此所说的是一种理想的、幻觉式的智慧，它对“构成自然的各种生物”的认识是无限的。正如阿兰·索卡尔及约翰·布雷克蒙所注意到的：“他希望能达到至善至美的认识境界，达到对宇宙进行推测的地步，这与他那篇文章所表达的意思截然相反，因为他那篇评论的目的是解释在没有达到这样一种认识的情况下该怎么做，正像人们在统计物理学中所做的那样。”

[23] Voir Stéphane Deligeorges (dir.), *Le Monde quantique*, Seuil/Sciences & Avenir, Paris, 1984.

[24] 同 [23]。

[25] Cité par Max Jammer, «Le paradoxe d’ Einstein-Podolsky-Rosen», *La Recherche*, n° 111, mai 1980.

[26] Richard Mattuck, in *Science et Conscience, op. cit.*

[27] Albert Einstein, *Ceuvres choisies*, tome 1, *Quanta*, Seuil/CNRS, Paris 1989.

[28] 同 [27]。

[29] 若想了解更多细节，可参阅 Sven Ortoli et Jean-Pierre Pharabod, *Le Can-tique des quantiques*, La Découverte, Paris, 1984.

[30] John Briggs et David Peat, *op. cit.*

[31] Olivier Costa De Beauregard, in *Science et Conscience, op. cit.*

[32] 在此我没有更多的解释。

[33] Claude Lévi-Strauss, *La Pensée sauvage*, Plon, Paris, 1962.

[34] Martin Gardner, *op. cit*.

[35] Rudy Rucker, *Maître de l' espace et du temps*, Denoël, Paris, 1986.

第九讲

[1] *Correspondance de Groucho Marx*, Simon & Schuster, New York, 1967; traduit de laméricain par Claude Portail avec Harry Mathews, Champ libre, Paris, 1971.

[2] Banesh Hoffmann, *L' Étrange Histoire des quanta*, Seuil, Paris, 1981.

[3] 可参阅《基本数学字典》中有关“球体”的解释，Stella Baruk, Seuil, Paris, 1992.

[4] J.L. 德图什：“递归函数理论及应用”，载《数学逻辑研讨会文集》，1959 年。

[5] 在物理学专业的学生中流传着这样一则谜语：为什么海森堡没有孩子？谜底是：正是不确性原理在从中作梗：当他做好姿势时，他的速度不够；当他有时间时，又没有精力了……

[6] Cité dans *Science et Vie*, n° 750, mars 1980.

[7] Stella Baruk, *L' Âge du capitaine*, Seuil, Paris, 1985.

[8] 同 [7]。

[9] 同 [7]。

[10] 同 [7]。

[11] Jean E. Charon, *Mort, voici ta défaite*, Albin Michel, Paris, 1979; *Le Monde éternel des éons*, Stock, Paris, 1980; *J' ai vécu quinze milliards d' an-nées*, Albin Michel, Paris, 1983; *Les Lumières de l' invisible*, Albin Michel, Paris, 1985; *Et le divin dans tout ça?*, entretiens avec Erik Pigani, Allbin Michel, Paris, 1998.

[12] Stella Baruk, *Dictionnaire de mathématiques élémentaires,op. cit*.

[13] Pierre Thuillier, *Les Savoirs ventriloques*, Seuil, Paris, 1983.

[14] Mario Bunge, *Philosophie de la physique*, traduit de l' anglais par Françoise Balibar, Seuil, Paris, 1975.

[15] Philippe Roqueplo, *Le Partage du savoir*, Seuil, Paris, 1974.

[16] Jean-Didier Vincent, *Biologie des passions*, Odile Jacob/Seuil, Paris, 1986.

[17] Renaud de la Taille, «Les sept catastrophes du monde», *Science et Vie*, n° 701, février 1976.

[18] Michel-Antoine Burnier et Patrick Rambaud, *Le Roland Barthes sans peine*, Balland,

Paris, 1978.

[19] 罗伯特·谢尔德雷克：《生命新科学：形态发生场假说》，同第一讲 [18]。

[20] 罗兰·巴特：《写作的零度》，瑟伊出版社，巴黎，1953 年，1972 年再版。

[21] 阿兰·索卡尔："超越界限：走向量子引力的超形式的解释学"，载《社会文本》杂志，第 46-47 期，1996 年春夏季刊，第 217-252 页。我在此引用阿兰·索卡尔和让·布里克蒙的译本文字。

[22] 圆周率 π 的前 31 个数字为：3.1415926535897932384626433832７，为了记住这些数字，有人编写了一首诗，诗中每一字的读音与圆周率的数字的读音相似。这首诗的大致意思是：山巅一寺一壶酒，尔乐苦煞吾，把酒吃，酒杀尔，杀不死，乐尔乐。死珊珊，霸占二妻。

[23] Alan Sokal et Jean Bricmont, *Impostures intellectuelles*, Odile Jacob, Paris, 1997.

[24] 同 [23]。

[25] 我们注意到对这种滥用物理或数学词汇进行批评，是索卡尔及布雷克蒙一直追求的目标之一，但他们也遭到来自新社会学界的攻击，其代表人物就是布鲁诺·拉图尔。他们的攻击引起了争议，有人著书对这种攻击给予回击，那就是博杜安·朱尔丹的《科学骗局：索卡尔事件的误会》，发现出版社，巴黎，1998 年。

[26] Julia Kristeva, Σημειωτιχὴ: *Recherches pour une sémanalyse*, Seuil, Paris, 1969et 1978.

[27] 阿兰·索卡尔和让·布里克蒙在其《知识的骗局》中引述了这段文字，前引书。

第十讲

[1] 刘易斯·卡罗尔：《爱丽丝镜中奇遇记》，法译本由亨利·帕里索翻译，卡尼尔 - 弗拉马里翁出版社，巴黎，1979 年。（特威丹和特威帝兄弟俩的名字已按照法文名字的书写形式做了修改。）

[2] Extrait de *Evolution? The Fossiles say no!*, cité dans Stephen Jay Gould, *Quand les poules auront des dents, op. cit*.

[3] Karl Popper, *La Logique de la découverte scientifique*, traduit de l' an-glais par Nicole Thyssen Rutten et Philippe Devaux, Payot, Paris, 1978; *Conjectures et Réfutations. La croissance du savoir scientifique*, traduit de l' anglais par Michelle-Irène et Marc B. de Launay, Payot, Paris, 1985.

[4] 现在我可以道出用此词的原因了，我曾和一个同事打赌，可将“痔疮”一词嵌到每一讲里，还不能显得过于牵强附会。

[5] 斯蒂芬·杰·古尔德：《待母鸡长牙时》，同第五讲 [3]。

[6] 罗伯特·谢尔德雷克：《生命新科学：形态发生场假说》，同第一讲 [18]。

[7] 在此，光速大约是每秒 30 万千米，但这不只是在真空下才有效，即使在大气中测量光速，结果也不会有太大的改变。

[8] 参阅布赖恩·格林的《优雅的宇宙》，前引书。

[9] 米歇尔·帕蒂：“处于漩涡当中的爱因斯坦”，载《量子世界》，前引书。

[10] 保罗·瓦茨拉维克等：《交流的逻辑》，瑟伊出版社，巴黎，1972 年。

[11] 保罗·瓦茨拉维克：《变幻的语言》，同 [10]。

[12] 保罗·瓦茨拉维克等：《交流的逻辑》，同 [10]。

[13] Voir Pierre Babin, *Sigmund Freud, un «tragique à l' âge de la science»*, Gallimard, coll. «Découvertes», Paris, 1990.

[14] *Inventeurs et Scientifiques, dictionnaire de biographies*, Larousse, Paris, 1994.

[15] 杰拉尔德·霍尔顿：“在革命性的飞跃发展期，科学发明的进程”，载《科学与符号：知识之路》，前引书。

致　谢

1978 年，我当上科学记者，随后着手收集各种资料，并将我在整个记者生涯中所收集的资料汇编成书。我和科学家、同事、朋友及我周围的人进行了广泛交流，去采访他们，与他们交谈，还抽时间和他们一起讨论，或多或少受到了他们的影响，甚至也有心灵感应，这都为本书提供了不可多得的素材。很多人为这部长篇调查报告做出了贡献，有时他们根本就没有意识到，将他们一一列出是不可能的。对于那些被我遗忘的人来说，我是在冒忘恩负义的风险。在此我尤其想感谢斯泰拉・巴吕克、马塞尔・勃朗、亨利・布罗克、安娜－玛丽・卡斯特雷、热拉尔・肖韦尔、让－雅克・希凯林等人对我的帮助。

我还要向我的出版商，发现出版社的弗朗索瓦・热兹以及瑟伊出版社的尼古拉・维科夫斯基表示感谢，他们对科学骗局问题一直抱有浓厚的兴趣，并鼓励我继续从事调查工作。

我应当感谢若赛特，她为本书写了初稿。我还应当感谢法国《科学与生活》及《星期四事件报》社的前同事们，和他们在一起我学到了专业基础知识。1990 年起我到《新观察家》杂志社任职，这给我提供了宝贵的特权，使我能对具有重大社会影响力的题材进行调查，比如血液污染事件。这份工作深刻地改变了我对科学信息的看法，也对本书的内容产生了一定的影响。

图书在版编目（CIP）数据

孤独的真相：科学骗局揭秘 /（法）米歇尔·德·普拉孔塔著；袁俊生译. -- 重庆：重庆大学出版社，2020.9

ISBN 978-7-5689-2386-6

Ⅰ.①孤… Ⅱ.①米… ②袁… Ⅲ.①科学知识—普及读物 Ⅳ.①Z228

中国版本图书馆CIP数据核字（2020）第154600号

孤独的真相：科学骗局揭秘
GUDU DE ZHENXIANG：KEXUE PIANJU JIEMI

〔法〕米歇尔·德·普拉孔塔（Michel de Pracontal） 著
袁俊生 译
策划编辑：张家钧
责任编辑：赵艳君 版式设计：赵艳君
责任校对：谢 芳 责任印制：赵 晟
*
重庆大学出版社出版发行
出版人：饶帮华
社址：重庆市沙坪坝区大学城西路21号
邮编：401331
电话：（023）88617190 88617185（中小学）
传真：（023）88617186 88617166
网址：http://www.cqup.com.cn
邮箱：fxk@cqup.com.cn（营销中心）
全国新华书店经销
重庆市正前方彩色印刷有限公司印刷
*
开本：720mm×1020mm 1/16 印张：19.5 字数：349千
2020年11月第1版 2020年11月第1次印刷
ISBN 978-7-5689-2386-6 定价：58.00元

版贸核渝字（2018）第 132 号